供应链伙伴特性
对服务创新绩效的影响研究

汪 达◎著

江西人民出版社
Jiangxi People's Publishing House
全国百佳出版社

图书在版编目（CIP）数据

供应链伙伴特性对服务创新绩效的影响研究 / 汪达
著 . -- 南昌：江西人民出版社，2025.3. -- ISBN 978-
7-210-15970-4

Ⅰ . F407.4

中国国家版本馆 CIP 数据核字第 20252KU141 号

供 应 链 伙 伴 特 性 对 服 务 创 新 绩 效 的 影 响 研 究

GONGYINGLIAN HUOBAN TEXING DUI FUWU CHUANGXIN JIXIAO DE YINGXIANG YANJIU

汪 达 著

责 任 编 辑：徐　旻
封 面 设 计：回归线视觉传达

 出版发行

| 地　　　址：江西省南昌市三经路 47 号附 1 号（邮编：330006）
| 网　　　址：www.jxpph.com
| 电 子 信 箱：jxpph@tom.com
| 编辑部电话：0791-88629871
| 发行部电话：0791-86898815
| 承 印 厂：北京虎彩文化传播有限公司
| 经　　　销：各地新华书店

开　　本：720 毫米 × 1000 毫米　1/16
印　　张：21.75
字　　数：366 千字
版　　次：2025 年 3 月第 1 版
印　　次：2025 年 3 月第 1 次印刷
书　　号：ISBN 978-7-210-15970-4
定　　价：76.00 元
赣版权登字 -01-2025-69

前　言

在世界发达经济体中，第三产业的比重普遍超过第一产业与第二产业比重之和，而在第三产业中，服务业又占主体。服务型经济已越来越重要，并成为发达国家的经济支柱。目前，发达国家的服务业产值占 GDP 的比重普遍超过70%，占主导地位的经济成分已经从工业经济转向服务经济；发展中国家的服务业也逐渐步入快速发展阶段，服务业产值占 GDP 的比重正在逐年递增。随着服务经济发展趋势加快，我国制造企业进行服务化转型和服务创新已是大势所趋。目前，由于创新的复杂程度日益提升，单一的制造企业已难以进行有效创新，且当前中国制造企业所具备的服务创新资源、服务创新能力、服务创新经验都相对薄弱，因此，通过构建制造企业供应链联盟的形式来获取服务化转型和服务创新的资源、经验、技术和能力已逐渐被众多制造企业所接受。通过构建制造企业供应链联盟，每个制造企业都可以获取服务创新资源、分散服务创新风险、降低服务创新成本并加快服务创新速度，还能创造出更多的绩效。但随着供应链联盟规模的扩大，各个供应链伙伴企业之间的差异也变得越来越难以协调，具体表现为伙伴之间的文化差异越来越大、资源变得难以互补、目标难以协调一致。如果对这些不断扩大的企业间差异不加以引导和处理，将会导致供应链伙伴之间的资源错配、在合作创新中盲目追求"短平快"、忽视企业间的深度融合，最终无法实现预期的服务创新效果。因此，现有研究应秉承求同存异的思想，在承认企业间存在差异的同时，最大限度地匹配合作伙伴间的各种要素。供应链联盟的管理者应从全局的角度出发，着眼于整体供应链，选择恰当的供应链伙伴标准，从新企业申请加入供应链的那一刻起就开始对其匹配性进行审核，从而使各个伙伴之间的差异最小化，并充分发挥供应链联盟的规模效应和协同效应，以取得最优的服务创新绩效。因此，供应链联盟的核心企业必须明确合作伙伴的选择标准，即供应链伙伴特性，为实现企业之间的匹配提供可行的参考依据。

在现有的文献研究中，已有一些国内外学者注意到供应链伙伴特性对服务创新绩效有积极的提升作用，但对于供应链伙伴特性与服务创新绩效之间的关系，也即供应链伙伴特性提升服务创新绩效的作用机制仍缺乏全面系统的理论研究。有鉴于此，本研究将基于组织学习理论，遵从"特性－学习－绩效"的理论框架，结合制造企业服务化转型的背景，围绕"制造企业供应链伙伴特性对服务创新绩效的影响"这一主题，充分借鉴国内外现有研究成果和分析方法，理论分析并实证检验供应链伙伴特性、关系质量、组织学习、吸收能力、服务创新绩效之间的关系。本研究通过探索性案例研究、理论推导、实证分析等多种定性与定量相结合的论证手段，层层推进，深入探讨以下理论问题：第一，供应链伙伴特性和服务创新绩效之间具备怎样的关系？第二，供应链伙伴特性影响服务创新绩效的具体路径是怎样的？第三，关系质量和吸收能力是否会影响上述具体路径？对于这三个理论问题，本研究开展了以下具有针对性的研究：

（1）在现有理论研究和实证分析的基础上，深入探究供应链伙伴特性的内涵界定及其维度划分，并构建供应链伙伴特性影响制造企业服务创新绩效的理论模型。本研究通过理论分析提出了相应研究假设，分析结果表明供应链伙伴特性既能够直接正向影响制造企业的服务创新绩效，又能够通过双元组织学习中的利用式学习与探索式学习来提升制造企业的服务创新绩效。

（2）通过探索性案例研究分析和理论假设分析等多种分析方法，构建本研究的研究模型。首先，依据探索性案例研究提出本研究的有关命题。其次，以有关命题为基础，由理论推导提出关于本研究的 25 个细化研究假设。最后，采用问卷调查法收集了 339 份有效的中国中东部地区的制造企业样本数据，基于这些数据使用多元回归分析法等实证方法对本研究所提出的 25 个细化研究假设进行实证检验。

（3）在上述两项研究的基础上，本研究从权变视角出发，发现制造企业的供应链伙伴特性对服务创新绩效的作用会受到其他因素的影响，有必要进一步探究其边界条件。为此，本研究引入关系质量和吸收能力两个调节变量，以进一步探讨在不同关系质量的情境下，制造企业的供应链伙伴特性对供应链内部企业之间的组织学习影响机制是否存在差别；在不同吸收能力的情境下，供应链内部企业之间的组织学习对服务创新绩效的影响机制是否存在差别。通过采用相关分析、多元回归分析等实证方法对制造企业的样本数据进行分析，先对关系质量在供应链伙伴特性与组织学习之间的调节效应进行实证检验，再对吸收能力在组织学习与服务创新绩效之间的调节效应进行实证检验，从而探究关系质量与吸收能力对上述具体路径的调节效应。

基于以上有针对性的研究，本研究得出以下关键结论：

（1）供应链伙伴特性可以正向影响制造企业的服务创新绩效。通过理论分析得知，供应链伙伴特性可以分成三个维度：资源互补性、文化相容性和目标协同性。本研究通过问卷调查法收集到 339 份有效的制造企业问卷数据，通过实证分析后发现，这三个维度都可以正向影响制造企业的服务创新绩效。

（2）供应链伙伴特性可以通过促进企业之间的双元组织学习进而正向影响制造企业的服务创新绩效。其中，利用式学习和探索式学习均在供应链伙伴特性和服务创新绩效之间发挥了中介作用。具体而言，利用式学习和探索式学习在资源互补性和服务创新绩效之间发挥了部分中介作用；利用式学习和探索式学习在文化相容性和服务创新绩效之间发挥了部分中介作用；利用式学习和探索式学习在目标协同性和服务创新绩效之间发挥了完全中介作用。

（3）关系质量在供应链伙伴特性和组织学习之间的作用机制中发挥了重要的调节作用；吸收能力在组织学习和服务创新绩效之间的作用机制中发挥了重要的调节作用。本研究引入关系质量变量，考察其对供应链伙伴特性和组织学习之间关系的权变效应；同时又引入吸收能力变量，考察其对组织学习和服务创新绩效之间关系的权变效应。通过实证分析后发现，关系质量在资源互补性与利用式学习、资源互补性与探索式学习、文化相容性与利用式学习、目标协同性与利用式学习、目标协同性与探索式学习之间发挥了显著的正向调节作用；吸收能力在利用式学习与服务创新绩效、探索式学习与服务创新绩效之间发挥了显著的正向调节作用。

本研究将供应链伙伴特性、关系质量、双元组织学习、吸收能力和服务创新绩效等五个变量纳入统一的理论模型框架，以组织学习理论作为理论基础，明确了供应链伙伴特性提高制造企业服务创新绩效的作用机制。基于此，本研究主要做出了以下三点理论贡献：

（1）从制造企业供应链的角度揭示了供应链伙伴特性对服务创新绩效的直接作用机制。以制造企业服务化转型和服务创新为背景，本研究对供应链伙伴特性做了进一步深化研究，将供应链伙伴特性的研究领域从创新绩效细化至服务创新绩效，这一研究成果扩展了服务创新绩效的前因研究。本研究还把制造企业服务化转型研究对象的范围从单个制造企业扩展至整个制造企业供应链，从而丰富了制造企业供应链伙伴特性和制造企业服务化转型研究对象的研究成果。本研究从制造企业供应链的视角出发，提出了在制造企业服务化转型背景下制造企业提高服务创新绩效的新机制，将有助于学界更好地理解制造企业提高服务创新绩效的理论研究，同时为制造企业提高服务创新绩效提供了新的切入点。

（2）从组织学习理论的视角揭示了双元组织学习是供应链伙伴特性影响服务创新绩效的关键路径。本研究基于组织学习理论，明确提出了供应链伙伴特性提升服务创新绩效的中介作用机制，即以供应链伙伴特性为自变量、以组织学习为中介变量（分别以利用式学习和探索式学习作为中介变量）、以服务创新绩效为因变量的制造企业服务创新绩效提升路径，也即揭开了供应链伙伴特性对服务创新绩效影响机制的"黑箱"，构建了包括利用式学习和探索式学习的多元中介效应模型，提出利用式学习和探索式学习是供应链伙伴特性影响服务创新绩效的重要中介变量。这是对在已有研究中未能从双元组织学习理论视角来解释服务化转型背景下制造企业供应链如何提高服务创新绩效的补充，由此进一步丰富了制造企业供应链中关于服务创新管理的研究，为制造企业服务创新绩效提升研究提供了一个全新的视角，也为服务化转型背景下制造企业如何提高服务创新绩效提供了重要参考。

（3）诠释了关系质量和吸收能力对"供应链伙伴特性—组织学习—服务创新绩效"路径的情景作用，揭示了关系质量和吸收能力对上述路径的调节作用，为制造企业根据不同的关系质量和吸收能力来构建高效的供应链联盟以取得高质量的服务创新绩效提供了重要参考，并从权变视角扩展了制造企业供应链在服务化转型背景下的服务创新研究。已有的文献研究多数是论证供应链伙伴特性与服务创新绩效之间简单的二元关系，并得出二者之间简单的正向影响关系等结论，但是从权变视角来描述二者之间动态性关系的文献研究却很少，从而不能很好地解决供应链内制造企业在实施服务创新时所面临的中国本土情境化问题。因此，本研究从权变视角出发，引入具有中国情境特色的调节变量——关系质量，检验其在供应链伙伴特性与组织学习之间的调节效应；同时引入吸收能力调节变量，深入考察双元组织学习与服务创新绩效之间的动态性关系，从而进一步补充关于制造企业服务创新的情境化研究。本研究通过揭示影响制造企业供应链伙伴特性、组织学习与服务创新绩效的边界条件，拓展了中国情境下关系质量和吸收能力的应用领域和研究范围，并且为后续研究者提供了新的理论参考。

目 录
CONTENTS

1 绪 论

2 文献综述

3 制造企业供应链伙伴特性对服务创新绩效影响机制的探索性案例研究

4　理论模型的构建

7　实证分析与结果讨论

8 研究结论与展望

图　录

表　录

1 绪 论

1.1 研究背景

1.1.1 现实背景

当前，全球经济中占主导地位的经济已经从工业经济转向服务经济，发达国家服务业产值占 GDP 的比重普遍超过 70%，发展中国家的服务业也逐渐步入快速发展阶段，服务业产值占 GDP 的比重逐年递增。2019 年 3 月的中国《政府工作报告》中，再一次强调要围绕推动制造业高质量发展，促进先进制造业与现代服务业融合发展。随着 "6G" 时代的来临，在 "互联网 +" 和国家政策的双重推动下，服务型制造已经成为制造业转型升级的重要方向，创新驱动制造业发展已经成为新常态。在共创、共享的开放式新经济环境下，无论是知识技术的更新速度还是知识技术的流动速度，都呈现出前所未有的快速增长态势，制造业企业（笔者注：本研究中制造业企业和制造企业为同一概念）仅仅依靠自身的技术力量去寻求发展和创新，注定是难以成功的。伴随着竞争的加剧、外部市场的变化，为了达到服务创新的目标，制造企业需要用开放包容的态度，积极寻求外部互补的资源、技术与资本，需要与不同地域甚至不同行业的不同企业联合组成上下游供应链，以获取资源、分散风险、降低成本和加快服务化转型，最终实现更优的规模经济。这样不仅可以提高制造企业的服务水平，提升企业的服务创新绩效，而且可以扩大企业的服务竞争优势。（Cassiman & Valentini，2016；Lin，Zeng & Liu，et al.，2020；刘和东、钱丹，2016；刘念、简兆权、刘洋，2020；李坚飞、李蓓、孙梦霞，2021）在创新发展的趋势下，制造企业通过与合作伙伴进行交叉与共融，并由此形成以制造企业自身为核心的上下游供应链，共同努力为客户创造服务价值，已经成为众多制造企业占领"服务创新制高点"的战略首选。比如，美国苹果公司早在推出 iPhone5 的时候，就与中国三大通信运营商（中国移动、中国电信、中国联通）达成协议，建立了上下游供应链，通过三大运营商的渠道资源直接供货给终端用户，不仅提高了苹果公司在中国大陆地区的手机市场占有率，而且也为渠道搭建节省了上下游成本。这样，苹果公司可以聚焦精力和财力为客户提供更优质的服务和产品。随后，苹果公司就携手康宁玻璃制造公司，共同投资建立研发型全产业链，一起开发新一代手机触摸屏。对于苹果公司来说，供应链联盟、资源共享、开放式服务创新日益成为其实现技术进步、服务提升和占领市场的主要途径。

当前，伴随着国力迅速上升，我国的制造业正处于快速崛起的阶段，各产业核心企业都在积极组建完整的供应链体系，联合众多上下游企业合作构成开放式供应链。这一现象在国内已经十分普遍。比如，中国科技巨头华为公司，通过与美国、俄罗斯、日本、法国等国家当地的研究机构合作，携手建立科学实验室作为上游研发技术的源头，成功建立了晶圆片的生产型供应链，具备晶圆片从设计、封装、测试、生产到最后芯片出厂的一系列技术的自主知识产权。截至 2020 年，华为已经建成包括手机芯片研发、手机整机制造、手机销售在内的产业供应链，其中包含中国移动、富士康、高通、英特尔、微软、甲骨文、台积电和东芝等国内外著名企业，构建了基于手机智能芯片开发的完整生态链。华为不仅与英特尔、微软等组成技术研发型供应链，而且与下游经销商如中国移动等组成销售型供应链。组建供应链的资本来源，既有共同合资、相互持股的形式，也有特许独立经营的形式。例如，华为与国际上多家技术优势明显、研发实力雄厚的著名企业合资构建了合作创新的纵向技术型供应链，优化了华为的技术储备，使整体供应链具备了更强的针对客户的服务创新能力；与此同时，华为联合中国移动、中国联通等多家销售渠道广阔的企业组成销售型供应链，获得特许经营权，拓展其国内销售渠道；另外，华为还与国内多家高科技企业（如小米、OPPO 等）合作，共同筹备中国"6G"通信标准委员会，强化了产品定价能力，推动多项智能手机标准纳入世界级标准范畴。以华为为例，说明与外部合作伙伴建立开放式供应链以进行组织学习，能够获取互补性的技术资源、渠道资源，从而可以实现技术创新、降低研发费用与交易成本，进而提高制造企业对客户的服务创新能力。这一案例也深刻地证明了在我国现阶段，合作伙伴共同组建供应链，在实践中提升资源融合程度与组织学习程度对实现服务创新具有重要意义。

由此可见，在经济新常态下，开放式的供应链合作已成为制造企业实施服务创新普遍采用的组织模式，那么合适的供应链伙伴选择标准必将成为化解企业技术和创新资源短缺问题，从而使企业更有效地进行服务创新的"金钥匙"。在此背景下，供应链伙伴特性的概念应运而生。事实上，尽管开放式的供应链合作在解决资源短缺、提高核心企业与供应链伙伴的服务创新绩效方面发挥了巨大作用，但是经过广泛的数据调查后发现，制造企业的供应链合作仍然存在许多失败的案例，只有不到一半的供应链合作获得了成功（Heimeriks, Klijn & Reuer, 2009）。这说明，五成以上的供应链合作没有达到预期的服务创新目标，高居不下的失败率是供应链合作必须面对的困境。综而观之，失败有四个主要原因。第一，在服务化转型背景下核心企业组建开放式供应链时，忽视了供应链伙伴之间的资源互补性，导致供应链中企业之间资源的匹配性不足，使得核心企业难以从供应链伙伴那里获取服务创新所需的资源。举例来说，自 21 世纪伊始，荷兰皇家壳牌石油公司开始与英国石油公司建立上下游供应链，试图扩大其在欧洲能源市场的份额，从而摆脱对俄罗斯的能源依赖。但是 2005 年之后，伴随着石油价格的飞涨，该供应链合作趋于失败，随后这一供应链联盟又进入中国市场，同样惨遭失败。其根源在于壳牌石油公司与英国石油公司所拥有的资源重叠，双方都具备先进的炼油技术、化工合成技术，但双方都缺乏对欧洲原油产地的控制，也缺乏对中国石油销售渠道的掌握，不能为中国客户提供优质的服务。双方的资源互补性不强，无法与自身擅长的领域相匹配。第二，供应链企业在合作经营的过程中，企业文化的相容性较差，存在较大的企业文化差异，导致相互之间的组织学习能力不强、合作开展服务创新的意愿不高，其结果是供应链合作组织的企业服务竞争力下降。第三，当供应链企业目标协同性不高时，合作企业间无法营造出有效的学习交流气氛。供应链企业对供应链合作组织的安排存在着抵触情绪，而供应链合作组织也缺乏一定的协调机制来化解矛盾。第四，基于前述三个原因，在中国情境下供应链企业的资源转化效率不高，其服务创新绩效不能得到明显的提高。

随着知识数量的爆炸式增长，服务创新的难度大幅度增加。学术界对此进行了前瞻性的判断：成功的供应链合作组织是开展服务创新活动的关键性因素（Delgado & Mills，2020），供应链伙伴特性是值得学术界深入研究和广泛探讨的议题（陈伟、张旭梅，2011）。本研究认为，如何在制造企业服务化转型背景下构建一个供应链合作组织，即前瞻性地选择目标协同的供应链伙伴、有效地融合不同供应链伙伴的企业文化、全局性地调度供应链伙伴的互补资源，并且明确如何运用组织学习能力实现服务创新目标，对促进供应链合作组织在动态环境下发展具有重大价值。

1.1.2 理论背景

在全球范围经济加速一体化的背景下，许多中外专家认为，制造企业要实现服务创新，必须整合多种类型的资源并进行开放的跨界合作。过去由若干少数企业抱团进行封闭发展的模式已难以有效实施服务创新实践，不能适应当下的发展形势。竞争愈发激烈的外部环境要求企业建立跨越不同地域，甚至是不同行业的开放式全产业供应链来不断提高自身的服务创新水平，并与客户、供应商和其他利益相关者进行合作，共创服务价值。随着相关理论和方法的发展，不少学者逐渐意识到，开放式供应链对制造企业产生的创新效应是异常复杂的。例如，高校、科研机构等与制造企业组成研发供应链，可以为制造企业的生产经营提供基础知识资源、先进技术设备等，有助于制造企业提升技术创新能力，对其进一步提高服务水平具有重要意义；供应商、分销商等与制造企业组成销售供应链，在制造企业生产产品的过程中，能向其提供产品原材料、销售渠道及产品的知识，从而提高其商业化服务能力（Yuan，Wu & Tsai，2019）。但现有关于服务化转型背景下制造企业供应链领域的研究大多局限于对单个供应链结构进行分析，不能准确地说明由于制造企业的发展需求，其自身必须保持多元化的供应链结构并进行开放式服务创新的问题。

借助开放式供应链，企业能够从外界获取新颖有益的知识和资源（Lavie，

2006），并能通过供应链进行战略扩张以提高服务竞争力（Bian, Shang & Zhang, 2016），还能通过供应链实现资源的跨界流动，以推动服务创新的多样化与服务创新成果的扩散。核心企业与外部组织进行合作、融合并跨组织建立供应链，具有明显的"开放式"特点，不仅能丰富参与服务创新的主体，促进核心企业与外部关键组织的协作，还有助于核心企业创建更加开放的服务创新网络，推动实现价值共创（Homburg & Kuehnl, 2014；Lusch & Nambisan, 2015；Story, Raddats & Burton, et al., 2017）。伴随着我国制造企业服务化转型的快速发展，国内学者对制造企业供应链的开放式服务创新逐渐认可，并在借鉴国外学者研究经验的基础上，取得了一定的研究成果。开放式服务创新实践需要在特定的经济文化环境中进行，因而必须对其特定的环境因素进行考察（Chesbrough, 2011；吕迪伟、蓝海林、曾萍，2017）。然而基于中国情境，国内学者对制造企业供应链的开放式服务创新理论研究犹如管窥蠡测。未来应以中国情境为立足点，着重探讨服务化转型背景下制造企业供应链的开放式服务创新，使得制造企业供应链开放式服务创新具有中国特色（高良谋、马文甲，2014）。

制造业的服务化战略是指制造企业由产品生产商转变为服务供应商，以提供产品功能、产品体验为主，而非提供产品本身，消费者主要购买的是产品的使用状态，而非产品的所有权（Wise & Baumgartner, 2000）。当前学术界普遍认为，制造业的服务化转型是一种获取竞争优势的有效途径，能够使以产品为导向的传统制造企业避免"产品化陷阱"（Chesbrough, 2011；Kowalkowski, Gebauer & Oliva, 2017）。建立包含原料、研发、生产等多个环节的复合开放式供应链，借助供应链资源实现服务化转型，是制造企业服务创新发展的必然趋势，也是服务创新复杂化的必然结果。因此，如何运用复合开放式供应链提高核心企业的服务创新绩效是当下供应链研究领域中亟待解决的关键问题。当前国内外学者一致认为，服务创新是制造企业克服"产品化陷阱"、维持竞争优势的一个重要途径，原因在于服务创新可以提高制造企业的绩效，甚至扩大制造企业的竞争优势。因此，对制造企业服务创新绩效的影响机制及效果的研究，是我国服务创新管理领域中的一个重要课题。已有关于供应链的研究成果是进一步探索开放式供应链进行服务创新的理论依据，以往的学者基于知识交易的视角，对供应链中影响企业创新绩效的主要因素进行了分析，结果显示供应链伙伴特性能对企业创新绩效产生显著的促进作用（陈伟、张旭梅，2011）。然而，从根本上讲，服务创新绩效与创新绩效并非完全相同，服务创新绩效是创新绩效研究领域中的一个重要分支。现有国内外文献中主要从定性角度对服务化转型背景下的制造企业供应链与服务创新绩效之间的关系展开论述，而几乎没有对其做样本数据调研或者对其进行规范的实证分析（蔺雷、吴贵生，2007）。这主要是由于我国制造企业的服务化转型研究还处在起步阶段，对于学术界而言，目前还没有将注意力从产品创新、技术创新完全转移到服务创新上来；另外一种可能就是服务创新引发的制造企业服务创新绩效界定有一定难度，数据不易获取，这也给该项研究带来了一些困难。本研究在以往研究的基础上，将供应链伙伴特性引入服务创新绩效领域，并进行了相关的实证分析，以进一步揭示制造企业的开放式供应链与服务创新绩效之间的关系。

近几年来，双元理论在学术界引起了越来越多的关注。自21世纪开始，*Academy of Management Journal*（《美国管理学会学报》）、*Academy of Management Perspectives*（《管理学学会展望》）、*Academy of Management Review*（《美国管理学会评论》）、*Journal of Business Venturing*（《商业风险期刊》）、*Organization Science*（《组织科学》）、*Strategic Management Journal*（《战略管理杂志》）等国际顶尖期刊发表了大量关于双元研究的文章。在这些期刊当中，*Organization Science* 曾经以双元研究为主题多次出版专刊。例如，国外学者 March 于 1991 年在 *Organization Science* 上发表了一篇名为 Exploration and Exploitation in Organizational Learning 的文章，后来该文章被认为是双元理论研究领域的经典之作。这篇文章将双元活动行为具体划分为利用式行为和探索式行为，利用式行为侧重于对现有技术和知识进行深化和改进，而探索式行为则强调创造全新的技术与知识。这两种行为的风险等级、所需要的知识基础、对应的学习活动、所适合的组织类型和企业文化、对服务创新绩效产生的影响都存在着巨大的差别。这两种行为是一种活动的两端，表现出广泛并且连续的关系（Sengupta & Ray，2017）。所以，怎样正确处理利用式行为和探索式行为二者之间的关系，以提高组织的双元性，是目前学术界的一个重要课题。

改革开放至今已有 40 余年，我国经济和社会发生了翻天覆地的变化，GDP 位居全球第二，工业规模和生产总值稳居全球第一。然而我们必须看到，当前我国制造业正处于结构调整与转型升级的巨大压力之下，制造业的低端产品严重过剩，大部分产品存在技术含量低、附加值低的情况，而高附加值、高技术含量的产品却供应不上，制造业的核心技术也常常受制于人。举例来说，2017 年，我国首架国产大型客机 C919 完成首飞，其使用的是 CFM 公司生产的 LEAP-X1C 发动机，而 CFM 公司则是一家由法国和美国共同成立的外资公司。可见，当前我国的制造企业大而不强，科技创新意识较弱，企业经营中利用式行为占主导地位，而探索式行为不足。因此，制造企业面临突出的组织双元性失衡问题。为了平衡组织内部的双元活动，国内外学者先后借鉴和研究了多种方法，例如结构双元（Tushman & O'Reilly，1996）、情境双元（Gibson & Birkinshaw，2004）和领导双元（韩杨、罗瑾琏、钟竞，2016）。然而，由于企业自身技术与资源的缺乏，制造企业难以在组织内同时进行这两种不同的行为来提升组织的双元性。

针对这一难题，学术界把研究领域从制造企业内部的双元活动行为拓展到制造企业之间的双元合作行为，即利用式学习和探索式学习。从制造企业的开放式供应链视角出发，一个完整的供应链能够让核心企业更好地获得和控制企业外部的资源，并为制造企业的双元学习行为奠定坚实的物质基础，从而满足利用式学习对同质性资源、探索式学习对异质性资源的巨大需求。利用式学习能够改善现有产品的功能与效用，而探索式学习则会创造出全新的技术与知识，两者结合起来，共同提高制造企业的服务创新绩效，使制造企业的开放式供应链发挥最大的价值。但是学术界尚未把这两种不同的学习行为引入服务化转型背景下的制造业开放式供应链研究当中，所以，在制造业服务化转型背景下的中国情境中，制造业开放式供应链怎样通过利用式学习、探索式学习以实现企业的短期生存与长期发展，都需要进行深入的探讨。

1.2 研究问题与研究意义

1.2.1 研究问题

服务型经济是当前制造业发展的趋势，服务创新与提供服务业务也日益成为制造业竞争优势的重要来源。长期以来，中国制造业处于全球价值链的中下层，要从高速发展向高质量发展转变，是一个非常艰巨的任务。在中国制造业服务化转型的过程中，企业自身创新资源不足、服务创新意识落后是本土制造企业需要解决的重大问题。运用开放式的服务创新思维与相关外部企业开展跨界合作，一起进行资源整合，是实现服务创新的一个重要策略。而与其他企业组成供应链联盟，无疑是解决核心企业自身创新资源不足、加快服务化转型的最佳途径。但是，制造企业对于如何组建开放式供应链并进行服务创新还缺乏明确的认识，缺少相应的理论依据和实践指导（彭本红、武柏宇，2016）。

制造企业服务化转型与制造业服务创新的研究方兴未艾，但其在战略管理领域和服务创新管理领域中的相关理论研究仍处于起步阶段（Ostrom，Parasuraman & Bowen，et al.，2015；Kowalkowski，Gebauer & Oliva，2017）。现有的研究多集中在"制造业服务化转型的驱动因素"和"服务创新能否对制造企业绩效产生影响"两大方面，研究结论普遍认为服务创新对制造企业的服务绩效有正向的影响作用。然而，对于"制造企业怎样有效地实施服务创新"和"制造企业如何获得高水平的服务创新绩效"等更深层次的问题，目前还没有得到我国学术界的充分重视，且在整体上也很少见学术界对国内制造企业的实际数据进行验证性实证研究。这种理论研究与企业实际需求相去甚远的现状急需突破。

基于以上现实和理论背景分析，制造企业的供应链伙伴特性研究已经引起了我国学者的关注，但对于供应链伙伴特性的构念维度以及其对制造企业服务创新绩效的影响机制还缺乏进一步的深入研究。本研究在借鉴与融合以往学者研究成果的基础上，以组织学习（利用式学习和探索式学习）理论为视角，阐述核心企业利用其供应链伙伴特性与其他企业组成开放式供应链提高自身服务创新绩效的具体路径。这不仅为核心企业在供应链组织内高效利用伙伴资源、维系自身的服务竞争优势提供理论依据，也为核心企业如何有效建立供应链并维护供应链合作提供一定的参考价值。具体而言，本研究将围绕以下三个问题进行探讨与分析：

一是供应链伙伴特性和服务创新绩效之间具备怎样的关系？

多数学者认为，核心企业通过积极主动地构建制造企业供应链，能够让自身在供应链中处于更有利的位置，聚集更多的稀缺资源，为提高服务创新绩效赢得竞争优势。但是，对于如何构建和维护制造企业供应链的现有研究却很少。另外，现实中虽存在类似供应链结构的企业，其服务创新绩效却存在着较大差别。本研究认为，其主要原因是核心企业供应链伙伴特性不同，即保持良好的供应链合作关系能够提高企业的服务创新绩效，从而使企业获得竞争优势，与之相反则会造成企业的服务创新绩效低下。尽管已有一些学者对供应链伙伴特性进行了相关研究，取得了一定的研究成果，但是对于供应链伙伴特性的内涵界定和维度划分并不统一，关于供应链伙伴特性及其维度影响企业服务创新绩效的实证研究也不多见。鉴于此，本研究基于已有的相关研究成果，深入探究供应链伙伴特性的内涵界定、维度划分及其正向影响服务创新绩效的机制。

二是供应链伙伴特性影响服务创新绩效的具体路径是怎样的？

为了提高制造企业的服务创新绩效，充分发挥核心企业与伙伴之间的供应链合作效应，就必须明确供应链伙伴特性对企业服务创新绩效的影响机制。但是当前国内学者对于制造企业服务创新绩效的前因影响因素所进行的研究较少，更多的是从制造企业内部视角来探讨前因影响因素，分析其开展服务创新所需的资源和能力。以往制造企业的资源和能力长期聚焦在技术创新和产品创新两个方面，关于制造企业跨界合作对创新的影响研究也主要集中于技术创新和产品创新两个方面。制造企业既缺乏服务创新的经验，也缺少服务创新所需的资源。因此，从这个角度来看，相较于服务型企业，制造型企业的服务创新对外部的组织机构，尤其是对供应链上下游中的供应商和顾客的依赖程度更高。所以，在制造企业服务创新的过程中，更应该重视跨界合作。基于上述分析，由于组织学习能够使核心企业在供应链中整合其他企业的资源以弥补自身服务创新资源的不足，所以，通过供应链企业间的组织学习，可以加快制造企业的服务创新和服务化转型。因此，本研究将组织学习引入研究模型，探索组织学习在供应链伙伴特性和服务创新绩效之间的中介作用，明确供应链伙伴特性对制造企业服务创新绩效的具体影响机制和路径。

三是关系质量和吸收能力是否会影响上述具体路径？

制造企业的供应链伙伴特性对服务创新绩效的作用可能会受到其他因素的

影响，因此有必要进一步探究其边界条件。在制造企业供应链伙伴特性通过组织学习（利用式学习和探索式学习）正向影响服务创新绩效的具体路径中，本研究将引入关系质量和吸收能力两个调节变量，以进一步探讨：在不同的关系质量情境下，制造企业的供应链伙伴特性对供应链内部企业之间组织学习的影响机制是否存在差别；在不同吸收能力的情境下，供应链内部企业之间的组织学习对服务创新绩效的影响机制是否存在差别。本研究采用相关分析、多元回归分析等方法，对制造企业的样本数据进行实证分析。先对关系质量在供应链伙伴特性与组织学习之间的调节效应进行实证检验，再对吸收能力在组织学习与服务创新绩效之间的调节效应进行实证检验，从而探究关系质量与吸收能力对上述具体路径的调节效应，深挖提高制造企业服务创新绩效的边界条件。

1.2.2　研究意义

通过对以上三个问题的研究，本研究将具有以下理论意义与现实意义。

（1）理论意义

从理论角度来看，国内学术界普遍认同服务创新能够有效地提升制造企业的竞争优势。在此基础上，国内学者进一步提出制造企业可以通过构建跨越不同地域和不同行业的多元化供应链，获取异质性的资源、知识、技术和资本，从而持续不断地提高自身的服务创新水平。尽管现有文献已经指出，制造企业不仅应该在产品创新、技术创新中进行跨界合作，在服务创新中也应该开展跨界合作，然而，在现有的理论研究中，仍然存在以下三个方面的问题。首先，仅从静态特征的角度分析了多元化开放式供应链的优点及其价值。例如，维持适度的供应链规模和选择合适的供应链类型，都会对制造企业的服务创新活动产生积极的影响。但是，目前还没有解决制造企业如何构建这种多元化的供应链以提高服务创新水平的问题。其次，只强调通过构建开放式供应链可以获取制造企业进行服务创新所需的资源、知识和技术，忽视了如何协调、整合供应链内部资源以及如何实现资源效用最大化的问题。开放式供应链汇聚了众多合作企业的异质性资源，应该通过对不同资源的整合，实现其效用最大化。这是一个具有挑战性和复杂性的过程。虽然开放式供应链为制造企业提供了一种获取外部资源的方式，但大量研究结果显示，这些有价值的资源并没有直接转化为创新成果，也没有直接提高服务创新绩效，而是需要借助外部的第三方力量，将这些资源转化为创新成果，才能提高服务创新绩效。最后，主要参考和借鉴国外关于制造企业供应链进行开放式服务创新的研究成果，忽视了中国本土企业与欧美等国外企业所处的环境不同，没有以中国情境作为本土研究的切入点。本研究从开放式供应链的视角出发，对制造企业的供应链伙伴特性的概念内涵及其维度划分进行剖析，通过引入关系质量这个具有中国特色的定量研究指标，构建和检验中国情境下供应链伙伴特性提升制造企业服务创新绩效的路径。这不仅解决了制造企业如何构建多元化供应链的问题，还揭示了组织学习在整合并转化供应链内部资源进而提高服务创新绩效方面的重要作用。因此，本研究为制造企业供应链的服务创新管理提供了新的研究视角，丰富了开放式供应链的理论体系，拓展了关于服务创新绩效提升机制的理论研究，具有重要的理论意义。

（2）现实意义

从实践角度来看，在创新驱动经济发展的新时代背景下，如何实现制造业的服务化转型已经成为日益紧迫的任务。制造企业通过建立开放式供应链来获取异质性的资源、互补性的能力，已经成为其维持服务竞争力的重要方式。本研究正是从这一现实情境出发，深入探索和检验了制造企业的供应链伙伴特性影响服务创新绩效的机制。这对于指导制造企业高效地构建开放式供应链以提高服务创新绩效具有以下三个方面的重要现实意义。首先，供应链伙伴特性能够为供应链合作企业形成与核心企业相匹配的伙伴特性提供切实可行的现实参照。不同的核心企业在选择合作伙伴并与之共同组建开放式供应链时，会根据自己的发展规划、企业文化和缺失资源等方面的情况，为选择合适的合作伙伴制定相应的标准。核心企业将根据这个标准对意向企业进行筛选，从而寻找到最合适的合作伙伴（其他企业），共同组成开放式供应链。根据其他企业具备的伙伴特性，核心企业引导其他企业对自身的发展目标进行调整，以匹配核心企业的发展规划，从而巩固建立起来的开放式供应链，实现相互之间的互利共赢。这将为核心企业与合作伙伴在供应链组织中分享互补性的资源、构建相容性的企业文化打下良好的基础，为提升核心企业与合作伙伴的服务创新绩效和克服"产品化陷阱"提供实践指导。其次，本研究对于构建和提升供应链企业的双元学习能力具有重要的现实启示价值。供应链中的资源并不能直接转化为创新成果，只有将供应链中的资源进行有效的转化后，才能提高服务创新绩效。相关研究发现，具备不同组织学习能力的制造企业，其资源转化效率存在显著差异。只有通过转化供应链内部的资源，形成核心企业自身迭代发展的能力，才能实现服务创新水平的提高。这就要求核心企业在供应链组织内部不断学习，以形成叠加式的组织学习能力。本研究将双元学习活动的研究领域从企业内部延伸至企业之间的相互合作，提出能否将资源有效地运用和转化取决于组织学习能力的高低的结论。在此基础上，研究了供应链中双元学习行为（即双元组织学习）对制造企业服务创新绩效的影响。因此，研究结论能为制造企业构建组织学习机制并提高组织学习能力，从而更好地实现服务创新提供有益的现实参考。最后，本研究对中国情境下的制造企业供应链发展提供了可借鉴的现实依据。关系质量是具有中国特点的典型构念，可以显著地影响供应链组织中制造企业的处境。如果企业之间关系质量较好，那么它们可以共享到互补性的资源，而那些与核心企业关系质量较差的供应链企业，则可能会遭受区别对待。特别是在中国"差序氛围"的人际关系环境下（沈伊默、诸彦含、周婉茹等，2019），与其他国家相比，关系质量对制造企业发展的影响更为显著。因此，本研究基于制造企业供应链开展情境研究，探讨关系质量在供应链伙伴特性与组织学习之间的调节效应，不仅对供应链伙伴特性的边界条件进行了实证分析，而且拓展了供应链伙伴特性的实证研究视角。由此可见，本研究更加贴近于当前制造企业供应链的发展现状，可以为中国情境下的供应链制造企业提高服务创新绩效提供有益的现实参考。

1.3 研究思路与章节安排

1.3.1 研究目的

本研究基于组织学习理论，重点探究在我国已经建立了供应链结构的国内制造企业，接着剖析供应链伙伴特性的内涵定义和维度划分，揭示其对服务创新绩效的作用机理，并明确界定发挥服务创新效应的边界条件，以期为制造企业的供应链管理创新提供理论指导和现实借鉴。本研究旨在实现以下目标：

第一，明确供应链伙伴特性的内涵定义和维度划分。本研究对现有的制造企业供应链研究进行了系统的回顾和整理，了解了有关概念的内涵本质，剖析了供应链伙伴特性的内涵定义和维度划分，为供应链伙伴特性影响服务创新绩效的概念模型构建和后续案例研究打下了基础。

第二，探讨供应链伙伴特性对服务创新绩效的影响机制。基于对供应链伙伴特性与服务创新绩效之间关系的理论分析，本研究引入"利用式学习"（Exploitative learning）和"探索式学习"（Exploratory learning）作为中介变量，从资源互补性、文化相容性和目标协同性三个角度出发，剖析供应链伙伴特性的维度，探索其通过组织学习提高服务创新绩效的内在机理。

第三，探讨关系质量和吸收能力对核心企业的调节作用。关系质量和吸收能力是影响供应链运营状况及制造企业服务创新绩效的两个关键变量，制造企业在供应链中打造良好的关系质量，可以提升整个供应链的运作效率，进而提高制造企业的服务创新绩效；供应链中制造企业的吸收能力是其解决问题与学习知识的能力，会对组织学习的方式产生影响，其与组织学习之间存在协同演化的关系。本研究旨在探讨关系质量在供应链伙伴特性与组织学习之间的正向调节作用以及吸收能力在组织学习与服务创新绩效之间的正向调节作用。

第四，揭示制造企业的供应链伙伴特性、组织学习与服务创新绩效三者间的动态演变规律。在开放式的供应链创新模式下，组织之间的关系质量与制造企业的吸收能力均处于动态变化的状态之中，故本研究采用探索性案例研究的方法，探讨在不同关系质量和吸收能力的条件下，制造企业的供应链伙伴特性、组织学习与服务创新绩效的动态演变规律，明确制造企业应如何动态调整供应链伙伴特性与组织学习之间的关系才能不断提高服务创新水平与服务竞争力。

1.3.2 关键概念界定

本研究的研究对象是具有供应链结构的制造企业，并以国内制造企业为调研主体。鉴于我国制造业处于服务化转型过程中，还没有建立起系统性的理论研究框架，尤其是对制造企业的供应链伙伴特性及其他相关概念的理解并不一致，本研究在此就供应链伙伴特性、组织学习、关系质量、吸收能力以及服务创新绩效的概念进行阐述。

（1）供应链伙伴特性

供应链伙伴特性是核心企业选择合作伙伴时的特征分析标准，本研究重点探讨了供应链节点企业的伙伴识别要素的构成成分，基于薛萌（2020）的文献研究，并结合本研究服务创新的研究情境，出于对供应链企业间互补性、兼容性等因素的考虑，将供应链伙伴特性定义为：嵌入供应链上各类型企业与核心制造企业之间的一种匹配度属性，其为供应链中的核心制造企业在选择大型及中小型合作伙伴的过程中提供了参考标准。本研究主要探索制造企业供应链的服务创新，因此，借鉴 Mccutcheon 和 Stuart（2000）、陈伟和张旭梅（2011）、刘自昂（2019）、薛萌（2020）等国内外学者关于供应链伙伴特性维度的划分方式，将制造企业的供应链伙伴特性划分为资源互补性、文化相容性、目标协同性三个维度。具体而言：第一，资源互补性是指合作双方的资源组合能实现优化配置，任何一方所贡献的资源对另一方都会产生边际收益递增效应，双方所贡献的资源对彼此需要并且有价值的程度，双方资源组合能形成优势互补和协同增值效应的程度，并且预期的组合价值要比两者独立存在的价值总和高；第二，文化相容性是指供应链中合作双方对彼此的价值观、理念、文化和行为处事方式等方面相互适应、认同、理解、包容的程度，包括能够及时避免双方发生矛盾和冲突的程度；第三，目标协同性是指双方各自目标互促互利的程度、双方就合作目标达成共识的程度以及各自目标与合作目标一致或兼容的程度，目标协同能让企业在供应链合作中建立起一个共同的发展目标，将合作双方推向一个共同的发展方向。在供应链中，资源互补性、文化相容性和目标协同性是供应链伙伴特性的核心，三者互为补充、相辅相成，反映出大型及中小型企业与供应链核心企业之间的关系兼容性与互补性的不同构面，并且从不同的构面对供应链伙伴特性这一整体构念做出相应的贡献。

（2）组织学习

"组织学习"的概念最初是由 Argyris 和 Schön（1978）提出的，他们把组织学习看作是通过重新构建组织的使用理论，从而发现不足之处并进行修正的过程，认为组织学习包括发现、发明、实施、推广等四个学习阶段。从此，学术界开始对组织学习这个主题进行深入研究，并将其视为企业增强竞争优势、提高服务创新绩效的有效手段（Argote，2011；Bingham & Davis，2012）。后来Carmeli 和 Gittell（2009）又提出，组织学习是一种动态地吸收、获取、整合和利用内外部经验与知识，进而提高组织运行效率的过程，是不同员工、不同组织之间互动与交换的过程。从现有的研究来看，笔者发现"知识"是任何一种组织学习的基础，而组织学习则是企业提高竞争力的内在动力源泉。基于现有的概念界定，结合研究情境，本研究将组织学习定义为：为了维持供应链企业的竞争优势，企业从个体、团体、组织等不同层次汲取现有经验和吸收外部新知识，并将其转化和运用到企业内部，从而不断地创造新服务和新技术，进而持续改变组织的思维模式和行为方式。本研究参考 March（1991）提出的维度划分结构，把组织学习划分为两个维度：第一，利用式学习，是指利用企业已经积累的技术与知识，将其在企业内或企业间进行共享，使现有知识和技术的价值最大化，从而推动企业绩效渐进式增长，实现企业的服务创新目标；第二，探索式学习，是指了适应服务与制造融合的新形势，企业积极开展多层次的企业内和企业间科研活动，以探索新知识、学习新技能、创造新的服务模式，从而推动服务创新绩效实现突破式增长。

（3）关系质量

对于企业之间关系质量的研究起初多集中在企业战略、运营和市场营销等领域，例如 Song 等（2012）把关系质量看作是双方企业之间一种长期的、积极的商业关系，包含合作与冲突的解决。后来关于关系质量的研究逐渐延伸至供应链领域，并运用到供应链管理中，由此扩大了关系质量的研究范围，进而引起了对供应链关系质量的研究探索。本研究讨论供应链的关系质量，在借鉴徐可等（2015）、姜贺（2019）的相关研究基础上，基于供应链企业之间的关系、关系互动的过程、发生的行为等视角来对供应链关系质量进行定义，即供应链关系质量包含了节点企业在互动过程中所形成的企业文化、共同价值观等认知层面上的感受评价，同时将关系质量定义为：供应链企业之间由于持续进行关系专用性投资、共享学习和交易博弈而逐渐形成了长期、稳定的合作关系，关系质量则是对供应链中各个企业之间所建立的互动关系的全面评价。

（4）吸收能力

在早期研究中，Cohen 和 Levinthal（1990）把吸收能力界定为识别、同化和创造新的外部知识三个维度。此后，Zahra 和 George（2002）从企业技术提升的视度对吸收能力进行了重新定义，提出吸收能力包含技术的识别、消化、转化和运用四个逐步发展的过程，然后将吸收能力划分为实际吸收能力与潜在吸收能力。这也是当前广泛使用的吸收能力概念。陈劲和吴波（2011）继续采用 Zahra 和 George（2002）的做法，把实际吸收能力与潜在吸收能力区分开来，实际吸收能力包含转化能力与利用能力，潜在吸收能力包含获取能力与消化能力。中外学术界对吸收能力的定义，主要包括两个阶段：第一个阶段以 Cohen、Levinthal 等人为代表，他们认为吸收能力是指企业能够识别和运用外部知识的能力，而不进行再创新；第二个阶段以 Zahra、George、陈劲等人为代表，对吸收能力的内涵进行了拓展，他们指出吸收能力不仅是识别和运用外部知识的能力，还是结合内外部知识进行再创新的能力。本研究采用吸收能力第二个阶段的定义，将其界定为：供应链企业通过和合作伙伴的共享、学习，对外部知识进行搜索、获取、消化、运用、整合和评价，并与其内部知识相结合，从而实现企业创新目标并获取服务化转型的能力。

（5）服务创新绩效

服务创新绩效作为创新绩效的一个分支，和创新绩效定义相同的地方是，其是对企业服务创新活动效率与效果的评价，已有研究大多是从效率与效果两个方面来评价企业的服务创新活动。制造企业在进行服务创新时，需要同时面对产品和服务两种业务，所以制造企业的服务创新既能推动产品销售量和销售额的增长，又能促进服务业务类型的增加。因而对于服务创新绩效，除了现有研究中已经提到的企业投资回报率和市场占有率等财务指标外，本研究还重点关注新服务观念的形成及新服务数量的增加。本研究提及的服务创新绩效是指供应链核心企业通过提供新的服务理念、新的服务及产品供给流程所获得的服务绩效，其中财务指标主要包括投资回报率和市场占有率等，非财务指标则包括新服务观念的形成以及对新服务或产品的满意程度等。针对服务创新的特征，本研究从制造企业创新管理的角度出发，借鉴 Cooper 和 Kleinschmidt（1987）、Storey 和 Kelly（2001）、简兆权等（2014）、蒋楠等（2016）以及王绒

（2018）等人的相关研究，同时结合制造业服务化转型的背景，以及绩效和创新绩效的已有界定，认为服务创新绩效是对供应链核心企业服务创新活动效率与效果的评价，相应地对服务创新绩效进行了定义：供应链核心企业通过重组资源、创造资源来不断地开发新的服务、产品种类及服务手段，并持续改进现有服务、产品供给流程以满足企业自身、雇员、客户、社会等利益相关方的需要，从而保持企业竞争优势和竞争能力，并在此基础上创造的新价值和取得的绩效结果。

1.3.3 研究技术路线

本研究以组织学习理论为视角，基于制造企业供应链伙伴特性通过利用式学习以及探索式学习正向影响服务创新绩效的多元中介作用模型，进一步探索供应链伙伴特性与服务创新绩效之间的影响机制。同时从中国本土情境出发，明确不同关系质量情况下供应链伙伴特性对利用式学习和探索式学习的影响机制，以及不同吸收能力情况下利用式学习和探索式学习对服务创新绩效的影响机制。

为了系统科学地看待与解决问题，本研究在研究路线图中列出了具体的步骤和解决方法（详见图1.1）。本研究将从四个环节入手。第一个环节，提出相关研究问题。第二个环节，在前人的理论研究与实证研究的基础上建立本研究的概念模型并提出研究假设。第三个环节，发放、收集调查问卷，获取实证数据，以检验本研究的假设是否正确。具体的执行措施划分为三个部分：一是从供应链伙伴特性与组织学习（利用式学习和探索式学习）两个方面出发，考察供应链伙伴特性及组织学习影响服务创新绩效的作用是否显著，并进行检验；二是检验供应链伙伴特性影响服务创新绩效的具体中介路径；三是检验关系质量影响供应链伙伴特性与组织学习之间的关系以及吸收能力影响组织学习与服务创新绩效之间的关系。在具体执行中，本研究主要采用层次回归分析法对问题进行分析。第四个环节，根据理论研究与实证研究的结果，提出制造企业提高服务创新绩效和市场竞争力的对策、本研究的局限性和未来的研究方向。

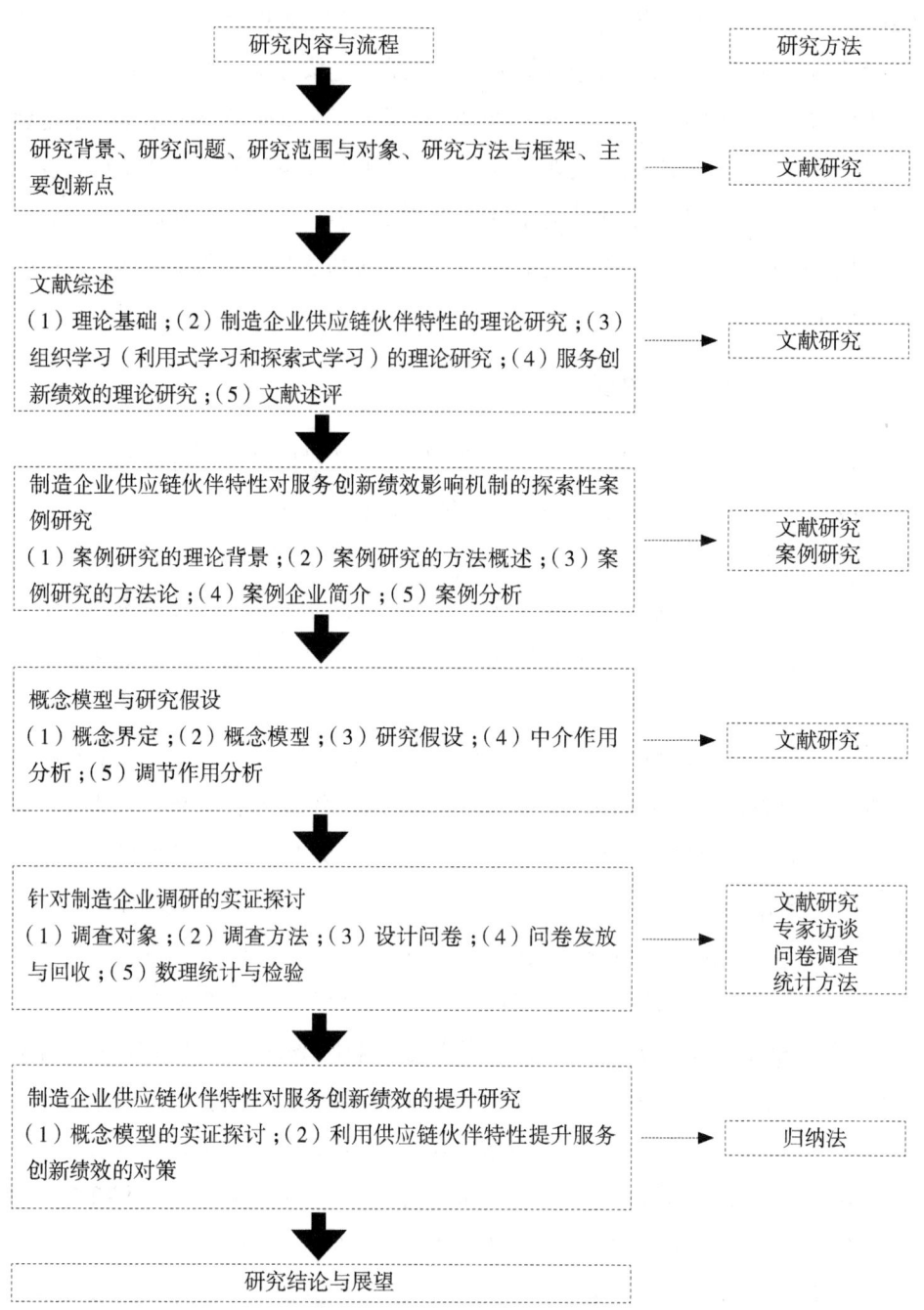

图 1.1 研究路线图

1.3.4　章节安排

本研究聚焦制造企业供应链伙伴特性如何提升服务创新绩效这个研究议题，采用案例研究和实证研究相结合的方式，力图做到逻辑清晰、主次分明地设计全书章节。基于此目标，本研究总共分为八章，每章主要内容安排如下。

第一章：绪论。本章依次介绍了制造企业供应链伙伴特性对服务创新绩效影响机制的现实背景、理论背景及其现实意义、理论意义，并针对拟解决的问题提出了本研究的技术路线、研究框架、研究方法，最后对本研究的创新之处进行了阐述。

第二章：文献综述。厘清本研究的核心构念，并对以往文献成果进行回顾，即对相关理论基础、供应链伙伴特性、组织学习（利用式学习和探索式学习）和服务创新绩效的国内外文献进行系统梳理和分节回顾。通过对以往文献成果的回顾，归纳出已有研究的不足之处与本研究的切入点，为后续概念模型与研究假设的提出打下坚实的理论基础。

第三章：制造企业供应链伙伴特性对服务创新绩效影响机制的探索性案例研究。针对制造企业供应链伙伴特性正向影响服务创新绩效这个议题，本研究采用结构化和半结构化访谈的方式收集数据，选取四家规模各异的制造企业分别开展探索性案例研究。本研究通过分析四家制造企业的供应链伙伴特性、组织学习、关系质量、吸收能力和服务创新绩效，提出了五个初始命题，为后续的理论建模与实证分析奠定了基础。

第四章：理论模型的构建。本章在借鉴前人文献研究的基础上，对供应链伙伴特性进行了界定，对其内涵进行了分析，并将其划分为三个维度，然后初步构建了制造企业供应链伙伴特性对服务创新绩效的理论框架与研究模型。

第五章：研究假设的提出。结合本研究第二、三、四章内容，本章以组织学习理论为基础，对制造企业供应链伙伴特性的三个维度、关系质量、组织学习的两个维度、吸收能力和服务创新绩效之间的关系进行说明，对第三章提出的初始命题进行了补充与完善，并提出了更加细化的研究假设，明确了组织学习对影响路径的中介作用以及关系质量、吸收能力对影响路径的调节作用。

第六章：研究设计与方法。本章主要对本研究的研究设计过程进行了科学、规范、详尽的论述。本章参照了国内外相关领域比较成熟的量表，对各个变量进行了解释，并利用小样本预测试等有关分析，为验证第五章提出的研究假设提供数据支撑。

第七章：实证分析与结果讨论。本章基于本研究提出的概念模型，对收集的大样本数据进行了分析与处理，并验证了有关研究假设。第一，运用多元回归分析方法验证了组织学习在供应链伙伴特性与服务创新绩效之间的中介作用，并运用 PROCESS 软件进行稳健性检验；第二，再次运用多元回归分析方法验证了关系质量在供应链伙伴特性与组织学习之间的调节作用以及吸收能力在组织学习与服务创新绩效之间的调节作用；第三，针对研究结果进行了分析和探讨。

第八章：研究结论与展望。本章对全书的主要研究结论进行了回顾，根据本研究的研究模型和实证分析结果，对整个研究的理论贡献和实践启示进行了总结，并指出本研究的局限性与不足之处，在此基础上对未来的研究方向进行了展望。

1.4　研究方法

本研究运用定性和定量相结合的研究方式，充分发挥各种研究方法的优点，最大限度地确保其规范性和科学性。首先，运用文献研究法对现有的相关理论研究成果进行阅读、归纳与总结；其次，在此基础上运用探索性案例研究的方法构建本研究的理论框架并提出初始命题；再次，先进行小规模的预测试，再进行大规模的问卷调查，收集相关的制造企业数据；最后，运用样本方差检验等统计学方法对数据进行分析，利用多元回归模型对本研究提出的直接效应、中介效应和调节效应进行实证检验，得出相应的结论。具体而言，本研究主要采用以下五种不同的研究方法。

（1）文献研究法

通过 SpringerLink、知网、万方等国内外知名学术数据库，对研究涉及的关键词进行全面的检索，从中筛选出一批具有代表性的研究文献。筛选出的文献以国际顶尖刊物相关研究成果为主，以国内权威刊物相关研究成果为辅。通过广泛阅读有关供应链伙伴特性、关系质量、组织学习、吸收能力和服务创新绩效等方面的文献，梳理制造企业供应链服务创新的脉络，厘清本研究所涉及的主要构念，发掘已有研究的缺陷以及需要进一步探究的地方，以此作为本研究的出发点。这为本研究的理论推导、分析解读、假设提出、模型构建和归纳总结等方面提供了系统的文献支持和厚实的理论基础。

（2）案例研究法

探索性案例研究是指直接观察社会的原始现象并进行理论挖掘，被视为深入进行社会学研究的"序曲"。所以，在进行大样本调研之前，本研究选取了国内四家位于不同地区且规模各异的代表性制造企业为研究对象，收集四家制造企业的有关数据。从动态的交互过程和企业所处的情境出发，探索变量间可能的作用路径与影响机制，以阐明制造企业供应链伙伴特性、关系质量、组织学习、吸收能力与服务创新绩效之间的关系。本研究通过进行个案分析与跨案例比较分析，提炼出初始命题，同时还将案例研究结果与定量研究结果进行相互验证，为后续研究中的理论推导、模型构建和大样本实证检验奠定了坚实的现实基础。

（3）实地调研考察和访谈法

本研究通过对相关理论文献进行考察，阐述了当前的供应链伙伴特性与服务创新绩效的研究范式及其研究成果。基于以往的研究发现，为了进一步提升测量量表的有效性与准确性，本研究选择被众多权威期刊文献所采纳的核心变量测量量表。为了适合本研究的研究情境，笔者深入相关制造企业内部进行了结构化和半结构化访谈，针对供应链伙伴特性、关系质量、组织学习、吸收能力和服务创新绩效之间的关系进行了实地调查访问，通过对量表进行微调和纯化，提高了量表的信度和效度。经过对制造企业的实地调查，本研究全面深入地理解了制造企业供应链伙伴特性的建设与管理过程。

（4）问卷调查法

问卷调查法因其灵活、方便、快速等优点，在量化研究中已经得到了广泛的应用，是本研究获得一手数据的主要方法。本研究基于以往的文献研究和实地的调研访谈，设计了初步的调查问卷，并针对初步问卷进行了小规模的发放。回收问卷后进行了初步的信效度等测试，以评估其一致性和有效性，并对初始问卷进行了进一步的完善和修改，以确定最终的问卷，随后将最终问卷进行大规模的发放。笔者在导师团队、企业团体以及 MBA 班级同学的帮助下完成了调查问卷的分阶段发放工作，最终问卷以现场回收的方式或者委托他人代替回收的方式收集。最后，经过整理和筛选的问卷都通过了相关检验，表明抽取的样本企业具有统计学意义，为后续的实证分析工作提供了大样本数据。

（5）统计分析法

实证分析是社会科学标准化研究的一种重要手段，本研究拟运用量化的实证分析方法来检验研究假设。首先，采用问卷调查的方式获取样本数据。其次，对样本数据进行整理和统计分析，笔者借助 SPSS 21.0 和 AMOS 18.0 等统计分析软件工具，运用多元回归模型和结构方程模型，验证了制造企业供应链伙伴特性对服务创新绩效的影响机制和具体的中介路径，检验了本研究提出的概念模型。具体的检验主要包括制造企业供应链伙伴特性对服务创新绩效的直接效应、组织学习在供应链伙伴特性与服务创新绩效之间的中介效应、关系质量在供应链伙伴特性与组织学习之间的调节效应、吸收能力在组织学习与服务创新绩效之间的调节效应。最后，得出相应的实证研究结论并进行了总结。

1.5 本研究的创新点

本研究基于组织学习理论，遵循"特性 – 学习 – 绩效"的理论框架，结合制造企业服务化转型背景，围绕"制造企业供应链伙伴特性对服务创新绩效的影响"这一主题，充分借鉴国内外现有研究成果和分析方法，采用探索性案例研究的方法构建了包括组织学习的中介效应模型以及关系质量、吸收能力的调节效应模型。本研究以科学、规范的研究设计为基础，收集样本数据，运用结构方程模型和多元回归分析等方法，对制造企业供应链伙伴特性与服务创新绩效之间的关系进行了实证研究。所以，从逻辑推理和实证分析的角度出发，本研究具备一定的创新性，有以下三个创新点。

其一，本研究将供应链伙伴特性的研究领域从创新绩效延伸至服务创新绩效，并把制造企业服务化转型研究对象的范围从单个制造企业扩展至整个制造企业供应链。

　　本研究首先回顾了制造企业服务化转型、供应链与服务创新绩效的相关文献成果，然后结合制造企业供应链中企业在服务创新过程中的实际合作情况，基于组织学习理论，提出制造企业的供应链伙伴特性会直接影响制造企业服务创新绩效的结论。本研究对供应链伙伴特性做了进一步的深化研究，扩展了服务创新绩效的前因影响因素，将供应链伙伴特性的研究领域从创新绩效（陈伟、张旭梅，2011）延伸至服务创新绩效，并把制造企业服务化转型研究对象的范围从单个制造企业扩展至整个制造企业供应链，从而丰富了制造企业供应链伙伴特性和制造企业服务化转型的研究成果。目前，有关制造企业服务创新绩效的前因影响因素研究大多集中在客户导向（徐建中、付静雯，2018）、服务化战略（王绒，2018）、外部组织整合（曾经莲，2019）等方面，少有从制造企业供应链的角度来揭示供应链伙伴特性对服务创新绩效的影响。本研究以供应链企业的实际情况为基础，采用现场访谈法，对核心企业与中小型企业的现实背景进行调查，从制造企业供应链的视角出发，提出在制造企业服务化转型背景下，制造企业提高服务创新绩效的新机制。这将有助于学界更好地理解制造企业提高服务创新绩效的理论内涵，同时为制造企业提高服务创新绩效提供了新的切入点。

　　其二，本研究从组织学习理论的视角出发，提出了双元组织学习在制造企业供应链伙伴特性与服务创新绩效之间的中介作用机制，揭示了供应链伙伴特性与服务创新绩效之间影响机制的"黑箱"。

　　双元理论最初应用在组织内部，本研究把双元理论的应用范围从企业内部延伸至供应链企业之间的合作层面，从而扩大了其应用范围。现有关于供应链伙伴特性的中介机制的研究主要从知识交易（陈伟、张旭梅，2011）、信息共享（周荣辅、苏文月，2012）、关系资本（薛萌，2020）等中介效应角度来分析供应链伙伴特性对绩效产生的影响，缺乏一种更为合理的理论视角来揭示制造企业进行资源转化的过程，使得现有文献研究不能很好地解释供应链伙伴特性是通过何种路径对服务创新绩效产生影响。本研究通过理解制造企业供应链中各个企业之间的相互影响关系，揭示了供应链伙伴特性对服务创新绩效影响机制的"黑箱"，构建了包括利用式学习和探索式学习的多元中介效应模型，提出了利用式学习和探索式学习是供应链伙伴特性影响服务创新绩效的重要中介变量。一方面，对现有制造企业供应链中的资源转化问题进行了理论研究上的补充；另一方面，为服务化转型背景下制造企业提高服务创新绩效提供了一定的理论指导。这是对已有研究中未能从双元组织学习理论视角来解释服务化转型背景下制造企业供应链如何提高服务创新绩效的补充，由此进一步丰富了关于制造企业供应链中服务创新管理的研究，也为服务化转型背景下制造企业提高服务创新绩效提供了重要参考。

其三，本研究通过提出关系质量对供应链伙伴特性和组织学习之间关系的调节作用、吸收能力对组织学习和服务创新绩效之间关系的调节作用，拓展了关系质量和吸收能力的应用领域和研究范围。

本研究同时考虑关系质量和吸收能力发挥的情境作用，从权变视角分别揭示了在不同关系质量下供应链伙伴特性对组织学习的影响以及在不同吸收能力下组织学习对服务创新绩效的影响。已有的文献研究多数是论证供应链伙伴特性与绩效之间简单的二元关系，并得出二者之间简单的正向影响关系等结论，从权变视角来描述二者之间动态性关系的文献研究很少，仅有的相关研究也主要是从政府支持（王萧萧、蒋兴华、朱桂龙等，2018）、网络能力（薛萌，2020）等权变视角出发进行有关探讨，并不能很好地解决供应链内制造企业在实施服务创新时所面临的中国本土情境化问题。因此，本研究从权变视角出发，引入具有中国情境特色的调节变量——关系质量，检验其在供应链伙伴特性与组织学习之间的调节效应，同时引入吸收能力调节变量，深入考察双元组织学习与服务创新绩效之间的动态性关系，从而挖掘供应链内制造企业资源转化为服务创新绩效成果的边界条件。本研究通过揭示影响制造企业供应链伙伴特性、组织学习与服务创新绩效的边界条件，拓展了中国情境下关系质量和吸收能力的应用领域和研究范围，从而为供应链管理者科学地管理制造企业供应链提供了新的视角，同时也为后续的研究者提供了新的参考思路。

2 文献综述

以本书第一章研究内容中涉及的相关概念为基础，本章通过对现有理论研究进行回顾和梳理，并对其进行研究评述，试图揭示本研究与现有研究成果之间的理论继承、补充和扩展关系。首先，对本研究所采用的理论基础进行了总结，并就其与本研究的关系进行了简要论述；其次，界定了供应链伙伴特性的内涵，厘清了供应链伙伴特性的影响因素及其构成维度，并阐述了供应链伙伴特性与创新绩效之间的关系；再次，对组织学习的内涵、影响因素和构成维度等方面进行了综述，并阐述了组织学习与创新绩效之间的关系；从次，对服务创新绩效的内涵及其影响因素进行了综述；最后，对以上内容进行了文献评述，并指出了现有研究成果的不足之处与本研究的研究思路，从而为本研究奠定理论基础。

2.1 相关理论基础

2.1.1 组织学习理论概述

组织学习理论的起源基于世界范围内各个国家逐步进入"知识经济"的时代背景，随着信息技术的飞速发展，各种行业信息和知识的传播速度不断加快，较之以往缩短了传播时间，也降低了传播成本，而且各种知识更容易实现跨行业、跨国界的自由流动和自由渗透。知识基础观是资源基础观的扩展与延伸（Grant，1996），它把知识视为企业最具战略意义的资源，因而，创造知识、储备知识和运用知识是企业获得竞争优势的重要原因（Kogut &

Zander，1996）。这就意味着，企业在获得资源的过程中，要想建立起自己的竞争优势，就必须把外部知识内化，然后加以利用，才能最终形成自身的竞争优势（Richter & Vettel，1995）。组织学习就是指组织通过与外部环境的互动，以组织为整体进行学习，然后在组织内将学习到的外部知识内化于组织中（March，1991）。因而，组织学习理论又是对知识基础观的拓展。在我国制造企业逐渐步入"后工业化"的制造业服务化转型时期，制造企业既要充分运用外部环境中的各种信息与资源，又要在最短的时间内将自己的产品、服务模式、内部知识等向外快速推广，从而把握企业创新的机遇、提高企业的竞争力与市场地位，实现通过知识和资源的跨界流动以加快制造企业服务创新的目标（Chesbrough & Crowther，2006；Tong，Tang & Zhou，et al.，2014；Hong，Snell & Rowley，2017；Bogers，Chesbrough & Moedas，2018）。因此，组织学习理论对于指导我国制造企业的发展和服务化转型具有重要的战略意义。

在 1965 年发表的《组织学习：对一个理论的观察》文章中，第一次出现了组织学习（Organization learning）的概念（Cangelosi & Dill，1965）。尽管国内外学者一直以来都对组织学习的定义众说纷纭，但大部分研究都将其视为组织成员的集体学习。当世界迈入 20 世纪 70 年代以后，Argyris 和 Schön（1978）在总结前人研究成果的基础上，正式提出了"组织学习"概念，并把它界定为："一个组织能够发现自身的错误，并且可以运用多种不同的组织手段或方法来纠正该错误。"从那时起，许多国内外学者纷纷开始对组织学习的概念进行深入的探索。举例来说，国外学者 Senge 和 Sterman（1992）尝试回答"企业在日益复杂的环境下，怎样才能更有效地学习"这个问题，提出企业管理人员应该学会系统化思考，培养系统化思维方式，以推动组织的学习理念。国内学者也对组织学习进行了相应研究，例如王永贵等人（2003）发现，企业内部的组织学习通过分享价值观念、信念和准则来实现信息共享和共同创造组织记忆的目标，进而促使组织自身的思维模式和行为方式发生改变，从而推动企业的创新活动。田毕飞和祝人杰（2022）认为，中国的国际新创企业采取信息探索式的学习方式，在多个领域内寻求外向型合作伙伴，既能降低经营风险、节省企业开支、缩小与国外领先企业的差距，同时也可为其建立起一条完整的产业链条；中国的国际新创企业必须充分发挥本土的学习资源优势，健全内部的价值链管理体系，才能使内部的知识产生螺旋式增长，达到价值链条和组织学习相融合的目标，最终通过组织学习提高自身在全球价值链中的地位。

关于组织学习在理论层面上的特点，已有许多学者从多个角度对其展开研究。例如，于海波等人（2007）对组织学习进行深入研究后，认为组织学习的本质就是组织内部或者组织之间的人际交流和共同学习，并在这个过程中实现了信息互动和知识流动。从理论视角出发，其提出国内企业的组织学习机制具备以下四个特点：第一，组织学习以个体层面的学习为起点，始于组织内个体的探索，当个体探索成功后，就会将成功经验推广到组织内的各个团体，从而形成团体学习，最终达成组织层面的学习目标。因此，团体学习是组织学习中的一个重要环节，它是个体学习转化为组织层学习的重要中介渠道，是个体学习促进组织层学习的主要途径。第二，组织层学习是组织内部学习的最高层次和最终学习目标，无论是个体学习还是团体学习，最后都是为了促进组织层学习的提高。组织层学习与组织间学习紧密相关，组织层学习是组织内部与外界环境相互作用的关键中间环节，良好的组织间学习必须建立在组织内部高水平的组织层学习基础之上，组织层学习是个体学习和团体学习促进组织间学习的必由之路。第三，利用式学习与探索式学习是组织学习的核心内容，利用式学习注重对现有知识的运用，探索式学习注重对新知识的开发，两者缺一不可、并驾齐驱。第四，组织内部吸收、消化知识与组织外部捕获新知识是同步进行的（Santa & Nurcan，2016）。

关于组织学习在实践层面上的特点，也有许多学者从企业实践的角度出发，发现国内企业的组织学习实践具备以下三个特点。第一，从个体和集体的差异视角出发，目前国内企业的组织学习主要集中在团体层面和组织层面的利用式学习，个体层面的组织学习较少，并且各个层面上的探索式学习也比较少。这说明国内企业过于重视运用现有知识，忽视了对知识的开发和创新，不符合企业长远发展的要求。相对于组织间学习，本土企业更倾向于组织内学习，比如个体学习、团体学习、组织层学习等，这说明国内企业对组织间的合作共赢和共同开发不够重视（Cabrilo & Dahms，2020）。第二，从企业的不同类型视角出发，各类研究对不同类型的企业进行了调研，结果显示：在我国，私营企业组织学习的整体水平高于三资企业和国有企业的组织学习水平。这是因为私营企业普遍规模较小，管理体制更加灵活，同时也面临着更大的外部竞争压力。第三，从企业的不同成长周期视角出发，成熟期企业的各种制度比较稳定，因此个体学习、团体学习的水平较低，而成熟期企业的知识开发和知识应用体系较为完善，所以组织层学习的水平较高。成熟期企业的经营状况较为稳定，内部和外部的压力较小，缺乏拓展合作伙伴的动力，导致成熟期企业的组织间学习水平较低（于海波、郑晓明、方俐洛等，2007）。

另外，组织学习是一个渐进的发展过程（Berends，Boersma & Weggeman，2003），既包括学习的进程，也包括学习的结果。这一过程具备两个明显的与时间有关的特点，分别是连续性与动态性（Dodgson，1993）。首先，连续性特点体现在组织学习是一个在时间维度上持续不断进行的过程。企业以往的组织学习经验，可以为后续的组织学习奠定基础。在进行组织学习之前，必须先全面了解组织过去的发展历史，这样才能更为准确地判断组织目前的现实需要，并对其将来的发展需求做出预测。只有这样，企业的组织学习活动才能真正实现以历史为基础，符合当前的需求，并与组织的未来发展相适应。换而言之，组织学习要与企业的过去、现在与将来进行对话和交流。只有通过这种方式，组织学习才能更好地适应当前动态的社会环境，有效地应对未来经济的变化，以满足组织今后的发展需求（Berends，Boersma & Weggeman，2003）。其次，动态性特点是指组织学习作为企业获取核心竞争力和可持续发展能力的重要手段，其是一种动态过程。通过研究资源学派和能力学派的文献成果，本研究发现，在把静态资源转化为从事各种活动的动态能力的过程中，组织学习发挥了至关重要的作用。企业要适应外部的动态环境，就必须不断地进行组织学习，持续地将内外部信息、自身的技术知识变成组织成员的共识，被员工所理解，从而形成处理日常事务的动态能力。以具备一定的动态能力作为前提，再持有相应的物质资源，动态能力才能将静态资源转化为企业绩效，企业的绩效目标方能顺利实现（李文达、龙勇，2005）。

对组织学习有了一个全面的理解后，应该再了解它的细分维度。目前，国内外学者主要从学习载体的层次来对组织学习进行维度划分。从学习载体的层次出发，组织学习主要包含个体、团体、组织层和组织间等四个层次（Bontis，Crossan & Hulland，2002；于海波、郑晓明、方俐洛等，2007）。

个体学习是组织学习理论产生的直接原因，个体学习是组成组织学习的基本要素，但是不能认为组织学习是个体学习结果的简单累积（Fiol & Lyles，1985）。个体学习包含观察、评估、规划与实施等四个阶段（Antonacopoulou，2006）。组织学习始于观察组织内个体的特定经历，基于对观察结果的反思与评估，抽象出对现象的理性认知，规划出未来的行动目标，并在实际学习中加以实施和检验，从而获得新的感性认知。如此循环往复，从而使个体的认知和阅历不断得到更新和提升。毫无疑问，这种循环有助于个体开发新的心智模式，团体与组织应当提倡这种个体学习，并共同分享个体获得的知识和经历。通过这样的分享方式，个体新的心智模式将会在组织内其他团体和成员中扩散，随着其他成员对此达成共识，这种新的心智模式就会转变成一种新的组织氛围，进而影响该组织的行为以及组织内其他个体的行动（Alerasoul，Afeltra & Hakala，et al.，2021）。个体是构成组织的基本单位，个体所学到的知识会被保存在组织中，虽然组织中的人员和团体总会随着时间而发生变动，有人进、有人出，但是个体和团体以前所掌握的知识并不一定会因此流失。

团体学习是一种团体层次的组织学习，也是一个组织管理学习经验的过程，包括管理个体学习经验和管理团体学习经验两个环节，而且这些学习经验都会存储在管理过程中、组织记忆中以及组织结构中（Mirvis & Philip，1996；Chen，Cao & Chen，et al.，2021）。在管理过程中，个体学习经验和团体学习经验会逐渐向组织结构内部转移，从而影响将来的组织层学习（Schilling & Kluge，2009）。随着学习层次的不断提升，个体学习向其他更高层次的学习转变，就会产生两种不同的知识需求，即利用现有知识的需求和发展新知识的需求。探索式学习是一种发展新知识的行为，这种行为是许多组织所不具备的，而对于创新而言又不可或缺。在探索式学习过程中，新学到的知识从个体层向上流动，先流动到团体层，再流动到组织层，最后由个体层的创新转化为组织层的创新，进而对整个组织的知识开发与创新产生影响。因此，探索式学习是将个体所学到的新知识转化为组织的新知识进而逐步改变组织层特性的一种学习。利用式学习是一种运用已有知识的行为，这种行为对所有组织来说都是不可或缺的。在利用式学习过程中，已学到的知识从组织层向下流动，先流动到团体层，再流动到个体层，最后将组织层的储备知识转化为个体层与团体层的知识，进而对组织中的各个团体和个体的行为产生影响。其实质就是将组织在过去学习中所累积的知识变为实际行动，并将其付诸实践，应用到实际生产生活中（于海波、郑晓明、方俐洛等，2007）。

组织层学习是组织内部最高层次的学习，同时，它也是组织间学习连接个体学习及团体学习的重要桥梁。组织层学习建立在个体学习和团体学习的基础之上，它的终极目标是要实现整个组织的学习，通过组织学习不断地改进和发展企业文化、组织结构和企业战略，进而促进企业的可持续发展。组织在个体、团体和组织层之间不断地交换资源和信息，从而产生新知识与新行为，以实现自身目标或适应新环境。通过对新行为模式进行直觉感知、解释说明、归纳整合以及制度化，多层次的组织学习在这个过程中实现循环上升，该过程与组织学习的定义在本质上也非常吻合（于海波、方俐洛、凌文辁，2006；Andrews，Hayes & Kilgore，et al.，2020）。组织层学习与个体学习在意义结构、思维方式和知识记忆等方面趋于一致，但是二者并不完全相同，而且组织层学习也不是个体学习的简单累加。第一，由于个体所掌握的知识仅限于自身所熟悉的领域，大多数个体都在进行个体化学习而非系统化学习，因此个体所掌握的非系统化知识远远少于组织运营所需的知识。第二，随着科技的进步，环境日益动态化，组织结构也越来越复杂，但是个体往往缺乏多样的知识，必须依靠团体组织才能掌握复杂的系统化知识，进而通过团体结构来有效实施双环学习与三环学习。因此，组织学习活动必须在个体层次、团体层次和组织层层次上同时进行，并且相互之间进行渗透、传递，才能达到组织学习的目标（Koohborfardhaghighi，Lee & Kim，2017）。在组织学习的各层次上，学习都会产生互动作用，既包括从较高水平的学习向较低水平进行互动，也包括从较低水平的学习向较高水平进行互动（谢洪明、吴隆增、王成等，2006）。一般而言，学习是从个体层次开始的，通过个体之间的社会交往，在团体层次和组织层层次等更高层次上扩展、存储和积累知识。更高层次上的知识可能是内隐性知识也可能是外显性知识，包括企业规章制度、组织结构安排、企业创新能力、企业发展战略以及企业文化等，存储于组织记忆与组织系统中。

组织间学习指的是本组织与其他组织进行一连串正式或者非正式的相互学习与合作，以达到本组织预设的发展战略目标（Manuj，Omar & Pohlen，

2014；Eiriz，Gonçalves & Areias，2017）。组织间学习是组织在面对复杂的市场竞争时，为了获得外部组织的资源所采取的一种有效战略（李垣、陈浩然、赵文红，2008；崔日晓、王娟茹、张渝，2019）。中华传统文化在数千年的历史长河中形成了"关系"这个观念，已经渗透到社会的各个组织中，关系网络对中国的社会和经济产生了巨大的影响。本土企业之间构建的关系网络不仅具有强大的生命力，而且是组织间学习的良好载体。对于本土企业来说，中国经济正处于转型阶段，由于产品市场的激烈竞争和不健全的政策环境产生了高额交易费用，企业更倾向于以关系网络为基础，构建基于关系的供应链合作联盟。资源基础理论把企业看作是多种资源的集合体，也就是说不同的组织拥有的资源不同，其核心竞争力也就不同。在供应链关系网络中，如果企业拥有的关系资源越丰富，那么企业的供应链合作伙伴就会越多，从而能为企业自身创造长期且稳定的关系租金。因为供应链合作伙伴之间存在一定程度的资源互补关系，所以与单一企业资源所产生的价值相比，企业间的资源整合可以带来更好的效益。换而言之，就是组织间学习要比组织内学习更有效。企业通过整合供应链关系资源来拓展供应链合作伙伴，进而不断地提高组织间学习水平，持续地强化服务创新，最终实现企业的价值创造（周晨、赵秀云、刘晓红，2020）。

从这些现有研究成果中可以看出，组织学习理论强调对新知识的吸收以及对已有知识的运用（颉茂华、赵圆圆、刘远洋，2021），通过获取与利用知识来改变个体的认知与行为，从而达到形成企业竞争力的目标。组织学习是一个包含知识捕获、知识认知、知识记忆以及知识传播的动态循环过程（Huber，1991），其主要功能是帮助与引导企业在不断变化的动态环境中进行自我纠正，并持续地积累知识和改正错误。组织学习能够将外部知识不断地内化，组织自身通过内化过程所获取的外部知识又能够推动下一轮组织学习的发生，从而使得外部知识与组织学习之间能够相互补充、循环促进，这样组织学习理论就较好地解释了组织内部知识的产生、转化、变化以及企业竞争力形成的原因（Crossan，Lane & White，et al.，1999）。创新意味着改变过去的组织思维模式、行为方式和规章制度，建立与新环境相适应的组织新规则，只有不断创新，组织才能够更好地适应不断变化的动态环境。因此，近年来组织学习理论在企业服务创新领域的研究中得到了广泛应用（陈国权、马萌，2000）。从本质上说，组织学习是一种组织创新机制。许多研究成果已经表明，组织学习能够提升企业的创新效率，是一种帮助企业实现创新目标的高效机制安排（李梅、陈鹿，2021）。

2.1.2 组织学习理论与本研究的关系

本研究旨在揭示制造企业供应链伙伴特性对服务创新绩效的影响机制。

首先，核心企业与其他企业组成供应链时，必须遵循供应链伙伴特性中所列出的标准。当供应链上下游制造企业与其他关键主体如科研机构、原材料供应商、产品经销商、消费者等进行资源交换、信息共享、关系协调以及文化交流时，各相关制造企业与相关机构必须在组织资源上互相补充、在企业文化上互相包容、在整体目标上互相协同，最终实现供应链中各企业的共同发展。组织学习是一种修炼过程，它的基本特征是知识和能力的持续获取。组织学习以个体学习为出发点，在组织气氛中实现对广泛知识的整合和合理运用，注重组织网络和知识系统的构建，并在学习实践中寻求知识和行为的有机统一。在此基础上，构建以语言、观点、学习、知识共享为主体的核心价值观，实现合作组织间的资源共享、信息共通（盛革，2009）。因此，强调合作与共享的组织间学习是解决资源短缺和信息不足的重要手段，而制造企业供应链则是组织间学习方式的一种现实的外在表现形式（邓明荣、蒋兴良，2013；Kalaitzi，Matopoulos & Bourlakis，et al.，2019）。组织学习作为一个前瞻性、创新性、动态性的概念，学者必须对其进行新的认识并赋予新的意义。组织学习就是在企业的经营活动中，不断地进行知识创造，以挑战和重建现有的观念、结构和前提。所以，组织学习中的知识创造不应只在特定时间内进行，它应是一个持续超越自我的过程（Greve，2020）。组织和组织间的学习与知识创新在本质上有着广泛的理论一致性，相互之间有着密切的内在联系。创新的本质在于重新组合现有资源，开发出新的功能和新的用途（Myhren，Witell & Gustafsson，et al.，2018）。所以，拥有充足和宝贵的资源是取得创新成功的基本先决条件。与其他生产、经营活动相比，企业的创新活动需要更多的外部资源。在具有供应链结构的制造企业中，组织间学习不仅能够实现企业间外部资源的有效共享，还能够促进合作企业间的持续创新。换而言之，供应链结构既能保障企业的外部资源充足，又能促进组织间学习。综合以上分析，进行组织学习和组建供应链结构是企业创新成功的重要保障，因此，在服务化转型过程中，制造企业的服务创新离不开组织学习和供应链结构。相对于单一的服务型企业而言，目前制造企业的资源与经验惰性等主要集中在新产品研发和技术创新上，导致制造企业自身缺乏服务创新的相关经验，也缺少开展服务创新实践的资源。因而，在制造企业的服务创新过程中，企业越来越重视外部的资源整合、企业间建立的供应链合作和企业间的组织学习（Shen，Sun & Ali，2021）。在此分析的基础之上，本研究运用组织学习理论来分析中国制造企业服务化转型过程中的服务创新绩效，并从供应链视角来揭示组织学习对服务创新绩效的影响机制。

其次，制造企业供应链结构是一种专注于开放式创新的组织结构。开放式创新既能渗透组织边界，又能实现知识的跨界自由流动。任何个体或企业的知识和资源禀赋都是有限的，因此在创新过程中，应开放组织的边界，充分利用企业的外部资源和知识。从知识创造的视角出发，组织学习把组织看作是一个持续创造知识的集体，而创造知识是一个不断超越自我、超越组织创新边界的过程（陈江、曾楚宏、吴能全，2010）。组织学习不仅要运用现有知识来回答问题，还要提出新问题、定义新问题，开发和应用新知识去更好、更快地处理问题，进而以问题为导向推动新知识的开发，在解决问题的过程中发展新知识。组织学习不仅应该重视怎样分享、运用与存储已存在的知识，更应该重视怎样创造新知识（March，1991；Zhao，Li & Liu，2016）。因此，制造企业在进行组织学习时，既要注意吸收外部的有益知识，又要适时地把新的内部知识向外推广，并通过跨界的资源和知识流动来促进并加快组织内部创新，进而扩大新知识的外部应用市场（Badawy，2004；Chesbrough & Crowther，2006；Bogers，Chesbrough & Moedas，2018；Hoa，Pawan & Helen，et al.，2022）。通过这种方式，可以实现完整的开放式创新，即实现旨在促进外部互补性资源与知识流入组织的内向型开放式创新以及旨在向外推广组织内部新知识、新技术，拓展其应用空间，提高其商业使用价值的外向型开放式创新（曾经莲，2019）。因此，组织学习是制造企业供应链实现开放式创新的有效途径。组织学习包括个体学习、团体学习、组织层学习以及组织间学习等不同学习层次（陈江、曾楚宏、吴能全，2010），在这四个学习层次中，组织间学习是企业获取外部组织资源的主要途径。这些广泛的外部资源与知识通过组织间学习流入企业，有助于企业内部的新知识、新思想和新观念的形成，进而大力推动企业创新（芮正云、罗瑾琏、甘静娴，2017；Oh & Kim，2021）。现有的研究表明，制造企业通过与供应商、客户、研究机构、竞争对手合作，不仅可以获得各种知识和资源，还可以利用这个机会构建上下游供应链结构，进而扩大企业的知识库与资源库（Najafi-Tavani，Najafi-Tavani & Naude，et al.，2018；Mendi，Monercolonques & Semperemonerris，2020），对组织创新以及组织间创新具有重大的促进作用（Hartley & Rashman，2018）。换而言之，拥有丰富的资源和知识与超越组织边界的能力，可以帮助企业从过去的经验和惯性思考中解放出来，由此产生创造性的思考（Filippetti & D'Ippolito，2016；Balachandran & Hernandez，2018）。这也是很多制造企业选择与外部组织合作来实施组织间学习以实现服务创新的原因。这样既有助于制造企业获得服务创新所需要的资源（Balachandran & Hernandez，2018），也可以减少其服务创新的风险（Cainelli，Marchi & Grandinetti，2015）。相比于服务型企业，服务化转型中的制造企业必须在产品与服务两个层面上同时进行创新，而制造企业自身具备的服务创新资源相对较少。因此，在制造企业服务创新的过程中，必须从外部客户、供应商和科研机构等方面获得服务创新所需的资源。而要想突破制造企业的"产品化陷阱"，就必须从产品导向的思维模式转向服务导向的思维模式，从服务上下游利益相关者的视角出发，与顾客、供应商、科研机构及其他利益相关者共同努力，让顾客、供应商、科研机构及其他利益相关者积极地参与到制造企业的服务创新进程中，通过开放的组织边界来推进与深化服务创新，并以开放式的服务创新来达到制造企业服务创新的目标（张红琪、鲁若愚，2014；Chesbrough，2017；张培、杨迎，2020）。所以，制造企业必须通过跨组织的学习（即组织间学习），打破传统的组织界限，在开放的供应链环境下，与外部科研机构、客户、供应商等进行协同合作，以丰富互补性资源，从而有效地解决企业内部的创新资源短缺问题。在此分析的基础之上，本研究运用组织学习理论来分析中国制造企业服务化转型过程中的服务创新绩效，并从开放式创新视角来揭示组织学习对服务创新绩效的影响机制。

2.2 供应链伙伴特性相关文献综述

2.2.1 供应链伙伴特性的内涵

供应链是现代化物流业发展到一定的高级阶段后才出现的组织结构，且在不同发展阶段的运作方式也是不一样的（毋江波、李常洪，2019）。一条完整的供应链由原材料供应商、产品生产厂家、仓储物流、经销商、零售商和终端消费者等组成，其中囊括了原材料采购、物流运输、产品仓储以及商品配送等各个环节，从而产生了商流、资金流、信息流、物流等多个流通过程要素。目前，学术界对于供应链核心要素的研究大多是从核心视角出发。具体来说，可以把供应链看作是一个以核心企业为中心并由多个上下游企业共同组成的产业链条结构（孟炯、张杨、曾波，2019）。供应链上下游节点企业协同合作会产生正向反馈和负向反馈等两种反馈类型的信息，并且由于核心企业的所属行业不同、地理位置不同等，其供应链结构也会存在差异（周宝刚，2019）。

供应链网络作为一种高层次、复杂的组织结构，包括多条单一的供应链，是供应链结构进一步发展、不断复杂化的结果。供应链网络是指以核心企业为中心，核心企业与上游供应商和下游客户等签订合同，在自身周围形成的网络化组织结构，该网络化组织成员通过共同组织生产和运输，将产品和服务提供给最终消费者（Cheng, Chen & Chen, 2014）。由于供应链网络是供应链企业之间资金流动、人员往来、资源互换以及信息流动的主要媒介，因此其能够把外部资源集中起来，并转化为企业内部可使用的资源。这既是供应链网络的基础功能，又是其拥有强大优势的原因（宋娟娟、刘伟、高志军，2017）。在网络化环境下，利用供应链网络的网络优势，能够最大限度地聚集资源、整合资源，进而实现供应链节点企业的总体价值攀升（胡鸿韬、边迎迎、郭书源等，2020）。

正确地选择一个合适的合作伙伴是保证供应链合作成功的前提条件。从总体上看，供应链伙伴特性是选择供应链合作企业的一个很好的参照指标。本研究对具有代表性的供应链伙伴特性概念进行了梳理和总结，如表 2.1 所示：

表 2.1 供应链伙伴特性的定义

作者	时间	定义
Brouthers 等	1995	核心企业选择供应链合作企业的 4C 原则是目标兼容、合作文化、风险相当和能力互补，体现了核心企业对合作伙伴的选择标准和合作关系特点。
Mccutcheon 等	2000	核心企业在挑选合作伙伴共同组成供应链的时候，必须全面考量其所具有的供应链伙伴特性，也就是对企业文化的相似性、经营目标的一致性、企业规模和权力的对称性做出全面的考量。
Sarkar 等	2001	供应链伙伴特性是企业间文化的相容性、企业间运营的兼容性和企业间资源的互补性，其侧重于探讨企业间的兼容性与互补性。
叶飞等	2009	良好的供应链伙伴特性可以显著地促进企业间的合作，其可以被划分为企业文化特点的相似性、供应链企业资源的互补性、企业运营上的协同性与经营目标的一致性。
陈伟等	2013	企业间资源依赖程度、文化相容程度和知识距离的远近程度等因素可以对供应链伙伴特性进行有效度量，同时，企业之间良好的文化相容性和资源依赖性对提高企业间知识交易量、改善合作双方关系质量均有显著的促进作用。
孙贺强	2014	供应链伙伴特性指的是供应链上企业之间的文化相融程度、资源的相互依存程度以及知识资源的源头和知识接受者之间的距离。
薛萌等	2018	供应链伙伴特性指企业之间的合作关系特点，体现了企业战略合作伙伴的选择标准。供应链伙伴特性可以分为目标一致性、资源互补性和文化相容性。其中，目标一致性指的是供应链网络内部伙伴企业间拥有类似或者一样的战略发展目标，并且可以在相互协作的情况下达成目标；资源互补性指的是伙伴企业间可以彼此提供互补性的技术、人才和市场等各类资源；文化相容性指的是供应链网络中伙伴企业间经营模式和企业文化存在相似性。

国外学术界开展供应链领域研究的时间较早，深入探讨了供应链伙伴特性，并取得了相应的学术成果。Brouthers 等（1995）学者和专家探讨跨国企业通过战略联盟来获得持续性竞争优势时，提出了 4C 原则的概念，也就是当供应链核心企业在选择合作成员时，应该遵守四个基本原则：目标兼容、合作文化、风险相当和能力互补。Lambert 等（1996）学者提出，制造企业在挑选供应链合作伙伴时，必须充分了解其供应链伙伴的特性，例如，两家企业是否拥有类似的企业文化，其经营宗旨、运营目标是否一致，发展战略是否具有连贯性，企业权力与企业规模是否匹配等。另外，文化兼容程度高还能让双

方已建立的关系变得更稳固，而且双方的合作也会变得更长久（Mccutcheon & Stuart，2000）。之后，学者 Morris 和 Cadogan（2001）也从企业文化的视角出发对组织间关系进行了大量深入研究，他们认为越是企业文化相似的组织，组织之间的匹配性就会越高，双方越能相互协作。Chae 等人（2005）研究发现，供应链伙伴特性包含相互依存、互相信赖、信息分享以及长期导向等四个方面，而且供应链中企业的供应链伙伴特性水平愈高，则供应链企业间的合作关系愈好。Keith 等人（1990）认为，核心制造企业在挑选合作企业时必须遵循四个基本原则：企业间的企业文化是倡导相互合作的、双方是拥有互补性能力的、企业之间是拥有风险共同承担机制的、企业间目标是基本一致的。这四个基本原则结合起来便形成了供应链伙伴特性（Wu & Barnes，2010）。可以发现，Keith 等人的观点与 Brouthers 等学者提出的 4C 原则相类似。Liu 和 Ran（2020）提出，若能找到一个适当的供应链伙伴，将会带来许多传统关系中所不具备的好处，而供应链伙伴特性则是核心企业选择供应链合作企业的一个极为重要的参考指标，它包含了企业过去的合作情况、企业的文化、合作的意向以及发展战略的匹配度。

国内学术界对供应链伙伴特性的研究起步较晚，但也取得了比较丰硕的研究成果。众多学者都认为，正确地挑选合适的供应链伙伴是成功实现企业发展战略和供应链目标的首要因素。叶飞等（2009）认为供应链伙伴特性是一种基于供应链合作网络的基础属性，这种属性体现在供应链企业之间，表现为供应链合作企业之间能够实现利益共享、风险共担、信息共通以及长期稳定的合作，并将其划分为三个维度：供应链成员的文化相似性、运营协同性以及资源互补性。叶飞和徐学军（2009）通过探讨伙伴关系、供应链伙伴特性与信息共享程度之间的联系，认为供应链伙伴特性可以划分成四个构面：企业发展目标的一致性、企业运营方面的协调性、企业资源的互补性、企业文化的兼容性。赵岑与姜彦福（2010）指出，企业间的供应链伙伴特性包括企业间资源的互补程度、联盟之前的关系强度、企业文化的协同程度。陈伟和张旭梅（2011）从供应链伙伴的知识交易视角出发，认为可以从知识距离、文化相容和资源依赖三个角度对供应链伙伴特性进行评估。王萧萧等（2018）提出协同创新联盟伙伴特性涵盖了三个方面，即企业信誉、目标相容以及优势互补，也就是协同创新联盟伙伴特性的三个维度。薛萌等（2018）对网络能力差异化的研究表明，供应链伙伴特性包括三个维度，分别是目标一致性、资源互补性和文化相容性。薛萌等（2018）对于供应链伙伴特性的观点与叶飞和徐学军（2009）的看法类似，他们都是从企业文化、资源禀赋、组织发展目标等角度出发，将其视为衡量合作企业之间供应链伙伴特性的标准，而且都认为供应链伙伴特性是衡量企业间匹配程度的标准。薛萌（2020）在研究供应链融资绩效时也回应了上述观点，认为可以从经营目标、企业文化、资源禀赋与组织能力等多方面来衡量企业的供应链伙伴特性。

在供应链研究领域中，除了供应链伙伴特性的概念之外，还存在着其他类似的概念，比如供应链合作关系、供应链伙伴关系等。在非供应链研究领域中，也存在着某些类似的概念，例如产学研伙伴匹配性等。胡海青等（2014）把供应链合作关系定义为供应链内部多家企业之间形成的一种合作关系，不仅代表着信任、沟通、互利共赢，更代表着合作方力求在生产、技术、人员、市场等多个领域内实现合作、交流，并愿意为此投入大量资源，试图建立起一个全面的资源共享平台。刘华明和王勇（2016）提出，供应链伙伴关系是在某一段时间内基于平等、忠诚、互惠双赢的原则而建立起的一种较为稳定的合作关系，以达到共享利益、分享信息、共担风险的目的。又如产学研合作是一种特殊的组织间合作形式，参与合作者既有营利性质的企业、科研机构，也有非营利性质的大学（史建锋、张庆普、郑作龙，2017）。马文聪等（2018）提出，产学研伙伴匹配性指的是企业与高校、科研机构等技术合作伙伴在合作要素上达成的良好匹配状态。在这里，合作要素达到匹配状态是指合作伙伴之间的文化、目标、创新能力和创新资源的互补兼容，这些也是产学研伙伴匹配性的几个维度。综上所述，不论是供应链合作关系、供应链伙伴关系，还是产学研伙伴匹配性，都具有以下共同点：各组织力求互相匹配，以形成一种合作共赢的友好关系，从而实现既定目标。供应链伙伴特性也具有这一共同点，它强调伙伴间在企业文化、资源、目标、运营等各方面的协调匹配，并通过良好的合作关系来培养企业的学习能力，从而达到企业预设的绩效目标。

通过对现有文献的梳理和总结，本研究发现目前国内外学者对供应链伙伴特性的理解还不完全一致，存在着不同的观点，但是从不同观点中亦能提炼出共通之处。本研究在总结以往文献的异同之处后，认为供应链伙伴特性是嵌入供应链上各类型企业与核心企业之间的一种匹配度属性，其可以为核心企业在选择供应链内各类型合作企业时提供标准和参考，并且本研究将制造企业的供应链伙伴特性具体划分为三个维度：资源互补性、文化相容性和目标协同性。

2.2.2　供应链伙伴特性的影响因素

供应链伙伴特性是合作企业之间的一种匹配度属性，不同的学者在不同的时期内、不同的情境下将其划分为不同的维度，比如资源互补性、文化相容性、目标协同性、运营协调性以及知识距离等。在分析供应链伙伴特性的前因影响因素时，根据具体的研究情境，既可以从整体上考虑其影响因素，又可以单独分析其各维度的影响因素。

供应链结构是一种基于联盟组织的形式，其基础要素是供应链伙伴特性，而供应链伙伴特性作为一种匹配度属性，现有文献中关于它的前因影响因素研究却很少。只有少部分学者探讨了联盟伙伴结构匹配性的前因影响因素。例如，Swoboda 等人（2011）的实证研究结果表明，合作伙伴的选取问题对德国国际中小型企业联盟成立初期的战略匹配性、伙伴结构匹配性、文化匹配性都具有明显的负面效应，但联盟成立初期的谈判问题、协议问题对伙伴结构匹配性和战略匹配性的负面效应并不明显，其只对文化匹配性具有明显的负面影响（徐梦丹，2018）。

对于供应链伙伴特性维度的前因影响因素，国内外学术界从不同的视角进行了大量的研究，并涌现出了许多具有代表性的观点。在此，结合本研究的研究背景，具体探讨资源互补性、文化相容性和目标协同性的前因影响因素。

关于供应链企业资源互补性的影响因素，国外有许多学者对此做了初步探讨。Kapoor 和 Furr（2015）认为技术管理的关键瓶颈限制了供应链企业间的互补性发展。Jacobides 等（2018）讨论了平台怎样管理和协调组织内各成员间的互补关系。国内学者杨升曦等（2022）基于国外学者的研究成果，做了进一步的研究，并提出要在供应链生态创新系统中实现核心企业的可持续发展，企业必须整合互补性资源。然而，在整合互补性资源时，存在着三个影响因素。一是资源互补对象不明确。在供应链创新生态环境中，核心企业很难预料到哪些资源是未来有价值的互补性资源，哪些互补性资源将来可能会短缺，需要马上获取。因此，如何对潜在的互补性资源进行有效的甄别与吸收成为一大难题。二是在供应链中，资源之间的互补性关系不稳定。环境的动态性、技术的复杂性、核心企业的成长以及合作伙伴数量的增加，使得获取有用的信息变得更加困难（Furr & Eisenhardt，2021），核心企业与伙伴企业之间互补性资源的整合与匹配也将变得愈发困难，导致供应链企业之间的互补关系难以建立（Adner，2017）。一旦合作伙伴间的互补性资源发生"脱钩"，核心企业管理供应链的复杂性就会急剧增加（Gomes，Facin & Salerno，et al.，2018）。三是互补性规则更新滞后。由于供应链参与企业之间存在差异性，各异质性参与者在进行供应链服务创新时，创新动机和意愿明显不同。随着供应链规模的扩大，将会有越来越多的异质性企业参与进来，所以，核心企业要充分考虑到不同企业在价值创造和服务创新过程中的差异，适时地调整供应链内部的资源互补规则，以保证供应链生态系统结构、资源互补规则与异质性企业之间的动态平衡（Gomes，Facin & Salerno，2021）。

关于供应链企业文化相容性的影响因素，国内学术界基于中国本土情境进行了大量有益研究。刘良灿（2010）认为，供应链企业在进行国际化运营时，由于东道国在风俗习惯、传统文化、企业形象、企业使命、企业愿景、员工认同、品牌宣传和核心价值观等因素上与母国存在差异，从而企业自身的文化难以与当地文化相融合，甚至与当地文化相冲突。同时，当核心企业选择了与过去不同的经营战略之后，在实施战略之前，应该适当调整供应链伙伴间的企业文化。企业文化本身具备动态变化的特点，因而在实践中，各国企业都在寻求符合其现实情境的企业文化。同时，企业文化的本质特点难以在短期内得到根本的变化，因此，企业文化的适当调整应该在战略变更前就逐步地进行。综上，供应链企业的经营战略调整以及国际化进程中东道国和母国在风俗习惯、传统文化、企业形象、企业使命、企业愿景、员工认同、品牌宣传和核心价值观等方面的差异都会影响企业之间的文化相容性（徐洁、隗斌贤、揭筱纹，2014）。

陈春花等（2020）通过研究发现，在推动文化协同的过程中，某些因素加速了企业间文化协同的进程，因此将其称为文化协同的"催化剂"。与此形成鲜明对比的是，某些因素会妨碍企业间的文化协同进程，因此将其称为文化协同的"惰化剂"。在供应链企业间文化协同发展的进程中，企业之间可能存在着各种价值观念和民族文化的冲突，而领导的人格魅力和领导风格则是解决冲突、整合矛盾的关键因素。魅力型领导能够通过不断优化人力资源管理办法来构建和改进企业的文化与组织特征，从而形成一套企业间员工都会遵循的价值体系。领导者的人格魅力愈强，他所提倡的共同价值体系就愈早建立，愈有可能通过不同的管理经营方式，使企业之间的文化协同得到落实。因此，魅力型领导是推动企业间文化相容的"催化剂"。与之相反，缺乏人文关怀的僵化制度和规范条款是妨碍企业间文化相容的"惰化剂"。首先，组织的刚化层次是阻碍企业间文化相容的主要原因。其次，如果不能建立充分的、适当的企业制度和规范条款来保证员工在企业间践行共同的价值观，那么企业之间的文化协同就很有可能会失败。最后，如果企业在文化协同过程中不能持续地自我更新，企业之间、企业与社会环境之间就无法形成长期的文化协同氛围。

关于供应链企业目标协同性的影响因素，国内外学者做了大量的相关研究。Bouillon 等（2006）从代理理论的视角出发，认为供应链合作伙伴都在追求自身利益最大化，这种利己行为不仅造成机会主义盛行、代理人与委托人的冲突，还很有可能造成下游企业为了自身利益而损害上游企业的利益，最终导致供应链总体目标难以实现。为此，Bouillon 等（2006）提出通过构建合适的激励机制和公司治理机制，可以有效地遏制机会主义的产生，化解代理人和委托人的冲突，进而提高合作企业之间的目标协同程度。所以，合理的激励结构、监控措施以及公司治理机制是目标协同性的重要前因影响因素。国内学者江游（2015）亦发现，只有在一个合理的企业制度体系中，各供应链成员进行合作所带来的利益才能远远超过个体投机带来的利益，只有这样，企业才愿意进行合作，才能更好地实现目标协同性，最终达成一个统一的目标。

为了达到供应链企业之间的目标协同，Dalton 等（2007）从代理理论的视角出发，提出三种保证委托人与代理人利益一致、减少代理风险的办法：一是引入独立的第三方监管机构，可以有效地管控委托人与代理人的利益分歧；二是通过收购、兼并供应链中的上下游企业，对供应链中的不端企业和经营者进行全面的控制；三是通过与供应链上下游企业共同制订利益共享计划，根据股权比例共享供应链总体目标实现后的收益，以减少自利行为。通过综合运用以上三种办法，供应链合作伙伴将更多地关注合作行为而非自利行为，能有效地提高合作伙伴间的目标协同性。

2.2.3　供应链伙伴特性的维度构成

如何对供应链伙伴特性的维度进行划分，主要依据如下五个要素：能否提高企业间的学习能力；能否加强企业之间的资源互补性；能否加强组织文化管理和风险管理的灵活性以及兼容性；能否降低双方的交易成本；能否在该产业中树立本公司的威望以及战略竞争力（薛萌，2020）。这些维度划分标准不仅期望供应链伙伴间建立稳定的合作关系，而且期望通过构建合作关系而使企业自身获得资源、能力和核心竞争力（González-Sánchez, Settembre-Blundo & Ferrari, et al., 2020）。自20世纪90年代起，诸多学者对供应链伙伴特性的维度进行了分类研究，具体如表2.2所示：

表2.2　供应链伙伴特性的维度划分

作者	时间	维度
Keith等	1990	目标相容、技能互补、风险相称、合作文化
Brouthers等	1995	合作文化、能力互补、目标兼容、风险相当
Mccutcheon等	2000	企业权力与规模对称、企业文化相似、经营目标一致
Sarkar等	2001	企业间资源互补、企业间运营方式兼容、企业间文化相容
Shyh等	2008	技术、资源方面的互补性，运作模式、企业目标、文化方面的兼容性
叶飞等	2009	企业资源互补、企业文化相似、企业经营目标一致以及企业运营协同
赵岑等	2010	结盟前联系程度、资源互补程度、文化协同程度
陈伟等	2013	文化相容程度、知识距离、资源依赖程度
薛萌等	2018	文化相容性、目标一致性、资源互补性

国外学者在分析供应链伙伴特性的维度时，主要是从企业之间的相容性和互补性两个角度出发，原因在于供应链伙伴特性既测度了企业结构、规模、生产、运营、发展目标、市场资源和服务对象等可被直接观察到的要素之间的契

合程度，又测度了知识、能力、权力、技术和企业文化等无法被直接观察到的要素之间的契合程度（Mitsuhashi & Greve，2009；Shou，Che & Dai，et al.，2018）。Keith 等（1990）通过对战略联盟选择原则的分析，提出供应链伙伴特性包括伙伴企业间的合作文化、可提供的互补技能、双方都要兼顾的相称性风险以及企业间可兼容的目标。其后，Mccutcheon 和 Stuart（2000）从制造企业建立联盟关系的视角界定供应链伙伴特性的定义，并将其划分为三个维度：企业文化的相似性、企业间目标的一致性、企业权力与规模的对称性。Frank 等（2004）把组织学习的二元框架（探索学习和开发学习）与技术合资公司的战略联盟相结合，认为联盟类型决定了合资公司联盟与公司新产品研发之间的因果关系，并利用相似度和互补性来直接判定供应链伙伴特性。虽然国外学者在供应链伙伴特性的维度划分上有不同的方法，但是从总体来看，主要划分为相容性和互补性两个方面。其中，相容性主要体现在企业文化、运营、企业权力、发展目标、企业结构和规模等方面，互补性则表现为企业间能力、技术、知识、环境、资源等方面的优势互补程度。

我国学者也就如何划分供应链伙伴特性的维度提出了自己的观点。叶飞等（2009）把供应链伙伴特性划分为三个构面，分别是供应链伙伴间运营的协调程度、资源的互补程度和文化的类似度。叶飞和徐学军（2009）根据叶飞等（2009）的研究成果，分析了以往关于供应链伙伴特性维度划分的文献，并做了进一步细化研究，认为供应链伙伴特性由四个维度组成，分别是战略经营目标的一致性程度、文化方面的相似性程度、资源方面的互补性程度和运营方面的协同性程度。在供应链联盟中，赵岑和姜彦福（2010）提出在选择合作伙伴的过程中要注重彼此之间的匹配程度，主要包括以下三个方面：一是联盟伙伴之间资源互补的情况；二是联盟各方在联盟之前的关系程度；三是联盟各方间企业文化的协调程度。陈伟和张旭梅（2011）在企业创新的情境下，研究供应链伙伴特性对创新绩效的影响，把供应链伙伴特性划分成文化相容、资源依赖、知识距离等三个维度。孙贺强（2014）与陈伟和张旭梅（2011）的做法相似，也将供应链伙伴特性划分为文化相容、资源依赖和知识距离三个维度。薛萌等（2018）从供应链网络视角出发，沿用叶飞和徐学军（2009）对供应链伙伴特性维度的划分方式，也采用文化相容性、目标一致性和资源互补性三个维度来评价供应链伙伴特性。刘自昂（2019）在制造企业协同创新的情境下，研究供应链伙伴特性对协同创新的影响，把供应链伙伴特性划分成资源互补性、文化相容性、目标一致性、运营协调性等四个维度，通过理论分析与实证检验证明了四个维度可能正向影响协同创新。薛萌（2020）在研究供应链伙伴特性对供应链融资绩效的影响时，把供应链伙伴特性划分为文化相容性、资源互补性、目标协同性等三个维度。

本研究主要探究制造企业供应链的服务创新，因此，可以借鉴 Mccutcheon 和 Stuart（2000）、陈伟和张旭梅（2011）、刘自昂（2019）、薛萌（2020）等国内外学者关于供应链伙伴特性维度的划分方式。通过总结以上国内外学者关于供应链伙伴特性维度划分方式的文献成果，本研究认为在供应链中占据主导地位的核心企业与各类型企业之间的供应链伙伴特性可以通过三个维度来衡量：一是互补的资源禀赋；二是相容的企业文化；三是一致或兼容的发展目标。因此，本研究将制造企业的供应链伙伴特性具体划分为资源互补性、文化相容性、目标协同性三个维度，并以此开展其他相应的研究。

2.2.4 供应链伙伴特性影响创新绩效的相关研究

从实际情况来看，供应链网络的组织结构既是一种联盟组织结构，又是一种企业之间的合作形式。在供应链网络组织运行的过程中，供应链上的核心企业会主动寻找资源互补、文化相容、目标一致的组织进行合作，中小型企业也会按照自己的发展目标进行类似的模式重构，从而让供应链网络中的每个企业都能得到发展空间和发展机会（薛萌、胡海青、张琅等，2018）。在以往文献中，就合作结果的范围而言，从大到小可以归纳为以下两类：供应链伙伴特性对合作关系的影响；在合作关系中，供应链伙伴特性对企业创新绩效的影响。

（1）供应链伙伴特性对合作关系的影响

目前国内外已有研究普遍表明，供应链伙伴特性会促进伙伴企业间的合作，且影响机制具有多样性和复杂性。

国外的代表性成果有：Gulati（1995）从联盟角度出发，认为联盟合作成员之间的资源互补性是建立联盟的先决条件，而联盟成员之间的资源互补程度正向影响联盟合作的关系。Angeles 和 Nath（2001）指出，在联盟组织中，各个成员的目标共性愈强，则愈有利于减少合作过程中的冲突。Yu 等（2016）开发了一种模型，具体探讨收购方与目标公司的产品（目前的创新价值）和研发渠道（未来的创新价值）之间的相似性及互补性对是否收购目标公司的影响。通过对制药企业的数据进行实证分析后发现，与自身研发渠道进行对比，并购者倾向于选择具有相似性而非互补性的目标公司来开展并购合作；但与自身产品进行对比，收购方更倾向于选择具有互补性而非相似性产品的目标公司来开展并购合作。Chen 等（2017）提出，并购方与目标公司的资源相似度、资源互补效应会对并购后的战略与技术创新产生积极影响。在海外并购中，资源相似度与整合效率之间存在正相关关系，而资源相似性与互补性之间的良性互动则会引发并购数量的增多、整合效率的提高、创新技术的进步以及合作关系的推进。

国内的代表性成果有：叶飞和徐学军（2009）发现，供应链伙伴特性不仅会直接促进信息共享水平的提高，还会通过伙伴关系间接地提高信息共享水平。这说明越是具备良好供应链伙伴特性的制造企业，其供应链伙伴关系与供应链合作程度就越高。陈伟和张旭梅（2013）通过研究后发现，企业间匹配的供应链伙伴特性对关系质量和知识交易都具有显著的积极影响，证明供应链合作组织能够有效推动企业间的合作和知识的流动，从而有利于企业的创新。其后，曲艺（2015）发现，伙伴特性中的每个维度都显著地积极影响伙伴关系的稳定性，维度影响强弱程度依次为运作协调性、资源互补性、目标相关性以及文化兼容性。这项研究也表明了企业间契合的伙伴特性能够推动企业间的合作。王磊等（2019）通过实证研究发现，在奶制品的供应链中，合作伙伴特性能够积极地影响供应链合作关系的稳定性，也显示了合作伙伴特性能够增强合作关系的稳定性。

（2）在合作关系中，供应链伙伴特性对企业创新绩效的影响

无论企业间形成联盟还是供应链，都属于企业的外部合作形式。企业创新绩效作为衡量外部合作成果好坏的重要变量，正日益受到国内外学者的重视，当前许多学者从多个角度探讨了企业创新绩效与供应链伙伴特性的关系。

国外的研究成果有：Hagedoorn 等（2018）从知识视角出发，探讨了联盟

投资组合中合作伙伴类型的不同配置组合对企业创新绩效的影响。研究发现，联盟投资组合中合作伙伴类型可以分为两个维度：合作伙伴类型多样性和合作伙伴类型相关性。这两个维度对企业创新绩效的影响路径都是倒"U"形。其中，与只注重多样性或相关性的联盟投资组合相比，在合作伙伴类型方面同时追求高度多样性和高度相关性的联盟投资组合将导致较低水平的企业创新绩效。因为同时追求高度多样性和高度相关性会增加协调与冲突惯例的复杂程度，从而降低联盟投资组合的效率。Ferrigno 等（2021）从企业供应链联盟的视角出发，探讨了全球电信行业研发联盟中不同类型的伙伴属性配置组合对企业创新绩效的影响。这项研究表明合作伙伴属性（合作伙伴技术相关性、合作伙伴竞争重叠、伙伴合作经验和合作伙伴相对规模）能够促进企业获得外部知识，进而影响企业获取高水平创新绩效的意愿。通过模糊集定性比较分析（fsQCA）方法的计算，发现有两种伙伴属性的配置组合能够引导企业在联盟中获得高水平创新绩效，分别是：拥有广泛的伙伴技术相关性和合作竞争对手，但是缺乏合作经验；具备丰富的伙伴合作经验和合作竞争对手，但是缺乏技术相关性。Li 等（2021）认为产学研合作创新网络特征包括三个维度：中间中心性、结构孔洞限制和合作强度，其研究发现，中间中心性和结构孔洞限制能够显著地积极影响学科创新绩效，而合作强度对学科创新绩效的影响路径呈倒"U"形。这说明运用创新网络获得创新资源能够提高创新绩效。Shi 等（2022）提出，建筑供应链协同创新活动对显性知识共享、隐性知识共享和创新绩效具有正向影响，隐性知识共享在建筑供应链协同创新活动和创新绩效之间发挥部分中介作用。

国内的研究成果有：陈伟和张旭梅（2011）认为，供应链伙伴特性包括资源依赖、文化相容以及知识距离三个维度，并提出资源依赖对企业间的知识交易和企业创新绩效都具有积极的影响；文化相容可以通过知识交易这个中介来影响企业的创新绩效。齐旭高（2013）在实证分析的基础上得出三个结论：一是供应链企业之间的合作关系会对产品创新协同效应和产品创新绩效产生显著的积极影响；二是供应链伙伴创新资源的彼此互补、共享和高度投入能够增强供应链协同效应；三是供应链相容水平能够正向影响产品创新绩效。王萧萧等（2018）研究了创新中心的伙伴特性和伙伴关系如何影响协同创新绩效，其中伙伴特性包括三个维度：能力互补、目标相容和组织声誉。实证分析显示，伙伴特性（能力互补、目标相容和组织声誉）、伙伴关系对协同创新绩效有显著的积极影响。刘自昂（2019）发现，伙伴特性的四个维度（目标一致性、资源互补性、文化相容性及运营协调性）不仅可以直接地正向影响供应链协同创新绩效，还可以通过关系质量这个中介变量间接地提高供应链协同创新绩效。

2.3 组织学习相关文献综述

2.3.1 组织学习的内涵

在特定的文献整理过程中，本研究通常倾向于将不同的组织学习视为一个创新进程而不是一个创新结果（Gupta，Smith & Shalley，2006）。通过对国内外相关研究的回顾，可以发现组织学习理论是从一个特别的视角去看待企业的创新，组织学习的重要作用是促使企业积极地寻找新的外部知识，并对现有的内部知识进行消化和利用，以提高企业的核心竞争力。组织学习还研究了企业是怎样学习和适应外界环境的。目前对组织学习尚未形成一个统一的概念定义，在这一背景下，本研究从多个角度对组织学习的概念进行了归纳总结，一些具有代表性的观点详见表 2.3。

表 2.3 组织学习的定义

作者	时间	定义
Argyris等	1978	组织学习是一种动态的过程，它可以发现错误，并通过理论来重构组织和修正错误。
Fiol等	1985	组织学习是建立在过去经验、知识和结构基础上的，是一种提高行为表现的学习，它通过分享观点、知识和思维模式，可以发展出相应的能力、掌握更多的知识，并在今后的行为中应用这些知识和能力。
Cohen等	1990	组织学习是一种利用、消化和应用外部知识的过程。
Senge	1990	组织学习不仅是组织中成员培养全新思维、分享共同愿景及营造共同氛围的能力，而且是一种提升成员理解水平和管理组织能力的学习活动。

续表

作者	时间	定义
Huber	1991	组织学习是一种获取知识、分配信息、解读信息和组织记忆的过程。
March	1991	双元组织学习包括探索式学习和利用式学习。探索式学习主要是承担风险、积极尝试、发现与创新;利用式学习主要是解决原先确定的问题、使用和开发组织已经拥有的知识和技术。
Crossan等	1999	组织学习是一个动态更新战略的过程,也是一个改变个体、共同行为和共同思维的过程。
Bontis等	2002	组织学习是一种通过与周围环境相互作用而创造一系列知识的过程,大致可分为四个阶段:生产期、精炼期、促进期和扩散期。
田毕飞等	2022	组织学习有三种方式:信息探索式学习、技术探索式学习及开发式学习。信息探索式学习是通过获取外部信息来推动企业发展的过程;技术探索式学习是企业经过对突发事件的分析和重复试验后发现新技术、新流程、新工艺、新产品的过程;开发式学习是企业不断地发展和运用已有知识以提高学习能力和优化学习曲线的过程。
林海芬等	2022	组织学习有两类:试错学习与效仿学习。试错学习能够协助领先企业完成主动演化,并能为行业领先者创造新知识、解决新问题;效仿学习能够推动追随企业的被动演化,并通过吸收有价值的资源助力自身发展。

　　国外首先开始对组织学习概念的研究,在梳理国外经典文献的基础上,本研究总结出以下几种具有代表性的观点:Argyris 和 Schön(1978)认为组织学习是一种动态的过程,它可以发现错误,并通过理论来重构组织和修正错误。Fiol 和 Lyles(1985)提出组织学习是建立在过去经验、知识和结构基础上的,是一种提高行为表现的学习,它通过分享观点、知识和思维模式,可以发展出相应的能力、掌握更多的知识,并在今后的行为中应用这些知识和能力。Fiol 和 Lyles(1985)还认为企业通过组织学习可以更好地吸收知识、理解知识,从而提高行动效果,进而对组织战略管理产生重要影响,并强调组织学习成果并非全部组织成员成果的简单累加。Cohen 和 Levinthal(1990)指出组织学习是一种利用、消化和应用外部知识的过程。Cohen 和 Levinthal(1990)还提出是外部新知识而非内部创造发明推动了组织的大部分创新,因而知识吸收能力对于组织学习所创造的企业绩效有重大影响,企业吸收外部知识、消化外部知

识、应用外部知识的能力是企业创新成功的关键。Cohen 和 Levinthal（1990）不仅强调组织学习应该基于个体学习，而且强调过去组织中积累知识的重要基础功能，因此组织学习有一定的路径依赖。这一观点与 Fiol 和 Lyles（1985）所提出的观点类似，都认为过去的知识是组织学习的基础，而组织学习则是从个体学习开始的。Senge（1990）提出组织学习不仅是组织中成员培养全新思维、分享共同愿景及营造共同氛围的能力，而且是一种提升成员理解水平和管理组织能力的学习活动。Senge（1990）还认为组织想要学习，组织中的个体一定得学习，尽管个体学习不一定确保组织也在学习，但如果没有个体学习，组织学习就无法启动。这种观点也回应了 Fiol 和 Lyles（1985）、Cohen 和 Levinthal（1990）的研究，即组织学习是从个体学习开始的。Huber（1991）认为组织学习能够利用信息处理程序来改变潜在行为方式，是一种获取知识、分配信息、解读信息和组织记忆的过程；此外，组织学习与获取信息的方式、经验学习能力、先天学习能力之间存在密切的关系。所以，企业要开展组织学习，必须从多个角度进行指导，而组织学习并非总能达到预期效果（乐云、刘明强、胡毅，2018）。March（1991）提出双元组织学习包括探索式学习（Exploration）和利用式学习（Exploitation）：探索式学习的主要特征是承担风险、积极尝试、发现与创新，重点解决新问题、进行前瞻性研究和开发新技术，强调组织搜寻新知识和新技术或者强调为了避免路径依赖，组织将会开发出与企业原有技术基础截然不同的技术路径；而利用式学习的主要特征是选择、重新定义、实施、执行、生产等，重点在于解决原先确定的问题，强调使用和开发组织已经拥有的知识和技术、执行产品开发计划以及为已有技术搜寻新的应用领域或市场。March（1991）还提出如何在资源有限的条件下寻求探索式学习和利用式学习之间的平衡是组织可持续发展的关键。Cohen 和 Levinthal（1990）、March（1991）都强调了知识在组织学习中的重要性。Elkjaer（2022）认为组织学习是一个具有可测量性的学习目标，可以持续地提升生产力，也可以开发出具有创造性的想象力，并解决未知的问题，是一个很好的提升组织绩效的手段。

国内学者对组织学习概念的研究也做了大量有益的探讨。李梅和陈鹿（2021）与 March（1991）的观点基本一致，将组织学习看作是一个获取、消化和应用外部新知识的过程，包含探索式学习与利用式学习两种类型。其中，探索式学习侧重于获得外部的新知识，而利用式学习侧重于吸取和创新企业现有的知识。田毕飞与祝人杰（2022）发现国际新创企业的组织学习有三种模式：信息探索式学习、技术探索式学习及开发式学习。一是信息探索式学习，它是通过获取外部信息来推动企业发展的过程，包含创业者前馈学习、突发事件驱动式学习、信息搜集和信息获取等。信息探索式学习不仅包括主动探索，也包括被动探索。主动探索是企业在外界环境中积极地吸取和运用有用的信息；被动探索是指由于外界条件所限，不得不接受外界的信息。二是技术探索式学习，它是指企业经过对突发事件的分析和重复试验后发现新技术、新流程、新工艺、新产品的过程，包含试验和突发事件驱动式学习等。三是开发式学习，它是指企业不断地发展和运用已有知识以提高学习能力和优化学习曲线的过程，包含诸如存储和应用知识、持续改进工艺等重要因素。王丽佳和黎万红（2022）提出可以从文化、调适、行动和知识系统四个视角来认识组织学习：从文化视角出发，组织学习是一种组织文化，它重视根植在组织存储结构中、组织成员记忆中、过去集体活动中的信息，这些信息对组织将来的学习活动具有指导意义；从调适视角出发，组织学习作为一种调适机制，通过各种途径来获取和筛选信息以调整自身的行为，从而使其与外界的变化相匹配；从行动视角出发，可以把组织学习看作是一个探索、创造和运用知识的进程，重点强调组织怎样处理现实问题和怎样建立一个组织自我指导系统；从知识系统视角出发，组织学习是一种组织信息传播与扩散机制，可以实现知识与信息的传递。不管从哪一种视角来解读，组织学习结果都是指个体学习、团体学习和系统学习三方面的交融。王丽佳和黎万红（2022）还把组织学习划分成单环学习和双环学习，认为在学习型组织中，单环学习仅是一个开始，后期一定要采用双环学习方式。林海芬等（2022）将组织学习分为两类：试错学习与效仿学习。试错学习能够协助领先企业完成主动演化，并能为行业领先者创造新知识、解决新问题，进而引导行业惯例演化，助力行业发展。在行业追随企业的整个发展周期里，效仿学习始终贯穿其中，并通过借鉴行业领导企业的新惯例，吸收有价值的资源助力自身发展。效仿学习有助于推动追随企业的被动演化，虽然不能保证追随企业的领导地位，但可以推动许多主动跟随环境改变的追随企业进行被动演化，从而推动整个行业的惯例演化。吴小龙等（2022）提出组织学习是根据环境的变化将组织经验转化成组织知识的过程，在不同环境中，组织经验和环境因素相互作用创造不同的新知识，并由此产生不同的组织学习方式。吴小龙等（2022）还提出了两种新的组织学习方式：不确定场景探索式学习和确定场景利用式学习，前者是认知突破学习机制，后者是经验扩展学习机制。可以看到，吴小龙等（2022）的研究也受到了 March（1991）的启发，并继承了 March（1991）关于组织学习两分法的观点。

通过总结归纳并基于现有的概念界定，再结合研究情境，本研究将组织学习定义为：为了维持供应链企业的竞争优势，企业从个体、团体、组织等不同层次汲取现有经验和吸收外部新知识，并将其转化和运用到企业内部，从而不断地创造新服务和新技术，进而持续改变组织的思维模式和行为方式。本研究参考 March（1991）提出的双元维度划分结构，把组织学习划分为两个维度：利用式学习和探索式学习。

2.3.2　组织学习的影响因素

不同的研究人员在不同情境中将组织学习划分成不同维度，如利用式学习、探索式学习、单环学习、双环学习、开放心智、学习承诺及共同愿景等。在探究组织学习的前因影响因素时，我们可以从整体上对组织学习的影响因素进行探讨，也可以针对具体的情境，对其各维度的影响因素进行详细分析。这样的分析不仅更加全面、科学，还可以帮助我们理解特定的研究环境和各种影响因素之间的关系。

关于组织学习的前因影响因素，国外学者提出了许多代表性观点。Bettis-Outland 和 Guillory（2018）认为组织学习是一种获取、传播新信息以及发展共同理解、共享解释的积极活动，最终这些活动经历将嵌入组织记忆中。组织学习的结果就是新知识的产生和发展，组织必须把学习作为优先事项，才能在创新竞争中保持领先地位。组织学习可以发生在组织内部，也可以发生在组织外部，通过与外部其他组织的合作，能够形成知识网络，进而提高组织学习效果。Bettis-Outland 和 Guillory（2018）提出：第一，缺乏情商会降低获取新信息的动机，情商低下会阻碍组织吸收新信息，降低组织学习效果。高情商能为组织学习的信息共享环节创造良好环境。因此，情商作为组织学习的前因影响因素，可以正向影响组织学习。第二，拥有可信任的信息来源是一个组织吸收、接受新信息的前提。在建立信任之前，信息共享和组织学习过程都会受到阻碍。双方的信任度越高，开放程度也会越大，这会带来更多的信息分享，进而为彼此提供组织学习的机会。因此，信任作为组织学习的前因影响因素，能够正向影响组织学习。Nugroho（2018）发现，合作文化和知识共享都是组织学习的前因影响因素，都对组织学习有促进作用。此外，合作文化还可通过知识共享间接对组织学习产生积极的影响。合作文化与供应链伙伴特性中的文化相容性维度具有概念上的相似性，证明了本研究所构建模型的合理性。Kim和 Park（2021）发现，知识共享文化能够正向影响人际信任、知识共享行为和组织学习，其中，知识共享文化是自变量，人际信任和知识共享行为是中介变量，组织学习是因变量；知识共享行为对组织学习具有正向影响，人际信任对知识共享行为和组织学习具有正向影响。这回应了 Bettis-Outland 和 Guillory（2018）的研究：信任是组织学习的前因影响因素。Yeniaras 等（2021）发现，商业关系通过组织遗忘对组织学习产生正向影响，而政治关系通过组织遗忘对组织学习产生负向影响。另外，商业关系通过组织学习对企业绩效产生正向的间接影响，政治关系通过组织学习对企业绩效产生负向的间接影响。因此，商业关系、政治关系及组织遗忘都能对组织学习产生影响。

国内学者也提出了一些代表性观点。王丽平和狄凡莉（2017）发现，创新开放度能正向影响组织学习。霍宝锋等（2017）构建了供应链企业内外部复杂性通过组织学习影响运营竞争力的理论模型。其中，供应链复杂性包括内部复杂性、上游复杂性和下游复杂性三个维度，组织学习包括内部学习、外部学习两个维度。内部学习是指对企业的内部人员进行培训，让他们掌握各种技术技能；外部学习是指在与上游和下游合作伙伴的互动中，从问题的求解中获得知识。其通过实证分析发现，供应链上游复杂性对内部学习和外部学习都会产生负面影响，下游复杂性对内部学习会产生负面影响。因此，供应链上游复杂性和下游复杂性是组织学习的前因影响因素。薛捷（2019）建立了小型科技企业战略导向通过组织学习影响企业竞争能力的理论模型，其中，战略导向包括市场导向、技术导向和资源导向等三个维度。其通过实证研究发现，市场导向和技术导向都对组织学习有明显的正向影响，但资源导向对组织学习没有明显的影响效果。这可能是由于小型公司资源禀赋有限，资源优势很难发挥出来。

关于组织学习维度的前因影响因素，也涌现了许多代表性见解。在此，对利用式学习和探索式学习的前因影响因素进行分析。高菲和黄祎（2018）从供应链网络及其维度的视角进行分析，得出如下结论：第一，供应链网络具有两个维度，即关系强度与网络密度。第二，紧密的强关系反映出伙伴企业的业务范围比较接近，因此，供应链网络关系强度对利用式学习具有正向影响。第三，由于企业之间的频繁联系，强关系造成了认知的趋同性。因此，供应链网络关系强度对探索式学习具有负向影响。第四，紧密的网络会导致固定的交易关系和稳定的伙伴关系，所获知识通常与已有的知识有关。因此，供应链网络密度对利用式学习具有积极作用。第五，紧密的网络会使企业陷入一种一成不变的联系中，因此，供应链网络密度对探索式学习具有消极作用。李梓涵昕等（2018）建立了高管结构性社会资本通过组织学习影响新产品开发绩效的模型，将高管结构性社会资本划分成行业内互动和行业间互动两个维度，将组织学习划分成利用式学习和探索式学习两个维度。其通过实证研究发现，社会资本对组织学习能产生正面影响，具体而言，行业内互动对利用式学习有显著的正向影响，而行业间互动能显著地积极影响探索式学习。卢强和杨晓叶（2020）建立了供应链网络治理通过双元学习行为影响供应链融资绩效的模型。其中，供应链网络治理包括关系治理和契约治理两个维度。其通过实证研究发现，关系治理和契约治理可以通过利用式学习对供应链融资绩效产生积极影响，利用式学习起着完全中介的作用。探索式学习对供应链网络治理与供应链融资绩效的中介作用并不明显。因此，关系治理和契约治理是利用式学习的前因影响因素。

2.3.3 组织学习的维度构成

在理论上，关于组织学习的定义还没有统一的观点，所以，在组织学习的维度划分方面，其分类方法也是多种多样的。组织学习维度的度量可以划分为一维度量与多维度量，且多维度量是当前学术界的主流。尽管目前国内外的维度测度指标还不一致，但从创新的角度上讲，这些差别对组织学习的发展和实践都是有益的。这些维度测度指标都受到各自研究角度的限制，有一定的局限性，所以，在进行研究时，必须结合各自的实际情况做出适当的选择。表 2.4

列出了几种具有代表性的观点。

表 2.4　组织学习的维度划分

作者	时间	维度
Argyris等	1978	单环学习、双环学习、三环学习
Meyers	1990	创造型学习、适应型学习、维持型学习、变迁型学习
March	1991	探索式学习、利用式学习
Nonaka等	1996	社会化学习、外部化学习、组合化学习、内部化学习
Bontis等	2002	个体学习、团体学习、组织层学习
Aranda等	2017	经验学习、替代学习
霍宝锋等	2017	内部学习、外部学习
薛捷	2019	知识获取、知识诠释、知识整合、知识利用
沈波等	2020	开放心智、学习承诺、共同愿景
王炳成等	2020	内部学习、管理学习、技术学习
蔡颖等	2022	用中学、互动中学

国外关于组织学习维度的划分，有两维度划分、三维度划分和四维度划分。

关于组织学习的两维度划分，国外的代表性观点有：March（1991）把组织学习分为探索式学习和利用式学习两种类型。探索式学习是一种全新的学习方式，着重于开发新技术、新产品、新机会、新市场，为适应未来的市场需要和适应迅速改变的环境而创建新的知识，从而保证长期的竞争优势。利用式学习是沿着过去的老路开展学习，重点是利用已有技术，改进现有产品和市场，拓展已有的知识以保证其短期效益，来适应目前的市场需要。寻找一种均衡的双元组织学习是非常关键的，不仅可以通过利用式学习来保证组织的稳定性，还可以通过探索式学习来保证组织在未来的多样化竞争中具有创造力。这样，企业就可以充分发挥双重学习的优势，以应对外部环境中的渐进改变和突变改变。Aranda 等（2017）将组织学习划分为经验学习和替代学习两大类。分公司运营初期会借鉴当地其他分公司的学习模式，以形成替代学习。但随着其业务模式的成熟和经验的积累，替代学习的比重会逐渐降低，而经验学习的比重会逐渐增加，替代学习将逐渐被经验学习所代替。初期两类学习会互相作用，当分公司组织逐渐成熟时，相互作用就会逐渐消退。

关于组织学习的三维度划分，国外的代表性观点有：Argyris 和 Schön（1978）依据逐步递进原则把组织学习划分成单环学习、双环学习和三环学习，即基础学习、较高层次学习和最高层次学习。单环学习是在现有的文化系统、政策和规范的基础上，对已经出现的问题进行回答，适合于外部条件相对稳定的企业。双环学习是指通过对组织既定的规范、假设、目标、规则等提出疑问和修改意见，来处理已经出现的问题。与基础学习相比，这种被动地顺应环境变化的学习更容易适应外界不断改变的环境（Nielsen & Lockwood，2018）。三环学习是指通过改变组织结构、组织思维方式、组织环境、学习习惯和学习方法来实现对环境的主动适应，从而提升心智认知水平。这种学习方式更注重自身的学习，并能够改善单环学习和双环学习。Bontis 等（2002）把组织学习划分成个体学习、团体学习和组织层学习三个维度。个体学习到的知识向上流动到团体层面和组织层层面，团体层面和组织层层面接收到来自个体的反馈后，进而改变组织结构、组织策略、制度、产品、流程和文化，这就是前馈学习；组织系统、组织战略、组织结构等深入组织层学习中，并向下对团体学习、个体学习产生影响，这就是后馈学习。

关于组织学习的四维度划分，国外的代表性观点有：Meyers（1990）基于组织生命周期依次将组织学习划分为创造型学习、适应型学习、维持型学习、变迁型学习四个维度。创造型学习侧重于问题的界定与构造，是创新阶段的研究学习；适应型学习是指对不同的过程和规律进行建构，是成长阶段的研究学习；维持型学习注重效能，注重利用现有的规律与体验处理当前问题，是成熟阶段的研究学习；变迁型学习发生在外部环境已经给目前的认知带来了挑战的情境下，强调过去的学习方法已经无法与不断改变的环境相匹配，是衰退阶段的研究学习。Nonaka 和 Takeuchi（1996）建立了一个四级螺旋结构的组织学习模型，将知识划分为显性知识与隐性知识，它们之间可以互动与转换，因此可以把组织学习划分成社会化学习、外部化学习、组合化学习、内部化学习四个维度。其中，社会化学习是一个分享隐性知识的过程；外部化学习是一个隐性知识转变为显性知识的过程；组合化学习是一个分享显性知识的过程；内部化学习是一个显性知识转变为隐性知识的过程。整个组织学习流程将经历社会化学习、外部化学习、组合化学习和内部化学习，再通过不断的循环往复，逐渐呈螺旋状循环上升。

从上述对组织学习维度的划分可以发现，多维度划分是当前国外学术界主流的组织学习维度划分方法。在多维分析中，又以 March（1991）的二元分类法最具代表性。

国内学者在借鉴国外研究的基础上，也开始不断探索组织学习的维度划分方式。

关于组织学习的两维度划分，基于 March（1991）的维度分类方法，国内的代表性观点有：杨亚平和杨姣（2020）把组织学习分为两种类型，一是利用式学习，二是探索式学习。其中，利用式学习是运用和整合已有的知识，注重通过复制、精炼、强化与实施把知识更好地融入学习过程中，从而提高企业的运营效率和绩效表现；探索式学习是指通过学习外部的新知识和新技术来创造新的产品、新的流程和新的生产方法。持相同观点的还有高洋等（2017）、李梓涵昕等（2018）、徐国军等（2018）、杨瑾和侯兆麟（2020）、张梦晓和高良谋（2020）、陈初昇等（2020）、王欢欢和杜跃平（2021），等等。

关于组织学习的两维度划分，基于其他的维度分类标准，国内的代表性观点有：陈逢文等（2020）在分析企业的创新行为时，将组织学习分为单环学习和双环学习。前者认为学习是通过发现和纠正错误的行为来提升知识水平和解决问题的能力，并不涉及改变现有的目标、组织政策或心智地图；后者认为学习是一种集体行为，当集体面对外部挑战时，需共同发展新的心智地图、新的政策、新的目标，并进行框架重塑。蔡颖等（2022）认为组织学习不仅是一种主动地向其他组织寻求帮助的行为，也是一种主动协调组织与周边环境关系的行为，企业通过组织学习能够获得、整合及创造新知识、新产品、新流程，从而可以适应环境的改变，为创新做出贡献。其把组织学习分为用中学和互动中学两个维度。用中学指的是使用者在体验和试用产品时所进行的反馈学习；互动中学指的是企业与制造商、供应商、政府等各种不同的主体在交流、互动的过程中开展学习。

关于组织学习的三维度划分，国内的代表性观点有：沈波等（2020）把组织学习分为开放心智、学习承诺和共同愿景三个维度。第一，当一个组织愿意开放心智时，它就会打破传统的思维桎梏，乐于与外部世界沟通，从而可以获得新的外部知识。开放心智能激励员工积极地创新。第二，如果有较好的学习承诺，那么组织就会给员工更多的机会去学习和相互沟通，并创造一个更好的学习环境。第三，当企业和员工拥有共同愿景时，企业领导愿意与员工共享组织和部门未来的发展趋势和计划，员工就愿意承担起组织发展的责任，就会自愿贡献出更多的自身力量、资源和知识。卫武等（2019）、郑庆华等（2019）等持有相同观点。王炳成等（2020）在组织学习理论和权变理论的基础上，从组织学习和环境不确定性相匹配的视角出发，将组织学习分为内部学习、管理学习和技术学习三个维度。

关于组织学习的四维度划分，国内的代表性观点有：薛捷（2019）将组织学习划分成四个维度，包含知识获取、知识诠释、知识整合、知识利用，四个维度依次展开，形成了一个完整的学习序列。第一，知识获取包含对知识的扫描与搜寻，它是企业从内外部获得资讯与知识的一个重要环节，也是组织学习过程的开端。第二，知识诠释是组织对新知识的理解过程。第三，知识整合始于知识诠释，通过个体之间的共同观察、讨论进而产生共同的语言、一致的理解及合作的行为。组织学习与个体学习最大的不同之处在于组织学习是建立在共同的心智模式、共同的理解方式和知识共享的基础上，这些也为知识利用奠定了基础。第四，知识利用是把新的技术知识转化为生产效率和价值创造力的过程。

从以上内容可见，多维度划分仍然是国内学术界研究的主流，其中，最具代表性的是利用式学习和探索式学习的两维度分类法。

结合本研究的背景，笔者认为，为了全面刻画供应链核心企业与各类型企业的组织学习，应参照 March（1991）提出的维度划分结构，将组织学习分为两个维度：利用式学习和探索式学习。具体而言，利用式学习是指利用企业已经积累的技术与知识，将其在企业内或企业间进行共享，使现有知识和技术的价值最大化，从而推动企业绩效渐进式增长，实现企业的服务创新目标；探索式学习是指为了适应服务与制造融合的新形势，企业积极开展多层次的企业内和企业间科研活动，以探索新知识、学习新技能、创造新的服务模式，从而推动服务创新绩效实现突破式增长。

2.3.4　组织学习影响企业绩效的相关研究

绩效是企业管理理论研究中的一个永恒主题，大部分有关组织学习的理论都暗示组织学习可以提升企业的绩效（王京伦，2016）。目前对于企业创新领域的研究尚无一个完整的理论体系，通过梳理现有文献可以发现，组织学习理论可以为学者解释创新和理解创新绩效提供一个独一无二的角度（刘建湘，2016）。许多研究表明，组织学习对于企业创新具有重要的积极影响，不仅能够激发企业的创造力，而且能够提高企业未来的创新意愿；此外，它也是保持企业创新状态的一个重要因素（陈璟菁，2013）。后续众多研究也发现，组织学习还是企业提高创新绩效和有效处理创新低效率或无效率的重要措施（辛安娜，2017）。不同的研究人员在不同情境中将组织学习划分成不同维度，比如利用式学习、探索式学习、单环学习、双环学习、三环学习、个体学习、团体学习、组织层学习、开放心智、学习承诺及共同愿景等。在探究组织学习对企业绩效的影响作用时，我们既可以从整体上探讨组织学习影响企业绩效的路径，也可以针对具体的研究情境，对其不同维度影响企业绩效的路径进行详细分析。在本研究中，笔者结合研究情境将双元组织学习划分成利用式学习和探索式学习两种维度。从利用式学习、探索式学习的角度出发，国内外学者广泛认同双元组织学习（利用式学习和探索式学习）在组织创新、自主创新能力、创新模式、组织绩效（企业绩效、创新绩效）等方面具有重要意义（Wang，Vrande & Jansen，2017；吕一博、韩少杰、苏敬勤，2017；孙锐、赵晨，2017；吴士健、孙专专、刘新民，2017；王萧萧，2018）。总结以往的研究，根据组织学习结果的范围从大到小可以将其分为两类：组织学习对企业绩效的影响、组织学习对创新绩效的影响。

（1）组织学习对企业绩效的影响

目前，"组织学习对企业绩效能产生积极作用"的观点已经得到了国内外学术界的广泛认可（Parida，Lahti & Wincent，2016；蔡灵莎，2017；王萧萧，2018）。

国外的代表性成果有：Rajala（2018）经过实证分析后，认为组织间学习能够积极影响企业的绩效，与其他绩效（如市场绩效、运营绩效、创新绩效等）相比，组织间学习对关系绩效的正向影响更为显著；与其他绩效（如关系绩效、运营绩效、创新绩效等）相比，组织间学习对市场绩效的正向影响较小。Ali 等（2020）发现，各层次能力之间存在着较强的直接联系，组织学习通过这种联系可以提高企业绩效。具体而言，组织学习能直接正向影响组织的动态能力，组织动态能力则可正向影响组织的实质性能力，组织实质性能力再直接正向影响企业绩效。这表明，该研究是从企业能力的视角来探讨组织学习影响绩效的效果，并揭示了能力层次结构在组织学习与绩效之间的中介作用。Tortorella 等（2021）发现，员工的工作行为与工作环境会相互影响，组织学习通过家庭办公环境能够对服务型组织的运营绩效产生积极影响。

国内的代表性成果有：陆杉和李丹（2017）将组织学习分为利用式学习和探索式学习，基于 162 份供应链企业的问卷数据进行实证分析。研究发现，组织学习的两个维度不仅可以促进关系资本的建立，还可以提高供应链绩效；此外，关系资本在组织学习与供应链绩效之间充当中介变量，存在部分中介作用。叶传盛和陈传明（2019）以组织学习作为中介变量，探索了其在创业者社会资本和绩效之间的中介效应。研究发现，组织学习对于提高企业绩效有显著的正面效应，创业者社会资本对组织学习和企业绩效产生正向影响，组织学习在创业者社会资本和企业绩效之间具有完全中介作用。杨水利等（2019）也以组织学习为中介变量，探讨了产学研合作耦合关系影响科技成果转化绩效的路径。其中，将组织学习划分为利用式学习和探索式学习两个维度，并根据 223 份调查问卷进行数据统计分析。研究发现，产学研合作耦合关系对组织学习和科技成果转化绩效具有显著的正向影响，组织学习的两个维度（利用式学习和探索式学习）对科技成果转化绩效具有显著的正向影响，组织学习在产学研合作耦合关系与科技成果转化绩效之间起中介作用。刘志阳等（2019）发现，佛教信仰对新创企业绩效具有正向影响，组织学习对两者之间的关系具有中介效应，组织学习对新创企业绩效有促进作用。颉茂华等（2021）发现，网络联结正向影响企业战略绩效，资源获取和组织学习（利用式学习和探索式学习）在网络联结提高企业战略绩效的过程中发挥了中介作用，组织学习（利用式学习和探索式学习）对提高企业战略绩效具有重要意义。

（2）组织学习对创新绩效的影响

许多关于组织学习理论的研究都认为，企业的组织学习能够带来积极的效果，比如，企业的组织学习能够改善企业的绩效水平和创新力（王京伦，2016）。已有的相关实证研究也主要关注组织学习的两类因变量：创新和绩效（徐浩，2014）。创新绩效作为一种评价企业学习成效的主要手段，引起了国内外学者的极大兴趣，许多学者已从不同的角度研究了组织学习与创新绩效的关系。

国外的代表性观点有：Cabrilo 和 Dahms（2020）探讨了管理者如何通过组织学习把人力资本、更新资本和企业家资本转化为卓越的创新绩效，并运用模糊集定性比较分析（fsQCA）等实证方法对理论模型进行数据验证。研究结果表明，人力资本、更新资本和企业家资本对组织学习都具有积极的影响作用，组织学习正向影响创新绩效，组织学习对三个资本和创新绩效具有中介效应；组织学习无论是单独存在还是与其他资本相结合，都会对创新绩效产生正向影响作用。Kaya 等（2020）发现组织学习和组织间沟通可以通过合作创新的中介作用对创新绩效产生积极的影响。其使用来自土耳其电信行业和 IT 行业的两个独立调查企业数据集，并运用偏最小二乘结构方程模型（PLS-SEM）和模糊集定性比较分析（fsQCA）方法对所发现的影响关系进行了数据验证。研究发现，高水平的组织学习能够推动企业的合作创新，高水平的组织间沟通也能推动合作创新，而合作创新则可以提升创新绩效，合作创新在组织学习和创新绩效之间以及组织间沟通和创新绩效之间发挥完全中介作用。Chuks（2022）主要探讨了肯尼亚企业的组织学习在 IT 能力和创新绩效之间发挥的中介作用，从探索性学习和利用性学习两个维度构建了组织学习，前者要求在企业能力之外寻找新知识，后者是基于企业现有能力和知识基础之上的学习活动。该研究又把探索性学习细分为研究性学习和实验性学习两类，研究性学习是通过研究开发获取知识的活动，而实验性学习则是通过互动与反馈来进行新观念和新技术的试验。通过实证分析后发现，IT 能力正向影响组织学习的三个维度（研究性学习、实验性学习、利用性学习）及创新绩效，组织学习的三个维度在 IT 能力和创新绩效之间起部分中介作用。

国内的代表性观点有：梁卓等（2017）发现，组织学习通过组织承诺能对组织创新绩效产生积极影响。范朱灵和刘德文（2018）把组织学习划分为利用式学习和探索式学习两个维度。该研究共收集 248 份有效问卷以进行实证分析，结果显示，众包模式下的客户参与对利用式学习、探索式学习和企业技术创新绩效产生积极影响，组织学习正向影响技术创新绩效。具体而言，利用式学习在客户参与和技术创新绩效之间具有显著的中介作用，且为完全中介，但探索式学习并未对客户参与和技术创新绩效表现出中介作用。沈颂东和房建奇（2018）也发现组织学习会正向影响技术创新绩效。简兆权等（2018）对市场导向、组织学习和服务创新绩效之间的关系进行了研究，其中，市场导向划分成反应式市场导向和主动式市场导向两个维度，组织学习也划分成利用性学习和探索性学习两个维度，服务创新绩效则划分成财务绩效、内部绩效和顾客绩效三个维度。该研究针对珠三角区域的服务业企业数据进行了实证研究，结果发现，反应式市场导向对财务绩效表现出显著的正向影响，利用性学习在其中起中介作用；主动式市场导向对内部绩效和顾客绩效表现出显著的正向影响，探索性学习在其中起中介作用。曹勇等（2019）以高新科技企业为例，探索了企业创新氛围、双元组织学习和创新绩效之间的关系，并构建了基于双元组织学习中介效应的理论模型。其中，双元组织学习包括利用式学习和探索式学习。接着，其使用结构方程模型进行实证计算，发现创新氛围对创新绩效表现出显著的积极影响，双元组织学习对创新氛围和创新绩效具有完全中介效应。因此，双元组织学习（利用式学习和探索式学习）能够提高企业的创新绩效。

2.4　服务创新绩效相关研究综述

2.4.1　服务创新的内涵

2015 年印发的《中国制造 2025》提出实施制造强国战略的要求，2017 年的《政府工作报告》中又一次提到"中国制造 2025"，强调服务创新对于经济发展的重要性，并提出要加快制造业与服务业的融合发展，推动生产性制造向服务性制造转变（徐建中、付静雯，2018）。这在国内引发了一股制造业服务化转型的热潮，制造企业开始以客户为出发点，寻求实现价值共创的途径（Szász，Demeter & Boer，et al.，2017）。客户作为价值共创者和价值缔造者，在价值形成中扮演着智力支持者、价值整合者、价值创新者等重要角色（Cheng & Krumwiede，2017），利用知识和信息服务于客户，是制造业服务化的有效战略。客户既是服务创新的起点又是其终点，客户参与程度和方式直接影响服务创新绩效的表现（冯文娜、刘如月，2021）。国内外学者均将制造业服务创新行为视作制造业服务化，指出制造业之所以会采取服务化战略有三大原因：设置竞争壁垒、锁定客户、提升差异化水平。单纯依靠技术创新是无法维持制造业差异化竞争优势的（Gremyr，Witell & Löfberg，et al.，2014），所以，服务创新、服务业务升级是制造业面临产业走向成熟化的战略对策，同时也是克服和摆脱"产品化陷阱"的关键策略（Kowalkowski，Gebauer & Oliva，2017）。本节通过介绍服务主导逻辑（客户主导逻辑）的内涵及其与产品主导逻辑的联系来详细叙述制造企业服务创新的内涵。

（1）服务主导逻辑的内涵及其与产品主导逻辑的联系

在服务主导逻辑中，制造企业价值创造实质上不在于将实物商品交付给客户，而在于将商品作为服务的载体，让客户能够充分地享受商品及其服务所产生的价值。客户购买的不仅是商品本身，更是商品所提供的价值与服务。服务主导逻辑为人们理解市场交易和创造价值提供了全新的角度，其中心思想也符合服务经济的特征，即在制造企业服务创新中，客户既是商品、服务的销售客体，又是企业特殊的信息资源，还是价值共创的重要参与者。

国外学者 Vargo 和 Lusch（2008）提出服务主导逻辑的概念，其是指在创造价值时，首先，价值由企业与客户共同创造而不是由企业单独创造；其次，价值共创的情境是整体服务生态系统而非企业独立的内部环境；最后，企业核心资源是动态化无形资源（如知识技术、发明创新等操作性资源）而非静态化物质资源（如生产设备、自然资源等对象性资源）。Vargo 和 Lusch（2016）进一步认为：第一，服务在价值创造、价值交换中起核心作用，其不依赖于商品，商品仅是服务的媒介并处于次要位置；第二，客户是价值共创的主要参与者，价值共创、价值交换从最初的交易环节拓展到产品使用、服务支持、服务解决方案等全产品生命周期；第三，操作性资源（如知识、技术和技能等）是价值共创的核心服务资源，价值交换的实质是核心资源的交易及服务交换；第四，客户、制造企业、合作企业及其他利益团体通过优势互补实现价值共创，制造企业服务创新的价值共创主体是整个服务生态系统。

另外，Lusch 和 Nambisan（2015）也提出在服务主导逻辑下，服务是所有经济交易的基础，商品是服务的载体，其依附于服务，所以一切企业都是服务企业，一切市场交易均以交换服务为核心。不能把服务看成是一种商品，服务所代表的是一种泛化交易，其是商品交换的普遍化和扩大化概念。Lusch 和 Nambisan（2015）根据服务主导逻辑还提出，服务创新是一种针对客户的新供应，即对已有服务进行增补或对服务内容、流程进行变更。Storey 等（2016）还指出，制造业服务创新不能复制传统的产品创新模式，必须根据其独有特征和客户实际需要，用服务主导逻辑指导企业经营理念、管理模式、运营流程的优化与重组，通过不断发掘客户服务需求、大力拓展服务资源及服务网络、持续优化服务创新体制等方式来构建完善的服务创新支持系统。

国内学者王绒（2018）指出在服务主导逻辑下，一切社会和经济活动参与者均为资源整合者，价值由客户和制造企业共同创造，但主要取决于价值受益者即客户。客户的作用发生了根本改变，客户已从单纯作为交换的客体和价值接受方，转变成拥有创造性知识的价值共创者和创造参与者，此时客户承担创造价值的主要任务。制造企业不能直接交付价值，只能先行提供价值主张，然后通过与客户互动，参与到价值共创过程中，从而实现客户价值并成为价值共创者。客户和企业互动专注于实现客户价值。付静雯（2019）提出，服务主导逻辑强调服务是一切交易的基础，操作性资源是核心资源，商品和服务必须融合，价值不能用金钱来直接计算，价值是客户在特定情境中服务需求或商品需求被满足的程度。这个观点也回应了 Vargo 和 Lusch（2008）、Lusch 和 Nambisan（2015）的相关研究。赵晓煜等（2020）发现在服务主导逻辑中，服务创新要求制造企业跨越部门或企业边界，对客户思维模式和需求进行深入了解，持续感知外界环境和客户需求的动态改变，从过去针对客户需求的"响应式"感知转变到"前瞻性"及"主动式"感知；有效分配服务资源，建立专业化服务创新体系，探索服务盈利的有效机制，将服务创新提升至战略层面。但在产品创新中，往往存在清晰的专业分工，员工集中在较为狭小的工作领域，制约了服务创新。

在理解了服务主导逻辑的内涵后，必须正确认识服务主导逻辑与产品主导逻辑之间的联系。服务化是指制造企业由原来的产品提供商向以客户为中心的服务供应商转变，在此过程中，制造企业将已有产能转向发展新的服务，从而产生服务领域的新知识，这是一种跨领域创新（冯文娜、姜梦娜、孙梦婷，2020）。这说明制造企业以往所积累的以产品为核心的知识技术很难适应客户对于新服务的需求。

国外学者 Reiskin 等（1999）将服务化视为一种战略转型，即将制造企业从以产品为导向的生产战略转变为以客户为中心的服务策略。Vargo 和 Lusch（2004a）基于核心竞争理论和资源优势理论提出，服务主导逻辑主要聚焦于无形资源、客户关系与价值共创，而产品主导逻辑则专注于有形资源、双方交易和价值交换等方面，并指出产品主导逻辑中忽略客户对于制造企业的核心价值是不恰当的。Vargo 和 Lusch（2004b）提出将服务和产品分离也是不恰当的，因为客户只关心制造企业可以提供多少方便和服务。Kowalkowski 等（2017）提出在面对技术进步、市场竞争加剧、客户需求不断升级的多重压力时，制造企业的经营理念已从产品主导逻辑转为服务主导逻辑，服务将代替产品在价值交换中起主导作用，产品作为服务价值的有形媒介被传递给客户，并以其服务创新来扩大产品的市场价值，从而突破经营困境，获取竞争优势。Eggert 等（2018）研究表明，产品创新与服务创新对客户需求的认知观念有根本差异：产品创新聚焦客户对实体商品和辅助服务的满意度，比如对安装、零件配送、维修等是否满意；而在服务创新时，企业必须跨越交易界限，超越自己的思维局限，从客户的视角看待问题，深刻分析客户的思维模式，准确辨识服务问题和产品问题，并为客户提供全方位的服务解决方案。

国内学者赵立龙等（2012）提出制造业的服务创新战略应以客户为导向，通过服务创新来实现客户价值增值，体现了企业从产品主导逻辑向服务主导逻辑的转变。赵晓煜等（2020）发现产品创新和服务创新的创新主体具有显著差异。第一，两种创新活动范围不一样。产品创新聚焦于制造企业利用自身科技力量对产品进行改良和创新，创新和开发活动主要局限于企业内部；而服务创新活动范围由企业内部扩展至企业外部，创新参与者涵盖供应商、合作伙伴、客户及其他利益相关者。服务创新也提倡通过建立创新服务生态网络，将更多创新资源整合起来，以不同创新机构的共同努力来提高服务创新绩效。第二，专注于产品创新的制造企业与致力于服务创新的制造企业在组织架构上有明显差异。产品创新是以产品为核心，采取层级化、专业化、职能化的刚性组织架构来提升产品的研发与制造效能。而服务创新以服务为宗旨，打破企业内部层级和部门间的束缚，构建柔性组织结构，强化企业内部合作，加强企业外部协作，致力于扩展创新伙伴和创新服务网络，加快各类资源的流通和整合。刘如月和杨蕙馨（2020）提出，产品主导逻辑认为企业创造价值，并通过商品与货币的交易在市场中完成分配；而服务主导逻辑认为价值是在产品供应商与受益人的互动中生成的，通过双方的能力运用和资源集成共同创造了价值。综上所述，从产品创新过渡至服务创新，意味着从产品主导逻辑转为服务主导逻辑、从聚焦企业内部转为拓展企业外部、从企业独创价值转为与利益共同体共创价值，企业与利益相关者（客户、合作企业等）由买卖关系变成深入合作关系，这对制造企业的环境适应能力构成了新考验。

（2）制造企业服务创新的内涵研究

探索生产与服务融合，研究服务创新和客户导向已成为制造业突破瓶颈、实现可持续发展的战略途径，也是对产品创新及标准化战略的替代（刘念、简兆权、王鹏程，2021）。在服务化转型中，制造业主导逻辑由产品主导转为服务主导，客户需求成为服务创新的核心；主导逻辑的转变，需要企业以客户及市场为导向（刘如月、杨蕙馨，2020）。

制造业服务创新具备技术创新的特征，同时也具备无形性、易逝性、不易储存等服务特征，而不同于制造业技术创新（付静雯，2019）。制造业服务创新包括产品生产、服务流程等全周期，贯穿生产、运营、销售、售后等各个环节，不局限于设计、制造等企业内部环节。服务创新需重视企业内部服务流程创新和服务方式创新等非技术创新。制造业服务创新涵盖了企业内外部多重利益主体，复杂程度远超技术创新。

与服务业的服务创新相比，制造业的服务创新无法彻底地与实物商品分离，其是以产品的附加值增值为基础，是生产与服务的跨界融合。除了在服务内容上要创新，还必须在有形商品和无形服务之间进行多种搭配，以实现服务创新（曾经莲，2019）。另外，与服务业相比，制造业服务创新对资源能力、企业能力的需求已经超出了传统制造企业的框架，生产领域中的独有资源已经无法完全满足服务领域的服务创新需求，资源特质观也无法全面解释以客户为导向的制造企业服务创新全过程（冯文娜、刘如月，2021）。

因此，明确界定制造企业服务创新的定义就显得尤为重要。针对制造企业服务创新的定义，国内外专家已从不同角度进行了探讨，本研究对制造企业服务创新最具代表意义的定义进行了概括总结，具体如表2.5所示。

表2.5 制造（企）业服务创新的定义

作者	时间	定义
Wise等	1999	制造业服务创新是指在产品全生命周期中，以服务内容、服务传递方式的改变为核心的一种创新活动。
Den等	2010	服务创新是一种全新的服务体验、经验及服务解决办法，包含新服务理念、新客户互动、新价值体系、新收入模式以及新组织结构或技术转移系统。
Ostrom等	2010	服务创新是指服务自身的特性发生变化，企业通过改善或创新服务提供模式、服务提供流程、商业化服务模式来创造价值，关键在于大幅改进或创建全新的无形服务。无形服务指新服务、新商业模式等。
Edvardsson等	2013	服务创新指对服务生态体系的结构进行变革，具体包括变革服务交换参与主体、资源和流程，以增强参与主体的可持续性。
Ostrom等	2015	服务创新是一种对服务质量进行改善的行为和理念。
付静雯	2019	服务创新是制造企业在服务内容、服务方式、服务过程等方面为客户创造新价值的一种创新活动，关键在于实施优化产品或服务流程的创新。
张峰等	2019	制造业服务创新以服务为导向，以创造客户新价值并提高客户对价值的认知为最终目标。
刘如月等	2020	制造企业服务创新是指通过对能力和流程进行升级，从而为客户开发和提供符合其需求的全新服务或对已有服务进行更新，进而使客户价值得到提高。服务创新就是要满足客户需要，提升客户价值。
刘念等	2021	制造企业服务创新强调在产品全生命周期内，深挖蕴藏在产品和服务中的知识、技术等潜在客户需求，并不断创新动态的客户关系和服务内容，从而使客户满意并为客户创造独特价值。在这个过程中，价值并不是由产品直接提供的，而是由以产品为载体的客户解决方案或支持型服务提供的。
王鹏程等	2021	制造企业服务创新是指为了适应客户多元化需要，快速地对企业的产品和服务进行优化和创新。

在制造业服务化转型过程中，服务已逐渐变成价值交换的核心环节，企业研发重心也逐渐由产品创新延伸并转移到服务创新上来。但是，单靠制造企业自身的资源与知识，很难在服务创新中实现可持续发展，并兼顾产品创新。在开放的创新模式中，制造企业必须从企业内部向外部扩展资源和知识获取途径，从而使自身知识、资源结构得到有效优化。制造企业通过与供应商、客户、合作伙伴等不同主体建立供应链网络，可以有效解决制造企业服务创新过程中所面临的知识与资源短缺问题。供应链是一种能够帮助制造企业跨越组织边界和企业内部资源束缚的组织结构，不仅有助于企业从外部获取新知识和新资源，还有利于企业打造包含上游供应商、下游客户、合作伙伴及其他利益相关方的服务创新生态系统，从而实现制造企业服务创新所要求的价值共创体系。

2.4.2　服务创新绩效的前因影响因素

本研究认为，在分析服务创新绩效的前因影响因素时，既要考虑制造企业服务化转型是以客户为中心的要求，又要考虑制造企业自身因素对服务创新绩效的影响，还要从网络嵌入、网络能力、联盟、供应链等网络视角出发，在网络层面来考虑制造企业及整个服务创新生态系统的服务创新情况。为此，本研究从个体层面、企业层面和网络层面来分析服务创新绩效的前因影响因素。

（1）个体层面的影响因素

在服务主导逻辑下，制造企业以客户为导向从事生产或服务活动，聚焦于客户、产品生产者、服务提供者以及其他价值链合作者的相互联系和价值共创，因此将客户导向归为个体层面上的影响因素。客户导向既是一种直接获取客户需求信息和外部知识的途径，也是一种根据客户需求动态调整的能力，其宗旨是让客户满意，提升客户价值（Wang, Zhao & Voss, 2016）。

国外学者 Kazadi 等（2016）认为，制造企业对客户需求及客户偏好的主动整合，能够拓展企业的知识基础，为制造企业和客户创造知识共创的环境，从而提升服务创新绩效。Wang 等（2016）发现，客户导向分别对服务企业和制造企业的服务创新和产品创新产生正向影响，供应商合作在这种积极影响中起到中介作用。其中，服务企业的客户导向对创新产生的总体效应更强，供应商合作在服务企业的客户导向与创新之间也具有更强的中介效应。Magnusson 等（2016）和 Trischler 等（2018）都认为，客户可以将尚未得到满足的需求告知企业，从而减少企业服务创新的未知性和不确定性。

国内学者徐建中和付静雯（2018）发现，客户导向对服务创新绩效产生正面影响，知识共创在客户导向和服务创新绩效间发挥部分中介作用。付静雯（2019）提出以客户为导向的制造企业能更好地理解客户目前与将来的需要，为发现和满足潜在的客户需求，制造企业应针对客户需求进行产品和服务上的适当调整，从而持续为企业提供有效知识，提高企业的知识转化效率和服务创新成功率，使企业得以持续发展。

另外，也有不少学者对客户导向的相似概念进行了探讨。刘如月和杨蕙馨（2020）指出，用户整合是企业主动获取、消化、吸收客户需求信息、购买动机、历史记录的行为。不同于其他获得客户需求的方法，用户整合更注重制造企业主动将客户数据和信息等整合起来，以理解客户目前需要并对未来需要做出有效预估。在服务化转型背景下，制造业主导逻辑由产品主导转为服务主导，面对客户需求的日益复杂化，企业在客户需求的驱动下不断进行服务创新。刘如月和杨蕙馨（2020）通过研究发现，对客户需求与问题进行积极整合是制造企业实施服务创新的主要推动力，而制造企业用户整合是加快服务创新、提升服务创新绩效的重要因素。冯文娜和刘如月（2021）认为，互动导向体现了企业对客户的理解、对客户的动态响应、赋予客户权力、依据客户价值进行客户管理的战略取向，其由四个维度组成：互动响应能力、客户观念、客户授权及客户价值管理。制造企业服务创新绩效分为财务绩效与非财务绩效。互动导向为服务创新提供了客户信息并使客户参与到价值共创中，以客户为本的制造企业通过对客户需求的深刻理解，提供了个性化客户服务，提升了服务创新的财务绩效。客户既是商品使用者，又是价值共创者，获得了商品评价权和体验价值共创的成就感，这样，互动导向又提升了服务创新的非财务绩效。在此基础上，其通过实证研究发现：互动响应能力、客户授权、客户价值管理可以有效提升企业的战略柔性，从而提高制造企业服务创新绩效；战略柔性在互动响应能力、客户价值管理、客户授权与服务创新绩效之间发挥部分中介效应。

（2）企业层面的影响因素

企业层面的影响因素通常从整体企业的角度来进行分析，一般包括吸收能力、数字化能力和制造企业组织结构等。

吸收能力是影响制造企业服务创新绩效的一个重要因素。国外学者Mennens 等（2018）从企业动态能力视角出发，发现吸收能力能够改善制造企业服务创新绩效。Xie 等（2021）提出，在制造业和服务业中，加强企业内部的知识吸收能力和企业外部的关系学习有助于提升服务创新绩效。构建模型并实证检验后发现，客户参与服务创新积极影响关系学习和服务创新绩效，关系学习在客户参与服务创新与服务创新绩效之间发挥中介作用。知识吸收能力越强，客户参与服务创新对关系学习的正向影响越显著，而且客户参与服务创新通过关系学习对服务创新绩效的间接影响也越显著。国内学者王欣和徐明（2017）认为企业遵循客户主导逻辑更易获取竞争优势，其通过实证研究发现，组织吸收能力对服务流程创新和服务创新绩效产生显著的积极影响，服务流程创新在吸收能力和服务创新绩效之间发挥部分中介效应。

数字化能力是制造企业服务创新绩效的一个重要影响因素。国外学者Shen 等（2021）提出服务化、数字化转型对于制造企业的生产和研发具有十分重要的意义，其发现，无论是服务化还是数字化都能显著提升制造企业创新绩效，且数字化在服务化和创新绩效之间具有显著的中介效应。国内学者刘念等（2021）发现，大数据分析能力可以对制造企业服务创新绩效产生正面影响，资源拼凑和组织敏捷性在大数据分析能力和制造企业服务创新绩效之间发挥部分中介效应，且为链式中介，即大数据分析能力先通过资源拼凑正向影响组织敏捷性，组织敏捷性再正向影响制造企业服务创新绩效。

制造企业组织结构也是影响制造企业服务创新绩效的重要因素。国外学者Tajeddini 等（2017）对日本酒店行业进行调查研究后开展了相关实证分析，其发现，有机组织结构对服务创新产生正向影响，而服务创新对经营绩效产生积极影响，学习导向和部门间协调在有机组织结构与服务创新之间发挥正向调节作用。该项研究结论可以为制造业服务化转型提供有益借鉴。此后，国内学者赵晓煜等（2020）进一步分析并验证了制造企业组织柔性影响动态服务创新能力与服务创新绩效的作用机制，并提出组织柔性是指组织对动态环境的适应性。然后基于 269 份来自制造业的问卷数据，采用实证分析方法得出结论：组织柔性正向影响服务创新绩效，动态服务创新能力在二者间发挥中介作用。王鹏程等（2021）指出将服务业务引入制造企业中，会导致组织架构变复杂，而现有的传统组织结构已无法满足多样化的客户需求，服务化转型、数字化转型必须辅以相应的组织结构变革。因此，组织架构创新已成为影响制造企业服务创新绩效的关键。组织模块化指利用各模块间的接口功能来减少处理冗余信息的成本，实现信息在各模块间的快速传递和互动，其可以有效弥补组织在处理信息方面的不足，进而提升制造企业服务创新绩效。王鹏程等（2021）又以 285 家制造企业的问卷数据为例进行实证分析，结果表明，组织模块化能改善制造企业服务创新绩效，大数据分析能力和组织敏捷性两者均在组织模块化和服务创新绩效之间发挥中介效应，且存在"组织模块化—大数据分析能力—组织敏捷性—服务创新绩效"这样的链式中介路径。

（3）网络层面的影响因素

网络是由两个或多个组织建立的一种长期关系，因此分析网络层面的影响因素要以拥有两个合作企业或更多合作企业的企业联盟、企业集群等作为分析标的，其分析视角包括网络嵌入视角、网络能力视角、联盟视角等。

从网络嵌入视角出发，许多学者已经发现网络嵌入会影响服务创新绩效。国外学者 Hsueh 等（2010）发现，商业网络会产生网络嵌入这种社会关系，类似的关系还有资源嵌入（拥有资源的数量）、位置嵌入（企业在网络中的地位）、关系嵌入（在合作过程中形成的联系）、结构嵌入（市场交易、资本获取受所处社会及社会关系的影响）、文化嵌入、政治嵌入等。他们还发现企业的网络嵌入（包括资源嵌入、位置嵌入、关系嵌入、结构嵌入、客户嵌入、供应商嵌入、研究机构嵌入）是影响服务创新绩效的重要因素。进行统计分析后发现，除了研究机构嵌入以外，其他类型的网络嵌入方式都会对服务创新绩效产生显著的正向影响，这表明为了提高服务创新绩效，企业必须与其他合作伙伴保持密切联系。国内学者马海燕等（2018）提出网络嵌入通过服务创新可以提高制造企业转型升级绩效，其中，网络嵌入是指企业在与其他组织的沟通和联系中，逐步建立起的频繁稳定联系。马海燕等（2018）将网络嵌入划分成关系嵌入和结构嵌入，关系嵌入是公司雇员在与他人交往时所形成的一种人际关系，结构嵌入指企业所嵌入的网络的结构特征会影响企业行为。关系嵌入越深，越能促进组织中资源的流动、成员间的互动；结构嵌入愈完善，在网络中，企业的优势地位愈明显，愈易获取知识、资源。实证分析后发现，网络嵌入（关系嵌入、结构嵌入）正向影响服务创新及制造企业转型升级绩效，服务创新在网络嵌入和制造企业转型升级绩效间发挥部分中介效应。

从网络能力视角出发，大量文献表明网络能力是影响服务创新绩效的重要因素之一。国外学者 Jian 等（2017）发现，关系嵌入、网络能力对服务创新绩效产生积极影响，网络能力在两者之间发挥完全中介效应。国内学者李纲等（2017）发现本企业与客户、供应商、竞争者、科研机构等组成的网络中蕴藏着大量有益知识与能力，而这些企业内外部的能力与知识正是服务创新所需要的。企业只有具备良好的网络能力，才能高效构建友善互信的合作关系、精准辨识外部有效资源、有效减少利用资源的成本，从而提升服务创新绩效。之后，其在 298 份样本数据的基础上进行实证分析，发现：网络能力主要由网络规划能力、关系管理能力、资源管理能力三个方面构成，其中，关系管理能力、资源管理能力正向影响知识获取，网络规划能力对知识获取没有显著影响，网络规划能力能通过知识获取来提升自身的服务创新绩效。

从联盟视角出发，构建更大规模的跨国联盟（相对于国内联盟而言）是制造企业提高服务创新水平的一种重要手段。国外学者 Vendrell-Herrero 等（2018）通过采集 285 家跨国制造企业样本，对中国、美国、日本、德国及英国的制造企业服务化水平进行了研究。研究结果显示，制造企业可以通过构建跨国战略联盟来实现跨境服务合作和服务离岸外包。而跨境服务合作关系的建立与专属服务离岸外包的实现均有助于提升制造企业的产品服务创新水平，两者的创新水平均超过制造企业只在企业内部或国内开展服务创新所能达到的水平。该研究还发现，在内部设立中央协调系统来解决服务开发部门和产品开发部门之间的矛盾，能增强专业决策集中度，推动产品服务创新。

由于服务创新的复杂程度日益提升，单一制造企业难以进行高效创新，且当前中国制造企业所具有的服务创新资源、服务创新能力相对薄弱，因此，构建网络化组织成为获取战略资源和异质资源的主要途径。上述研究都表明，诸多服务创新必须借助网络合作才能获得成功，以实现自我价值和价值共创。

2.5 研究评述

随着我国制造企业逐步进入"后工业化"的制造业服务化转型时期，制造企业既要充分利用外部环境中的各种信息、资源来进行服务创新和产品创新，又要以最快的速度向外推广自己的产品、知识、服务模式，从而抓住创新机会，提升企业竞争优势和市场地位。因此，在制造企业服务创新的过程中，企业更多地关注外部资源的整合，趋向于通过构建企业间供应链、网络化、联盟化结构，以确保企业间合作及创新推广。虽然，目前国内外学者都已认识到这些组织结构对于确保制造企业服务创新的成功起着举足轻重的作用，但尚未形成一套完整的理论指导框架，仍存在许多有待解决的问题，具体如下。

第一，从以往的研究成果出发，陈伟和张旭梅（2011）发现供应链伙伴特性可以提高企业的创新绩效，Ferrigno 等（2021）发现企业供应链联盟中的合作伙伴属性能够正向影响创新绩效。这表明目前国内外学者已认可，供应链结构能提高企业的创新绩效。另外，Hsueh 等（2010）认为网络嵌入可以提高企业的服务创新绩效，李纲等（2017）发现网络能力可以提高企业的服务创新绩效，马海燕等（2018）也认为网络嵌入会对制造企业的服务创新产生积极作用，Vendrell-Herrero 等（2018）发现通过构建跨国战略联盟可以提高制造企业的产品服务创新水平。这表明国内外学者已认同，基于网络结构的制造企业联盟是提高制造企业服务创新绩效的关键。尽管国内外学者对制造业服务化转型的研究不断深入、探索范围不断扩大，但网状结构的制造企业联盟不等同于供应链结构的制造企业联盟，制造企业的供应链结构具有明显的方向性，核心企业的上游为原材料供应商，下游为产品经销商和终端客户，且制造企业联盟中有相当一部分是以供应链形式存在的。迄今为止，国内外仍少有文献关注制造企业的供应链结构及供应链伙伴特性是如何影响服务化转型阶段的制造企业及其服务创新绩效的。

第二，对于制造企业供应链伙伴特性的研究还存在一些不足之处，即对于供应链伙伴特性如何影响服务创新绩效的中介机制缺乏清晰了解。在制造业服务化转型的大趋势下，明确制造企业联盟的供应链伙伴特性对服务创新绩效的影响机制具有重要意义。以往国内外文献多集中于研究供应链伙伴特性与其他类型创新绩效的关系，并引入多种中介变量以进一步明确供应链伙伴特性对其他类型创新绩效的影响机制。例如，陈伟和张旭梅（2011）提出供应链伙伴特性可以通过知识交易正向影响创新绩效，Shi 等（2022）提出建筑供应链协同创新活动可以通过隐性知识共享正向影响创新绩效。然而，目前制造企业供应链伙伴特性对服务创新绩效的影响机制尚未完全明晰，需引入更多恰当的中介变量以完善其中介机制。

从组织学习的文献出发，Nugroho（2018）提出合作文化与知识共享都能正向影响组织学习，高菲和黄祎（2018）提出供应链网络能提高利用式学习，卢强和杨晓叶（2020）提出供应链网络治理能提高利用式学习，Kim 和 Park（2021）提出知识共享文化正向影响组织学习。而供应链属于一种特殊的网络结构，供应链伙伴特性也包含文化相容性的概念，由此可知供应链伙伴特性可能会促进组织学习。梁卓等（2017）提出组织学习能正向影响组织创新绩效，范朱灵和刘德文（2018）提出组织学习能正向影响技术创新绩效，简兆权等（2018）发现在服务业企业中组织学习能提高服务创新绩效，Cabrilo 和 Dahms（2020）发现组织学习能正向影响创新绩效，Chuks（2022）也发现组织学习能正向影响创新绩效，由此可知组织学习与各种创新绩效的关系密切。但能发现，组织学习的相关重要结论在供应链伙伴特性和制造企业服务创新绩效之间缺乏体现，把组织学习作为供应链伙伴特性影响制造企业服务创新绩效的中介机制的研究则更为罕见。制造企业构建供应链的目的在于突破资源约束进而获取外部丰富资源，但外部异质性资源具有专属性、默会性等复杂特性，不能自动转化为制造企业服务创新绩效；而组织学习能有效转化这些资源并将其内化于组织中，进而创造出卓越的绩效。因此，有必要将组织学习引入供应链伙伴特性影响制造企业服务创新绩效的中介机制中，以进一步明确其影响机制。

第三，现有文献虽然考虑了供应链伙伴特性影响供应链融资绩效的边界条件、伙伴特性影响协同创新绩效的边界条件、组织学习影响创新绩效的边界条件、组织学习影响服务创新的边界条件，例如，薛萌（2020）提出网络能力和供应链复杂性在供应链伙伴特性与供应链融资绩效之间发挥调节作用，王萧萧等（2018）提出政府支持在伙伴特性（包含目标相容、能力互补、组织声誉三个维度）和协同创新绩效之间发挥调节效应，邹国庆和高辉（2017）发现制度环境在组织学习和创新绩效之间具有调节作用，施涛等（2018）认为仁慈型领导风格、权威型领导风格在组织学习与服务创新之间具有调节效应。在中国情境下，双方关系质量的好坏对制造企业的供应链合作具有重要影响，组织学习将资源转化为绩效的过程也会受到吸收能力的影响，但综合研究关系质量和吸收能力在"供应链伙伴特性—组织学习—服务创新绩效"路径中的调节效应的文献尚属少见。双方关系质量的好坏与供应链合作密切相关，组织学习将资源转化为绩效的过程也与企业吸收能力紧密相关，因此将关系质量和吸收能力作为情境变量纳入理论模型中，以明确制造企业供应链伙伴特性影响服务创新绩效的边界条件。这样，研究结论既可以解释供应链伙伴特性与服务创新绩效之间的权变关系，又具有实际解释力和现实意义。

2.6 本章小结

本章对组织学习理论以及三个变量（供应链伙伴特性、组织学习、服务创新绩效）的定义、影响因素等进行了系统的回顾与总结，明确了在制造业服务化转型背景下，供应链伙伴特性研究中存在的不足与缺陷，即供应链伙伴特性的定义和维度划分尚未统一、供应链伙伴特性对服务创新绩效的影响机制研究中出现空缺、对情境变量考虑不足等等，而组织学习（利用式学习和探索式学习）对供应链伙伴特性和服务创新绩效之间的中介作用机制研究具有重大理论意义。因此，本研究后续将围绕供应链伙伴特性如何提高服务创新绩效展开探讨，探索供应链伙伴特性、组织学习和服务创新绩效之间的影响路径以及关系质量、吸收能力对上述路径的调节作用。

3 制造企业供应链伙伴特性对服务创新绩效影响机制的探索性案例研究

根据本书第二章的文献综述，本章结构和内容安排如下：首先，对相关理论背景做简明分析，分析制造企业之间的供应链伙伴特性通过供应链上下游企业之间的组织学习（利用式学习和探索式学习）进而增强企业服务创新绩效的逻辑关系；其次，在借鉴前人案例研究的基础上简述案例研究的原则和方法；再次，基于案例研究方法，选择、收集和分析质性数据；最后，依据研究结果，分析企业间通过增强供应链伙伴特性获取企业间的组织学习（利用式学习和探索式学习）进而对企业服务创新绩效产生积极影响的机理，总结影响机制并提出命题。

3.1 案例研究的理论背景

本书第二章已经对制造企业供应链伙伴特性、组织学习（利用式学习和探索式学习）以及服务创新绩效的相关理论进行了详细的回顾与梳理。由于核心企业嵌入供应链的结构和位置不一样，供应链上其他企业之间具备的供应链伙伴特性也会存在差异，从而核心企业能够筛选到的合适的供应链伙伴和进行的组织学习（利用式学习和探索式学习）效果是不一样的，并且核心企业与供应链伙伴之间建立关系的策略也是不一样的，所以核心企业与供应链伙伴之间的服务创新绩效不一样。从有关文献来看，对于核心企业通过强化与供应链上其他企业的供应链伙伴特性（资源互补性、文化相容性、目标协同性），进而增强供应链企业之间获取组织学习（利用式学习和探索式学习）效果的能力，最终提高核心企业服务创新绩效的研究并不多见。本研究综合 Eisenhardt（1989a；1989b）和 Yin（2003）对案例研究方法的论述，以此为基础开展案例分析。

案例研究是指待研究的现象与其背景之间界限不清晰时，通过各种渠道收集资料并将其汇合进行交叉分析来调查当前现象的一种质性研究方法（Yin，2014）。作为社会科学研究领域中被广泛使用的研究方法，案例研究法不会控制现象所处的情境，也不会干预现象的变化进程，而是摆脱现有理论和经验的束缚，深入现实情境中全面考察正在发生的现象（"案例"）。本研究探索的核心问题是供应链伙伴特性、组织学习对服务创新绩效的影响，不同于先前文献中发现的理论研究问题。该研究问题基于现实背景抽象而来，具有较强的探索性。通过直接观察原始的社会现象来发现理论是探索性案例研究方法的目标。同时，探索性案例研究被看作是进一步社会研究的前奏。针对研究问题，本研究有必要在进行大样本调研前通过案例分析，初步探寻供应链伙伴特性、组织学习与服务创新绩效之间的关系，以为后续研究中理论模型的构建及大样本实证检验奠定研究基础。

部分学者认为，核心企业将供应链伙伴特性作为组建优秀供应链的标准，优秀供应链上的企业可以获取更广泛的资源和共享机会，供应链伙伴特性是核心企业基于维持自身发展动力而维持创新和增长的标准。优秀供应链上的供应链伙伴特性对于资源分配、机会甄别、筛选和开发，以及供应链上企业融合、企业服务创新绩效的提高都极其重要（Dyer & Singh，1998）。因此，优秀供应链上的核心企业与其他企业一定要形成较高水平的资源互补性、文化相容性和目标协同性，从战略层面上妥善安排核心企业与供应链合作企业之间的资源分配和组织学习（利用式学习和探索式学习），以确保服务创新绩效的提高。在本研究中，我们认为供应链伙伴特性能够帮助供应链上的各家企业达到这项预期目标，与之前关于联盟网络和联盟企业获取稀缺资源以提高创新绩效的研究（Sang，2020）一致。我们将供应链伙伴特性定义为嵌入供应链上中小企业与核心企业间的一种基于互补、兼容等方面的匹配度属性，是供应链节点上核心企业选择中小型合作伙伴的依据。具体地说，供应链企业间的伙伴特性可归纳为资源互补性、文化相容性、目标协同性，这三个方面的关系特征相辅相成，体现了供应链上中小企业与核心企业间关系兼容性与互补性的不同构面。随着经济发展的加快，新兴市场的出现、碰撞、发展和消亡，供应链核心企业与中小企业建立良好社会联系，有利于调动和部署企业间的组织学习（利用式学习和探索式学习），从而有利于创造增值产品和提高服务创新绩效。这个定义紧扣了供应链合作、共同发展、关系协调、目标协同、资源互补和企业发展过程中适应市场新变化的关系体验等多重过程性质。

供应链伙伴特性能积极地影响整条供应链的核心竞争力已被学术界广泛认同。然而，在供应链核心企业与其他企业之间的服务创新绩效研究框架中，本研究并不准备将供应链的核心竞争力纳入研究范围，而将重点聚焦于供应链伙伴特性影响组织学习，进而获取较高服务创新绩效的研究。提高服务创新绩效可以看作是整条供应链上企业获取核心竞争力的一个重要途径。通过阅读大量文献能够发现，供应链伙伴特性影响服务创新绩效的有关研究相对较少，但也有部分学者做了初步的探讨。比如 Sarkar 等（2001）在研究供应链伙伴特性对联盟绩效的影响时发现，供应链伙伴特性对联盟绩效的促进作用大量来源于内嵌于伙伴关系中的传导机制，通过传导机制间接作用于企业间的联盟绩效。Lv 和 Qi（2019）在研究中发现合作伙伴之间的相互协作，有助于提高供应链各个合作伙伴之间的运行绩效，保障供应链合作关系的稳定性，促进供应链绩效良性发展。此类研究为本研究的深入探索提供了思路借鉴和相关理论基础。对于供应链伙伴特性影响企业服务创新绩效的机制，根据本研究的分析，供应链上核心企业能够根据供应链伙伴特性的标准选择合适的中小企业组成完整的供应链，从而使供应链上的企业能够通过恰当地运用组织学习（利用式学习和探索式学习）来完善各个企业嵌入供应链的结构形态，以增加供应链企业获取组织学习（利用式学习和探索式学习）效果的机会，进而通过相互之间的组织学习（利用式学习和探索式学习）提高企业的服务创新绩效。大量基于技术管理和企业服务创新绩效领域研究的学者普遍认可组织获取和积累知识量的多少正向影响企业的服务创新绩效（Kogut & Zander，1992；Grant，1996；Katila，2002；Laursen & Salter，2006；Song，van der Bij & Weggeman，2006；Statsenko & Zubielqui，2020）。创新就是将已有技术和新获取的技术进行融合进而转化为全新技术、产品与服务的商业化过程。因此，组织学习（利用式学习和探索式学习）、技术创新、知识创造、资源互补、文化相容、目标协同对供应链上企业的合作与服务创新绩效提高具有极其重要的价值。首先，知识是供应链上核心企业实现服务创新绩效的基础，基于知识观的理论（Kogut & Zander，1992；Grant，1996）认为创造企业价值的能力依托于企业的知识资源，知识的成功转化和全新应用是企业产品或服务推陈出新、更新换代以创造服务创新绩效的根本源泉。这些知识包括已经发掘出的知识、技术和有待于发掘、探索的突破性工艺技术、革命性技术知识（Kogut & Zander，1992），其中，突破性工艺技术、革命性技术知识越发关键地影响着企业的服务创新。其次，傅家骥和程源（1998）认为企业之间的探索性活动关键在于在供应链中寻找创新性的、异质性的以及有益于未来的知识，然后以这些新颖的知识为依托开展创新研发和以新产品为依托开展服务创新。再次，Laursen 和 Salter（2006）通过实证分析指出，供应链上核心企业与其他企业之间的组织学习（利用式学习和探索式学习）可以产生更多创新性和新颖性思考，为企业的服务创新绩效提供更多崭新的知识来源，甚至组织学习期间产生的有差异的知识、技术也有助于提高企业的服务创新绩效，因为其中同样包含了一些有价值的创意。最后，Song等（2006）认为，供应链上核心企业与伙伴企业之间的组织学习（利用式学习和探索式学习）和知识分享会产生更多新颖的观点和思路，降低企业由于技术与市场的不确定性带来的风险，从而增强企业提高服务创新的能力。

但是在核心企业利用供应链伙伴特性标准与合作伙伴建立供应链合作关系并维护此段关系的过程中，各方难免会产生矛盾。如果供应链中的合作关系出现问题，各方之间的信任、承诺、协作则有助于有效的信息交流与沟通，从而制订相互都满意的综合解决方案，促进双方的组织学习与服务创新绩效提高。McEvily 和 Marcus（2005）研究认为组织学习和关系质量已被理论化为供应链企业关系的主要特性，其能够促进供应链发展并使企业获得核心竞争力，双方的关系质量支持与供应链上众多企业联合解决问题在促进组织学习（利用式学习和探索式学习）方面扮演着重要角色。如果双方关系质量很高，意味着供应链上核心企业与其他企业能够有效地合作，并维持高满意度和信任水平（Lechner，Frankenberger & Floyd，2010），那么供应链上的合作企业就不太可能机会性地因为不可预见的意外事件导致双方关系恶化，而是会把突发问题、事件视为需要解决的共同问题。这与信任其供应链合作方的核心企业致力于维护良好合作关系的理念是一致的，而不仅仅是强调核心企业一方的利益。根据这一理念，关系质量好的供应链企业之间在服务创新过程中出现分歧和遭遇困境时，往往能够重新审视现状，并采取高度柔性的、尊重供应链合作企业的态度，制订满足各方需求与利益的应对方案（Sarkar，Aulakh & Madhok，2009）。这进一步加强了双方之间组织学习（利用式学习和探索式学习）的动机，促进了企业服务创新绩效的提高。总之，本研究预测好的关系质量有益于供应链上核心企业与合作企业间建立良好关系，并促进双方在联合解决问题时倾向于进行组织学习（利用式学习和探索式学习）。

改革开放初期，我国的经济发展主要依靠劳动密集型和资本拉动型等粗放式发展模式，但随着人口红利的减少、工程师红利的到来，经济发展模式已经转变，目前和未来我国经济发展都将依靠知识、技术和服务创新来拉动。新的知识领域、技术市场快速发展，产品的生命周期随着时代的演进发展而变得更加紧凑，依托于单一种类产品或单独依靠产品都无法在市场上取得核心竞争优势。制造企业为了发展壮大，必须不断进行产品和服务的联合创新，因此供应链上的核心企业需要持续开发新技术、新知识，改良已有技术、知识，需要与供应链上的其他企业互相学习。组织学习（利用式学习和探索式学习）与服务创新绩效交织在一起，制造企业服务创新绩效又是以新技术、新知识的运用为基础的，与此同时新技术、新知识的运用又带来了新的变革和创新。因此，组织学习（利用式学习和探索式学习）是制造企业服务创新绩效提高的关键。但是，由于制造企业提高服务创新绩效过程中组织学习（利用式学习和探索式学习）的实施日益复杂化，只单独掌握一个知识领域的技术已经不够了。为了使制造企业与供应链合作企业之间的服务创新活动能够达到必要的绩效水平，单独一个制造企业需要拥有许多不同领域的知识。为了奠定扎实的知识、技术基础，单独一个制造企业需要有消化和吸收异质性技术、知识的能力，必须能吸收各种不同来源的知识，不仅仅是供应链企业内部的知识，甚至包括所有可用的外部知识、技术资源。吸收能力是指一个企业开发新产品和改进已有产品并与另一方的外部资源和机会建立联系的能力，最常见的定义是"一个企业意识到新的外部资源、信息的价值并将其运用于己方商业化目标的能力"。吸收能力体现了企业一系列动态学习的过程，Xie 等（2018）通过对中国高科技企业研究发现，知识吸收、消化、转化与运用均是企业提高服务创新绩效的有效途径。Murovec 和 Prodan（2009）研究指出吸收能力与技术和产品的服务创新绩效呈正相关。因此，吸收能力是影响供应链核心企业与合作企业间的组织学习（利用式学习和探索式学习）和服务创新绩效之间关系的一个关键因素。

综上所述，供应链伙伴特性能够提高制造企业的服务创新绩效，供应链上核心企业与合作企业良好的关系质量还能促进双方进行组织学习（利用式学习和探索式学习），然后进一步提高制造企业的服务创新绩效。与此同时，制造企业还应积极提高己方的吸收能力，促使组织学习（利用式学习和探索式学习）这一动态学习过程顺利完成，并提高学习效率，从而使得制造企业能达到更高的服务创新绩效水平。本研究将以此为理论预设，通过探索性案例研究，分析供应链伙伴特性、关系质量、组织学习（利用式学习和探索式学习）、吸收能力和服务创新绩效之间的关系，进而阐明供应链伙伴特性影响制造企业服务创新绩效的机理。

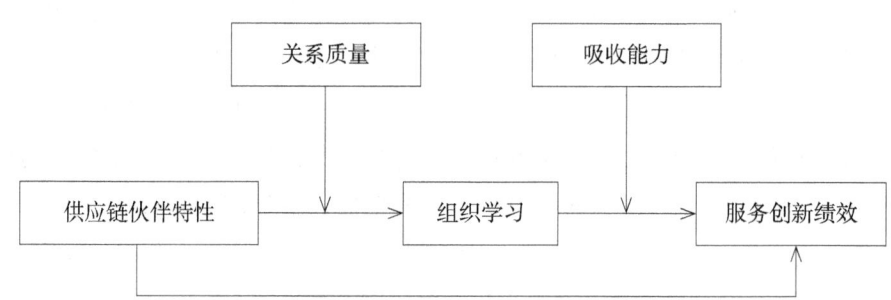

图 3.1　理论预设：供应链伙伴特性、组织学习与服务创新绩效的关系

3.2　案例研究的方法概述

3.2.1　案例研究的简述

案例研究是一种研究策略，侧重于关注单一环境下研究对象的动态变化。案例研究可以描述某一研究对象的概况、现象，检验现有理论并探索、建立新的理论（Eisenhardt，1989a；Eisenhardt，1989b）。如果研究现象和研究背景之

间的界限不明确，案例研究可以通过多种渠道收集资料，并将其融合在一起进行交叉分析，以了解目前现象（Yin，2014）。基于研究目的的不同，案例研究可分为三大类：探索性案例研究、解释性案例研究和描述性案例研究。当研究旨在探索不同构念间作用的深层次机制并准备构建新的因素模型，但是现有理论不能充分解答研究问题或者试图用一个新的视角研究问题时，更宜采用探索性案例研究方法（毛基业、陈诚，2017）；解释性案例研究旨在对现象与研究成果进行归纳，对现象之间的相关性或者因果关系进行总结，重点检验已有理论；描述性案例研究主要是以讲故事或者绘图的形式，着重描写现象，对现象进行详尽、准确的描述。基于研究案例数量的不同，案例研究还分为：单案例研究、双案例研究和多案例研究。单案例研究一般是针对单一案例进行研究，适用于有特殊情境或者唯一独特情形的条件，其优势是研究能够做到深入剖析和详尽描述，但由于仅有一个案例可供研究，在构建新理论时显得基础薄弱，所以普适性不足（陈晓萍、徐淑英、樊景立，2012）；双案例研究指的是选择两个案例进行研究，适合两个相反案例或一对相互强化的案例，它的优势在于研究难度适中，能够满足一定的理论普适性而且还满足案例的独特性；而多案例研究一般指的是对多于两个案例的研究，通过多个案例内部和案例之间的对比分析，从多个方面寻求证据支持，多重检验，从而构建更严格的理论和命题，以确定研究结果是否具有普适性（Yin，2014）。因此，多案例研究得出的结论相较于单案例研究和双案例研究要更为精确、严谨，也更具说服力、普适性和可检验性（Eisenhardt & Graebner，2007；Yin，2009）。

　　本研究的目的是揭示制造企业供应链伙伴特性对服务创新绩效的正向影响机制以及组织学习作为供应链伙伴特性对服务创新绩效影响的中介变量的影响路径。在这个影响机制中，关系质量在供应链伙伴特性与组织学习之间发挥正向调节作用，吸收能力在组织学习与服务创新绩效之间发挥正向调节作用。参考前人的做法，本研究采取探索性案例研究方法为宜。探索性案例研究作为一种构建新理论的方法已得到了国内外众多学者的认同（Eisenhardt，1989a；Eisenhardt，1989b；叶康涛，2006）。Yin（2009）认为，探索性案例研究的目的是尝试寻求对事物的新见解，或者以新的观点和视角来评估现象，着重于提出新的假设命题。

3.2.2 案例研究的原则

借鉴国内外著名学者的观点和权威期刊论文中对探索性案例研究的成熟经验与做法（Eisenhardt，1989a；Eisenhardt，1989b；Yin，2003；叶康涛，2006），本研究在进行探索性案例研究时遵循以下原则。

第一，强调通过多案例研究构建理论。在运用探索性案例研究来描述某一现象时，应该注意在多个案例之间进行仔细比较，分析各个案例之间的异同，从而得到更加准确、可靠的结论。

第二，重点关注案例间的矛盾部分。研究者在进行案例研究时，应充分关注案例之间的矛盾部分，并加以分析，以减少内在经验和偏见的影响。

第三，着重强调案例研究时所做的记录。研究者在进行案例研究时，在研究有价值的情况下应做好记录，并注意将记录（Note-taking）和叙述（Narrative-writing）区别开来，强调以严谨的态度对现象做出解释。

第四，强调案例研究的目的是建立"好的理论（Good theory）"。研究者在进行案例研究时，注意要归纳出一个理论框架，并强调这一理论框架不仅应"简明、可验证、逻辑清晰一致"（Joseph，1984），而且还应体现研究者的洞察力，具有理论上的突破性。

第五，强调指出能通过其他方法与案例研究相互验证。通过案例研究构建的理论框架可以通过其他研究方法验证，如问卷调查等实证分析。

3.2.3 案例研究的步骤

根据国内外著名学者的观点和权威期刊论文中关于案例研究的成熟经验与做法，案例研究一般包括以下四个阶段：案例研究设计、案例研究执行（选择案例并着手准备收集数据）、案例研究的数据分析和案例研究报告的撰写（Yin，2003）。国外学者 Johnsen 和 Ford（2006）探讨了小供应商在与大客户的相处关系中开发的交互能力。这个案例研究可以分成八个步骤，主要包括相关理论分析并建立新理论、选择案例、收集数据、统计分析以及理论检验。国内学者也表达了对案例研究步骤的看法，项保华和张建东（2005）认为案例研究包括以下四个阶段：拟订有关的研究问题，并根据理论确定代表性案例；根据相关理论进行抽样，以结构化和半结构化访谈为基础收集资料；对收集到的资料进行详尽分析；形成案例研究结论并撰写研究报告。

根据探索性案例研究的特点，Eisenhardt（1989a）、Eisenhardt（1989b）对探索性案例研究进行整理并将其划分为八个研究步骤：案例展开、案例选择、测量案例对象、现场进入、数据分析、假设构建、文献展开和结尾，如表 3.1 所示。

表 3.1　建立新理论的探索性案例研究步骤

步骤	活动	原因和目标
案例展开	定义相关研究问题	现象聚焦
	可能的先验理论框架	为理论架构奠定更好的基础
	不予理论假设	保证理论的灵活性
案例选择	界定代表性案例选择的总体	控制外部变异与增强外部效度
	非随机抽样	重点关注有理论价值的案例
测量案例对象	采取多样化信息资料采集方法	信息资料多样化以提高理论可靠性
	定性、定量信息资料相融合	对案例现象形成协调一致的看法
	多个研究人员加入	对同一现象形成多视角观点
现场进入	信息资料采集与分析	加快分析进度，调整数据资料采集方法
数据分析	信息资料采集方法灵活化	使研究人员充分理解案例中的各种现象
	案例内分析	熟悉信息资料，建立初步的理论
	采用多种方法进行案例间分析	使研究人员摆脱初始印象，多视角观察案例现象并分析案例
假设构建	对各个变量的相关信息资料列表，重复多次	确定变量的定义、效度和测度
	在全部案例间重复上述过程	确认、补充和完善理论
	搜寻隐藏的关系与成因	构建内部效度
文献展开	聚焦观点冲突的文献	完善内部效度，丰富理论层次，并明确变量定义
	聚焦观点相似的文献	增强理论的普适性，完善变量内涵，提升理论层次的水平
结尾	完善理论	结束案例分析的原因是理论提高的边际效用微小

资料来源：根据 Eisenhardt（1989a）的研究整理。

Eisenhardt（1989a）和 Eisenhardt（1989b）的研究指出，通过探索性案例研究的方法建立的相关理论有一定的优点：第一，基于典型的案例现象能够较准确地测量相关变量；第二，能够基于案例研究构建新颖的理论；第三，因为容易测度变量且假设很好证伪，因此构建的新颖理论便于检验；第四，构建的新颖理论一般是有效的。但是，基于案例研究构建的相关理论也有一定的缺点：第一，基于案例研究构建的相关理论框架相对复杂，步骤过于烦琐；第二，案例研究一般针对特定的情境，基于案例研究构建的新颖理论的框架普适性不足。在案例研究中克服上述缺点极为重要的一个手段是对多个案例进行研究。因此，通过对多个不同案例的研究，能够形成多角度、普适性更强的理论，这样就能够对比不同案例之间的相同点和差异点，进而发现在单一案例中无法察觉的隐匿规律。通过差异化的研究方式，不仅能够做到基于现有最新的文献，而且也能够做到基于目前的案例研究问题而选择不同的标准。

3.3　案例研究的方法论

3.3.1　案例背景

我国进入互联网新经济时代以后，日益激烈的市场竞争和不断变化的客户个性化需求对供应链制造企业的服务创新提出了更高的要求，使开展服务创新业务的制造企业面临着巨大的压力与挑战。为建立和保持核心竞争力进而创造高水平服务绩效，制造企业需要不断地创造新的服务方式或改进已有的服务方式为客户提供满意服务（Snyder，Witell & Gustafsson，et al.，2016），需要供应链企业间相互学习和互相整合不同的价值资源，并同时适应市场变化（Wagner，Hoisl & Thoma，2015）。因此，供应链企业倾向于利用伙伴企业的技术及知识不断进行组织学习，从而提升自身竞争力。在服务创新方面，通过共同学习达到优势互补，减少制造业企业创新风险，从而实现组织学习（利用式学习和探索式学习）的目的，联合解决合作各方在服务创新过程中遇到的难题。那些进入以核心企业为中心的供应链中的制造企业，会与核心企业或供应链上的其他企业开展技术外包、联盟开发或改进已有服务，由于上述行为会更多地与供应链合作企业交换信息与知识并相互学习，因而可以达到更高的服务创新水平。我国的制造企业除了与本地的制造企业或科研院所建立供应链合作关系，还陆续与国际上知名的制造企业建立了供应链合作关系，以谋求更高水平的服务创新绩效。供应链伙伴特性、组织学习（利用式学习和探索式学习）和服务创新绩效日益成为制造企业实现技术进步、服务升级的主要路径。近年来，我国本土制造企业也开始注意到供应链伙伴特性这个"标准"在制造企业供应链中发挥的巨大价值与作用，并且开始积极建立以核心企业为主的制造企业供应链以增强供应链上各个企业的竞争能力，进而提高服务创新绩效。

本研究认为，供应链上核心企业与其他企业在提升服务创新绩效的过程中，核心企业通过供应链伙伴特性的标准来选择供应链合作伙伴、提高供应链企业间的关系质量、构建互动联系，能够强化供应链中跃迁的供应链伙伴特性，从而正向影响核心企业与供应链上其他企业的组织学习（利用式学习和探索式学习）产生知识的数量和质量，以进一步提高企业的服务创新绩效。此外，供应链上的企业通过增强自身对知识、技术的吸收能力也能够使供应链企业间的组织学习（利用式学习和探索式学习）进一步提高企业的服务创新绩效。因此，本研究将聚焦我国本土制造业企业，分析其参与服务创新的特点，辨析供应链伙伴特性的维度，并把供应链伙伴特性引入服务创新领域，最后揭示供应链伙伴特性影响服务创新绩效的路径和机制。

3.3.2 代表性案例选择

本研究采用多案例研究与探索性案例研究相结合的方法来揭示供应链伙伴特性对服务创新绩效的影响机制。多案例研究方法要求研究人员对比分析不同案例之间的相同点和不同点，然后通过在多个案例中进行反复验证来得到有关结论（Yin，2009），使最终确立的理论框架更加精准、可靠。

选取恰当的案例对建立理论框架具有极其重要的作用，本研究根据国外学者 Eisenhardt（1989a）、Yan 和 Gray（1994）、Yin（2009）的观点，按照以下四个原则选取案例作为研究对象。首先，因为案例研究要控制外部变异（Extraneous variation），这就要求在案例选择时必须明确一个正确的总体。本研究明确以中国本土制造业企业为研究总体，这就进一步明确了案例研究的最终结论的适用范围与普适程度。随着全球经济一体化进程加快，国内经济、金融市场环境快速变化，服务创新日益呈现出由单一化向多元化发展的趋势，知识创新、服务升级变得越来越重要，使得组织学习、知识积累在制造业企业提高服务创新绩效的进程中变得极为重要。其次，在研究总体中选择的案例研究对象要求具备一定的典型性和代表性，需要根据研究的目标进行选择。本研究选取我国本土不同地域、不同规模的四家制造业企业作为案例代表企业，并着重指出四家制造业企业在供应链中的组织学习能力是不同的。再次，选择的四家本土制造业企业经营持续时间必须大于三年，保证在合作创新时已建立了完整的供应链条，且供应链上的所有企业都参与了组织学习活动和服务创新活动，以确保本研究关于供应链伙伴特性与服务创新绩效之间关系的数据的有效性。最后，选择的四家本土制造业企业，其资料与数据必须可以较容易地获得。研究组成员与所选的四家案例企业中的管理层员工有长期稳定的联系，并有多位亲朋好友直接参与四家企业的经营管理，从而可以经常了解四家案例企业服务创新过程中的情况。这样就保证了所选案例企业数据的可用性与可靠性。

3.3.3　数据收集

鉴于案例研究的数据结论对数据的效度和完备性有较高要求，因此，本研究采取结构化访谈、半结构化访谈、问卷调查和企业中任职的中高层管理者及专家提供资料等方式收集数据。本研究运用三角验证测量法，同时采用一手数据与二手资料两种数据收集方法，对多种途径获取的资料进行相互验证。

首先，主要以深度访谈的方式获得一手数据。根据提前制定的访谈提纲，研究组成员通过实地考察、视频会议等方式对企业中高层管理者进行深入访谈。在这些访谈对象中，四家企业的中高层管理者全部在本企业中工作超过五年，访谈细节因关系渠道的不同而略有差异，但大体一致。例如，对 BF 企业的访谈，由于研究组成员与 BF 企业有长期良好的合作关系，访问 BF 企业不仅更为容易，而且访问形式也多样化。研究组由三人（一名博士和两名硕士研究生）组成一组，在 BF 企业进行了四次访问，前后访问了副总裁、服务产业部部长、营销总监、技术部门负责人，还就有关问题进行了反复探讨，直到受访者理解研究问题。另外，在后期整理访谈记录时，研究组一直与被访问企业的中高层管理者保持联络，及时对研究组内部讨论产生的新问题进行跟踪访问，以视频会议的形式持续进行采访，以确保资料的准确性。其他三家企业的访谈主要是通过个人关系完成，访问形式类似。

访谈分两个阶段完成。第一阶段采取半结构化访谈，访谈问题设置为开放式，尽量发散受访者的思维，力图通过开放式的问题来尽量了解受访者对访谈问题的真实看法。访谈的主要目的是了解受访企业当前提供了何种服务给客户以及客户接受服务后的业务运营情况；受访企业对供应链伙伴特性的重要性、组织学习的作用、服务创新绩效的看法；受访企业为什么要进行服务化转型，转型过程中遇到的困难及应对措施。第二阶段在对第一阶段访谈资料进行梳理总结的基础上开展，访谈问题设置比较集中，主要目的是了解受访企业对供应链伙伴特性和组织学习之间关系的看法，以及对组织学习与服务创新绩效之间关系的看法。

其次，二手资料的获得途径以企业官网、企业内部报告、企业年报、企业宣传片及宣传手册、行业统计年鉴数据等渠道为主。

在访谈的同时，研究组还会要求每位受访者填写一份简明扼要的问卷，不仅可以获取一部分实证所需的量化数据，而且可以实现量化数据与半结构化访谈资料的相互验证。最后将所收集到的全部资料和信息进行分类整理，以备后用。

3.3.4 数据分析方法

探索性案例研究的核心是数据分析（Eisenhardt，1989a）。本研究依据Eisenhardt（1989a）对多案例研究分析方法提出的建议，参照国内学者王琳（2012）和黄继生（2017）等人在研究中的实际操作步骤，按照探索性案例分析的逻辑推演，将其划分为案例内分析和跨案例分析两个步骤完成探索性多案例分析。

按照 Eisenhardt（1989a）的办法，对收集到的全部信息进行分阶段详尽分析并归类，既便于调查资料相互比对，也便于在分析、比较时发现隐含的规律。按照前述方法，根据该条供应链上的企业主要倾向于利用式学习还是探索式学习，将选取的四个制造业企业案例类别分为利用式制造业企业供应链和探索式制造业企业供应链。接着使用分析性归纳（Analytic induction）法对四家制造业企业进行详尽对比与分析（Glaser, Strauss & Strutzel, 1968）。根据这个方法，对所收集的案例信息进行详细分析，主要步骤有（Yan & Gray, 1994）：①界定本研究所需解释的现象；②针对所需解释的现象提出假设；③通过对一个案例的详尽分析，检验第二步提出的假设与这个案例是否匹配，假如假设与这个案例的事实不相匹配，则更改已提出的假设，或退回到第一步，重新对要解释的现象进行定义，并在研究案例范围里删除这个案例；④不断加入其他案例，随着案例数量的不断增加，使假设逐渐趋于稳定，逐步建立起具有普适性的理论框架；⑤考察这个理论框架的普适性与应用性。在已有案例的基础上，以上述步骤为基础进行归纳分析，直到建立一个符合四个案例数据的理论框架，然后再提出假设命题。

3.4　案例企业简介

本研究通过访谈等方式获取我国四个不同地区、不同规模的本土制造业企业案例，案例企业的一般情况以图表方式展现，如表 3.2 所示。根据案例研究的惯常做法，本研究中四个制造业企业案例均使用匿名（Yan & Gray, 1994）。以下分别对四个制造业企业案例进行介绍。

表 3.2　案例企业概况

企业名称	成立时间	企业规模	主要产品或服务	被访者
HK 企业	2002 年	近 50 人	煤炭及制品制造	营销总监 副总裁
HD 企业	1988 年	近 600 人	信息技术与生物识别技术制品制造	副总裁 部门经理
BF 企业	2001 年	近 800 人	通信设备、信息系统、软件、计算机网络和其他电子产品的开发、生产及销售	副总裁 部门经理
BY 企业	1995 年	近 24 万人	汽车、电池技术研究等	营销总监 部门经理

（1）HK 企业简介

HK 企业于 2002 年 1 月 14 日成立，是当年丰城市政府重点发展并资助的本土著名企业，注册于江西省宜春市辖属的丰城市。企业注册资本 3680 万元，截至 2020 年 12 月底，企业资产总额 6598 万元，净资产 5620 万元，实现年利润 268 万元。HK 企业目前拥有 3 家全资子企业，分别在丰城市总部经济基地、宜春市袁州区、南昌市高新技术开发区，省内布局结构良好，地理资源优势显著。企业丰城总部设有综合办公室、财务部、业务部、生产部等 5 个部室。HK 企业现有员工近 50 人，其中，70% 都是各类专业技术人才，拥有至少一项煤炭领域的专业技能或技术职称；享受国务院政府特殊津贴者 1 人；具备各种注册专业资格证书者 28 人。

HK 企业经营范围包括下列许可项目：公路货运（不含危险品）、建筑行业人工劳务分包、各种规模工程建设活动（经过有关部门依法批准后开展经营活动的项目）。企业一般项目包括国内贸易代理、煤炭及制品销售、煤制活性炭及其他煤炭加工、建筑材料销售、普通货物仓储服务（不含危险化学品等需要许可审批的项目）、劳务服务（不含劳务派遣）、土石方工程施工、园林绿化工程施工（除许可业务外，可自主依法经营法律法规非禁止或者限制的项目）。企业当前的主营业务为煤炭、煤炭制品及其销售。

HK 企业比较注重创新业务的开展，企业的管理层能够清晰意识到作为煤炭及制品制造企业，只有煤炭及制品好卖才有市场，企业才能生存发展和壮大。因此，HK 企业比较重视创新服务，主要依靠市场调查来筛选和甄别煤炭及制品市场中的产品，集合企业和供应链伙伴的力量进行联合开发，生产现今畅销的煤炭及制品系列产品。同时，HK 企业能以更适合的市场价格推出市场需要的煤炭及制品产品来增强企业的服务创新绩效，让客户享受到价格低、质量好的满意服务。

（2）HD 企业简介

HD 企业于 1988 年成立，企业注册地址位于吉林省长春市高新技术开发区火炬路。目前企业已经成长为固定资产规模达到 5 亿元的大型科技企业，共有管理层员工、技术员工、基层员工等近 600 人。HD 企业是一家集开发信息技术和探索生物识别技术于一体的高新科技型成长企业，是国家 21 世纪初期重点规划布局的大型龙头软件企业。企业下设若干个子公司，如长春 HD 光电子与生物统计识别技术有限公司和长春 HD 信息科技股份有限公司等，在中国大陆地区的主要省会城市和俄罗斯、日本、美国等地均设有分支机构，在美国纽约和沙特麦加还设立了产品售后维修与服务中心。企业广泛分布的销售网络使产品行销亚非欧，产品服务也覆盖了欧美、非洲等 50 多个国家和地区。

HD 企业的核心产品和服务主要包含下列项目：大型智能电脑嵌入式软件的研发、销售，互联网集成系统开发和后续服务支持；生物电子自动识别系统的设计、销售和一体化自动管理系统的建设，全套系统服务和故障解决方案的后台人工支持。现今随着市场的快速变化、竞争的日益加剧，HD 企业作为我国计算机技术和生物电子识别领域的"领头羊"，始终保持初心不变，秉承勇于创新与人文和谐的企业文化，树立"科学是第一生产力，科技服务人类生活"的品牌价值观和求真务实、严谨严格、工作高效的企业作风。HD 企业从1996 年开始研究生物特征识别产品，已经在研发路上走过了近 30 个年头。企业因长时间的投入而保持了行业领先地位，尤其是在指纹识别技术领域与同行相比更是遥遥领先。HD 企业是本土最早的一批电子指纹自动识别系统供应商之一，同时还参与制定了我国指纹锁质量技术标准和其他相关行业标准，是行业标准的奠基者。HD 企业还是中国五金制品协会会员与中国刑事科学技术协会常任理事单位。

为了促进传统制锁业与指纹自动识别技术的融合发展、互动式合作，促使指纹自动识别技术加速进入应用方市场，推动传统制锁业创造新的利润增长点，进而带动供应链上下游跨行业、跨企业联动合作，2003 年 8 月，中国生产力促进中心协会和 HD 企业联合举办了"中国指纹锁发展战略研讨会"。会上，HD 企业与多家指纹锁供应链上生产零件的配套厂家建立了密切的战略合作伙伴关系，还与众多工程承包商、渠道经销商签订了合作与代理协议，同时与它们一起建立中国指纹锁行业联盟，形成了一条完整的上下游供应链和产业链。

通过 30 多年的长足发展，HD 企业已吸引、聚集了大量人才，包括院士、长江学者、博导、教授、博士、硕士等。2006 年，经过全国博士后管理委员会审核批准，HD 企业在企业内部申请并成功设立了"博士后科研工作站"，从此企业有了独立的科研中心，开启了科研新历程。HD企业每年都会主动投入大量的科研经费给工作站和科研人员，以确保企业科研水平始终领跑世界。HD企业目前持有国家专利、电脑软件著作权等科研专利80多项，获得3个优秀资质。HD企业研发生产的所有产品都具备完全自主的知识产权，产品质量均通过ISO9001质量管理体系认证，很多产品还获得了美国CE、UL、FCC等认证体系的认证。

（3）BF企业简介

BF企业于2001年12月28日创建成立，企业注册地在南昌市高新技术开发区，由有58年历史的老字号军工企业转制而来。多年以来，企业实现了从民用交换通信设备提供商向军民两用通信网络设备制造商的转变，并形成了五大产品方向：军事指挥通信、指挥专用软件、军贸出口型配套设备、矿用安全调度系统及综合武器保障解决方案等。

BF企业现有普通职员498人，科研技术人员288人。其中本科学历586人、研究生学历189人。职称方面，拥有高级工程师职称的125人，其他工程师职称的105人。另外，企业还拥有科研技术领头人8名、专业技能领头人13名、享受国务院政府特殊津贴3人、南昌市"双创新高人才"8人、享受南昌市政府特殊津贴6人、中国兵器工业集团"青年才俊计划"14人。

BF企业现有净资产超过500亿元，2021年，BF企业实现主营业务收入380多亿元，实现净利润56亿元，上缴税款40多亿元。BF企业的主要业务范围为通信设备、通信软件、信息系统、计算机网络系统及其他电子产品的研发、生产、销售，并提供后续的技术咨询、工程服务。同时，BF企业致力于装备信息化、车辆电子系统、控制工程、计算机硬件、陆用导航、通信工程、无人值守平台等方面的研究与开发，以及计算机周边设备制造、光通信设备制造与销售、移动终端设备制造与销售、可穿戴智能设备制造与销售、物联网设备研发制造与销售、试验机制造与销售、电子测量仪器制造与销售、第一类医疗器械生产与销售、第二类医疗器械生产与销售、电子机械设备的维护（不含特种设备）等。另外，BF企业还提供多项服务，包括信息系统集成服务、信息运营维护服务、计算机系统服务、导航终端服务、卫星通信服务、卫星导航服务及其他技术服务项目。值得一提的是，BF企业注重推广技术应用，经常向上游供应商请教咨询技术并进行技术交流，向下游用户推广技术应用。

BF 企业强调科技创新，专门成立科技产业部集中进行创新活动，与生产部同步保持密切交流，以促进成果转化。截至 2021 年，BF 企业已有近百项产品获得国家级、省部级、军队的奖励，包括国家科学技术进步奖二等奖一项、国防科学技术进步奖一等奖两项、军事科学技术进步奖二等奖三项。企业还持有民用发明专利 6 项、国防专利 2 项、实用新型专利 25 项、外观设计专利 3 项、计算机软件著作权 105 项等。

（4）BY 企业简介

BY 企业是一家集研发、生产、销售、服务于一体的高科技集团公司，创建于 1995 年 2 月，历经 30 多年的高速发展，已经在世界各地建立了 30 多个工业园区，在全球六大洲实现战略布局。集团企业的业务布局覆盖了汽车、电子、新能源、轨道交通等多个领域，并在其中扮演了重要角色，实现了集团企业多元化、规模化的发展之路。BY 企业成功在深圳和香港两地上市，成为一家拥有员工近 24 万人、市值规模千亿元以上的大型股份公司。企业主要管理决策机构和人员包括全体股东大会、股东大会常任理事会、董事会、总裁、各分公司总经理等。企业的主要业务范围包括锂离子电池、充电器、电子元件、仪器表盘以及轨道交通设备（包括轨道交通运输车辆、大型工程机械、工程机电设备、电子零配件、轨道运输信号系统和通信综合监控设备）的研究开发、设计、生产、销售、租赁和售后技术服务等。

BY 企业自成立伊始就秉承"技术创新，服务为本"的发展观念。BY 企业采用独特的双向逆变充放电技术，从而实现充电网与汽车之间、汽车与汽车之间、汽车和充电器之间的连接。BY 企业还第一个提出全球新能源整体解决方案，致力于构建零排放的全面健康的新能源生态系统，打造可持续发展的电动化人类未来。

BY 企业不懈地努力追求创新，持续积累技术资本。BY 企业在电子领域已经拥有强大的创新力，不仅为国内知名企业华为、小米、联想、OPPO、vivo 等提供电子零配件，还为国际知名企业三星、苹果、LG 等提供手机触屏、电池、电机等配套零件。与此同时，BY 企业在原先不擅长的领域如电子控制系统、主板、中央控制器等也开始领跑全球，而这些技术正是未来自动化无人驾驶乘用车、商务车及有轨交通领域发展的关键技术。BY 企业的未来技术储备与布局已经取得了成效，其不断收到众多世界一流企业的合作邀请。通过与国内外一流企业组成优秀的供应链，BY 企业和这些企业一起进行组织学习和举办服务创新活动，不断提高企业整体的服务创新能力，促使 BY 企业的服务创新绩效水平持续攀升。

2015 年 BY 企业成立汽车工程研究院，专门攻克传统动力与新能源动力的所有车型的研究设计任务。2016 年 BY 企业又紧接着成立汽车智慧生态研究院，主要面对未来的汽车发展，从事智慧汽车研究、智慧汽车应用推广、智慧汽车用户关系维护等。2018 年 BY 企业即考虑利用移动互联网技术发展无人驾驶汽车，推进新能源汽车的更新换代。2019 年世界汽车巨头日本丰田汽车邀请 BY 企业共同开发纯电动汽车，合资建立了纯电动汽车研发公司。由于 BY 企业自身技术实力不断提高，外部优秀的企业纷纷加入其供应链当中，不仅提高了 BY 企业的品牌价值，更重要的是提高了 BY 企业的服务创新能力，因此 BY 企业的服务创新效果越来越好。

3.5 案例分析

本节将对通过访谈和半结构化访谈收集的四个案例相关数据展开分析和探讨，具体步骤是：第一步，对四个制造业企业案例按照组织学习的创新类型进行分组（Eisenhardt，1989a），并仔细分析不同组别的制造业企业案例之间的相同点和不同点；第二步，基于本研究的目的，评估四个制造业企业案例的供应链伙伴特性的维度和四个制造业企业案例拥有的供应链伙伴特性的水平；第三步，运用通过访谈和半结构化访谈收集的四个案例相关数据来体现和评估供应链伙伴特性、组织学习和服务创新绩效之间的关系，并提出相关命题假设。

3.5.1 案例分组：探索式制造企业供应链和利用式制造企业供应链

基于部分国外学者的观点（Koch，2004；Jordan & Segelod，2006；Prajogo & Oke，2016；Hui，Lfa & Zs，2021），供应链制造企业的服务创新绩效往往蕴

含在制造产品本身和前期研发、后续服务的诸多方面，诸如改进企业产品特性，提升企业产品附加值，完善企业产品功能，提出产品服务新体系架构，基于市场现存的最新技术或基于主要客户需求而构建的新服务、新发明和新创造等等。因此，开发产品新品种、基础制造、附件制造和制造模块更新，以及在企业的项目管理、产品规范、创新集成、产品升级、产品实施、咨询服务和培训进程中的完善和增强等等，都能够看作是供应链制造企业中关键的服务创新、产品创新。

基于创新理论的传统观点，创新最基本的分类方法之一是将其分为根本性创新和渐进性创新两大类。根本性创新（Radical innovation）是企业基于技术、商业服务模式或企业组织的架构、逻辑或原则层面上的变革；渐进性创新（Incremental innovation）指在企业原有逻辑架构的基础上对企业进行完善和强化，是以制造业产品外观设计等为代表的非核心内容的创新，是对现有技术和产品的简单改进与提升（Gilsing & Nooteboom，2005）。制造企业中，根本性创新包括新技术的突破或全新产品的研发投产，而对已有产品添加一些新功能，或者基于增强某一功能的目的而进行的产品升级则属于渐进性创新。

与根本性创新和渐进性创新的分类方法相对应，有学者提出一个分类框架来分析核心企业与供应链伙伴企业之间的组织学习（利用式学习和探索式学习）（马丽，2020），即双方之间的学习方式可以分为两种不同的形式。核心企业与供应链伙伴企业之间的组织学习（利用式学习和探索式学习）及其相互作用具有两种形式：探索式（Exploration）和利用式（Exploitation）。探索式是指企业寻求全新的技术、技术领域或变革性的知识（Levinthal & March，1993），是一项变革性创新，其是基于不断增强的企业创新能力而开展的全新基础研究，包括开发新产品的发明创造和开拓出的全新服务业务（Koza & Lewin，1998）；利用式是企业运用已有的技术和相关市场知识（Levinthal & March，1993），改善或完备企业现有产品的服务功能或者生产流程，从而达到提升经营效益、服务绩效与降低成本的双重目标（Koza & Lewin，1998）。所以，Rothaermel（2001）提出供应链类型有探索式企业供应链与利用式企业供应链两种，核心企业可以考虑加入其中一种。探索式企业供应链是以探索全新的技术开发与创新产品的服务种类、发明新的服务风格为主，探索出全新的、能从根本上提高服务创新绩效的途径；利用式企业供应链则以增强已有产品服务、产品技术或已有产品的功能为主，逐步地提高服务创新绩效。

根据上述探索式企业供应链和利用式企业供应链的相关分析，本研究提出，重心在从事根本性创新的制造业企业将建立或嵌入一个探索式企业供应链从而实现核心企业和供应链伙伴企业的组织学习（探索式学习）、相互借鉴知识以期获得全新创意来提高企业的服务创新绩效；相反，侧重于渐进性创新的制造业企业会更愿意建立或嵌入一个利用式企业供应链，运用市场上已经存在的技术或产品服务创意来获得某些补充资源，以提高企业的服务创新绩效。这个观点回应了 Rothaermel（2001）的研究结论。

根据以上分析，本研究从创新供应链的视角出发，通过对制造业相关案例进行研究、分析后得出结论，并根据 Rothaermel（2001）的研究成果，认为在决定加入创新型供应链的时候，制造业企业面临两种选择：加入探索式企业供应链或者加入利用式企业供应链。

通过对四个制造业企业案例进行逐个详细分析后得出，BF 企业和 BY 企业主要从事根本性创新，两家企业加入的是从事探索式组织学习的企业供应链，而另外的两家企业（HK 企业和 HD 企业）则重点关注产品制造与服务的渐进式改善，属于加入从事利用式组织学习的企业供应链。举例来说，在案例研究的开始阶段，从现场调研得知，在建立完整供应链的过程中，为了学习相关的知识技术并了解掌握与该新产品相关的任何信息（如进行市场预测等），BF 企业建立了一个探索式合作供应链，供应链成员包括零件供应商、研究所、下游使用客户（如煤矿、煤场等）。面谈中，根据 BF 企业部门经理叙述，BF 企业与伙伴企业都保持了密切联系，且企业间互动频繁。为了与供应链伙伴企业更好地沟通以实现提高服务创新绩效的目的，迅速实现利用式学习和探索式学习的目标以解决产品研发过程中遇到的问题，BF 企业还和江西联创光电科技股份有限公司（简称江西联创光电）、共青城同和投资管理有限公司、洪城物流等直接组成上下游供应链，合作研发通信、煤炭、安保等领域的产品，并进行新技术的研发和新市场的开拓。由此可见，BF 企业建立了一条探索式供应链。

BY 企业为在汽车制造产业园区扩大投资开发，主动与其他企业联合形成供应链，BY 企业专门负责制造汽车的总工艺，而其他企业负责为园区提供配件、原材料和物流等配套服务，进行生产、服务领域的优势互补，达到合作共赢。BY 企业还通过与神州通集团旗下的子公司深圳市神州通投资集团有限公司签订全天候战略合作协议的契机，谋划未来一起对生产园区的项目投资开发、经营服务管理、市场拓展等进行合作，一起积极探索多元化的合作模式，形成完整的产业链条，为促进共同发展贡献有益力量。BY 企业由此构建了一条完整的探索式合作供应链，成员包括零部件提供商、科学研究院所、高等院校（中山大学和华南理工大学）、物流服务机构等。BY 企业不仅与国内企业合作形成完整供应链，还与众多国外企业保持稳定合作，其中包括奔驰、宝马、本田、通用等国外大型企业，它们也加入了 BY 企业的供应链。在 BY 企业的规划中，始终致力于为客户提供"一揽子"综合解决方案，囊括前期研发创新、中期制造创新、后期服务创新等一系列面向未来的举措。这就是典型的根本性创新。

因此，BF 企业和 BY 企业属于探索式供应链中的企业。

相反，HD 企业以本企业为主体，通过产、学、研、用相结合的科技创新，形成具有自主知识产权的高新技术企业供应链。HD 企业和许多供应链伙伴以组织学习的方式来获取相互之间的相关经验，并获取下游用户的使用感受，以加强大型电脑应用软件的研发、销售及互联网集成系统和相关技术服务的开发，提供生物自动识别管理系统解决方案，生产相关系列产品并提供有性能的技术服务，最终满足客户不断提出的改进型新需求。上述即为典型的产品上的渐进性创新。2019—2021 年，HD 企业不断提高自己的计算机集成系统性能，与上游金山软件公司、戴尔计算机公司一起组成供应链，在 2021 年 10 月成功中标了吉林省人力资源和社会保障厅的"全省人力资源市场信息化建设项目"。这是吉林省政府近年来单个项目参与招标企业数量最多、竞争最激烈的项目，充分体现了 HD 企业在生物信息技术领域内举足轻重的地位。早在 2009 年 8 月，HD 企业联合老挝当地著名企业老挝万象中心大众集团旗下公司等组成供应链，完善企业自身功能，成功中标了"老挝国家人口和电子身份证项目"，标志着 HD 企业的人口电子系统和身份证识别系统正式走向国际市场。在面谈中，HD 企业的副总裁如实地说："我公司和客户建立供应链已有多年，相互信赖，由于多年的供应链供货关系，再加上我公司产品质量非常好，对供应链伙伴也非常了解，所以一直在深入合作。当我们询问对方如何改进产品性能时，供应链合作伙伴都会给出非常有用的建议。这样的供应链形式不仅加深了彼此合作的深度，而且双方关系也更加密切，我认为与供应链合作伙伴的未来可期。"而在同 HK 企业营销总监谈到该企业进行的与客户沟通及产品的改进型创新时，他坦率地说："我们这种小企业没有太多资金和技术进行大的研发，主要就是关注市场的实时动态，跟踪客户需求的变化，及时关注客户的使用反馈，当客户提出改进建议和改进型需求时，我们会认真改进。市场上卖的煤炭加工产品也就那几种，只要哪种产品在市场上销路好，我们就会跟进，以最快的速度生产出更多的同类产品来投放市场，然后再根据客户的需求变化慢慢做改进。"根据上述访谈结果，可以判断 HD 企业和 HK 企业属于利用式供应链中的企业。

在以上分析的基础上，本研究根据访谈的真实情况和实际资料，将四个制造业企业案例的供应链状况和特征以表格形式列出，如表 3.3 所示。

表 3.3　案例企业的服务创新活动

企业名称	创新类型与情况	供应链创新特点	外国伙伴
HK 企业	渐进性创新：对现有产品进行改进与完善；开发现有产品的新功能 "最近三四年，我们持续不停地提高本企业的产品质量"	利用式创新的企业供应链 目的：根据客户的反馈情况完善企业的煤炭及制成品产品 供应链伙伴企业：主要是上游的煤田、采煤场，下游的客户，也包括在煤炭及制成品领域中表现出色的竞争者 与供应链伙伴企业的交互：不太多，侧重于熟悉市场的总体行情，跟竞争者交流知识也主要是为了获取有用的信息	无

续表

企业名称	创新类型与情况	供应链创新特点	外国伙伴
HD 企业	渐进性创新：大型主机应用软件、计算机网络集成系统及有关技术服务；生物自动识别产品的管理系统解决方案的提出、前后期技术服务的强化、产品功能的扩展 "优质的产品、与客户的良好关系是核心竞争力，最近三四年，我们的确在这方面有所加强"	利用式创新的企业供应链 目的：通过关键用户采集信息与建议，后期进行持续改进，维持良好的客户关系 供应链伙伴企业：上游技术提供商、下游关键大客户 与供应链伙伴企业的交互：比较少，双方沟通过程中基本以本企业为中心获取意见和改进建议	有
BF 企业	根本性创新：通信设备、卫星导航、医疗器械设备、物联网及其他电子产品的研发、生产、推广及应用 "在通信设备、调度系统、信息化装备及医疗器械方面，我们已经做到行业领先"	探索式创新的企业供应链 目的：与供应链伙伴相互学习通信设备、信息系统、卫星导航等方面知识 供应链伙伴企业：技术研究所、技术设备供应商、同行 与供应链伙伴企业的交互：关系良好，有紧密而稳定的互动	有
BY 企业	根本性创新：共同研发新能源电动汽车，为高端客户、产业园区提供"一揽子"全面服务方案 "公司在电池、电机、电子控制等领域领跑世界，为高端客户提供全面服务方案，我们需要跨行业的精尖人才"	探索式创新的企业供应链 目的：企业与供应链伙伴共同学习研发新能源电动汽车的相关知识 供应链伙伴企业：国内外同行、技术互补的供应商、高等院校、科研机构 与供应链伙伴企业的交互：关系优良，有非常密切、稳定、持久的互动	有

3.5.2 供应链伙伴特性：分类和水平测度

根据上述研究，企业的供应链伙伴特性是指企业在选择加入一条现有供应链或选择某个供应商来组建新供应链时需要考虑的其他企业的各方面特点，不仅包含各种资源、技术、知识及能力等具体特征，也包含企业文化、员工信念等抽象特征。具备供应链伙伴特性的企业能够组成一条具有核心竞争力的供应链。供应链伙伴特性可以划分成资源互补性、文化相容性和目标协同性三个维度，其中目标协同性可以归为企业战略层面的供应链伙伴特性，而资源互补性和文化相容性可以归为企业操作层面的供应链伙伴特性。

　　本研究通过对四个制造业企业案例进行相关分析，验证了以上分析框架。尽管在四个制造业企业案例中，企业的供应链伙伴特性在不同程度上存在差异，供应链有着不同水平的契合度，但可归结为两个方面：企业战略层面的供应链伙伴特性（目标协同性）和企业操作层面的供应链伙伴特性（文化相容性和资源互补性）。因为，只有在双方目标一致或协同的情况下，双方才具有进行资源互补和文化相容的意愿（韩静、胡汉辉、吴应宇，2012）。比如，BY 企业与其他企业组成供应链，共同提供科研、生产、销售、物流、售后等一站式服务功能，以最大限度地强化客户服务满意度、忠诚度，并加强高端新能源汽车产业园区的配套服务，为园区、用户等提供"一揽子"综合服务方案。在该方案立项之初，BY 企业就对构建全产业链条做了战略层面的顶层规划，其目标就是与国内外著名企业、研究机构进行联合创新，形成一条全产业链的供应链，为产、学、研、用提供集成式一体化服务。这个战略规划包括如何选择供应链合作企业、如何管理核心企业与供应链伙伴企业之间的关系、如何扩大与供应链伙伴企业之间组织学习的范围，并针对相关问题制定了详细的解决措施和实施方案。BY 企业组建了专业部门，并选拔专人负责落实此项规划，包括处理本企业与供应链伙伴间的供应链合作事务等。由于 BY 企业目前无法对该规划中的未来核心客户及本企业新能源产品的未来市场发展做出全面的清晰判断，为了生产新能源汽车，并为高端客户和产业园区提供"一揽子"综合服务方案，BY 企业在其为高端客户、产业园区提供"一揽子"综合服务方案的战略规划中，确定了 BY 企业是面向高端客户、产业园区"一揽子"综合服务方案的供应链核心，明确了 BY 企业必须与供应链合作伙伴分享面向高端客户及产业园区的"一揽子"综合服务方案的开发、应用和推广等全部知识。同时，BY 企业也要掌握该综合服务方案进入市场的最佳时机与途径、选择目标客户群体的技巧和广告推广成本的控制方法。此战略规划决定了 BY 企业将怎样选择供应链合作伙伴、怎样与供应链合作伙伴建立供应链以及怎样协调与供应链合作伙伴之间的关系。

　　对上述行为进行分析后得出，BY 企业一直为了自身目标而联合其他企业组建供应链，形成联盟形式开发生产新能源汽车，并为高端客户、产业园区提供"一揽子"综合服务方案。这个规划是 BY 企业在战略层面上供应链伙伴特性（目标协同性）的体现，从实际情况出发，也可以看出 BY 企业具备强大的企业战略层面上的供应链伙伴特性。通过案例访谈，我们可以知道 BY 企业在操作层面上的供应链伙伴特性（文化相容性和资源互补性）也很强。比如：为了生产新能源汽车，全面获取面向高端客户、产业园区"一揽子"综合服务方案的全部信息技术，BY 企业构建了一个以本企业为中心的创新型供应链，这条供应链上的企业实现了资源互补、文化相容，扩大了新能源产业园区投资运营领域的优势，实现了合作共赢。另外，BY 企业还和神州通集团旗下子公司深圳市神州通投资集团有限公司签订了全面战略合作协议。今后，双方将以此次战略合作机会为契机，在项目投资、运营开发、经营管理、后期服务、市场开拓等新能源产业园区项目方面进行合作，积极探索多种合作方式。优秀的供应链伙伴的加入使 BY 企业不仅获得了生产新能源汽车的技术，而且积累了面向高端客户及产业园区制订"一揽子"综合服务方案的实践经验。

同 BY 企业建立探索式供应链的方法类似，HD 企业建立了一个以本企业为核心的利用式供应链。HD 企业与多家生产配套零部件的厂家结成了稳定的供应链战略合作伙伴关系，与多家工程商、经销商签订了代理协议，并建立了中国指纹锁全产业链型供应链。在企业战略层面上的供应链伙伴特性（目标协同性），HD 企业相比于 BY 企业来讲是较弱的，整条供应链上始终既生产主业类产品，比如指纹锁，又会配合上下游企业而生产一些不在 HD 企业目标规划中的非主业类产品，比如防盗门窗。但是，HD 企业与供应链伙伴的资源互补性、协调性很好，特别是其与主要供应链合作伙伴的企业文化也有不错的相容性，双方之间的交流频率较高。HD 企业由于拥有强大的企业操作层面的供应链伙伴特性（文化相容性和资源互补性），因此几乎与全部供应链合作伙伴都保持了稳定的关系。在供应链中，企业之间均能做到资源互补，跨企业员工间也能和谐相处、良好沟通，做到文化相容。普通的供应链伙伴与 HD 企业都有3 年以上的合作关系，主要的供应链伙伴与 HD 企业合作都超过了 10 年。与此同时，上述这些因素也维护和加强了 HD 企业的核心竞争力。

本研究对 BF 和 HK 两家企业进行了相同的分析，研究结论与上述结论相似，即企业的供应链伙伴特性可以划分为两个层面：企业战略层面上的供应链伙伴特性（目标协同性）和企业操作层面上的供应链伙伴特性（文化相容性和资源互补性）。四家制造业企业的供应链伙伴特性概况如表3.4所示。

表 3.4 四家制造业企业的供应链伙伴特性概况

企业名称	目标协同性	文化相容性	资源互补性
HK 企业	对创新型供应链缺乏具体、特定的发展目标，只在企业遇到问题时才联系供应链伙伴； 没有专人负责； 与同行相比处于较差水平	同供应链伙伴缺乏沟通，各有不同的企业文化难以相容，维护供应链长期合作关系的意识不强； 没有专人负责； 与同行相比处于较差水平	只在遇到问题时才暂时与供应链伙伴建立联系，一段时间内保持技术、知识等资源互换，会与供应链伙伴共同解决问题，问题解决后很少联系； 没有专人负责； 与同行相比处于较差水平
HD 企业	存在创新型供应链发展目标的大致框架，但是具体规划不明确； 有专人负责； 与同行相比处于一般水平	很注重与供应链伙伴的关系，会与大部分供应链伙伴和终端客户分享企业价值观、经营理念并获认可； 有专人负责； 与同行相比处于较出色的水平	企业高层相互拜访，与绝大多数供应链伙伴和研究机构建立了常态化资源交换系统，系统规模较大； 有专人负责； 与同行相比处于非常出色的水平
BF 企业	对创新型供应链的发展有清晰的定位，并有明确的目标与条款； 有专人负责； 与同行相比处于非常出色的水平	与供应链伙伴建立了良好的企业文化交流机制，在管理跨文化供应链合作伙伴方面也做得不错； 有专人负责； 与同行相比处于出色的水平	所选各供应链伙伴有很好的互补性，能轻松获取企业所需的各种市场、人力、信息及技术等资源； 有专业部门负责； 与同行相比处于非常出色的水平
BY 企业	对创新型供应链的发展有清晰、明确的目标，团队成员经常对目标进行讨论并付诸实现； 有专业部门负责； 与同行相比处于特别出色的水平	所选各供应链伙伴的价值理念、管理风格、经营方式都与其非常相似，在管理跨文化供应链伙伴方面也做得非常好； 有专业部门负责； 与同行相比处于非常出色的水平	能够很好地寻找全球范围内优秀的供应链伙伴，能够很好地相互学习，互补双方的知识、技术、信息及资源； 有专业部门负责； 与同行相比处于特别出色的水平

　　之后，本研究对四个制造业企业案例做了进一步分析，即对供应链伙伴特性的匹配程度做了较为细致的研究。比如，大型民营综合性投资企业集团深圳市神州通投资集团有限公司的投资范围覆盖高新技术、旅游、流通和房地产四大领域，涉及移动互联网及配套产业、生态农业、智慧制造、光电通信、绿色供应链、新型房地产等具体业务。鉴于 BY 企业的供应链合作伙伴拥有强大的多元化产业和资源，可以说明 BY 企业与供应链伙伴的资源互补性很强。而 HD 企业建立并且维持了与众多供应链伙伴的持久合作关系，双方相处融洽、和谐交流、企业文化相似，由此 HD 企业获得了很好的服务创新绩效，这表明 HD 企业与供应链伙伴的文化相容性较强。BY 企业和 HD 企业均与供应链伙伴具有较一致的发展目标，其供应链上的目标协同性都很好，由于 BY 企业和 HD 企业都是它们所建立的供应链的核心，关键的信息技术、资源、人力和知识都向 BY 企业和 HD 企业汇集，使得 BY 企业和 HD 企业能够整合供应链上的其他企业，使它们步调一致，朝着共同的方向努力。或者也可以说 BY 企业和 HD 企业均具备很好的结构性嵌入能力（Granovetter，1985；Hagedoorn & Frankort，2008）。

　　本研究进一步界定了供应链伙伴特性的维度分类（见表 3.5）。对供应链伙伴特性进行分类后，需要对四个制造业企业案例的供应链伙伴特性开展测量工作。本研究根据三个要点对四个制造业企业案例的供应链伙伴特性进行综合定性评估，分别是：①企业过去出现过的情况或企业已有的经验（薛萌、胡海清、张琅等，2018；Wu，Lin & Barnes，et al.，2020）；②企业针对供应链伙伴特性的投入（Kale，Dyer & Singh，2002）；③同行业内企业之间的对比分析。本研究在对企业高层管理人员的访谈中，根据以上三个要点设计了相应的问项，并以其回答为基础，对企业的供应链伙伴特性水平进行了评价，用高、中、低三个程度来衡量供应链伙伴特性水平。例如，BY 企业在面对高端新能源汽车用户、新能源汽车产业园区时，为其提供"一揽子"综合服务项目。与该行业其他企业相比，BY 企业在这一领域做得非常出色，因此，我们把 BY 企业与供应链伙伴之间的目标协同性和文化相容性的水平确定为"高"。HD 企业与主要的供应链伙伴交流较为频繁，大约一周联系一次并召开例会，而且安排了专人来负责维护和供应链伙伴的合作关系，由此可看出 HD 企业与其主要的供应链伙伴关系强度可以被界定为强联系。但是，HD 企业与供应链伙伴的企业文化存在着一些差异有待融合，而且没有为文化交流、价值观传递建立专门的长效机制平台，所以本研究评估 HD 企业与供应链伙伴的文化相容性水平为"中"。HK 企业基本上没有考虑如何构建总体目标一致的供应链系统，也没有准备好与供应链伙伴建立长期的合作关系，临时需要才会和合作企业进行技术、资源互换。企业副总裁甚至说不出究竟是哪位员工具体负责本企业与供应链伙伴之间的关系维护事务。访谈时，副总裁直截了当地说："我们是一家规模不大的煤炭加工企业，在经营过程中要和多个供应链伙伴打交道，但对于建立目标统一的完整供应链体系还是缺乏概念，而且我们也没有能力去做到这个，因为与合作伙伴来往的差旅费、会议费对于我们来说都是一笔不小的开支，所以我们基本上在需要的时候才会与对方联系，然后临时指派员工去与对方打交道，没有需要就不会主动沟通，也不联系。"当被问到企业如何推进自身发展时，副总裁又说："有些地方当然值得关注，在我们这个行业里总有做得好的、煤炭销得快的、销得多的，时间一长大家都知道，这就是我们的'取经'榜样。老板想尽一切办法模仿对方，对于如何学习模仿对方，他是行家里手，以前他就是靠这个起家的，现在我们主要还是靠模仿对方来保证煤炭制品卖得好。"由此，本研究评估 HK 企业与供应链伙伴的目标协同性水平为"低"，与供应链伙伴的文化相容性水平为"低"，资源互补性的水平也为"低"。BF 企业相关分析与上述类似，故不再赘述。

表 3.5　案例企业的供应链伙伴特性水平

企业名称	目标协同性	文化相容性	资源互补性
HK 企业	低	低	低
HD 企业	中	中	高
BF 企业	高	中	高
BY 企业	高	高	高

3.5.3　组织学习与服务创新绩效

本研究以四家制造业企业的案例为研究对象，采用简洁的小问卷，考察企业与供应链合作伙伴之间的组织学习和服务创新绩效的得分情况。

表3.6中所列的全部变量均由一系列题项来测量，并采用Likert 7点量表对相关题项进行测度。研究组要求每个受访者根据对自身所在企业的认知来评分，特意嘱咐被调查者在调查中还要将小问卷推送给本企业的其他中高层管理者填写，以达到滚雪球式调研的目的。若被调查对象多于一人，则对被调查者采取平均值法，消除被调查者在填写小问卷时带来的误差。四个制造业企业案例的四个变量的最终得分列于表3.6。

表3.6 案例企业的四个变量的最终得分

企业名称	组织学习	关系质量	吸收能力	服务创新绩效
HK企业	1.3	1.2	2.7	1.7
HD企业	4.1	5.7	4.5	4.7
BF企业	5.6	6.1	5.2	5.5
BY企业	6.2	6.7	5.8	6.1

3.5.4 提出命题

（1）供应链伙伴特性、组织学习、关系质量、吸收能力和服务创新绩效

当今在市场上占据行业主导地位的企业无一不是由众多下属分支机构联合而形成的大集团，进而拥有大资本。企业获得市场竞争优势的主要手段包括获取稀缺的资源、宝贵的技术及广泛的人脉，企业在创新过程中能够领先同行也是因为如此。而企业想在资源、知识、技术及人脉等方面取得全面优于同行的态势，必须仰仗自身与其他伙伴结成的供应链或联盟，"单打独斗"是无法实现的。只有核心企业通过供应链伙伴特性的标准选择合适的企业建立一条优秀的供应链，形成上下游合作联盟，基于供应链组合对各家企业的资源进行整合，才能实现整体效益最大化。核心企业通过与供应链伙伴之间的优势资源互补进行组织学习（利用式学习和探索式学习），获得宝贵的知识和技术，从而提高服务创新绩效。例如，BF企业与江西联创光电进行合作，一起组建了联盟供应链，共同开发新技术、学习新知识。此项举措促使BF企业制造出先进

的通信设备，设计出卓越的信息控制系统，研发出的软件技术也做到了行业领先，一举改变了 BF 企业在这三个领域中的弱势地位。江西联创光电在 LED 显示屏、光电线缆、光纤通信、继电器和信息服务等领域都具备巨大的技术优势，在此基础上，双方成立联盟并组建上下游供应链，一起合作为电信行业、煤炭行业和公安行业提供指挥调度系统、数字交换传输装置和智能通信终端等设备，实现了企业之间的相互学习、取长补短。双方通过这次合作建立起了完整的供应链。在供应链中，BF 企业对江西联创光电的 LED 显示屏、光电线缆、光纤通信、继电器和信息服务等领域的技术知识进行了组织学习（利用式学习和探索式学习），同样江西联创光电对 BF 企业的通信设备、信息控制系统、软件技术方面的知识进行了组织学习（利用式学习和探索式学习），彼此受益，预期针对客户能够产生很好的服务创新绩效。双方通过组织学习相互认可，一起开发新技术且双方之间信任度很高。在组建合作供应链的过程中，BF 企业的部门经理说道："双方在供应链中进行合作时，都非常放心地派出本企业中最优秀的工程师，而且双方工程师都学习、掌握了许多对方的关键技术。"因此，双方的吸收能力也很强。与 BF 企业类似，BY 企业在生产新能源汽车、建立高端产业园区，并提供"一揽子"综合服务方案的过程中，由于 BY 企业是行业翘楚，且蜚声国内外，许多优质的企业慕名加入 BY 企业组建的供应链中，成为其上下游合作伙伴。这些供应链合作企业都对 BY 企业非常认可和信任。BF 企业和江西联创光电进行合作产生服务创新绩效的现实逻辑正印证了图 3.1 提出的理论预设。

通过对四个制造业企业案例的相关资料进行分析，供应链伙伴特性、组织学习（利用式学习和探索式学习）与服务创新绩效之间的关系再次获得了检验：核心企业的供应链伙伴特性正向影响核心企业的服务创新绩效，同时，供应链伙伴特性能够通过促进核心企业与供应链伙伴之间的组织学习（利用式学习和探索式学习）正向影响核心企业的服务创新绩效。其中，关系质量正向调节供应链伙伴特性与组织学习（利用式学习和探索式学习）之间的关系；吸收能力正向调节组织学习（利用式学习和探索式学习）与服务创新绩效之间的关系。为使供应链伙伴特性的三个维度与组织学习、关系质量、吸收能力、服务创新绩效之间的关系得到更加清楚的表达，本研究将上述案例研究中的相关资料纳入同一张表格中进行比较，然后分别对组织学习、关系质量、吸收能力、服务创新绩效进行定性打分，得分在 1—3 分的记为"低"、得分在 4—5 分的记为"中"、得分在 5—7 分的记为"高"。结果如表 3.7 所示。

表 3.7　案例企业的供应链伙伴特性、组织学习、关系质量、吸收能力
与服务创新绩效的定性得分情况

企业名称	目标协同性	文化相容性	资源互补性	组织学习	关系质量	吸收能力	服务创新绩效
HK 企业	低	低	低	低	低	低	低
HD 企业	中	中	高	中	高	中	中
BF 企业	高	中	高	高	高	高	高
BY 企业	高	高	高	高	高	高	高

从表 3.7 中可以看出，在供应链中，核心企业与其他供应链企业的目标协同性、文化相容性和资源互补性正向影响核心企业与其他供应链企业之间的组织学习（利用式学习和探索式学习），也同时正向影响核心企业的服务创新绩效。两个最典型的例子是 HK 企业和 BY 企业：HK 企业与供应链合作伙伴的目标协同性、文化相容性和资源互补性三个方面都表现欠佳，三项得分也都很低，所以 HK 企业与供应链伙伴的组织学习效果不佳（1.3 分，见表 3.6，后同），导致从供应链伙伴处学习到的新知识非常有限，最终结果是 HK 企业的服务创新绩效也很不理想（1.7 分）；恰恰相反，BY 企业的供应链伙伴特性的各项指标良好，得分均很高，因此其组织学习（利用式学习和探索式学习）的效果（6.2 分）和最终取得的服务创新绩效（6.1 分）都非常不错。BF 企业和 HD 企业的数据也都支持了这种影响关系。

核心企业与供应链伙伴之间良好的目标协同性可以使供应链上所有企业都认识到建立这条完整供应链的战略价值，从而促使核心企业以明确的方法和步骤来构建创新型供应链。核心企业要想实现整条供应链中所有企业的目标协同，就必须在构建创新型供应链之前明确自己如何选择供应链伙伴、如何拟定供应链相关细节以及供应链企业之间的具体互动范围。更为关键的是，目标协同性足以让核心企业清楚地了解整条供应链的发展方向和最终目标，并使核心企业在与供应链伙伴共同提高服务创新绩效的过程中，具有明确的总体目标牵

引和方针指导，从而选取适宜的供应链模式，进而加强核心企业与供应链伙伴的组织学习（利用式学习和探索式学习）效果，最终提高服务创新绩效。

举例来说，BY 企业为了给新能源汽车用户和高端新能源产业园区提供"一揽子"综合服务方案，将人工智能与园区物流相结合产生根本性创新。在该综合服务方案立项启动阶段，BY 企业对如何构建能够提供"一揽子"综合服务方案的创新型供应链做了战略层面的顶层规划。该规划强调 BY 企业必须与其他企业一道组建供应链，并提供科研、生产、销售、物流、售后等一站式服务功能，以最大限度地让客户对服务满意、对企业保持忠诚。这体现了 BY 企业和其他企业为了组建共同的供应链，彼此之间的目标协同做得非常好。为此，BY 企业组织了有组建供应链经验的企业管理人员、销售人员和技术研发工程师，共同商讨和制定加入新组建的供应链的步骤和要求。接着，BY 企业还与中国物流与采购联合会、中国人工智能学会和中国科学技术信息研究所联合建立实验室，四方基于实验室这个平台共同开发面向新能源汽车用户、新能源产业园区的综合服务方案，共同组织利用式学习与探索式学习，共享双方的技术知识，经过一段时间的努力，成功制订了针对新能源汽车客户及产业园区的"一揽子"综合服务方案，最终实现了高水平的服务创新绩效。正是由于 BY 企业与其他供应链企业之间的目标协同程度很高，企业间目标能够相互促进，从而使整个供应链的总体目标一致，所以在共同组织学习的时候，有明确的目标指导和清晰的步骤引导，保证了 BY 企业与供应链上其他企业共同开展的组织学习有非常好的效果，共享的知识也都非常有价值。无论是共同组织的利用式学习还是探索式学习，都取得了高水平的服务创新绩效，赢得了客户的满意，实现了供应链的总体目标，各供应链合作伙伴也因此受益良多。但是 HK 企业基本上没有考虑建设一条总体目标一致的供应链，因此其与合作伙伴之间的目标协同程度很差。尽管 HK 企业中个别管理人员已经认识到，加入一条总体目标一致的供应链具有巨大的战略价值，但由于核心领导对此类供应链系统重视不够、缺乏思考，使得其他管理人员也无法付诸实现，所以 HK 企业与合作伙伴之间的组织学习活动基本处于一种无目标与临时的状态，即有事就联系、没事不联系，双方都没有具体的方法和详细的计划来维持长期合作关系。因此，HK 企业与合作伙伴之间开展的组织学习（利用式学习和探索式学习）

所产生的价值非常有限，双方都很难从合作伙伴那里获得对本企业的服务创新有价值的知识，HK 企业的服务创新活动也一直停留在低水平的位置上，徘徊不前。

核心企业与供应链伙伴之间良好的文化相容性和资源互补性也能正向影响核心企业与供应链伙伴之间的组织学习（利用式学习和探索式学习）效果，进而提升企业的服务创新绩效。这种企业操作层面的供应链伙伴特性可以使核心企业在联盟（供应链结构即是一种企业联盟形式）文化、联盟资源运用与联盟关系的处理方面处于优势地位，从而能更有效地在供应链中组织企业进行组织学习（利用式学习和探索式学习），进而提高企业的服务创新绩效。

仍然拿 BY 企业举例，为了加强与供应链合作伙伴的组织学习（利用式学习和探索式学习），达到增加学习深度、扩大学习范围、提高学习效率等目标，BY 企业有意加强自己在企业操作层面的供应链伙伴特性。首先，BY 企业专门设立了资源整合部门，重点针对核心企业外部的供应链资源进行整合、重组，该部门的主要目标在于获取其他供应链合作企业的资源，并在此基础上将不同类型的资源进行组合、互补与融合，以形成多种资源结构，为企业创造服务价值；其次，BY 企业一直强调供应链合作精神，并将这种精神根植于企业文化之中，如通过设立文化交流中心逐步培植供应链伙伴的企业文化，从而增强供应链上各个企业之间的企业文化、管理风格和经营理念的相容性；最后，BY 企业注重团队之间的相互沟通，由本企业的技术工人、生产工人、销售代表共同对供应链伙伴的服务创新活动进行描述和分析，从失败中吸取教训，在成功中分享经验，畅通供应链中各个企业之间的交流。通过这些方式，BY 企业能主动整合供应链中其他企业的资源和文化，将整个供应链上的企业融合成一个比较统一的整休，使得供应链上不同的企业具有更加互补的资源和相互兼容的企业文化。由此可见，BY 企业具有强大的资源互补性和文化相容性。举例来说，BY 企业的资源整合部门与文化交流中心联手，为 BY 企业新组建的供应链拓展了许多优质的供应链伙伴，包括神州通集团、华为、三星、宝马、丰田、中国物流与采购联合会、中国人工智能学会和中国科学技术信息研究所等多家企业、科研机构，并与这些单位都正式签署了战略合作协议，形成了以 BY 企业为中心的产、学、研、用一体化的探索式供应链。未来，整个供应链中的企业、科研机构将在生产新能源汽车、运营新能源产业园区、开发"一揽子"综合服务项目等方面进行深度合作，并朝着 BY 企业预先设定的目标前进。在以 BY 企业为中心的供应链积极探索多样化的合作过程中，BY 企业通过与供应链伙伴的组织学习（利用式学习和探索式学习）几乎掌握了所有必要的知识和技术，同时研发出许多新技术以备未来之需。因此，BY 企业实施的组织学习（利用式学习和探索式学习）非常有效。BY 企业将生产的新产品投放到市场后，取得了相当不错的服务创新绩效。正是因为 BY 企业拥有强大的资源整合部门和文化交流中心，其与供应链伙伴才可以做到资源互补、文化相容，从而学习到许多必要的异质性知识，获得良好的组织学习效果，并在此基础上又开发许多新技术，进一步取得较高的服务创新绩效。反观 HK 企业，由于其与供应链伙伴之间的资源互补性和文化相容性都很差，在供应链伙伴之间几乎无法建立一个完整的供应链体系。此外，HK 企业与少数不经常联系的供应链伙伴在沟通时还常常发生矛盾，所以，其与供应链伙伴一起进行的组织学习（利用式学习和探索式学习）收效甚微，随后实现的服务创新绩效自然非常差。以上分析的情况在另外两家制造业企业中也类似存在。

通过对四个制造业企业案例的相关情况进行分析，可以得到以下结论：核心企业通过不断提高自己的供应链伙伴特性并利用此种特性，能够提高本企业的组织学习（利用式学习和探索式学习）效果和服务创新绩效。为此，本研究提出以下命题：

命题 1：供应链伙伴特性（目标协同性、文化相容性、资源互补性）对服务创新绩效具有正向影响作用。

命题 2：供应链伙伴特性（目标协同性、文化相容性、资源互补性）对组织学习（利用式学习和探索式学习）具有正向影响作用。

（2）组织学习与服务创新绩效的关系

制造业的服务创新是指制造企业以制造服务为核心进行生产活动，以生产的资源、制造的产品为载体，以机会识别切入使用者的生产、生活活动，通过开发新服务、创造新的生产服务流程、设计新的市场营销等方式，实施跨主体、跨边界、跨网络的服务创新活动。由此，核心企业与供应链伙伴建立合作关系，通过资源互补和文化相容的方式，实现供应链企业之间的目标协同。基于共同目标的前提，通过组织学习（利用式学习和探索式学习），不断提高供应链企业在新技术、新服务方面的积累，更好地保持核心企业对于服务模式变化和将来新加入组织的把握能力，进而对供应链企业在服务创新活动中所产生的新理念、新方向提供指导，从而在正确的道路上加速服务创新，取得更好的服务创新绩效。举例来说，BF企业就是沿着这一思路前进的。2013年，BF企业参加了由母公司兵器工业集团与陕煤集团在西安组织的战略合作对接活动，在活动中各对接单位就煤机、重卡、矿用通信设备、煤炭制品的购销以及煤化工与特种化工技术进行合作交流，BF企业与陕煤集团及其下属单位签订了各种合作协议。经过一系列对接活动，各企业在共同的目标前提下组成供应链联盟，对车辆电子系统、可穿戴智能设备、矿用指挥调度台等设备、技术进行组织学习（利用式学习和探索式学习），以提高现有技术水平，并进一步开发新技术。BF企业通过与合作伙伴（陕煤集团及其下属单位）的组织学习，获得了许多有价值的技术，提高了自身的服务创新绩效。经过一段时间的技术、资金积累，BF企业准备把握未来市场，大举进军装备信息化、数字交换传输领域，并于2019年开始，和江西联创光电共同组建上下游供应链，联手为电信、煤炭、公安等行业提供信息化装备、指挥调度系统、数字交换传输设备和通信终端等。双方互派管理人员和技术团队组建新的部门进行组织学习（利用式学习和探索式学习），并形成"干中学"和"学中做"的良好氛围，不仅能够在现有技术基础上改进产品的服务功能，而且还能共同开发新技术、新产品，为客户提供新服务，开拓新市场，创造出更好的服务创新绩效。由此可见，好的组织学习效果显著提高了BF企业的服务创新绩效。对另外三个制造业企业案例进行分析，同样得出了这种正影响关系。因此，本研究提出以下命题：

命题3：组织学习（利用式学习和探索式学习）对企业的服务创新绩效具有正向影响作用。

（3）关系质量在供应链伙伴特性与组织学习之间的调节作用

从表3.7中可以看出，在核心企业与供应链伙伴之间的关系质量越来越高的情况下，如果核心企业的供应链伙伴特性水平也越来越高，那么组织学习（利用式学习和探索式学习）的效果就会越来越好。核心企业与供应链伙伴结成的联盟，不仅应该建立在资源互补、文化相容和目标协同的基础上，还应该建立在双方互信的基础上。由于供应链中关系质量较差的企业间不能形成稳定的供应链合作关系，因此，信任可被视为核心企业与供应链伙伴合作的基石。以 BY 企业为例，BY 企业是一家大型上市科技集团，拥有员工近 24 万人，年产值过千亿元，其供应链合作伙伴遍布世界六大洲，其中就有华为、三星、奔驰及丰田等。BY 企业现在拥有的新能源技术等处于全球领先水平，企业声望因此而闻名于世。由于 BY 企业实力雄厚、信誉良好，其组建的供应链联盟不断有新企业主动提出加入，并对 BY 企业极具信任，双方无论在加盟前还是加盟后，都保持了良好的沟通与学习。因此，BY 企业与供应链伙伴之间进行的组织学习非常有效。反观 HK 企业，由于自身规模较小，企业核心管理人员对供应链关系维护方面不太重视，与合作伙伴之间缺乏信任。HK 企业通常仅以仿造合作伙伴销量好的煤炭制品为主，与供应链合作伙伴在其他方面基本没有合作，更不会与供应链伙伴合作开发符合未来行业发展趋势的煤炭产品。HK 企业的营销总监在访谈中表示："我们通常重视煤炭产品的销量，对于销量好的煤炭类型，我们将加大模仿力度生产这种煤炭。这些煤炭产品一旦销路不畅，就换成其他新的畅销煤炭产品开始仿制，至于其他方面我们一般都不太重视，而且仿制合作伙伴的煤炭产品不需要太多的知识，对于供应链合作关系只局限于产品模仿。"其结果是，HK 企业很少与供应链伙伴进行组织学习（利用式学习和探索式学习），学习也局限于模仿，组织学习水平很低。对另外两个制造业企业案例进行分析也出现了类似的情况。因此，本研究提出以下命题：

命题 4：关系质量在供应链伙伴特性与组织学习（利用式学习和探索式学习）之间具有正向的调节作用。

（4）吸收能力在组织学习和服务创新绩效之间的调节作用

从表 3.7 中可以看出，在核心企业与供应链伙伴的吸收能力越来越强的情况下，如果双方之间的组织学习（利用式学习和探索式学习）效果也越来越好，那么核心企业的服务创新绩效就会越来越高。吸收能力指的是识别并获取有益于企业的知识的能力，即掌握旧知识，提炼新知识，接着融合新旧知识，将融合后的知识应用于组织中。外部知识是影响企业吸收能力的关键因素，而组织学习能够丰富企业的外部知识。企业运用吸收能力整合新旧知识，扩大知识存量、提高知识质量，并在此基础上进一步实施组织学习，获得更多外部知识，以提高企业的吸收能力，从而更好地提升企业的服务创新绩效。因此，如果核心企业与供应链伙伴在服务创新的过程中有任何一方的吸收能力不好，不仅影响核心企业服务创新绩效的提高，而且影响供应链合作关系中的相互信任和持久稳定。以 BF 企业为例，BF 企业与江西联创光电联合组建上下游供应链，共同为电信、煤炭、公安等行业提供信息化装备，比如指挥调度系统、数字交换传输装置和智能通信终端等设备。通过联合组建供应链，BF 企业与江西联创光电实现了相互学习、取长补短。在访谈时，BF 企业的部门经理说："在供应链中进行合作，双方派驻的工程师都是本企业的专家，都是行业精英，我们与江西联创光电组建供应链，致力于研发出更完善的指挥调度系统、智能通信终端、LED 显示屏、数字交换机及其他先进的电子产品，只有这样才能为客户提供优质的服务，为企业创造良好的效益。"由此可见，BF 企业和江西联创光电均拿出了看家本领，派出本企业最优秀的工程师进驻对方企业，使得双方企业的吸收能力都很强。除此之外，双方还在许多方面开展供应链合作，BF 企业在通信设备、信息控制系统、软件技术等领域处于领先地位，江西联创光电只有派出本企业中最优秀的专家，才能有效吸收 BF 企业的技术；同时，基于江西联创光电在 LED 显示屏、光电线缆、光纤通信、继电器及信息服务领域的巨大优势，BF 企业如果派遣一般的工程师将无法吸收对方的技术，因此也只能派出本企业的行业专家到江西联创光电进行学习、吸收。BF 企业与江西联创光电合作建立的供应链是基于双方都有高吸收能力，企业产品进入市场后，获得高水平的服务创新绩效也是理所当然的事情。反观 HK 企业，其只对供应链合作伙伴销量好的煤炭制品进行仿制销售，导致与供应链伙伴处于竞争状态的时候多于处于合作状态的时候。双方之间很少合作，合作也仅仅是由供应链伙伴提供产品的样品和少量技术，然后由 HK 企业的技术人员对合作伙伴的产品进行分解，分析煤炭制品的大致做法，再开始仿制。由于 HK 企业的技术人员只能理解并吸收对方少部分煤炭知识，仿制产品的质量与原产品的质量差距很大，所以 HK 企业只能依靠低价来占据一小部分市场份额，其服务创新绩效自然很差。在另外两个制造业企业案例中，也出现类似的情况。因此，本研究提出以下命题：

命题 5：吸收能力在组织学习（利用式学习和探索式学习）与服务创新绩效之间具有正向的调节作用。

3.6　本章小结

本章通过以下步骤提出了五个命题。首先，从四个制造业企业案例出发，检验评估了企业的供应链伙伴特性的分类；其次，明确了供应链企业的目标协同性、文化相容性和资源互补性与服务创新绩效之间的关系；最后，揭示了供应链伙伴特性影响企业服务创新绩效的机制。

基于四个案例的探索型案例研究，本章进一步验证了供应链伙伴特性的分类方法：供应链伙伴特性可以分为目标协同性、文化相容性和资源互补性。接着通过分析四个案例的相关资料，厘清了供应链伙伴特性、组织学习（利用式学习和探索式学习）、关系质量、吸收能力与服务创新绩效之间的关系，这种影响关系的基础是"供应链伙伴特性正向影响企业的组织学习（利用式学习和探索式学习），而组织学习（利用式学习和探索式学习）进而正向影响企业的服务创新绩效"。然后，再对四个案例进行分析，明确了：关系质量在供应链伙伴特性与组织学习（利用式学习和探索式学习）之间具有正向的调节作用；吸收能力在组织学习（利用式学习和探索式学习）与服务创新绩效之间具有正向的调节作用。最后，结论支持了本章最初基于文献研究而提出的理论预设，即得出图 3.1 所示的初始概念模型。

4 理论模型的构建

本研究通过第二章文献综述、第三章探索性案例研究发现，供应链伙伴特性为核心企业构建高效、合理的供应链结构提供了标准，核心企业通过供应链结构能够从外部获取丰富的异质性资源，从而为实现高水平的服务创新绩效奠定基础。在此基础上，本章将围绕供应链伙伴特性构建本研究的理论模型，具体来说，首先定义供应链伙伴特性的内涵，其次将其划分成三个维度，再次从理论层面解释供应链伙伴特性和服务创新绩效之间的关系，从次将调节变量引入模型中，最后提出本研究的总体理论模型。

4.1 供应链伙伴特性的界定及维度

整理本研究第二章文献综述和第三章探索性案例研究中有关供应链伙伴特性及其维度的文献研究可以发现，虽然许多学者从不同角度对供应链伙伴特性及其维度进行了有益的探讨，但供应链伙伴特性的维度大体分成两个层面（见图4.1）：第一个是企业战略层面的目标协同性，第二个是企业操作层面的资源互补性及文化相容性（韩静、胡汉辉、吴应宇，2012）。前者指出，在服务创新驱动制造业发展的新常态下，制造企业在注重传统技术创新的同时，更应重视新兴的服务创新。现今的市场环境日新月异、创新难度日益变高，制造企业单凭一己之力难以实现高质量的服务创新，为了实现高质量的服务创新，企业必须采取开放、包容的心态，利用供应链网络来主动寻找外部的合作伙伴，以获取资源、分摊风险、降低成本并最终加快服务化转型。所以，合作双方的目标是否能够相互促进、互相兼容甚至完全一致，对于双方合作的达成、战略愿景的共享发挥着至关重要的作用（陈莹、武志伟，2014）。只有当双方达成了一个共同的发展目标后，双方才有可能着手组建供应链，并开始进行资源交换及营造融洽的合作文化氛围，否则，即便双方拥有互补的资源，也缺乏足够的动力进行资源交换。因此，目标协同性维度应纳入企业战略层面的供应链伙伴特性中，其强调整体供应链战略规划的重要性。当合作双方各自的发展目标达到了一个令双方都满意的协同程度时，以共同的发展目标为导向，双方才会愿意交换资源并营造和谐的合作文化氛围。资源互补的供应链伙伴企业可以在资源、技术、知识、市场信息、客户份额等方面弥补对方的不足，从而为对方提供独一无二、与众不同的有形及无形资产。当各供应链伙伴的企业文化达到相容程度时，其企业经营模式与领导管理风格将会变得相互兼容或类似，而高水平的文化相容性还有利于减少未来合作伙伴之间发生矛盾和冲突的可能性（叶飞、徐学军，2009）。简而言之，基于共同的企业发展目标，双方都愿意交换资源并营造和谐相容的企业文化，高水平的资源互补和文化相容反过来又推动了企业之间的合作，因而，推动资源互补和文化相容是实现企业间目标协同的操作手段。因此，资源互补性维度和文化相容性维度应纳入企业操作层面的供应链伙伴特性中，其注重合理协调与分配供应链资源、维护与优化供应链关系，力求使整体供应链的价值最大化。以上理论分析也是对本研究在第三章探索性案例研究中所提出的供应链伙伴特性维度划分方式进行了回应与支持，即认为供应链伙伴特性可划分成企业战略层面的目标协同性维度和企业操作层面的资源互补性维度及文化相容性维度。

通过对国内外相关文献的回顾，笔者基于对供应链企业间的互补性、兼容性等因素的考虑，并结合本研究的现实研究情境，提出供应链伙伴特性是指嵌入供应链中各类型企业与核心企业之间的一种匹配度属性，其可以为供应链中的核心企业在选择大型及中小型合作伙伴时提供参考标准。基于已有文献对供应链伙伴特性的维度划分方式，再结合本研究的实际情况，本书最终将供应链伙伴特性划分成目标协同性、资源互补性、文化相容性三个维度。

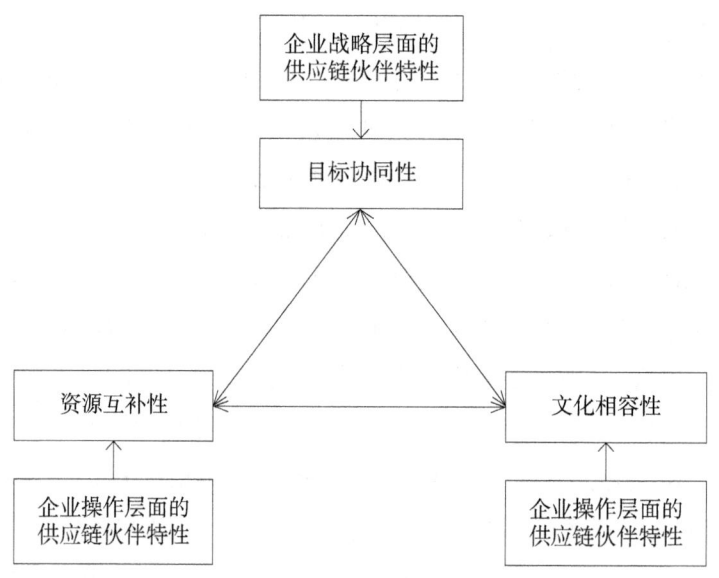

图 4.1 供应链伙伴特性的维度

4.1.1 目标协同性

目标协同性是指双方各自目标互促互利的程度、双方就合作目标达成共识的程度以及各自目标与合作目标一致或兼容的程度。目标协同并不意味着双方目标完全相同，而是双方目标尽管不同但却能相互推动和支持，或者双方对合作要达到的预期目标至少要存在交集点或兼容之处。企业之间的目标协同能让企业在供应链合作中建立起一个共同的发展目标，将合作双方推向一个共同的发展方向。国内学者叶飞和徐学军（2009）提出，供应链伙伴特性中的发展目标一致性指的是在供应链中，彼此有共同的目标或目标之间能够互相促进、相互推动，最后合作伙伴之间能够达成一致或共同的发展目标。薛萌等（2018）认为，供应链伙伴特性中的目标一致性是指在供应链网络中，各个伙伴成员间拥有类似或者一致的战略发展目标，并且可以在共同合作下完成这一目标。王萧萧等（2018）认为，目标相容性指的是在协同创新中心的各个协同单位的目标之间的相容程度，是确保协同项目能够获得支持和重视的基本条件。国外学者 Ding 等（2017）认为在管理会计中，目标一致性是指个人目标与企业目标之间的一致性，也即当核心决策单元及其子决策单元可以同时达到利润最大化时，两者间是目标一致的，其描绘了整体企业和企业的所有部门同时达到利润最大化的状况。Schreuder 等（2019）认为，目标一致性是指团队中的某一成员与其他成员在团队层面上的目标是一致的，也就是说，在目标定向上是相似的或者一致的。García-Alcaraz 等（2021）提出，目标一致性用来衡量关联企业在多大程度上通过合作的方式来参与和实现共同的活动目标。关联企业将设定共同目标看作是合作伙伴之间为了共同利益而进行的战略互动。合作的成功是实现目标一致性的关键因素，包括合作的目标、合作者的责任和角色、合作的时间安排、合作的实施方案等。García-Alcaraz 等（2021）还提出可以用五项条款来具体表达目标一致性：第一，企业与供应链合作伙伴就供应链合作的重要性达成共识；第二，企业与供应链合作伙伴就供应链目标达成一致；第三，企业和供应链伙伴都认为通过共同努力能够实现各自的目标；第四，企业与供应链合作伙伴一起制订合作计划并执行该计划来实现目标；第五，企业与供应链合作伙伴就改善、获取利益的重要性达成一致。

在争夺有限资源的过程中，协同运行的企业联盟具备资源管理效率高、决策速度快、回报周期短等优点。因此，具有相同目标的供应链合作行为能给合作企业带来丰厚利益，如降低交易成本和风险、获得资源补充、增强合作优势、提升企业绩效等（García-Alcaraz, Díaz-Reza & Montalvo, et al., 2021）。国内学者陈莹和武志伟（2014）认为在协作背景下，合作伙伴间达成一个统一的合作目标是提高合作绩效的关键因素，合作伙伴是否能够分享一个明确的战略愿景也将直接影响同盟关系的质量。在合作过程中，一致的合作目标可以使合作各方达成共识、减少合作阻力、提高关系承诺程度，从而提高合作绩效。在 230 份有效问卷的基础上，陈莹和武志伟（2014）进行了实证分析，发现目标一致性在情感承诺和合作绩效之间起到正向调节作用。颜爱民等（2019）根据"千金经营法式"的案例分析结果，认为可以通过提升员工与组织的目标一致性程度来提升员工的主动性行为，进而提高员工的行为绩效及组织绩效。国外学者 Burkley 等（2015）发现，目标融合度越高，目标成功的可能性也就越大。Ding 等（2017）提出，在多部门机构中，各个部门和高级经理之间的目标一致程度对于管理的成功起着关键作用。例如，对于高级经理而言，没有经过低层次员工同意并遵守的计划或战略常常被推迟或否决。如果多个生产部门的目标和组织的规划相协调，那么企业将会更加高效地实现目标，并取得更好的业绩。Ding 等（2017）还提出以下观点：第一，目标一致性是企业实现战略目标的关键，能很好地协调与激励所有的员工；第二，目标一致性能够提高雇员的工作效率和组织的绩效；第三，良好的交流、相互信任及共享的价值观能改善目标一致性水平；第四，如果没有及时制止目标不一致的发生，那么就会导致组织行为者为了追求个人目标而牺牲官方目标。目标一致性程度不仅能反映出高管与各部门经理的目标是否一致，而且可以刻画出他们之间的具体差异程度，从而使预算编制和自上而下的管理控制更易于进行（Ding, Dong & Liang, et al., 2017）。Lv 和 Xu（2018）认为，如果员工目标与上级目标类似，那么员工更容易对企业持有正面的情感，例如对企业的忠诚与归属感。Schreuder 等（2019）提出，如果某成员认为团队中其他成员的目标取向与自己是一致的，那么他就会认为团队对其个人目标是有帮助的，作为对应的回报，该成员将会为团队做出更大的贡献。因此，Schreuder 等（2019）进一步提出，团队成员目标取向的相似性预期能让成员各自超额完成自己设定的任务。然后，Schreuder 等（2019）根据 544 名雇员的数据进行了一项实证研究，结果发现，团队成员的目标一致性能通过员工对心理契约履行的感知来间接提高团队绩效。García-Alcaraz 等（2021）以 143 份问卷为基础，深入研究了墨西哥北部加工企业的供应链合作行为，结果发现，供应链合作企业的目标一致性不仅可以直接提高供应链绩效，还可以通过促进合作企业间的决策同步来间接地提高供应链绩效。此外，目标一致性还能通过推进合作伙伴间的信息共享来促进伙伴间的决策同步，再通过决策同步来提高供应链绩效。基于实证分析结果，García-Alcaraz 等（2021）还发现，在目标一致性、决策同步和信息共享中，供应链合作企业间的目标一致性对供应链绩效的提升贡献最大。

组织学习是一种基于知识和信息的学习行为，通过与外界环境相互作用，内化外部知识和资源，从而促进企业自身的发展。具有目标一致性的供应链企业都乐意分享战略信息与知识，以达成共同的目标（Kim & Chai, 2017），从而推动基于信息和知识的组织学习。如果企业间没有共同的目标，它们就不会有动力去参与组织间的知识交换和信息交流，那么组织间学习就很难发生。制造企业供应链主要是由多家不同的制造企业组成的，供应链本质上是一个跨组织的知识联盟与资源联盟，每家制造企业自身的目标都各不相同，这种专属独有的自身目标会引起供应链中各制造企业之间的行为差异和决策分歧，其根本原因是供应链中各制造企业的目标相互冲突。各供应链伙伴因各自不同的目标计划而产生差异，使得它们在知识、资源、文化等要素之间难以协作，进而造成企业思维模式、管理模式、行动准则、核心价值观等相互排斥和对立。由于企业间目标的不一致和矛盾，最终会瓦解供应链内的企业战略同盟关系，从而严重地阻碍供应链内知识和资源的高效共享与有序流动，致使供应链内资源流动缓慢、知识利用效率低下，进而供应链内的组织间学习中断甚至无法继续开展。若供应链内各制造企业目标间是相互推动、促进和协同的，则可以使原本混乱无序的知识流动变得有序起来。有序且协调的知识流动能够激发和保持有效的组织间学习及知识分享，从而提升知识使用率与创新效率，进而建立起供应链企业间的组织学习优势。这样，目标协同就带来了组织学习效应和协同优势效应，即供应链总体收益高于各制造企业收益之和。因此，目标协同可以提高供应链中的互信程度、降低合作中的机会主义风险、分担组织学习成本、提高服务创新效率，其根源在于通过目标协同推动了知识的更新创造和有序流动，从而实现了高效的组织学习并提升了制造企业的服务创新绩效。

4.1.2　资源互补性

资源互补性是指合作双方的资源组合能实现优化配置，任何一方所贡献的资源对另一方都会产生边际收益递增效应，双方所贡献的资源对彼此需要并且有价值的程度，双方资源组合能形成优势互补和协同增值效应的程度，并且预期的组合价值要比两者独立存在的价值总和高。国内学者叶飞和徐学军（2009）认为，供应链伙伴特性中的资源互补性是指在技术、人才、资源、市场等各个领域中，供应链合作伙伴可以彼此提供与众不同、相互弥补的有形资产和无形资产。陈伟和张旭梅（2011）提出，供应链伙伴特性中的资源依赖性是指在知识、人才、技术和市场等各个环节上，供应链合作企业可以为彼此的发展带来特殊的互补优势。从资源依赖性的观点出发，保持合作企业之间的资源依赖有助于单个企业将注意力集中在自己擅长的业务上，并在自身所处行业中维持核心竞争力。国外学者 Ge 和 Li（2019）发现，互补资产可能来源于企业内部，比如，企业各部门之间的合作，包括员工所拥有的知识、能力和技术等；也可能来源于企业外部，比如通过战略合作、联盟或收购获取的资产。因此，其将互补资产分成两大类：通用性互补资产（来自企业外部）和专业性互补资产（来自企业内部）。然后 Ge 和 Li（2019）运用扎根理论方法对中国能源互联网平台企业进行了单案例分析，研究结果发现，平台企业通过识别创业资源和收购互补资产可以提升平台领导力，进而提高了平台声誉，最终影响平台的可持续性。Shuwaikh 和 Dubocage（2022）发现投资者互补资源机制由三个维度构成，分别是吸收能力、业务相似性和地域邻近性。其中，吸收能力是指企业识别外部新信息价值、吸收信息并将其应用于达成商业目的的能力，当合作企业吸收到足够多的知识、知识能够有效互动且具备充分共性时，组织间学习将会是有效的；业务相似性是指合作企业的核心业务之间具有的关联程度，具备相似的认知结构、共同的语言和共享的技术能力可以促进伙伴企业间的技术学习与交流，进而能提高创新绩效、带来高质量的创新，更强的关联性还会降低合作成本；地域邻近性是指当合作伙伴间的地理位置相近时，更易于建立联系，通信速度会越快，交换知识和信息的成本也会随之变低。因此，企业投资者和企业之间的地理距离越短，有公司风险资本支持的企业获得互补资源的能力就越强。该研究基于 1547 家美国生物技术公司数据的实证分析结果表明，互补资源机制（吸收能力、业务相似性和地域邻近性）能够促使有公司风险资本支持的企业实现更高的创新产出。

从企业资源视角出发，联盟结构允许加盟企业更好地利用自身资源和互补性资源来建立组织间的真正优势，同时其还有助于企业获取有利于创新的互补性资源（Shuwaikh & Dubocage，2022）。国外学者 King 等（2003）提出，当小型企业与大型企业具有资源互补的特性时，资源的整合常常会带来技术创新和创新成功。Ge 和 Li（2019）认为，即便是竞争对手或追随者进行了知识扩散和模仿，但只要企业拥有强大的互补性资产，就能创造更高的价值，与拥有相同知识和技术的竞争对手相比，就能获取更多的利润。互补性资产有助于企业形成有效的动态能力和竞争优势，使企业更具灵活性，从而具备更强的生命力。从平台角度来看，互补性资产还能吸引新客户进驻平台。Shuwaikh 和 Dubocage

（2022）也提出了若干观点，与先前 King 等（2003）的文献研究结果相呼应，分别是：第一，互补性资源包含多种资源种类，如信息、企业职位、企业内部各类专家等；第二，当小型企业与大型企业建立伙伴关系时，它们相互交换互补性资源或结合互补性资源有助于提高其创新技能，进而激发技术创新并推动创新进程；第三，如果企业的资源和能力是互补的，那么企业就能实现更高的绩效水平。国内学者刘克寅和汤临佳（2016）指出，企业间合作最大的优势在于能够使各个微观主体所掌握的异质性资源实现互补匹配。合作创新实质上是建立一种以降低成本为目标的企业间内部交易机制，通过伙伴间的资源交换，实现分享资源、组合资源和推进创新的目的。刘克寅和汤临佳（2016）还提出，在选择伙伴企业时，必须综合考虑资源的异质性与关联性，从而做出最优的决策。资源的异质性是企业间开展合作的先决条件，只有当伙伴间的资源异质性较强时，不同的资源组合才会发挥出较好的互补优势，双方的合作才更具价值。然而异质性不等同于互补性，随着资源异质性的上升，资源关联性也随之下降。如果资源异质性程度过高，就会造成各种资源无法对接，使得企业合作成本变高，资源组合的使用效率反而会下降。受资源异质性和资源关联性的双重作用，资源互补性中存在一个最佳的资源异质程度，因此企业的合作创新绩效与合作企业间的资源异质程度呈倒"U"形关系。吴杰（2022）通过对流通企业绩效和异质性资源互补匹配之间的关系进行分析，发现企业间异质性资源的互补匹配与企业绩效具有显著的正相关性。

组织学习能够将静态资源转化为企业处理事务的动态能力，当组织具备了一定的动态能力以后，如果还拥有相应的物质资源，那么动态能力就可以将静态资源转化为企业绩效。可见，静态资源首先通过组织学习转化为动态能力，动态能力再将静态资源转化为企业绩效（李文达、龙勇，2005）。当供应链上的制造企业与其他拥有互补性资源的伙伴企业合作时，制造企业首先以自身组织为整体进行组织学习，其次通过组织间学习与供应链上的其他企业展开互动，最后通过组织学习将获取的伙伴知识及资源内化于自身组织中（March，1991）。因此，组织学习是制造企业获取伙伴企业互补性资源的一种有效方法，利用组织学习获得的大量知识和资源不仅可以用于服务创新，以提高服务创新绩效，同时还能用于传统制造业的技术创新。组织层学习是组织内最高层次的学习，组织层学习与组织间学习密切相关，良好的组织间学习必须建立在高水平的组织层学习基础上（于海波、郑晓明、方俐洛等，2007）。因此，制造企业首先需要以自身组织为整体进行组织学习，才能与供应链上的其他企业开展组织间学习。国内外学者也普遍认同，拥有知识和资源的企业运用组织学习可以促进企业创新。例如，王永贵等（2003）认为，企业内部的组织学习可以推动企业的创新活动。Begum 等（2020）发现，组织学习能间接影响变革型领导与可持续组织创新之间的关系。Antunes 和 Pinheiro（2020）提出组织学习是一个基于知识的动态过程，组织学习能通过不同层次的活动实现对知识的转化；他们还认为企业引入知识后就能开展各种创新。Cabrilo 和 Dahms（2020）认为人力资本、更新资本和企业家资本通过组织学习可以正向影响创新绩效。

4.1.3　文化相容性

文化相容性是指在供应链中，合作双方对彼此的价值观、理念、文化和行为处事方式等方面相互适应、认同、理解、包容的程度，还包括能够及时避免双方发生矛盾和冲突的程度。国内学者叶飞和徐学军（2009）提出，供应链伙伴特性中的企业文化兼容性指的是合作伙伴的企业文化、领导风格、经营模式等方面具有相似性，企业文化兼容性较高则有利于降低供应链伙伴未来矛盾的发生概率。陈伟和张旭梅（2011）认为，供应链伙伴特性中的企业文化相容指的是在领导风格、经营理念、管理方式、价值观、战略发展目标等方面不发生冲突的供应链合作关系。不同的企业有着不同的文化特点，如果企业之间的文化兼容，那么以后合作时就不容易发生矛盾。程强等（2019）认为，文化协同是指既尊重原有一切的组织文化，又通过各种合理的文化融合及文化整合，从而产生一种与其他主体文化相区别的新型文化，它包含了不同主体文化的共同点，是各个组织在长期合作中逐步建立起来并普遍认同的一种共同文化。文化协同不是忽视和压制各个组织文化间的差异，相反，它尊重每种文化的差异，通过融合、补充各种文化而构成一种新的组织文化，它融合了所有文化的长处和共性，是各个文化自主融合、完善和发展的一个进程，其能考虑到各方利益并能应用到整个供应链联盟中。

另外，Yamanoi 和 Sayama（2013）提出，文化整合是不同组织的个体逐步接受同一企业文化的过程。随着企业兼并进程中文化整合的展开，不同个体逐步接受一个共同身份，对合并企业抱着正面的态度，最终彼此信任，这样就能实现合并企业之间的合作。高振明等（2016）认为，企业文化整合是指在企业兼并进程中，通过互相适应、认同将不同文化特质或相互冲突的文化特质融合成一种和谐、协调的文化模式。高振明等（2016）还提出，在并购实践中，文化整合的方式有并购方的优秀文化吸收被并购方的文化（吸收型）、双方并购后融合形成新的更好的企业文化（融合型）、并购双方保持其各自文化（分离型）、被并购方失去原有文化后处于文化困惑状态（消亡型）等四种模式。因为分离型及消亡型文化整合模式不存在文化交流、吸收型文化整合模式比较简单，所以企业文化整合模式通常是指融合型整合。成功的文化整合是指并购双方的雇员在交流与沟通中逐步采纳了新的企业文化、认同了合并后的新企业，进而发挥出新的合并企业中内部员工和部门之间的协同效应。徐艳梅等（2016）认为，文化整合是指在制度、物质及精神层面上，通过拆分、合并、减弱、增强等方法进行适应性调整，从而使不同文化融合成一种新的文化。文化整合的目标是消除因文化差异而产生的矛盾（周中胜、贺超、韩燕兰，2020），伙伴企业间通过良好的文化整合能够达到文化相容的状态，有利于整体供应链的可持续发展。张紫璇等（2020）认为，文化相似性是指在集群联盟中，不同企业的组织文化、经营思想、管理模式等的相似程度。在文化层次上的相似性可以推进企业间的相互认同，从而使企业通过产业集群优势聚集并获取更多资源，进而满足不断发展的市场需求。陈怀超等（2020）提出，文化相似性是指集群内部各个企业在文化氛围、价值观、行为准则等层面上的相似性水平。这些具有相似性的社会文化因素在集群中扮演着重要角色，它们为企业创新提供了新动力和新捷径。具有类似文化背景的合作企业组建供应链可以节省更多的成本，也更容易实现文化相容。

　　企业与具备相似特性的合作伙伴组成战略联盟（例如供应链等）能提高企业绩效，相似特性还有助于伙伴间建立积极的合作关系、创造更高的联盟绩效（Oh & Yoo，2022）。国外学者 Bonikowski（2010）对 19 个国家的跨国关系结构与二元文化相似性之间的关系进行了分析，结果表明，国际贸易和政府机构成员身份对文化相似性具有很强的预测作用。Yamanoi 和 Sayama（2013）提出文化整合或共享共同的企业文化能促进并购的成功。如果两家企业合并后文化整合不充分，那么将会产生员工离职、人际冲突、组织沟通无效等问题，因此，并购后的文化整合对实现并购双方的协同效应以及提高并购后的绩效都会产生重要影响。Yamanoi 和 Sayama（2013）还发现：第一，文化整合不足会导致企业合并后的财务绩效下降；第二，组织文化差异对并购后的绩效有显著的负向影响。Bereskin 等（2018）研究发现，文化相似性有助于企业间的整合，具有相似文化的企业更容易合并，而且这些合并有利于企业间发挥更强的协同效应，并能提升企业的长期经营业绩。Doan 等（2021）以 1990—2013 年的各国数据为基础，探讨了不同文化距离对全球银行业的影响，实证结果表明，文化距离对银行联系和跨境资本流动都有显著的负向影响，而在信息不对称程度较高的国家中，这种负向影响更为显著。Doan 等（2021）还认为，文化相似性是影响国际化的重要因素，缓解了信息不对称并推进了经济交流。Oh 和 Yoo（2022）认为商业联盟研究必须重视合作企业的文化相似性，并提出如下观点：第一，两个具有不同民族文化背景的企业，若其民族文化高度相似，则合作将会更顺利；第二，文化距离会导致价值观、管理方法、工作流程、企业规范、员工期望等方面的差异，从而引发合作企业间的冲突，造成资源共享效率低下，最终很有可能导致不同文化背景的企业结盟失败；第三，文化距离较大还会造成联盟中形成不同的企业认知结构、不同的知识接纳程度，从而导致合作企业间的信息不对称、吸收转移和内部化知识（尤其是内部化隐性知识）的难度增加、合作成本上升、绩效降低等；第四，如果文化距离太大，那么联盟企业间的相互学习与合作就会被破坏；第五，文化差异会造成工作效率低下、机会主义行为增多、战略联盟持续时间缩短、合作企业难以建立长久的合作关系等。国内学者高振明等（2016）指出，失败的文化整合不仅不能减少并购双方的文化差异，而且文化整合失败所造成的文化差异还会导致雇员的沟通障碍和决策分歧。这不仅不利于完成团队工作，还会导致并购后的公司绩效达不到预期结果，从而难以发挥并购后的协同效应。所以，文化整合失败会阻碍正常的企业运作，其通过直接影响雇员离职、员工间的矛盾与冲突、组织沟通效率等方面，进而间接导致企业的并购绩效下降。

从现有研究成果可以看出，组织学习理论强调对新知识的吸收以及对已有知识的运用（颉茂华、赵圆圆、刘远洋，2021），通过获取与利用知识来改变个体的认知与行为，从而达到提升企业竞争力的目标。以往研究表明，企业间的文化相似性可以减少因价值观不同而导致的矛盾与误会，从而提升交流的有效性，让各方在沟通中了解更多的知识与信息，进而更好地掌握市场的动态变化（张紫璇、陈怀超、艾迪欧，2020）；文化整合有助于化解并购后的文化冲突（徐艳梅、苗呈浩、王宗水，2016）。因此，具有文化相容性的制造企业与上下游企业之间更易建立起供应链合作关系，从而构建一条组织间的知识链。此外，较近的文化距离可以促进供应链成员间的知识传递与转移，而知识传递和转移有益于提高集群企业（如供应链企业等）的竞争能力（张紫璇、陈怀超、艾迪欧，2020）。因而，在具有文化相容性的供应链企业中，不仅易于产生基于知识链的组织间知识流动，而且该知识流动也具备高效率，从而推动了组织间的组织学习，实现了企业对外部知识的吸收、共享和再创造，最终有助于提高服务创新绩效。具备相似文化的供应链企业具有较高的群体文化认同程度，这能加快其在供应链中的知识与信息传播速度，从而获取更多的创意和知识（陈怀超、侯佳雯、艾迪欧，2020），进而保持与引导知识的有效流动与分享，提升知识的创新效能，以形成组织学习的知识优势，使组织学习的整体效果大于各部分组织学习效果之和。拥有类似文化背景的供应链制造企业还能系统地协调配置内部资源与外部支持，从而实现有效的组织学习、知识转化和资源管理，有利于提升关于服务创新的决策水平和自身的服务创新绩效。

4.2 供应链伙伴特性对服务创新绩效影响的理论解释

4.2.1 供应链伙伴特性对服务创新绩效的作用机理

在开放式创新的新环境下，无论是知识和技术的更新速度还是知识和资源的流动速度，都呈现出前所未有的高增长趋势，制造企业想单纯依靠自身力量来适应市场经济环境的瞬息万变，寻找发展与服务创新的机会，必然会以失败告终。因此，构建网络化的联盟组织是制造企业实现服务创新、获取战略性服务资源的必然选择。核心制造企业通过构建供应链组织，将其服务创新从原先企业内部的"单打独斗"转变为供应链组织的集体服务创新，从而极大地提高了企业的服务创新能力。在供应链中，不同企业之间保持着一种动态合作关系，这能让整个供应链具备纵向一体化的创新优势（薛萌、胡海青、张琅等，2018）。通过供应链合作关系，供应链中的制造企业能够获得其他企业丰富的异质性知识、信息、实物等资源，从而为自身的服务创新提供坚实的物质基础。与此同时，制造企业又能通过供应链合作关系向外部快速推广自身的产品、服务模式和内部知识，从而把握企业的创新机会、提高企业竞争力和市场地位，进而实现知识与资源的跨界流动，以加快制造企业的服务创新（Chesbrough & Crowther，2006；Tong，Tang & Zhou，et al.，2014；Hong，Snell & Rowley，2017；Bogers，Chesbrough & Moedas，2018）。由此可见，此时的服务创新绩效已不再是单一的核心制造企业所能决定的，而是由供应链伙伴、供应链合作关系、供应链结构等因素共同决定的。这就要求核心企业在建立制造企业供应链之初就制定出清晰可行的供应链伙伴选择标准（供应链伙伴特性）。通过这种方式，核心企业可以从源头上控制加入供应链的企业质量、企业间关系的质量以及未来可能形成的某种供应链结构。只有这样，制造企业才能准确地预测和把握新的服务创新机遇，从而为供应链联盟进行理性规划。

核心制造企业通过积极地构建供应链来占据供应链中最有利的位置，即中心位置，以便获取最优质的资源和知识，从而最大限度地推动自身的服务创新。由于受企业存续时间、有限资源等因素的限制，核心制造企业只能维持少量的强关系，大部分关系都属于弱关系。弱关系可以成为企业建立供应链关系的纽带，这样，上游供应链企业就可通过与核心制造企业的强关系直接与下游客户建立起联系，而这种联系通常是较弱的（弱关系）。通过这种方式，可以使供应链中各主体之间建立起广泛的联系，进而最大限度地提升整个服务创新生态系统的服务创新水平。由此可见，虽然核心制造企业占据了供应链中最有利的位置，这为核心企业提供了吸收知识、利用资源的便利条件，但是这些知识和资源并非完全掌握在核心制造企业手中。供应链内部的知识流动和资源分配除了由核心企业部分控制和影响之外，主要还是受供应链整体运行规律的影响。具体而言，主要是受供应链整体目标、供应链企业之间关系的影响。供应链整体目标是供应链内各个企业目标之间协同作用的结果，而供应链企业之间的关系主要取决于各企业之间是否存在资源互补和文化相容（薛萌，2020）。因此，从根本上讲，供应链伙伴特性，即供应链伙伴选择标准（目标协同、资源互补、文化相容），是实现供应链企业资源共享、知识有序流动的重要机制保证。它不仅为巩固供应链战略合作关系、提高制造企业服务创新绩效提供了协同机制保障，而且消除了供应链资源和知识有序流动的障碍（程强、顾新、昌彦汝，2019）。

从供应链企业之间的协同视角出发，供应链伙伴特性能让各供应链企业在企业文化、资源、目标等方面实现协调一致，为供应链内知识和资源的有序流动创造有利条件。具备良好供应链伙伴特性的企业能通过供应链合作关系构建起企业间的组织学习，从而快速实现企业预设的服务创新绩效目标。Brouthers等（1995）提出了4C原则，即核心企业在选择供应链合作成员时应遵循的四个原则——能力互补、风险相当、目标兼容以及合作文化，这些原则能让跨国企业通过战略联盟来获取长期的竞争优势。Liu和Ran（2020）认为，供应链伙伴特性是核心企业在选择供应链合作伙伴时所参考的重要标准，包含了企业过去的合作状况、企业文化、企业合作意向以及发展战略匹配度，这些要素之间的匹配能够提高核心企业、合作伙伴和整个供应链的核心竞争能力。在企业间文化相容、资源互补、目标协同之前，供应链企业间的文化差异、资源重叠、目标冲突等因素构成了供应链合作中的各种障碍，制约了企业间的资源交换和知识流动，干扰了整个供应链的有序运行（程强、顾新、昌彦汝，2019）。知识与资源的无序流动、利用效率低下等因素进而导致企业间的组织学习效率低下，甚至是无效率（程强、顾新、昌彦汝，2019）。当核心企业按照供应链伙伴特性的标准来组建供应链时，通过建立一个符合文化相容、资源互补、目标协同标准的制造企业供应链，可以实现供应链内企业的目标协同、资源互补和文化相容，从而减少供应链内各企业间的矛盾、加强企业间的合作，最终促进供应链内资源与知识的有序流动，为供应链企业间的组织学习奠定良好基础（程强、顾新、昌彦汝，2019）。

组织学习理论认为，组织学习是一个包含知识捕获、知识认知、知识记忆以及知识传播的动态循环过程（Huber，1991），其主要功能是帮助与引导企业在不断变化的动态环境中进行自我纠正并持续地积累知识。Crossan等（1999）

和简兆权等（2018）认为，组织学习能不断地将外部知识内化，组织自身通过内化过程获得的外部知识又能够推动下一轮组织学习的发生，从而使得外部知识与组织学习之间能够相互补充、循环促进。这样，组织学习理论就能很好地解释组织内部新知识产生、外部知识转化、企业竞争力形成以及服务创新绩效提升的原因。核心制造企业通过联合其他企业共同构建供应链体系，这样核心制造企业就能跨越组织边界，在不同企业中获取稀缺的、不可复制的、有形的、无形的资源，从而获得服务竞争优势。制造业服务创新成功的关键在于获取大量不同于以往技术创新的服务创新资源，而供应链上的制造企业可以从服务创新生态网络中获得更多的资源优势，从而更好地获取其他企业的服务资源，进而推动服务资源的流动，实现服务资源的交换，并借助供应链伙伴构建一个更加完善的服务创新生态体系以实现价值共创。Richter 和 Vettel（1995）认为，制造企业在获取资源的过程中，为了获得竞争优势，必须将外部知识内化并加以利用，才能最终形成竞争优势。由于供应链资源并不会自动转化为服务创新的竞争优势和制造企业的服务创新绩效，因此企业要提升竞争力就不能单纯依赖资源获取这一个环节，还必须进行组织学习。Manuj 等（2014）和 Eiriz 等（2017）认为，组织间学习是本组织与其他组织进行相互学习与合作的一种学习形式，能加快本组织实现既定发展战略目标的速度。李垣等（2008）和崔日晓等（2019）都认为，组织间学习是企业在激烈竞争的市场环境下，为获取外部组织资源而采取的一种有效策略。由于供应链成员间往往存在资源互补关系，因此，相对于单个企业的资源价值而言，企业间的资源整合能带来更多的效益。也就是说，组织间学习通常要比组织内学习更有效。综上所述，在供应链中，丰富的资源是制造企业提升服务创新绩效的前提和基础。因此，各供应链企业的文化要素、知识要素、信息要素、资源要素等可以看作是制造企业实现服务创新的静态禀赋。企业的相关动态能力（如组织学习等）影响着如何使用供应链资源以及资源的利用效率和转化效率，因此，供应链企业内部的组织学习和各企业间的组织间学习可以看作是制造企业实现服务创新的动态禀赋。总之，制造企业要实现高质量的服务创新，关键是静态禀赋与动态禀赋要相互匹配与结合，并非所有的供应链内部资源共享行为都能给制造企业带来服务创新优势。

从供应链企业之间的组织学习视角出发，供应链伙伴特性为供应链内知识和资源的有序流动提供了有效保障，为供应链企业间的组织学习提供了知识和资源基础，从而保证了组织学习的顺利进行。孙贺强（2014）的研究部分回应了上述观点，他采用实证研究的方式证明了供应链伙伴特性能够强化探索式学习和挖掘式学习。在供应链内目标协同、资源互补、文化相容之后，在共同的供应链价值观指导下，各供应链企业就企业管理方式、员工行为模式和思考方式达成了一致，这样就加强了供应链内的战略合作关系，使企业间的资源和知识都有序流动起来，从而强化了基于知识的组织间学习（程强、顾新、昌彦汝，2019）。由于制造企业的组织间学习能够提升供应链制造企业的服务创新绩效，因此，协同后的供应链组织最终能够实现供应链内各制造企业间的服务创新协同效应。简兆权等（2018）以我国珠三角地区203家服务型企业的数据为样本进行了实证分析，研究结果也部分回应了上述观点，即认为组织学习能够提升服务型企业的服务创新绩效。综合以上观点，我们发现，制造企业的供应链伙伴特性对制造企业的服务创新绩效能产生积极影响。

4.2.2　供应链伙伴特性影响服务创新绩效的路径分析

从组织学习理论的角度来看，制造企业和供应链合作伙伴的服务创新都需要通过对外部资源的获取与整合以及对外部知识的转化来实现，而组织学习正是企业获取资源和转化知识的主要途径。组织学习在企业创新中起到了积极的促进作用，不仅可以激发企业的创造力，而且可以增强企业的未来创新意识，同时也可以让企业保持创新的状态（陈璟菁，2013）。组织学习为企业理解创新绩效提供了一种独特的视角（刘建湘，2016），同时也为企业提高创新绩效、解决创新效率低下的问题提供了一种有效的方法（辛安娜，2017）。通过合作创新，组织学习和组织间沟通还能对创新绩效产生积极影响（Kaya, Abubakar & Behravesh, et al., 2020）。在供应链中，制造企业既要实现服务创新，又要兼顾传统的技术创新，因而必然要获取大量的知识和资源，这必然会牵涉到知识和资源如何转化成绩效的问题，也就意味着，企业之间将会产生组织学习。因此，在供应链中，基于资源与知识转化而产生的组织学习将会对核心制造企业及其合作伙伴的服务创新绩效产生重要的积极作用。

　　国内外学者已经广泛认同双元组织学习（利用式学习和探索式学习）在组织创新、创新模式、创新绩效等方面具有重要的积极作用（Wang, Vrande & Jansen, 2017；吕一博、韩少杰、苏敬勤, 2017；孙锐、赵晨, 2017；吴士健、孙专专、刘新民, 2017；王萧萧, 2018）。双元组织学习主要对学习效果、创新效果和绩效产生影响。绩效是企业的主要目标，双元组织学习对学习效果、创新效果的影响，最终都会反映在绩效层面上（蔡灵莎, 2017）。由此，本研究参考 March（1991）的维度划分方式，将组织学习划分成两个维度：①利用式学习是指将已有的技术和知识应用于企业内部或企业间，使其发挥最大的价值，进而推动企业绩效渐进式增长，以实现制造企业服务创新的目标；②探索式学习是指为适应新形势下的服务业和制造业融合，制造企业主动开展多个层面的企业内外部科研活动，以探索新知识、学习新技能、创造新服务模式，进而实现服务创新绩效的突破式增长。以往的国内外研究表明，IT 能力可以对组织学习的两个维度（利用性学习和探索性学习）和创新绩效产生正向影响，组织学习的两个维度（利用性学习和探索性学习）能正向影响创新绩效，组织学习的两个维度（利用性学习和探索性学习）在 IT 能力和创新绩效之间起部分中介作用（Chuks, 2022）。市场导向（反应式市场导向和主动式市场导向）可以通过组织学习（利用性学习和探索性学习）来提升服务型企业的服务创新绩效，其中，服务创新绩效可划分成三个维度：财务绩效、顾客绩效和内部绩效。利用性学习在反应式市场导向和财务绩效之间发挥中介作用，探索性学习在主动式市场导向和顾客绩效、内部绩效间发挥中介作用（简兆权、黄如意、王晨, 2018）。因此，本研究提出，利用式学习能够引导制造企业开展以短期利益为目标的实用型学习，以便维持、利用和改进已有的企业技术和知识，并将其价值最大化。基于利用式学习的上述特点，我们认为，利用式学习应该是一种单环学习，至多是一种双环学习。通过利用式学习，可以让制造企业在服务业务领域内取得渐进式的创新成果，从而获得中短期财务绩效，这正好支持了制造企业的生存与持续发展，同时也为需要巨大前期投入且注重企业长远利益的探索式学习奠定了良好的物质基础。另外，探索式学习通常被用来引导制造企业开展基于长期利益的创新型学习，以便超越原有的组织边界、探索原有领域外的新知识、创造新的服务模式和新的服务技能，从而适应制造业与服务业融合的新趋势。基于探索式学习的上述特点，我们认为，探索式学习应当是一种双环学习，甚至可能是一种三环学习。探索式学习在服务业务领域内取得的突破式创新成果，能够支持企业内部结构的长期优化，有利于获得客户高度的满意和长期的忠诚，有助于企业建立具有长期竞争力的员工薪酬体系。综上，本章将利用式学习和探索式学习引入本研究的理论模型中，提出利用式学习和探索式学习能在制造企业供应链伙伴特性和服务创新绩效之间发挥中介效应，具体分析如下。

　　利用式学习从以往的经验中吸取教训，集中精力改善现有的产品和市场，扩展现有的知识，以确保企业的短期效益，从而满足当前的市场需求。利用式学习最大的特点是选择、重新定义、执行、生产等。利用式学习侧重于求解已有的问题，其结果是明确的、可预见的，着重于利用和发展企业已有的知识和技术、实施产品开发方案以及为现有技术寻找新的应用区域或市场（March，1991）。从目标协同性方面来看，在供应链合作过程中，通过企业之间的目标协同，可以促使双方达成共识、减少合作阻力（陈莹、武志伟，2014），同时，也可以促进供应链的整合，使得各供应链企业的一体化程度变高，有利于降低双方的交易成本、增强供应链企业之间分享现有知识的意愿，从而使得双方更愿意共享现有的知识和技术，并降低共享成本。因此，目标协同可以促进以现有知识为基础的利用式学习，加速对现有知识和技术的提炼、补充和改进，使得供应链企业可以在现有知识的基础上开展渐进式的合作创新。从资源互补性方面来看，首先，互补性资产可以来自企业内部，也可以来自企业外部，它包括知识、技术、能力等资产（Ge & Li，2019）。具有互补性资产的企业在与拥有等量资产的对手进行比较时，具有更好的动态能力（如组织学习等）（Ge & Li，2019）。其次，以资源互补性为基础的供应链合作组织，其内部的制造企业可以获得来自其他企业的丰富异质性互补资源，这样就能强化企业在已有知识和资源基础上进行的利用式学习，从而为企业创造出更多利润。再次，资源互补可以有效地减少制造企业之间的资源重叠和资源浪费现象，从而提高供应链中的资源利用效率，为提升现有技术和知识水平提供必要的支持。因此，资源互补性可以推动以现有知识和资源为依托的利用式学习，以确保制造企业能在巩固原有市场占有率的前提条件下，循序渐进地推出高品质、高水平、高性价比的服务项目与产品（龙海军、田丽芳，2023）。从文化相容性方面来看，首先，文化相容有助于减少双方因各自文化差异而产生的误解，从而稳固双方的关系、提高双方的关系治理水平，让双方更好地融入一个合作、友善的供应链企业文化氛围中，这样才能更快地共享已有的知识，并最终推动基于现有知识的利用式学习。其次，供应链企业间的文化相容可以加强供应链中的企业协作，引导知识与资源在供应链内部进行有序流动，从而达到知识协同的目的，最终推动以现有知识为基础的利用式学习（程强、顾新、昌彦汝，2019）。基于此，本研究发现，制造企业的供应链伙伴特性能够有效地促进企业的利用式学习。从利用式学习影响制造企业服务创新绩效的视角来看，前人的研究发现，企业采用利用式学习可以使自身的内部资源与外部环境相融合、相匹配，从而推动企业创新绩效的持续稳定增长（Cohen & Caner，2016）；IT 能力通过利用性学习可以正向影响企业的创新绩效（Chuks，2022）。本研究据此认为，利用式学习的核心是提升当前企业的运营效率，它通过渐进的创新方式进行低风险的服务改进、产品升级和市场扩展，并改进和整合现有的知识和技术。因此，利用式学习的成本较低、成功率较高，并且能够较快地提高企业当前的获利能力。但是，渐进式的创新成果没有显著的竞争优势，很容易被其他企业所仿效。由此可见，利用性学习可以有效提高制造企业的中短期财务绩效（简兆权、黄如意、王晨，2018），进而使企业在短期内取得一定的渐进式服务创新绩效。综上，制造企业通过利用式学习模仿和改进其他制造企业的产品和服务模式，能够快速地提高当前自身服务产品的投资收益率和市场份额，并将所学到的知识用于优化现有的服务流程，从而提升渐进式服务创新绩效。

探索式学习是一种以并发新产品、新机会、新市场为重点的全新的学习方式，可以满足未来的市场需求并适应快速变化的环境，其创造的新知识可以确保企业的长远竞争优势。探索式学习最大的特点是勇于冒险和积极尝试、发现、创新。探索式学习侧重于解决新问题、开发新技术、进行前瞻性研究，因此其不确定性较强，着重于寻找新知识和新技术以避免路径依赖，企业将发展出完全不同于现有技术基础的技术路径（March，1991）。从目标协同性方面来看，首先，目标协同有利于降低企业在供应链中的投机行为并可激励雇员的主动性行为（颜爱民、江端预、孙益延等，2019）。目标协同也可以促进员工对企业的积极情感，从而提高他们对企业的忠诚度和归属感（Lv & Xu，2018）。因而，在进行风险高、短期收益不确定、注重长远利益的探索式学习过程中，具有大量积极、忠诚、可靠员工的制造企业明显具备更多的优势。因为有了优秀的员工，企业才敢于创新、敢于承担更大的风险。其次，目标协同还可确保供应链中各企业间强异质性知识的转移传递通畅并能降低转移成本，因此，目标协同有益于企业开展基于异质性知识的探索式学习、有益于企业创造新知识和开发新技术。从资源互补性方面来看，首先，相对稳定的供应链内部环境（相对于外部环境而言）为核心制造企业提供了广阔的市场空间和更好的发展机会，核心制造企业拥有相对固定的供应链上下游合作伙伴及互补性资源，因此不必过于担心企业的生存问题，而可以将主要精力和互补性资源投入到开发新产品和新市场上，这样才能更好地挖掘潜在的市场机会、探索新的服务模式。其次，通过供应链内部的资源互补，制造企业能在供应链内部找到大部分自己需要的互补性资源，从而减少对外部环境中资源禀赋的需求，降低企业的外部搜寻成本。最后，资源互补还能降低供应链内部的交易成本，促进供应链内企业间的资源流通与交换，从而实现低成本的资源共享、资源组合以及合作创新（刘克寅、汤临佳，2016）。综上，这将有助于推动追求长期收益、需要大量前期投入、具有较强不确定性的探索式学习。从文化相容性方面来看，首先，企业间的文化相容可以促进供应链企业之间的整合，从而使供应链企业之间的协同效应得到充分发挥。文化相容可以促进企业吸收对方现有的知识，并在此基础上共同创造出有价值的新知识，从而推动以探索和开发新知识为目的的探索式学习，进而提高制造企业的长期绩效（孙贺强，2014；Bereskin，Byun & Officer，et al.，2018）。其次，文化相容有助于减轻企业之间的信息不对称性，能促进企业间的经济交流（Doan，Le & To，et al.，2021）。因此，具备文化相容性的供应链企业更倾向于积极地发掘和获取合作伙伴的知识，以激发自身的探索式学习及内化知识的能力，将知识转变为实际的服务创新能力和服务创新绩效。基于此，本研究发现，制造企业的供应链伙伴特性能够有效地促进企业的探索式学习。从探索式学习影响制造企业服务创新绩效的视角来看，以往的研究发现，探索式学习对于企业获取创新资源、开展创新活动十分有利，它能提升企业的创新绩效（DeCaro，DeCaro & Rittle-Johnson，2015）；

IT能力通过探索性学习能够积极影响企业的创新绩效（Chuks，2022）。本研究据此认为，制造企业通过探索式学习能够跨越现有的组织界限来发展新技术、新服务模式、新服务功能，这需要巨大的先期投资，风险性较大、回报率也不确定。但是，探索性学习更注重长期绩效的提升，以提高企业未来效益为目标（简兆权、黄如意、王晨，2018）。探索式学习以突破式创新的方式来识别及内化外部知识并创造新知识，其创新成果具有很强的创新性，有利于制造企业克服惰性并摆脱路径依赖（陈国权、刘薇，2017）。因此，探索式学习的创新成果具有很强的竞争优势，制造企业通过探索式学习所推出的新服务或新产品往往使竞争对手难以模仿，这有益于企业占领目标市场、提升客户的长期满意度，并促使客户形成新的服务理念，从而实现突破式服务创新绩效的提升。

综上所述，本章首先运用组织学习理论，从理论视角全面、系统地解释了制造企业供应链伙伴特性对服务创新绩效的影响；其次，将组织学习（利用式学习和探索式学习）引入制造企业供应链联盟的情境中；最后，梳理出制造企业供应链伙伴特性提升核心企业服务创新绩效的理论路径。

4.2.3 概念模型的构建

基于上述分析，本章通过对国内外相关文献的梳理和总结，探索了制造企业供应链伙伴特性对服务创新绩效的影响机制，并分析了制造企业供应链伙伴特性影响服务创新绩效的具体路径，即把双元组织学习的两个维度（利用式学习和探索式学习）作为中介变量，引入制造企业供应链伙伴特性提升服务创新绩效的作用机制中。

从以上研究结果可以看出，供应链伙伴特性有助于制造企业开展组织间学习，并有利于制造企业取得高水平的服务创新绩效。但是应该指出，具备供应链伙伴特性的两家制造企业之间并非一定会关系良好，也未必会互相信任。当两家制造企业出于某些原因而产生了不信任，导致双方的关系质量不佳，那么，即便双方都具备供应链伙伴特性，也无法建立起一个良好的供应链合作关系。在当今制造业转型升级的大背景下，制造企业在各个领域的合作都会受到双方关系质量的影响，因此，良好的关系质量不仅能帮助双方快速地发现彼此，而且能帮助双方较好地建立起供应链联盟。与此同时，良好的关系质量也会让供应链伙伴特性发挥出更大的正面作用，并提高组织间学习的效率（王磊、李翠霞、王泽民，2019）。由此我们可以推测，良好的关系质量能正向调节供应链伙伴特性与组织学习的关系。

供应链企业间进行组织学习可以提高服务创新绩效，但是这个过程会受到诸多因素的影响。前人已有的研究认为，吸收能力会对组织间学习获取知识、内化知识的能力产生影响，进而影响组织间学习的效果（崔日晓、王娟茹、张渝，2019）。因此，如果制造企业本身没有足够的吸收能力，那么其组织间学习并不一定能提高企业的服务创新绩效。由此我们可以推测，足够的吸收能力可以正向调节组织学习与服务创新绩效的关系。

综上所述，供应链中的制造企业想要提高服务创新绩效，不仅要保持企业间良好的关系质量，其自身也要具备较强的吸收能力。本研究结合组织学习理论，先将关系质量作为供应链伙伴特性与组织学习（利用式学习和探索式学习）之间的调节变量，再将吸收能力作为组织学习（利用式学习和探索式学习）与服务创新绩效之间的调节变量。因此，本研究的总体概念模型如图4.2所示。

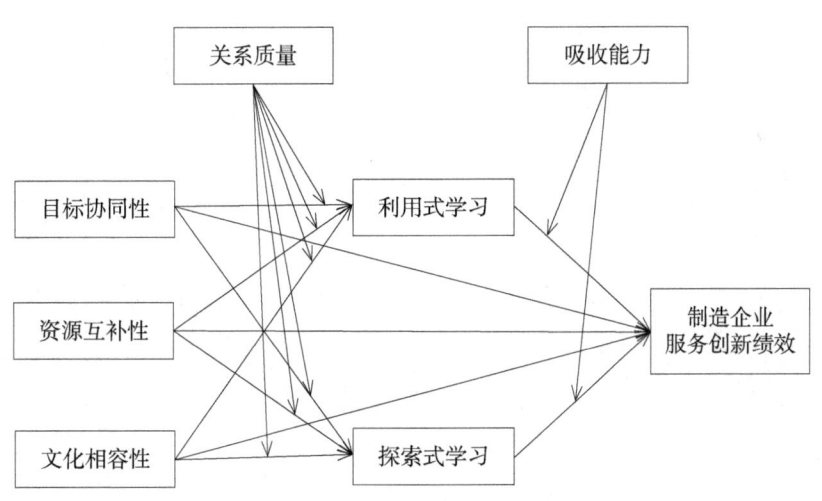

图4.2　本研究的总体概念模型

4.3 本章小结

本章以组织学习理论为基础，逐步构建了本研究的概念模型，具体步骤如下：第一，详细划分了供应链伙伴特性的维度，具体而言，即将其划分成目标协同性、资源互补性和文化相容性三个维度，并对每个维度的定义、作用以及其与组织学习的关系进行了详尽的阐述。第二，阐述了供应链伙伴特性的重要意义，并探索了供应链伙伴特性影响服务创新绩效的作用机制。第三，对供应链伙伴特性影响服务创新绩效的具体路径进行了分析，在供应链合作创新的情境中引入利用式学习和探索式学习，提出利用式学习和探索式学习是提升制造企业服务创新绩效的两条有效路径。第四，提出关系质量可以作为供应链伙伴特性与组织学习之间的调节变量，吸收能力可以作为组织学习与服务创新绩效之间的调节变量。第五，基于以上分析，本研究构建了一个完整的概念模型。

5 研究假设的提出

在本书第一章中，笔者对全书的总体内容进行了简要的概述，然后，在第四章中进一步剖析了制造企业供应链伙伴特性的定义及其维度划分，并阐述了供应链伙伴特性与组织学习的关系。与此同时，笔者从组织学习理论的视角出发，全面揭示了供应链伙伴特性影响服务创新绩效的机制及其具体路径。最后，笔者构建了本研究的完整理论模型。在此基础上，本章将借鉴组织学习理论并结合现有的国内外权威文献，对第四章中提出的理论模型展开详尽的假设分析。具体而言，包括以下几类假设：一是制造企业供应链伙伴特性影响服务创新绩效的直接效应及其相关假设；二是组织学习（利用式学习和探索式学习）的中介效应及其相关假设；三是关系质量的调节效应及其相关假设；四是吸收能力的调节效应及其相关假设。

5.1 供应链伙伴特性与服务创新绩效

基于第四章的分析，本研究认为在供应链中，制造企业供应链伙伴特性可以提高核心企业的服务创新绩效。目前，仅靠制造工艺创新和产品创新已经难以在盈利上取得新的突破，当今的制造业发展趋势要求制造企业在原有技术创新的基础上注重客户体验、客户应用和客户服务（曾经莲，2019）。以客户为中心，从生产端同时向上下游延伸是制造企业提高产品附加值、提升企业生产率的必由之路（王绒，2018）。这不仅要求制造企业全面了解客户的现实和潜在需求，还要求制造企业获取并整合大量与以往技术创新不同的服务创新资源。供应链伙伴特性不仅能帮助核心制造企业建立一个拥有上下游企业与客户的完整供应链，而且有助于制造企业进行跨界搜索并整合外部合作伙伴的服务创新资源，与此同时，还能帮助制造企业从外部捕获客户的真实需求。通过这种方式，既可以有效解决制造企业技术创新资源富余而服务创新资源短缺的问题，又可以让制造企业跨越自身的组织边界，真正做到零距离观察与研究客户，与客户建立联系，知晓客户的真实需求，并最终达到与客户建立良好关系的目的。这表明，具备供应链伙伴特性的制造企业有能力将自身的业务范围由生产制造扩展至上下游的服务供给，制造企业通过这种扩张方式可以推动自身的服务化转型和服务创新。

5.1.1　目标协同性与服务创新绩效

目标协同性就是指供应链合作企业之间具有相互兼容或者一致的发展目标，合作双方可以在战略目标和竞争目标方面共存而不会产生矛盾，目标协同性并非需要双方的战略目标完全一致（薛萌，2020）。供应链合作必须以双方目标不冲突为前提条件，如果双方的目标不能协调一致并相互适应，那么合作的根基将荡然无存。如果两家企业的经营目标是相互协调的或者较为一致的，那么它们就有较为相似的甚至是相同的价值观念，不仅可以增进彼此的信任，还能促进双方长期的合作。薛萌（2020）指出，实现目标协同性要满足以下三点：第一，各个供应链合作企业的目标必须具有很好的兼容性，不能互相抵触；第二，各目标之间是互利互惠的关系，各个目标既可以并存，又可以相互促进与推动，一个企业目标的达成会促使另一个企业目标更好更快地实现；第三，为了实现合作目标，各个供应链合作企业所采取的行动虽略有不同，但对达成共同目标的愿望却是一致的。因此，目标协同性有助于核心制造企业与其他供应链合作伙伴突破自身的组织界限，从外界汲取服务创新资源及相关知识，从而实现对企业内部现有资源的优化与整合。通过这种方式，各个企业都有了明确的分工，都能将自己的资源和能力集中在自己擅长的领域，从而充分发挥出自身的特长（曾经莲，2019）。

制造企业供应链是由制造企业、原材料供应商、客户等多种主体构成的，该供应链总体上是一种纵向的直线型组织结构。不同主体之间的目标协同有助于不同主体参与到制造企业的服务创新中，不仅可以帮助制造企业在服务创新资源、知识、能力等方面弥补自身的不足，而且可以扩大制造企业捕获外部服务资源、知识和信息的渠道，有利于分摊服务创新的成本及风险（解学梅、郭海望、王宏伟，2020）。在制造企业的服务创新过程中，客户和供应商的加入能为制造企业提供许多服务创新资源，从而提升制造企业的服务质量（Thakur & Hale，2013）。客户在与制造企业的长期互动中会建立起对企业的忠诚；在制造企业与供应商的交互过程中，供应商也能向制造企业提供必要的服务创新知识。目标协同可以最大限度地激发供应链成员间的积极性，促使各成员主动地参与到制造企业构建的服务创新体系中，同时也能让各成员更愿意分享知识、投入精力，以达到相互信任、信息频繁交互与知识融合的目的。此外，以往的研究还发现，有着远见卓识的领导能够激发团队创新与团队创造力，这是由于有着远见卓识的领导能够推动团队成员达成一致的目标。Mascareño等（2020）根据一项实地研究得出结论，目标一致性在领导力与团队创造力之间发挥中介作用，而良好的沟通质量则能加强目标一致性与团队创新的联系。由此可知，目标协同有助于制造企业提升自身的服务创新绩效。

更重要的是，在服务创新过程中，制造企业的指导思想已经从产品主导逻辑转变为服务主导逻辑，制造企业开始以客户为出发点，寻求实现价值共创的途径（Szász，Demeter & Boer，et al.，2017）。作为价值的共创者和缔造者，客户在服务价值的形成过程中扮演着价值整合与价值创新的关键角色（Cheng & Krumwiede，2017）。客户是制造企业实施服务创新战略的核心资源，也是服务创新过程中制造企业最重要的合作伙伴，客户的参与对于制造企业来说无疑是最大的利好（王绒，2018）。以目标协同为基础的多个主体联合服务创新突破了制造企业传统的封闭创新模式（解学梅、郭海望、王宏伟，2020），这使得客户、供应商等积极参与到制造企业的服务创新之中。因此，核心制造企业的服务理念既可以与供应商、其他制造企业的服务偏好和创新理念相融合，也可以与客户的服务偏好、服务需求相结合。在制造企业的服务创新过程中，企业只有充分利用和整合客户资源、与客户建立密切的联系、开展基于客户的服务创新，才能保证服务创新获得成功。所以，目标协同是制造企业提高服务创新绩效的有效途径和方法。

在以客户为导向的制造企业服务创新中，企业既要引导客户参与服务创新，又要与客户进行零距离接触（冯文娜、刘如月，2021）。目标协同带来的客企一体化和客户参与服务创新，为制造企业理解客户、动态回应客户的个性化需求、依据客户价值进行分类管理提供了可能。制造企业与客户的目标协同，使制造企业与客户之间的互动程度加深、互动频率增加，有助于加深客户对制造企业的信任，有利于双方建立良好的双边关系。基于此，制造企业能够感知和识别客户的实时需求变化，同时高价值客户的实时需求信息可以帮助制造企业不断调整自身的服务策略，以满足客户的个性化需求。制造企业在整个客户服务周期中，始终与客户保持着目标协同，这样既能及时满足客户的差异化服务需求进而提高服务质量，又能通过提供个性化客户服务，将前期的模块化服务转变成后期的个性化专属服务，极大地增加了客户转换上游商家的成本，实现了对客户的锁定。因此，目标协同性对于提高制造企业的服务创新绩效具有重要意义。

另外，制造企业与客户之间的目标协同，使得客户获得服务产品体验者和服务创新设计者的双重身份（冯文娜、刘如月，2021）。原因在于，目标协同使得客户愿意主动地参与到制造企业的服务创新之中，客户能够将自身的实际需求及时地反馈给企业，同时还能够提前把潜在需求告知企业，从而让制造企业更好地了解客户的未来需求。通过这种方式，制造企业所推出的新服务产品既能回应客户的要求、满足客户的实际需求，又能激发客户的新服务需求，从而形成一个良性循环。良性的服务循环将会吸引更多高价值的客户，而高价值客户又能带来更多客户群体，从而取得事半功倍的效果（Witell，Gebauer & Jaakkola，et al.，2017）。因此，目标协同性能够提高制造企业的服务创新绩效。

基于上述推论，本研究做出以下假设：

H1a：目标协同性对服务创新绩效有正向影响。

5.1.2 资源互补性与服务创新绩效

资源互补性是指在供应链中，当制造企业拥有不同的但是能相互增强的资源时，通过联盟（指供应链联盟）能够将其整合，从而创造出在联盟存在之前，任何一家供应链企业都不曾拥有的价值（Jiang & Jiang，2019）。国内学者薛萌（2020）认为，资源互补性是指在供应链中，合作双方所拥有的特殊资源之间的互补匹配程度，特殊资源可以是信息、知识、技术，也可以是物质、能力、信誉等，在技术、知识、信息等方面，双方能够形成互补，并基于此进行资源共享。互补性资源并不是单纯的类似资源相叠加，当两种不同的资源结合起来，可以产生一加一大于二的效应时，或者是当某一种资源的增加会使另一种资源获得额外的收益时，那么，这两种资源就被称作互补性资源（薛萌，2020）。互补性资源能够增强合作伙伴间的相互依赖程度、增强合作的意愿、激发合作的行为、促进合作关系的发展、降低合作的风险等（薛萌，2020）。

异质性资源是导致企业绩效出现差异的一个重要因素，拥有稀缺的、有价值的、不可替代的、难以复制的优势资源，能够让制造企业生产出更优质的商品，从而提升企业的绩效（郭淳凡、梁肖梅、吴小节等，2021）。流通企业在开展合作时，企业自身的资源要与合作伙伴的异质性资源形成互补、匹配，只有这样，企业才能对供应链中的人力资源、信息资源、技术资源、知识资源和资金资源进行合理的分配，使双方的绩效水平都得到提高（吴杰，2022）。因此，吴杰（2022）提出，异质性资源的互补与匹配对流通企业的绩效有积极作用。另外，Semrau 和 Hopp（2016）也发现互补性资源能够对企业绩效产生积极影响。以此类推，制造企业所拥有的互补性资源越多，其资源的异质性就越强，其制造的产品就越能为客户提供高质量的服务价值体验，其服务创新绩效也就越高。

Ge 和 Li（2019）认为，企业只有拥有强大的互补性资产，才能创造出更多的价值，互补性资产可以帮助企业在市场上提升动态能力和竞争优势，进而增加企业的存活率。Ge 和 Li（2019）还认为，在新兴平台企业面临生存危机的时候，企业可以利用创业资源并整合互补性资产来拓展其经营范围以摆脱危机。Jiang 和 Jiang（2019）发现，当国家制度拥有较高的市场化指数时，资源互补性对联盟绩效的正向影响将变得更强。赵琳（2019）通过研究发现：第一，异质性资源的互补匹配可以为企业间的协同创新注入新动力；第二，资源整合程度愈高，合作双方的绩效增加就愈多；第三，异质性资源之间的互补匹配对流通企业的合作绩效有积极的作用。刘和东和陈文潇（2020）认为，企业间的互补性资源相结合可以产生新的资源，比如新的知识、新的技术等，然后通过企业之间的合作来实现规模经济，从而提升合作绩效。刘和东和陈文潇

（2020）还认为，任何企业单靠自给自足的方式来获得全部所需资源是非常困难的，只有通过与其他合作企业交换和共享关键资源，形成资源互补，吸收、整合和优化伙伴企业的资源，才能提升企业的创新绩效。此外，制造企业通过与合作伙伴的资源互补，最大限度地分摊了风险与成本、提高了协同创新的效率，还获得了更多的资源供给，使自身拥有了丰富的资源禀赋，从而能够把握不断变化的市场机会（刘和东、陈文潇，2020）。所以，制造企业可以运用供应链联盟的合作形式，扩大自身的规模经济、分摊自身的风险与费用，还可以从供应链合作伙伴处获取丰富的互补性资源，从而加快制造企业服务创新的速度，改善制造企业协同服务的质量，最终提高制造企业的服务创新绩效。

制造企业获取资源的途径不能仅限于企业自身，而应置身于整个服务生态系统中，在合作伙伴的协助下，制造企业可以主动地应对资源困境（刘念、简兆权、王鹏程，2021）。Park 和 Steensma（2013）提出，新企业通常缺乏必要的资源和技术知识来进行自主创新，但是，新企业往往会向其母公司求助，从母公司那里获取互补性的知识和资源，从而增加新公司的生存概率和创新的成功率。Chen 等（2017）认为，资源相似性和资源互补性的良性互动，将引发更多的企业间并购活动，从而提高资源的整合程度，而并购整合对技术创新可以产生积极的作用。Shuwaikh 和 Dubocage（2022）发现，联盟不仅可以为小型企业提供互补性资源，还能让小型企业充分利用互补性资源，而互补性资源对企业的创新有利。因此，制造企业从供应链合作伙伴处所获得的互补性资源（客户资源、管道资源等）应该与自身现有资源相结合，以便用快捷的速度和低廉的成本创造出客户满意的服务创新成果（Witell, Gebauer & Jaakkola, et al., 2017）。这样就可以创造性地重构资源价值，并探索周围合作伙伴的新特性及互补性资源的新用途。

制造企业既能利用自身的资源来实现服务创新，又能通过与供应链合作企业的关系网络来获取并利用外部的互补性资源，从而更好地实现服务创新（马鸿佳、马楠、郭海，2017）。郭淳凡等（2021）指出，企业可以通过兼并或供应链合作等方式来获取所缺乏的资源，以此来推动新产品的生产和新服务的开发，进而提升制造企业的服务创新绩效。因此，在供应链联盟中，制造企业可以通过获取合作伙伴的互补性资源提高自身的服务创新绩效，因为合作伙伴处的互补性资源正是自身所缺乏的资源。郭淳凡等（2021）进一步指出，企业资源的价值要通过有效的整合来实现，当企业的各种资源都能相互补充时、当企业资源与组织战略及组织内部结构相互匹配时，企业资源才能被充分利用，从而提高企业的服务创新绩效。由此可知，当制造企业从供应链伙伴那里获得的是互补性资源而非其他资源时，最有利于提高其自身的服务创新绩效，因为与其他资源相比，互补性资源与自身资源最为匹配。此外，相关的研究还有：Shuwaikh 和 Dubocage（2022）发现，大型企业往往拥有创业型企业所需的互补性资源，当创业型企业和大型企业之间的互补性资源相互关联的时候，创业型企业通常会更具创新的潜力；小型公司可以通过获取大型公司的互补性资源来提升自身的创新技能，如果小型公司和大型公司都拥有互补性资源，那么双方的创新进程都会加快。

基于上述推论，本研究做出以下假设：

H1b：资源互补性对服务创新绩效有正向影响。

5.1.3　文化相容性与服务创新绩效

文化相容性是指在供应链中，核心制造企业与合作伙伴在理念、态度、行为、价值观等方面彼此认同、相互包容与适应的程度（薛萌，2020），代表着供应链中各个合作企业在企业文化、经营方式上的相似性（薛萌、胡海青、张琅等，2018）。陈伟和张旭梅（2011）认为，企业文化兼容是指供应链合作伙伴在价值理念、管理风格、经营方式和营利目标上不存在冲突，而且在这些方面合作伙伴之间存在着相似性。不同的企业文化有着各自的特点，如果企业间文化能够兼容，那么就会减少以后发生冲突的可能。马文聪等（2018）认为，文化兼容性是指双方在价值观、行为、观念、处事方式上相互认同、包容、适应的程度。文化层次上的相似可以增进彼此的相互认同（Vaara, Sarala & Stahl, et al., 2012），使得企业能够通过产业集群优势来捕获更多的资源，积极主动地进行组织结构的调整，以满足不断发展的市场需求（张紫璇、陈怀超、艾迪欧，2020）。薛萌（2020）还提出，当企业间文化具有很强的兼容性时，整个供应链的经营目标将演变为各供应链制造企业之间的子目标，进而将各家供应链企业的个体行为延伸为供应链的整体行为，在此背景下，企业间的利益将会相互关联，从而形成一个整体的供应链合作网络。

已有大量研究表明，文化不兼容的企业联盟或供应链联盟难以获取高水平的企业绩效，同时也难以推动企业的服务创新。Cadden 等（2013）从正面和反面两个角度出发，证明了供应链合作企业之间的文化兼容与文化不兼容分别会导致高供应链绩效和低供应链绩效的情况。Choi 和 Contractor（2016）发现，不同文化背景的企业结成联盟，失败的可能性很大，主要是因为企业之间的文化差异导致了企业间资源的共享效率低下。徐梦丹（2018）认为，当企业、科研机构间由于文化的差异而发生冲突时，也就是说企业或科研机构对对方不同的文化要素产生了排斥，将会对联盟的合作绩效造成不利影响，从而阻碍企业间的协同创新。马文聪等（2018）从负面视角考察了跨国合并与中外跨国合伙企业中的文化不兼容对伙伴合作关系的作用，研究发现，在文化不兼容的背景下，不同机构主体之间的合作难以实现，合作绩效也难以达到预期的目标，会使企业的生产率下降、财务绩效产出降低、员工的人际关系满意度降低、协作的冲突增多等。而兼容的企业文化则有助于打破联盟关系中的隔阂，增强联盟内各个节点企业的归属感和认同感（薛萌、胡海青、张琅等，2018），从而推动供应链联盟内企业间的合作，使联盟内的企业更好地完善现有服务并开发出新的服务。产学研合作以服务社会、创新服务为宗旨，文化兼容有助于形成产学研合作伙伴间的良好合作气氛，使双方能够更好地协调各自的立场并尽量避免发生冲突。而文化差异会引起双方之间的矛盾，从而产生一种互相抵触、排斥的心理，进而导致合作关系的瓦解（马文聪、叶阳平、徐梦丹等，2018），最终会阻碍产学研团体的协同创新和服务创新。Doan 等（2021）发现：第一，文化距离对跨境资本流动具有强烈的负面影响；第二，文化距离与银行联系之间存在着显著的负向关系，在信息不对称程度较高的国家中，这种关系更为显著；第三，在单一宗教主导的社会中、法律不公正的社会中或种族冲突严重的社会中，文化距离的消极作用尤为明显，其可以对银行创新产生消极影响，并可通过阻碍资金流动而加重对创新的消极影响。另外，国家间文化相似性水平低被称为"文化距离大"，两国之间巨大的文化距离会导致两国企业之间的文化差异，从而影响两国企业间的互动和企业联盟持续的时间，这就意味着不同国家之间的文化差异加剧了不同国家企业之间的文化差异，从而引发工作过程中的冲突（Oh & Yoo，2022），进而阻碍企业间的合作服务创新。由此可知，文化不兼容将会破坏供应链内企业间的合作关系以及企业与消费者的关系，并减少合作企业间的黏性、增加企业服务创新的风险，最终阻碍制造企业取得更高的服务创新绩效。

　　企业间的文化兼容会给企业带来诸多益处，很多学者已经对此进行了研究。Swoboda 等（2011）根据德国中小企业联盟的成功因素进行分析，发现企业间的文化匹配度越高，联盟就越有可能获得成功。企业联盟内部的文化差异会导致知识共享变得困难，但是，如果企业间的文化具有很好的兼容性，那么企业就会乐意进行沟通与交流，并提高彼此的互信，这将有助于企业间的知识交易（陈伟、张旭梅，2011），从而有助于企业开展以知识为基础的服务创新。Claessens 和 Horen（2014）发现，与母国相比，文化相近程度较高的目标国可以更好地从母国银行吸引投资。几乎每一项商业活动都需要资金的支持，随着母国投资的增加，制造企业将加速推动创新产品的商业化，从而推进新服务业务销售的增长。徐梦丹（2018）提出，在合作过程中，企业和科研机构之间的文化兼容性能够有效降低合作过程中发生冲突的概率，并提高主体处理冲突的灵活性，进而延长双方合作的持续时间和提高满意度，因此，合作能否取得成功，主要依赖于主体之间的文化兼容性。陈怀超等（2020）认为，在文化认同、文化背景相似的情况下，企业之间因信息不对称而产生的误会不会很多，进而增强联盟企业对于共同文化的认同与追随，以提高创新行为的连贯性。因此，兼容的文化不仅可以降低服务创新成本、缩短服务创新周期，而且可以让制造企业在最短的时间内获取创新的利润。张紫璇等（2020）也提出，文化相似性可以减少因价值观不同而导致的矛盾与误会，进而提升沟通的效能，让双方在交流中获得更多的市场信息，从而更好地掌握市场的动态变化，最终持续地改进自身战略以适应市场的变化。在产业集群中，集群文化能够为企业利用文化相似性进行服务创新提供有利的平台和先决条件，企业也可以依靠集群的规模效应来获取更多信息。Doan 等（2021）认为，由于文化相似性能减轻信息的不对称程度、促进经贸往来、吸引国外银行进行投资，因此，文化相似性是促进企业走向国际化的一个主要原因，文化相似性也能最大限度地降低评估、监控跨境借款人和投资项目的成本费用。综上可知，文化相容性能让企业之间保持一致性和连贯性，并获得更多的财务支撑，同时也能增进企业间的交流与互动，企业间的持续协调可以使供应链联盟对市场需求做出及时反应，从而加速服务创新、降低服务创新的成本，这样才能提供满足市场需要的新服务产品，进而提升企业的服务创新绩效。

企业文化可以对企业绩效产生一定的影响，主要通过影响管理者和员工的价值观念、思维方式和行为模式来影响创新绩效（陈伟、张旭梅，2011）。如果合作双方的企业文化兼容程度高，则其员工在价值观、管理风格、经营宗旨和目标等方面存在着相似之处，这样就能更好地促进企业间的协同创新，进而对创新绩效产生积极作用（陈伟、张旭梅，2011）。马文聪等（2018）认为，由于产学研合作的主体都是不同的异质性组织，其价值观念、行为模式、对待事物的态度和观点、话语体系或交流方式等都存在着一定的差异，所以，双方合作绩效结果的好坏很大程度上取决于两者之间的文化差异是否会引起文化冲突。徐梦丹（2018）提出并验证了产学研合作伙伴间的文化兼容性对合作绩效会产生积极的作用，而产学研合作指的是大学、科研院所等科研机构与企业之间以知识创新、创新实践为主要目标，通过科研合作和科技成果商业化等手段进行创新的过程。其后，陈怀超等（2020）发现：第一，具有类似文化背景的集群企业对共同的集群文化认同程度较高，因而可以提高其内部沟通与信息传播的效率，并能接受更多创新的观念，使其能持续地调整自己的创新观念与行动；第二，在类似的价值观和行为准则基础上，集群企业能够将外部支持与内部资源进行系统的整合，实现有效的资源管理、转化及应用，从而提高其自主创新决策的有效性和适应性。Oh 和 Yoo（2022）发现：第一，企业与具有相似特性的合作伙伴组建战略联盟，能够增强企业的市场实力并提高企业的绩效；第二，股权分享会削弱文化距离对企业绩效的消极作用；第三，企业与合作伙伴的文化距离越大，企业绩效越差。由此可见，制造企业之间的文化兼容性能够促进信息的分享、协调制造企业之间的关系、引导制造企业进行服务创新、增强制造企业对供应链联盟文化的认同等，从而达到降低服务创新所带来的市场风险、增加新服务产品的销量、提升服务创新绩效的目的。

基于上述推论，本研究做出以下假设：

H1c：文化相容性对服务创新绩效有正向影响。

5.2 组织学习的中介作用假设

5.2.1 目标协同性与组织学习

组织学习是制造企业捕获、理解和应用知识、信息以及技术的过程，组织学习可以让制造企业在竞争环境中更加快速地找到并回应市场中的新机会（韩晨、张树满、高山行，2022）。无论是单环学习还是双环学习、三环学习，组织学习都是从信息和知识的收集与吸收开始的，通过知识、信息的传播和扩散到知识、信息的整合和共享，再通过应用、创新已有知识到知识和信息的储存、共享，组织学习就是这样一个不断循环、周而复始的过程。本研究在March（1991）的研究基础上，将双元组织学习划分为利用式学习和探索式学习两种类型。其中，利用式学习是指制造企业进一步开发、利用和扩展企业组织边界内的现存知识、技能和技术，是制造企业对现有知识存量的强化和启动，其核心是扩展和延伸已存在的组织惯例；探索式学习是指制造企业获取和探索自身组织边界之外的异质性知识，代表制造企业主动地学习和运用新的知识，倾向于发展新的组织惯例。在管理会计中，目标协同性指的是个体目标与企业目标的一致性程度（Ding, Dong & Liang, et al., 2017）。目标协同性被看作是组织对各个部门的控制意图（Malmi & Brown，2008），如果多个供应链制造企业的目标能与整个供应链组织的总体目标协同一致，那么供应链组织就可以更好地完成自己的总体目标，供应链的整体效果也会更好。Ding 等（2017）认为，拥有相似价值观和目标的团队成员能够更好地合作，并且能够发展出高质量的合作伙伴关系，目标协同性还可以激励全体员工向企业最高管理层的战略目标迈进，这也是企业获得成功的原因。因此，根据组织学习理论，在各个供应链制造企业的目标相互协同的情况下，各个制造企业将会朝着一个共同的总体目标前进，从而能够更好地实现知识的传递、知识的共享和知识的创造，进而不断地发现问题、分析问题、解决问题，最终使制造企业在供应链组织中不断地进步，这就是整个组织学习的全过程（陈江、曾楚宏、吴能全，2010）。

制造企业供应链的发展是对资源基础理论的进一步实践与补充，相关学者认为，内嵌入供应链中的制造企业也存在联盟资源优势，目标协同性嵌入供应链企业的合作关系中，由此产生的协同效应可以提高企业间的资源优势和知识信息的共享程度，进而推动以知识和资源为基础的组织学习（颉茂华、赵圆圆、刘远洋，2021）。与此同时，制造企业的组织学习活动也开始不断突破自身的组织界限，向外部寻求更多帮助，并逐渐形成多主体的学习行为，也就是形成了整个制造企业供应链的组织学习（Tomlinson，2010）。在争夺有限资源时，协同运作的供应链企业具备决策快速、回报周期短、资源管理效率高等优势（Liao，Hu & Ding，2017），供应链协同运作还可以给伙伴企业带来其他诸多的好处，例如：缓解企业风险、降低交易成本以及获取补充性资源等（Narayanan，Narasimhan & Schoenherr，2015）。在制造企业面对日益多变的外部市场环境时，单靠内部组织学习已经无法满足企业迅速发展的诉求，制造企业必须从外部吸收新的知识和新的资源，这就助推了组织学习外部化的发展进程（戴建平、骆温平，2017）。目标协同性还可以为制造企业提供更多的资源并降低其使用成本，这一双重优势使制造企业在供应链内的合作变得更加密切，由一般的货物交易关系发展到双方知识交流、合作流程协同、合作研发等关系（戴建平、骆温平，2017），企业间的关系也从普通的供应链伙伴关系发展成供应链经济一体化关系。这不仅加快了制造企业内部的组织学习，而且，更重要的是加快了组织内学习跨越到组织间学习的速度，也就是加快了制造企业之间的组织间学习。总而言之，目标协同性可以促进制造企业的组织学习。

目标协同性用来衡量关联企业在多大程度上以协作的方式共同参与活动并共同实现活动目标（García-Alcaraz，Díaz-Reza & Montalvo，et al.，2021）。目标协同性还可以由企业完成供应链总体目标的程度来衡量或感知，当目标达成度越高时，则其目标一致性程度越高（Zhang & Cao，2018）。具有目标协同性的企业为了达成与合作伙伴的共同目标，愿意分享自己的战略信息（Kim & Chai，2017），如果企业与合作者之间没有共同的目标，则企业没有动力在组织之间进行信息交换。另外，戴建平和骆温平（2017）提出，组织间学习注重组织中个体之间的知识传递与协作分享；Kim 和 Park（2020）发现，组织学习的效果取决于组织成员之间知识共享的程度。因此，根据组织学习理论，具有目标协同性的供应链制造企业愿意通过多边协作的方式来分享自己的知识，以实现供应链中不同知识的融合，这样的良性互动能使整个供应链中的知识储备持续增长，进而促进各个制造企业之间的组织间学习。并且，具备目标协同性的各供应链企业也乐于整合与利用已有的组织知识和技术，以达到优化现有知识的目的，这有利于企业增强识别、转化和应用现有知识的能力（Tho & Duc，2021）。此外，杨水利等（2019）也发现，产学研合作耦合关系能够正向影响制造企业的利用式学习，其中产学研合作耦合关系是指在企业与高等院校、科研机构等不同主体进行合作时，各异质性组织之间的协作与匹配程度，其程度主要表现为产学研各成员间的兼容性与互补性程度的强弱。总而言之，以上研究均表明，目标协同性可以促进制造企业的利用式学习。

供应链内各个制造企业之间的目标协同性越好，制造企业之间分享自己知识的意愿就越高，其原因是它们愿意为了共同的目标而努力。随着供应链组织内知识共享的规模不断扩大，制造企业之间共享的知识也呈现出边际效益递增的特点（Li，Qiang & Huang，et al.，2022）。由于知识具有可再生性、可重复利用性、无损性和边际效益递增性等特点，因此，有学者认为，通过知识共享可以提高知识的利用价值（Balle，Oliveira & Curado，2020）。新知识与新发现为组织克服现有能力的不足以及提高企业创新的可持续性提供了基础（Raymond，Bergeron & Croteau，et al.，2020），由于一家制造企业共享的部分隐性知识对于供应链内其他制造企业来说是一种全新的知识，而探索式学习注重运用新知识的价值，并通过鼓励企业大胆尝试与冒险，努力使企业摆脱"路径依赖"，从而为组织的创新创造了必要的知识资产（Li，Qiang & Huang，et al.，2022）。与此相似，杨水利等（2019）也发现，产学研合作耦合关系能够正向影响制造企业的探索式学习，而具备产学研合作耦合关系的企业与科研院所之间的总体目标是一致的、兼容的。制造企业之间的目标协同程度越高，单个制造企业从其他制造企业那里获取新信息与新知识的概率就越大，意味着获取新知识的来源就越多，因此越有利于单个制造企业开展探索式学习（陈海峰、李杰，2018）。根据组织学习理论可知，供应链中企业的目标协同性越好，各制造企业就越乐意共同开展学习研究活动，就越能推动多边合作中的组织间学习进程。组织间学习的过程也是新旧知识持续互动的过程，在这个过程中，新的知识会随之涌现，为整个制造企业供应链注入新鲜"血液"，从而使得供应链知识体系的规模不断扩大，供应链内也因此形成了一个新知识的生产工厂与创新基地（戴建平、骆温平，2017）。而探索式学习则注重企业在多样性和规划性的实验与尝试中，以超越现有认知范畴的方式来获得未曾触及的新知识，意味着企业为了获取从未涉及的新知识而完全脱离现有的认知范围（陈海峰、李杰，2018）。由此可见，目标协同性有利于推动制造企业的探索式学习。

基于上述推论，本研究做出以下假设：

H2a：目标协同性对利用式学习有正向影响。

H2b：目标协同性对探索式学习有正向影响。

5.2.2　资源互补性与组织学习

资源互补性是指供应链合作企业在技术、知识、资源或者市场等方面形成的互补关系，表现在供应链合作企业彼此之间可以提供独一无二的资源，包括信息资源、知识资源、人力资源、战略资源等，这些不同的资源可以被重新组合或再次配置，进而创造出单一供应链企业无法实现的价值（薛萌，2020）。在不断改变的外界服务创新环境中，制造企业单纯依赖于内部的资源与能力已无法立足，更难以战胜竞争对手。在此背景下，制造企业必须先构建供应链，再通过供应链从外部获取多样的互补性资源（包括知识资源、信息资源、人力资源以及物质资源等），最后在这个基础上不断学习，从而不断吸收、获取、重组、开发和应用企业内部和外部的资源。只有这样，制造企业才能在竞争中立于不败之地，而这恰恰就是组织学习的过程（韩晨、张树满、高山行，2022）。所以，在制造企业获得了供应链合作伙伴的大量互补性资源之后，基于自身资源和外界互补性资源（包括知识资源、信息资源、物质资源等）的组织学习将会变得更加有效。

颉茂华等（2021）通过研究发现，目前学术界比较认同以下三种观点。首先，关键性资源包括知识技术资源（此为一种信息资源）、物质资源和关系资源三个类别；其次，资源的配置组合模式有互补型资源组合模式和追加型资源组合模式两种类型；最后，组织学习可以分为利用式学习和探索式学习两种类型。与此相关的理论研究有：第一，Alegre 和 Chiva（2008）通过研究发现，企业通过运用有形资源和无形资源可以获取竞争优势，从而促进了组织学习的发展。第二，Sandberg 等（2019）基于互补性的特征，提出了三种不同的观点：①企业特有的资源和经历也属于互补性资产，它们能提高彼此间的相对价值；②外资企业在海外拓展的一个重要动机是缺少互补性资源，因此外资企业希望通过海外扩张来获得互补性资源；③互补性资源能够有效地提高出口型中小企业对自身其他资源的使用效率，进而提高其组织学习效率，究其根源，是因为知识和资源是企业组织学习的根本。另外，Guo 等（2021）以实际的跨国企业合作为切入点，对中国和中东欧国家农业合作的潜力进行了可行性分析，以 2009 年至 2018 年农业产能的宏观数据为主要指标，比较了中国与中东欧国家在农业资源状况、产品产量、贸易等方面上的差异性及互补性。研究结果表明，双方的农业企业可以在资源互补的基础上充分发挥各自的优势并释放合作的潜能，最终促使双方开展海外投资、执行国际化战略。由此可见，供应链企业资源互补的优势不仅可以巩固双方的合作，而且可以促进各企业共享自己的信息与资源，从而提升资源利用效率。因此，以上因素（包括资源互补程度、双方合作关系、资源利用效率等）水平的提高，将会促进基于知识、信息、资源的组织学习，而且企业内部资源的利用效率也会得到提升，从而使组织学习内化外部知识和资源变得更加有效。总之，资源互补性可以促进组织学习。

组织学习是企业获取异质性资源、利用现有知识储备来创造新知识的学习活动（徐浩，2014）。制造企业供应链为供应链企业的组织学习提供了一个平台，让制造企业可以从供应链中获取企业组织学习所需的知识、信息、资源、技术与能力。Schoenherr 和 Swink（2015）发现，把从供应链合作伙伴那里获得的技术和市场知识运用到实践中，是企业取得竞争优势的基础。Jiang 和 Jiang（2019）发现，具有资源互补性的合作伙伴之间主动结成联盟已成为一种常态，在现实情况中，联盟（包括供应链联盟、网络联盟等）里的合作伙伴构成情况通常为：一个供应链合作伙伴掌握技术资源，而另一个伙伴掌握营销资源；或者，一个供应链合作伙伴掌握客户资源，而另一个伙伴掌握财务资源。当各种不同的资源组合起来时，就会为双方创造价值。随后，Cabrilo 和 Dahms（2020）发现，人力资本、更新资本和企业家资本对组织学习均有积极的影响。制造企业学习动机的大小、知识获取意愿的强弱都会对组织学习的效果产生一定的影响，而制造企业在供应链体系中获取互补性资源的意愿明显高于获取重叠性资源或过时资源的意愿。在供应链内部进行组织学习的先决条件是要将供应链合作伙伴的有效资源整合到自身的资源系统中，因此，当供应链中的合作伙伴拥有这种可利用的互补性资源时，制造企业获取该资源的意愿将会非常强烈，这将有助于企业间的组织学习。拥有互补性资源意味着企业具有多样性且不重叠的资源竞争优势：首先，通过整合不同的互补性资源，可以使各种资源在供应链中形成更为强大的资源组合，这为实现不可复制的资源协同效应开启了一扇大门；其次，通过整合供应链现有的互补性资源，可以创造丰富的学习机会和学习活动，从而增强现有核心产品的性能，进而推动新产品的研发（Jiang & Jiang，2019）。以上研究结果均表明，资源互补性不仅能对供应链绩效产生积极影响，还能促进基于现有知识的利用式学习和以探索新知识、新技术为目标的探索式学习。

由于供应链企业之间存在着许多互补性资源，因此，制造企业与供应链合作伙伴都愿意在一起进行"干中学"，而"干中学"则进一步加快了双方资源互换的进程。根据组织学习理论可知，交换和接受对方的资源仅仅是组织学习的开始，接下来要做的就是将对方的互补性资源整合起来并加以内化，这就要求制造企业自身具备强大的消化能力和吸收能力。在内化了对方的资源之后，最后一步就是要将这些互补性资源应用起来，从而实现组织学习的价值。由于从供应链合作伙伴那里获得的资源和知识通常都具有供应链伙伴自身的特征烙印（黄嫚丽、蓝海林，2005），因此，根据外部环境稍加改进的组织学习总体上呈现出利用式学习的特征，即呈现出在组织边界内对现存知识和技术做进一步深度开发和利用的特征，这表示制造企业在启动和巩固现有的供应链知识储备，以扩展和延伸现有的组织惯例。总而言之，以上研究表明，资源互补性可以促进制造企业的利用式学习。

Jiang 和 Jiang（2019）强调资源互补性有利于联盟（指制造企业供应链联盟等）中的各个企业进行资源协同，且在联盟中交换互补性资源也能带来较高的经济收益。尽管在联盟中分享互补性资源能为企业创造出大量的学习机会（Jiang & Jiang，2019），而且组织学习也是组织为适应外界环境而进行的一种学习（陈江、曾楚宏、吴能全，2010），然而，供应链联盟所创造的组织学习机会不能只用于企业适应外界环境和修正组织错误。更重要的是，组织学习是一个创造知识的过程，既要解决当前的问题，又要在解决问题的过程中发展新的技术、创造新的知识，从而不断实现自我超越（陈江、曾楚宏、吴能全，2010）。所以，在运用供应链合作伙伴的互补性资源时，既要关注互补性资源具有合作伙伴身上的某些固有特征烙印，又要根据外部环境和自身创新需求对互补性资源进行改造和创新，从而形成具有自身特色的新知识（黄嫚丽、蓝海林，2005）。根据组织学习理论，只有这样才算真正地完成了第二阶段的组织学习，也就是吸收并内化对方的资源。这种内化资源的方式所产生的创造性成果只有运用到实践中，才会产生创新价值，才能发展出新的组织惯例，才能顺利实现探索式学习的目标。此外，Jiang 和 Jiang（2019）的研究还发现，在合作伙伴行为不确定性较低的情况下，联盟中的制造企业不仅可以获得互补性资源创造的学习机会，还有机会参与到探索式学习中，从而创造出更多的新知识和新思维。总而言之，资源互补性可以促进制造企业的探索式学习。

基于上述推论，本研究做出以下假设：

H2c：资源互补性对利用式学习有正向影响。

H2d：资源互补性对探索式学习有正向影响。

5.2.3　文化相容性与组织学习

供应链中合作伙伴的文化相容性用来衡量供应链内的各个企业在多大程度上对彼此不同的价值观、理念、态度、行为等进行相互认同、包容和适应（薛萌，2020）。徐梦丹（2018）认为，产学研合作伙伴的文化相容性是指在产学研合作中，合作主体在价值观、理念、行为方式等方面相互认同、包容、适应、尊重的程度。Yamanoi 和 Sayama（2013）提出，文化整合是指来自各个组织的不同个体逐步接受同一企业文化的过程。随着合并企业中文化整合的进行，个体逐渐接受一个共同的身份，并且对合并企业持以正面的态度，最终彼此信赖，实现两个合并企业之间的协同。周中胜等（2020）认为，文化整合是为了克服因文化差异而产生的各种困难。Yamanoi 和 Sayama（2013）还认为，并购后的企业文化整合是企业间实现协同效应的关键。程强等（2019）认为，文化协同指的是在尊重所有组织文化的基础上，通过对各种组织的不同文化进行合理有序的融合，从而产生一种新型文化的过程。文化协同并没有忽视或压制不同组织文化之间的差异，相反，它在充分考虑各种组织文化差异的基础上，对不同文化进行互补与融合，进而产生一种新的企业文化。如果在供应链内部开展的文化整合、文化协同工作不到位，那么供应链制造企业间的文化兼容性就会降低。文化兼容性较差意味着企业之间存在较大的文化距离，并且随着文化距离的扩大，企业之间的制度兼容程度也会降低，公司管理实践中的分歧也越来越难以被各方所接受（Doan，Le & To，et al.，2021）。制度兼容性的降低、公司管理实践分歧的扩大明显阻碍了合作伙伴间的知识分享，进而阻碍以知识为基础的组织间学习。相反，类似的文化可以有效地消除企业之间的隔阂，单个企业通过产业集群的规模效应，可以实现知识资源在各企业之间的自由流动，再通过不断获得更多新知识以增强自身的知识整合能力（张紫璇、陈怀超、艾迪欧，2020）。从组织学习理论的角度来看，上述过程可以有效地促进企业之间基于知识获取的组织学习。此外，Kim 和 Park（2021）采集了 228份 IT 服务公司的样本数据，通过实证分析也发现，知识共享文化对企业的组织学习具有正向影响作用。

文化相似度低被称为"文化距离大"，企业间的文化距离越大，两个企业之间的联盟认知结构差异也会越大。这会导致合作伙伴对知识的接受程度不同，进而造成伙伴间的信息不对称。特别是将隐性知识（与自身竞争优势相关的深奥知识或技术）进行转移时，这种差异会使吸收、内部化与使用这些知识的难度增加，从而导致高昂的成本（Oh & Yoo，2022）。另外，知识链中各成员之间的文化差异也会造成知识链中的文化冲突，从而影响知识链中的知识协作，削弱其知识协同效应（程强、顾新、昌彦汝，2019）。因此，从组织学习理论的视角来看，巨大的文化距离会削弱联盟成员间的协作与相互学习，减少企业间的组织学习，造成组织间学习效率低下，并阻碍企业在联盟中取得成功。与之相反，企业文化整合或共享共同文化的成功对企业的并购至关重要，并购后的文化整合对实现并购企业之间的协同效应发挥着关键作用（Yamanoi & Sayama，2013）。Wirsich 等（2016）从组织认知的角度出发，提出企业与学研方的文化越兼容，越能加深相互之间的了解，缩小双方的认知距离，从而促进双方更好地分享显性与隐性知识，进而促进企业之间以知识交流为基础的组织学习。同样，Nugroho（2018）也发现，合作文化可以促进企业的组织学习，这表明企业之间的文化协作水平越高，组织学习的成效就越大。Bereskin等（2018）提出，具有相似文化背景的企业更容易进行整合与合并，这些并购关系到更大的协同效应、卓越的长期经营业绩。文化距离越近，知识转移越快，而知识转移有助于增强集群企业的竞争能力（张紫璇、陈怀超、艾迪欧，2020），进而促进基于知识转移的组织学习。徐梦丹（2018）通过实证分析证明了在产学研合作中，伙伴间的文化兼容性有助于双方实现显性知识和隐性知识的共享。马文聪等（2018）也发现，产学研合作伙伴之间的文化兼容性可以有效促进双方的显性和隐性知识共享。这都表明，文化兼容性能够促进知识的流动和转移，从而增强企业基于知识共享的组织学习。程强等（2019）认为，在知识链中，文化协同是一种可以推动知识协同的软动力。同时，知识链上的知识协同可以有效提高知识的价值，从而进一步促进知识的协同效应，并形成企业的知识优势。因此，本研究从组织学习理论的角度来看，文化兼容、文化协同均有利于供应链制造企业的知识增值，这会促使企业之间形成知识协同效应，从而推动基于知识学习的组织间学习。

利用式学习是以现有的外部知识资源为基础，并为现有的客户和市场扩展现有的产品功能和服务项目。利用式学习可以增强现有的知识和学习，可以帮助企业改善现有的管理机制和工作效率，还可以提高现有资产和资源的利用率，这些都对企业的短期生存至关重要（Ali，2021）。以往的研究发现，制造企业之间的文化兼容性越好，企业之间的交流与沟通就越多，彼此的信任程度也会越高，这样有利于企业之间开展知识交易（陈伟、张旭梅，2011，2013）。供应链企业之间的知识交易是指在供应链知识交易市场中，知识供给方以自身非核心知识作为商品，知识需求方则支付相应的报酬来换取所需知识，这样就实现了交易双方的共赢，并提升了整个供应链的创新能力与竞争能力（陈伟、张旭梅，2011，2013）。之后，陈伟和张旭梅（2011，2013）提出并通过实证分析证明了文化兼容性对知识交易具有显著的积极作用。由此可知，制造企业间的文化兼容性能够促进已有知识之间的交换，从而提高基于现有知识的利用式学习水平，进而开发出现有知识的新价值，并最终提高整个供应链的服务创新水平。Sarala和Vaara（2010）认为，组织文化趋同与交叉趋同对企业的知识转移具有明显的正向作用。企业间的知识共享也属于知识转移的一种形式，其目的在于扩大知识的使用范围，提高知识的利用价值（Li, Qiang & Huang, et al., 2022），而利用式学习的特点在于关注现有知识与资源的价值。Kim 和 Park（2020）通过研究发现，知识共享行为会正向影响组织学习。Li 等（2022）则进一步论证了知识共享对利用式学习具有积极影响。因此，根据组织学习理论可知，文化兼容性可以加快制造企业间的知识流动，使得企业间愿意通过知识共享来提高现有知识的价值，进而提高企业的利用式学习水平。另外，已有研究还发现，集群企业可以通过集群内部的知识网络通道，充分发挥企业间文化相似的作用，以充实自身的知识储备，从而提高竞争力（张紫璇、陈怀超、艾迪欧，2020）。由此可见，在集群中，企业间的文化相似性能够改善以现有知识储备为基础的利用式学习。

探索式学习是一种有助于开发全新行为、技术或程序的学习活动。凭借探索式学习，企业可以转化和利用知识，进而产生创新能力（Ali, 2021）。进行探索式学习的企业通常将重点放在吸收新的知识、资源和技术上，并将新产品、新服务、新技术引入新的顾客群体和新的市场中，以此助力企业发展（Valaei, Rezaei & Ismail, 2017）。从组织间学习的角度来看，共同的文化氛围为集群学习和供应链集体学习创造了一个良好的平台，有助于供应链企业间进行沟通与学习，从而增进经验、分享信息；还有助于改善集群制造企业或供应链制造企业中各部门间的关系，从而突破原有的认知障碍、加强协作意识，让供应链企业更好地运用与其自身创新发展有关的非正式制度信息（陈怀超、侯佳雯、艾迪欧，2020），进而推动以新信息、新知识创造为基础的探索式学习。此外，Li 等（2022）通过实证方法证明了知识共享可以正向影响探索式学习。可见，供应链内的文化兼容性为企业进行集体学习创造了文化环境，促进了供应链企业间的新知识交换，进而推动了基于学习新知识的探索式学习。孙贺强（2014）认为：第一，文化兼容性可以推动供应链中的实体创造出具有价值的新知识，并保持各方的知识创新不脱离自身的认知、制度、价值观念和文化体系，领导者再依据战略规划、员工认同等，对彼此的新知识进行测试和筛选，这样能促使企业接受和创造新知识，从而推动制造企业的探索式学习；第二，兼容的文化可以促使企业之间形成相似的经营理念、管理方式、价值观念和经营目标，这会加强双方交流的意愿，并促使双方建立起关系承诺，从而有益于制造企业的探索式学习；第三，兼容的文化也能为双方创造磨合的机会以及面对面沟通的机会，进而推进制造企业的探索式学习。最后，孙贺强（2014）通过实证方法证明了文化兼容性能正向影响制造企业的探索式学习。

另外，根据组织学习理论可知，具有类似文化背景的集群企业，对集群文化的认同程度较高，可以促进集群内企业之间的沟通与信息传递，有利于开展以集群已有知识为基础的利用式学习；对集群文化的认同程度高，还会促使集群企业接受更多的创新理念，不断地调整自己的创新思维与行为，从而推进基于新知识和创新观念的探索式学习（陈怀超、侯佳雯、艾迪欧，2020）。

基于上述推论，本研究做出以下假设：

H2e：文化相容性对利用式学习有正向影响。

H2f：文化相容性对探索式学习有正向影响。

5.2.4　组织学习与服务创新绩效

组织学习是个人在培训计划、工作互动或经验交流中集体学习的总和，这种学习能转化为解决现有问题的知识，并最终提高组织能力和绩效水平（Liu，Gan & Luo，et al.，2020）。组织学习可以激励员工进行互动、探索和寻求帮助，这些都有助于开发智力资本和动态能力，进而推动组织的创新发展（Hsu & Sabherwal，2012）。组织学习可以扩展组织的能力，帮助组织积累无形的资源，并通过识别和解决组织中的问题来持续改善组织；组织学习可以提高组织的效率，并通过无形资产（如能力等）来抓住机会；组织学习还可以通过智力资本来正向影响新服务开发（Liu，Gan & Luo，et al.，2020）。Zhou 等（2022）探讨了组织学习理论在公共图书馆领域的有效性，并将组织学习分成三个阶段（知识获取、知识共享和知识应用），接着在上海和浙江的 19 家公共图书馆中收集了 375 份有效问卷，并运用 SPSS 和 HLM 软件对数据进行分析。研究结果表明，组织学习对公共图书馆的服务创新具有显著的正向影响。其中，知识获取和知识应用对公共图书馆服务创新会产生显著的积极影响，而知识共享对服务创新的影响较弱。由此可见，组织学习有利于提高组织的服务创新水平。Liu 等（2020）还提出，组织学习可以划分为探索式学习和利用式学习两个维度。探索式学习是一种完全不同于以往的学习方式，其沿着完全不同的轨迹来开展学习，以帮助组织获取新的资源和新的信息，从而更好地把握发展机遇（Liu, Gan & Luo, et al., 2020）。与探索式学习相比，利用式学习则更为注重内部控制、效率和提高可靠性（Chen, Li & Liu, 2015），将重点放在开发企业范围内的潜能、确保高效运营以及重组企业资源等方面上，进而有助于企业创造价值（Zacher, Robinson & Rosing, 2016）。

从组织学习的角度来看，学习是企业发展、扩充知识的基础。组织学习被定义为在组织内创造、保留和转移知识的过程（Farzaneh, Ghasemzadeh & Nazari, et al., 2020）。组织学习又可以具体分为知识获取、知识分配、知识解释和组织记忆等过程（Sattayaraksa & Boon-itt, 2016），通常涉及企业识别新想法、获取知识、使知识商业化并更新流程的能力（Pezeshkan, Fainshmidt & Nair, et al., 2016）。此外，B2B（Business to Business，供需双方均为企业）的服务行销文献表明，提高服务创新绩效可以通过以下三种方式实现：网络（Mustak, 2014）、服务知识（Grant, 1996）和增值（Prahalad & Ramaswamy, 2004）。这为供应链制造企业如何利用供应链网络和以服务知识为基础的组织学习来提升服务创新绩效提供了理论支撑。Di Vincenzo 等（2012）认为，组织学习能够有效地获取和创造组织知识，以推动新服务的创新和新产品的研发，从而确保企业的生存。之后，Farzaneh 等（2020）收集了 170 家伊朗制药公司的数据，并通过实证分析论证了组织学习能够通过动态能力提高企业层面的创新绩效。Farzaneh 等（2020）还提出，组织学习可以提高企业与个人的创新水平和创新能力。由此可知，制造企业可以利用组织学习来提高其服务创新水平与服务创新绩效。Tsou 和 Cheng（2018）发现，组织学习可以通过组织敏捷性正向影响企业的服务创新。Pollok 等（2019）提出，组织学习可以帮助组织创造新知识，还可以帮助组织适应不断变化的环境。因此，对于供应链制造企业而言，组织学习不仅有利于其提高服务创新绩效，而且有利于其快速融入新的供应链组织环境。另外，基于 242 家 T-KIBS 公司样本的实证研究，Bomm 等（2022）发现，变革型领导通过对组织文化和组织学习产生积极影响，可以正向影响服务创新和组织绩效。综上可知，供应链制造企业之间进行组织学习有利于企业提高自身的服务创新绩效。

过分强调利用式学习会造成组织的短视，过分重视探索式学习则会增加企业的成本。Chang 等（2011）、Li 和 Huang（2013）认为，企业同时采用利用式学习和探索式学习是切实可行的，这两种学习策略之间是相互补充的关系，利用式学习可以为企业的学习活动提供现金流，而探索式学习则能为企业的长期发展提供相应的能力。因此，同时进行这两种学习（双元组织学习），就能保证企业短期和长期的成功。也就是说，企业通过利用式学习实现短期增长，通过探索式学习实现长期生存（Lee，Park & Kang，2018）。另外，同时采用这两种学习方式还有助于企业获得外部能力，以弥补其内在的创新能力缺陷（Tian，Dogbe & Pomegbe，et al.，2020）。企业往往会遇到资源短缺的情况，难以同时兼顾两种学习方式，这种现象在中小型企业中尤为突出。研究表明，企业无法在内部创造出可持续发展所需的全部资源（Peng & Beamish，2014）。因此，对外部组织和机构进行开放，可以帮助中小型企业克服资源障碍，使其能够同时进行探索式学习和利用式学习。当中小型企业持开放态度时，同时实施双元组织学习仍然是可行的，它们可以从外部的客户、竞争对手、研究机构、监管部门、高等教育机构和政府部门那里获取所需的资源（Stanko & Henard，2017）。因此，制造企业供应链能为供应链中的制造企业提供网络通道以便其获取外部资源，进而有利于企业同时开展利用式学习与探索式学习。综上，本研究将企业进行双元组织学习看作是同时开展利用式学习和探索式学习，也就是说，在给定的时间内，企业既能获得高水平的利用式学习，又能获得高水平的探索式学习。

从组织学习理论的角度来看，利用式学习能改善企业的现有能力，使企业能在短期内创造出具有较强竞争力的产品；探索式学习建立在市场和技术信息的基础上，旨在获得全新的知识、流程和技能，使企业能够长期适应变化的环境，从而获得长期竞争优势。国外学者 Posch 和 Garaus（2020）通过研究发现，利用式学习与探索式学习的交互作用对企业的创新绩效具有正面的影响。Tian 等（2020）将创新绩效定义为：中小型企业有能力快速开发新产品和新服务，并能及时推出这些新产品和新服务。之后，其根据加纳 388 家中小型企业（其中制造企业约占 60%）的数据进行了实证分析，结果发现，利用式学习能正向影响企业的创新绩效，探索式学习也能对企业的创新绩效产生积极影响；其还发现，企业同时采用两种学习方式比只采用一种学习方式更有利于企业获得创新优势。

国内学者岳鹄等（2018）以开放式创新情境为研究背景，对创新主体差异性、双元组织学习与开放式创新绩效之间的关系进行了深入的探讨，通过对 284 份有效样本的实证分析发现，利用式学习与探索式学习在创新主体差异性和开放式创新绩效之间具有部分中介效应。简兆权等（2018）研究了市场导向、组织学习和服务创新绩效之间的关系，其中，市场导向可分成反应式市场导向和主动式市场导向两个维度，组织学习可分成利用性学习和探索性学习两个维度，服务创新绩效则可分成财务绩效、内部绩效和顾客绩效三个维度。反应式市场导向注重客户已经表现出来的需要和现有已知的竞争者，它可以引导企业开展利用性学习，具有成本低、成功率高的优点，经常给企业带来短期的稳定收益，其可能是一种单环组织学习；主动式市场导向主要研究客户的潜在需要和未来的竞争对手，它可以指导企业进行探索性学习，其侧重于维护自身的长期利益。财务绩效被用来测量企业在服务创新过程中所产生的短期和中期销售收益、利润以及企业内部的发展费用；内部绩效是指服务创新对企业内部优化与长远发展所产生的作用以及所获得的长期收益；顾客绩效则度量客户对整个服务创新的满意程度以及对服务竞争力的评价。该研究以珠三角地区的服务业企业为研究对象，以问卷形式进行数据调查，共收集到 203 份有效问卷。研究结果表明，反应式市场导向对财务绩效具有明显的正面影响，利用性学习在两者间起中介作用；主动式市场导向对内部绩效和顾客绩效具有明显的正面影响，探索性学习在主动式市场导向和内部绩效、主动式市场导向和顾客绩效之间发挥中介作用。因此，企业只有均衡发展双元组织学习，才能更好地提高服务创新绩效，才能同时兼顾企业的短期收益和长期效益。曹勇等（2019）以高新科技企业为研究对象，收集了 356 份有效调查问卷，探讨了企业创新氛围、双元组织学习（利用式学习和探索式学习）与创新绩效之间的关系，并构建了一个以双元组织学习为中介的理论模型。随后，曹勇等（2019）进行了实证分析，结果显示：创新氛围对创新绩效具有明显的正向作用，双元组织学习（利用式学习和探索式学习）对创新氛围和创新绩效之间的关系起到了中介作用。

双元平衡理论认为，维持利用式学习和探索式学习的均衡发展可以有效提升创新绩效，探索式学习有利于企业获取创新资源和开展创新活动，其能有效提高企业的创新绩效；利用式学习有助于企业运用现有知识及实现外部环境和内部资源的匹配，其能持续稳定地提高企业的创新绩效（Cohen & Caner, 2016）。

综上所述，利用式学习和探索式学习能够提高制造企业的服务创新绩效。

基于上述推论，本研究做出以下假设：

H3a：利用式学习对服务创新绩效有正向影响。

H3b：探索式学习对服务创新绩效有正向影响。

5.2.5 组织学习的中介作用

参考温忠麟等（2004）对中介变量的定义，当自变量 X 会对因变量 Y 产生影响时，其作用机制如果是自变量 X 先影响变量 M，变量 M 再影响因变量 Y，那么，此时把变量 M 称为中介变量。本书第三章运用探索性案例研究方法，通过分析四个实际制造企业案例，探索了供应链伙伴特性对服务创新绩效的影响机制。此外，本章在前文部分还对供应链伙伴特性、组织学习和服务创新绩效之间的关系进行了系统而详尽的理论推导。在案例研究与理论推导的基础上，本研究得出了供应链伙伴特性的三个维度（目标协同性、资源互补性、文化相容性）对服务创新绩效的作用机制、供应链伙伴特性的三个维度（目标协同性、资源互补性、文化相容性）对组织学习两个维度（利用式学习和探索式学习）的作用机制以及组织学习的两个维度（利用式学习和探索式学习）对服务创新绩效的作用机制。这就表明了供应链伙伴特性的三个维度（目标协同性、资源互补性、文化相容性）通过影响组织学习的两个维度（利用式学习和探索式学习）进而影响服务创新绩效的可能性。

从理论逻辑出发，双元组织学习的两个维度（利用式学习和探索式学习）在供应链伙伴特性的三个维度（目标协同性、资源互补性、文化相容性）和服务创新绩效之间的中介作用机制可做如下解释：制造企业供应链伙伴特性仅仅是反映了供应链内各个制造企业之间嵌入的一种匹配度属性，其可以为核心企业在选择供应链合作企业时提供标准和参考。本研究将这种匹配度属性划分成目标协同性、资源互补性和文化相容性三个维度，三个维度相互补充、相辅相成，体现了各家制造企业之间的关系依存性与互补性。正常情况下，供应链伙伴特性三个维度的水平越高，表明供应链内各家制造企业之间的合作质量越高，那么，整个制造企业供应链进行服务化转型所获得的服务创新绩效也会越高。但是，供应链伙伴特性再好，也不会自动转化成制造企业的服务创新绩效。换而言之，在企业开放式创新背景下，为了获取并吸收各类稀缺性资源，各类型制造企业之间通过建立供应链联盟来进行组织学习，从供应链伙伴特性这一伙伴间匹配状态到服务创新绩效这一绩效结果，极有可能存在利用式学习和探索式学习这两个中介传导机制。也就是说，供应链伙伴特性的三个维度（目标协同性、资源互补性、文化相容性）对服务创新绩效产生的影响，极有可能是通过制造企业之间的利用式学习和探索式学习这两个中介传导机制来完成的。原因在于，在特定的文献整理过程中，本研究倾向于将组织学习视为一个创新进程而不是一个创新结果。组织学习通常是指组织通过与外部环境的互动，以组织为整体进行学习，在组织内将学习到的外部知识内化于组织中（March，1991）。组织学习是一种动态过程，其重要作用是促使企业积极地寻找新的外部知识，并对现有的内部知识进行消化和利用。大部分有关组织学习的理论都暗示组织学习可以提升企业的绩效（王京伦，2016），组织学习还是企业提高创新绩效和有效处理创新低效率或无效率的重要措施（辛安娜，2017）。由此可见，具备良好供应链伙伴特性的制造企业可以通过建立一个供应链联盟来实现企业之间的组织学习，这样不仅解决了资源短缺的问题，而且可以提高组织学习转化资源的效率，进而可以提高企业的服务创新绩效。通过研究资源学派和能力学派的文献成果，本研究还发现，在把静态资源转化为从事各种活动的动态能力的过程中，组织学习发挥了至关重要的作用。以具备一定的动态能力作为前提，再持有相应的物质资源，动态能力才能将静态资源转化为企业绩效，企业的绩效目标才能顺利实现。以往类似的研究还有：简兆权等（2018）提出为了提高服务企业的服务创新绩效，达到改善服务创新行为的目的，企业从外部获得的知识资源必须进行内化；利用双元市场导向所获取的各类知识资源，要想将其成功转化为企业的服务创新绩效，就必须充分发挥组织学习的知识内化作用和中介作用。

基于上述分析，本研究认为，供应链伙伴特性可以通过双元组织学习这一中介路径来影响服务创新绩效。对此，本研究进一步提出，利用式学习和探索式学习在供应链伙伴特性的三个维度（目标协同性、资源互补性、文化相容性）和服务创新绩效之间发挥了中介作用。

基于上述推论，本研究做出以下假设：

H4a：利用式学习在目标协同性与服务创新绩效之间具有中介作用。

H4b：利用式学习在资源互补性与服务创新绩效之间具有中介作用。

H4c：利用式学习在文化相容性与服务创新绩效之间具有中介作用。

H4d：探索式学习在目标协同性与服务创新绩效之间具有中介作用。

H4e：探索式学习在资源互补性与服务创新绩效之间具有中介作用。

H4f：探索式学习在文化相容性与服务创新绩效之间具有中介作用。

5.3　关系质量与吸收能力的调节作用

5.3.1　关系质量的调节作用

本研究讨论供应链的关系质量，可借鉴徐可等（2015）的相关研究，再基于供应链企业之间的关系、关系互动的过程、发生的行为等视角来对供应链关系质量进行定义。也就是说，供应链关系质量包含了节点企业在互动过程中所形成的企业文化、共同价值观等认知层面上的感受评价。本研究将关系质量定义为：供应链企业之间由于持续进行关系专用性投资、共享学习和交易博弈而逐渐形成了长期、稳定的合作关系，关系质量则是对供应链中各个企业之间所建立的互动关系的全面评价。Izogo（2016）提出，关系质量的概念源于关系营销研究，关系质量旨在加强已有的牢固关系，增强关系质量可以提高盈利能力并能获取竞争优势。Santouridis 和 Veraki（2017）认为，关系质量对实现客户忠诚和加强双方的关系至关重要，也有助于双方建立持久的关系。他们进一步提出，关系质量在客户关系管理（CRM）实践对顾客满意度的正向影响中起完全中介作用。另外，一些研究指出，关系行为是指直接处理冲突的行为以及与处理冲突无关的其他管理行为，通常用来建立、维持和维护合作关系，关系行为越好，双方的关系质量就越好（Lu & Guo，2019）。与此形成鲜明对比的是，Lu 和 Guo（2019）还认为，任务冲突对组织间的关系质量有负面影响。其主要原因是，任务冲突的发生，导致一方无法主动地进行项目信息共享，进而造成了信息不对称，结果导致一方可能认为另一方的行为意图是为了自身的利益，因此双方的关系质量将会恶化。

高水平的关系质量能减少合作伙伴之间订立正式合约的数目，减少合作伙伴对细节规范的要求，弱化合作双方对产权、知识的监管保护力度，合作伙伴之间的信息交流与知识交换将会更加活跃，从而提升双方信息、知识及资源的交换效率（向丽、胡珑瑛，2020）。因此，关系质量越高，越有利于供应链伙伴特性促进企业之间的组织学习，让目标协同、资源互补、文化相容的合作伙伴减少彼此的猜疑，加强知识与信息的交换。宋喜凤等（2013）发现，关系质量对知识共享有显著的正面影响。林舒进等（2018）提出，如果组织关系质量和人际关系质量均良好，那么企业间的信息分享也将处于良好状态。向丽和胡珑瑛（2020）提出，良好的关系质量能够促进合作企业之间的知识转移。因此，当关系质量良好时，目标协同性、资源互补性、文化相容性的积极作用将得到加强，供应链伙伴特性对组织学习的积极影响也将会增强。原因在于，良好的关系质量使得企业间的知识共享和信息交流更为有效，企业之间的组织学习也随之更加有效。反之，当双方的关系质量较差时，知识和信息的流动会受到阻碍，从而增加企业间合作的成本，削弱供应链伙伴特性对组织学习的积极影响。

在长期的企业合作过程中，首先，在处理企业间的文化冲突时，具有较高关系质量的企业具备显著的优势，不仅可以快速解决出现的各种冲突与问题，而且可以加强企业之间的紧密协作，为企业的长期发展创造有利的条件，从而增强文化相容性对组织学习的积极作用；其次，企业之间的关系质量越高，获取关键性和互补性资源的可能性就越大，从而增强资源互补性对组织学习的积极作用；再次，企业之间维持良好的关系质量，有助于激发长期合作的愿望，并能进一步提高彼此合作的满意度，还能确保合作目标的实现，从而增强目标协同性对组织学习的积极作用；最后，双方良好的关系质量使企业之间的关系更加持久，有利于减少交易费用，充分交换企业间的信息与资源（孙莹、车响午，2021）。与此同时，李柏洲等（2020）也发现，供应链关系质量与知识协同具有显著的正相关性。由此可知，双方的关系质量越好，就越能促使供应链伙伴特性中的文化相容性、资源互补性和目标协同性充分发挥出自身的正面作用，从而促进知识的流动，进而有效地推进组织学习。综上可知，良好的关系质量能够增强供应链伙伴特性对组织学习的积极影响。

在合作创新的过程中，企业与合作伙伴之间通过反复的接触，可以形成一定的关系质量，从而根据合作经验与关系质量形成对相互之间合作状况的全面评估，这种双边关系质量将始终伴随着企业获取并整合合作伙伴的知识，能够极大地减少合作中的机会主义风险与协调费用（成泷、蔡俊亚、杨毅等，2020）。频繁的交互可以降低沟通过程中发生信息误解和逻辑绕行的概率，提高企业的知识转化效率和知识应用效率（李丹、杨建君、邓程，2021）。利用式学习注重内部成本控制、效率和可靠性的提高（Chen，Li & Liu，2015），将重点放在开发企业内部潜能、确保企业的高效运作以及企业资源重组等方面（Zacher，Robinson & Rosing，2016），强调运用现有知识来增加企业的短期收益，从而获取大量的现金流，以此来支撑企业的短期经营。由此可见，良好的关系质量能够增强供应链伙伴特性对利用式学习的积极影响。原因在于，关系质量能够降低获取知识的成本、加快知识的应用速度，从而降低利用式学习的风险和成本，进而增加企业短期的现金流量。因此，良好的关系质量能增强供应链伙伴特性对利用式学习的积极影响。

良好的关系质量能为企业与伙伴之间建立起密切的信任关系创造有利条件，有助于形成交叉性理解（Meissner，Burton & Galvin，et al.，2021），从而帮助企业清楚地了解自己和合伙人的知识库中已经存在的和缺乏的知识，这样极大地加快了知识的更新速度和知识的重组效率。良好的关系质量有利于企业之间的交流互动，进而为企业提供创造知识的机会，也体现了双方都认可合作创新的方案以及都看好将来的共同利益，这将会促使更多的知识进行转移（李丹、杨建君、邓程，2021）。探索式学习是一种完全不同于以往的学习方式，其沿着完全不同的轨迹来开展学习，以帮助组织获取新的资源和新的信息（Liu，Gan & Luo，et al.，2020）。探索式学习旨在创造新的需要，侧重于维护企业的长期利益，为了提高未来的回报率，企业必须投入巨额的先期资本。由此可见，良好的关系质量能够增强供应链伙伴特性对探索式学习的积极影响。

其原因在于，良好的关系质量能够加快企业间知识的转移速度和知识的更新速度，这样才能获取创造知识的机会，并激发企业探索新知识和发现新知识的动力，进而树立起对合作创新项目的信心。

基于上述推论，本研究做出以下假设：

H5a：关系质量在目标协同性与利用式学习之间具有正向调节作用。

H5b：关系质量在资源互补性与利用式学习之间具有正向调节作用。

H5c：关系质量在文化相容性与利用式学习之间具有正向调节作用。

H5d：关系质量在目标协同性与探索式学习之间具有正向调节作用。

H5e：关系质量在资源互补性与探索式学习之间具有正向调节作用。

H5f：关系质量在文化相容性与探索式学习之间具有正向调节作用。

5.3.2　吸收能力的调节作用

国内外学术界对吸收能力的定义，主要有两个阶段：第一个阶段以 Cohen 和 Levinthal（1990）为代表，他们认为吸收能力是指企业能够识别和运用外部知识，但不进行再创新；第二个阶段以 Zahra 和 George（2002）、陈劲和吴波（2011）为代表，对吸收能力的内涵进行了拓展，他们指出吸收能力不仅是识别和运用外部知识的能力，还是结合内外部知识进行再创新的能力。本研究采用吸收能力第二个阶段的定义，将其界定为：供应链企业通过与合作伙伴的共享、学习，对外部知识进行搜索、获取、消化、运用、整合和评价，并与其内部知识相结合，从而实现企业创新目标并获取服务化转型的能力。吸收能力主要用来衡量组织识别、吸收和运用信息的能力，它是一座连接企业内部资源和外部知识的桥梁，不仅能够提高企业搜寻伙伴的能力与利用资源的能力，还能够促使企业对内外部知识进行吸收、整合和运用，从而激发企业持续创新的动力（Cenamor，Parida & Oghazi，et al.，2019；庞博、邵云飞、王思梦，2019）。吸收能力不仅对知识创造有重要的影响作用，而且对参与主体在联盟创新网络中的知识学习也有重要的影响作用（Fredrich，Bouncken & Kraus，2019），因此其能对企业的持续性创新产生影响。

在拥有了一定的吸收能力以后，就能够高效地吸收和使用区域间的流动要素（袁胜超，2022）。从区域层面来看，吸收能力较强的区域在使用外部知识与信息以推动创新上拥有更大的优势（Smit，Abreu & de Groot，2015）。因此，吸收能力越强，企业间基于外部知识和信息的组织间学习的效果就会越好，从而越能提升制造企业的服务创新绩效。胡艳等（2022）认为，随着数字经济的迅猛发展，区域吸收能力愈强大，则各区域的创新主体愈能更好地消化、吸收新知识和新技术。随后，胡艳等（2022）以长三角地区 41 个城市的面板数据为样本进行实证研究，结果发现，适度的区域吸收能力可以有效地增强数字经济对区域创新产出的积极作用。这进一步证明了，当吸收能力越强时，创新产出就越高。也就是说，当吸收能力越强时，组织学习对服务创新绩效的积极影响也越强。与此相反，当区域吸收能力比较低时，区域创新主体在吸收、消化新知识和新技术等方面可能存在困难，并难以进行再创新工作（肖利平、谢丹阳，2016），因此，很难从新知识和新技术中受益。由此可知，在区域吸收能力较弱的情况下，实施数字经济很难提高创新产出（胡艳、代晶晶、张安伟，2022）。另外，外部的知识资源能够为企业提供新的学习模式，从而加快企业对知识的吸收与转化，并使企业能够运用已被消化的知识来推动组织的创新，但是，缺乏吸收能力可能会使企业不能对外界的信息和知识进行有效识别，从而阻碍知识的传播和信息的分享，进而削弱企业对获取和利用外界知识的积极性，最终对企业的持续创新产生不利影响。假如企业无法吸收外部资源，并且不能把外部资源与自身内部资源相融合，就不能将资源转变成创新产出，从而无法推进企业的持续创新（赵炎、齐念念、阎瑞雪等，2022）。因而，当吸收能力下降时，吸收和消化知识的效率会随之降低，从而导致企业之间的组织学习转化知识的效率下降，进而组织学习相应的创新产出也出现下降，换而言之，就是制造企业的服务创新绩效出现下降。由此可知，当吸收能力下降时，组织学习对服务创新绩效的积极影响将降低。

制造企业供应链的服务创新与产学研协同创新相类似，都是由许多组织组成的联盟来进行的，目的是在知识、信息和资源等方面扩大优势，进而提高整个联盟的创新水平。关于产学研协同创新，袁胜超（2022）认为，在产学研协同创新体系中，数字化在协同创新过程中发挥着创新工具和促进知识转移的重要作用，其所带来的海量外部知识是否能够被产学研中的各个创新组织所利用，并转化为最终成果，取决于各个创新组织对外部知识的吸收能力。随后，袁胜超（2022）通过实证分析证明了，当吸收能力达到一定的水平时，数字化对产学研协同创新的正面影响将会明显增强。也就是说，企业的吸收能力可以在数字化和产学研协同创新之间发挥正向调节作用。强大的吸收能力可以帮助制造企业高效地获取、消化、转化信息与知识，并将这些信息、知识资源应用到企业的数字化转型中（郑勇华、孙延明、尹剑峰，2022），而企业之间的组织学习则主要是通过知识转移和信息传递来实现。因此，企业的吸收能力不仅可以通过获取和转化知识资源来推动组织学习，还可以在数字化和产学研协同创新之间起到正向调节作用，而企业的数字化转型与企业的服务化转型相类似，都是企业为应对外部环境变化而采取的转型战略。可见，吸收能力在组织学习与服务创新绩效之间可以发挥正向调节作用。

在管理学研究方面，知识吸收能力是指获取、消化、转移、应用新知识以满足创新需求的能力（张爽、陈晨，2022）。首先，知识的转移与应用给企业带来了获取与吸收知识的机会，企业由此获得了创新能力，这有利于企业开展利用式学习（秦鹏飞、申光龙、胡望斌等，2019）。其次，企业获取和吸收知识的能力给其自身带来了实施弹性策略的机会，这有利于企业开展探索式学习（张爽、陈晨，2022）。具体而言，从利用式学习的角度出发：第一，具有较强的实际吸收能力，可以保证企业能够按照程序来长期地、有计划地、持续地使用知识（吕冲冲、林冬冬、欧建猛，2022），从而有利于企业开展以应用知识为导向的利用式学习；第二，具备实际吸收能力能够确保企业经过内部流程和惯例就能达到运用知识的目的，吸收能力的大小对企业内、外部知识的整合以及知识的运用效果都会产生一定的影响（吕冲冲、林冬冬、欧建猛，2022），进而影响以利用知识、应用知识为导向的利用式学习。从探索式学习的角度出发：第一，企业的实际吸收能力越强，就越容易发现和构建内部知识与外部知识之间的关系，进而能充分利用新旧知识之间的协同效应来获得新想法和新创意（吕冲冲、林冬冬、欧建猛，2022），以促进企业的探索式学习；第二，企业的实际吸收能力越强，就越能促使外部知识与已有知识进行结合，这有利于在创新过程中不断发掘、创造新的知识（吕冲冲、林冬冬，欧建猛，2022），进而推动企业的探索式学习；第三，实际吸收能力越好，越有利于企业在现实问题中整合新知识，进而深化在该领域的知识技术储备（吕冲冲、林冬冬，欧建猛，2022），这有利于推动以发现新知识为核心的探索式学习。

从吸收能力与创新绩效之间的关系出发，崔日晓等（2019）提出，企业的吸收能力对组织间学习的结果会产生一定的影响，在具有高水平绿色吸收能力的情况下，通过向其他机构学习，企业可以更容易地获得、内化和运用其他机构的环境知识，这将加快企业整合外部环境知识的速度以及外部知识融入企业内部的速度，从而提高绿色创新的水平。崔日晓等（2019）还认为，在组织间学习的过程中，具有较好绿色吸收能力的企业可以迅速发现并获得有用的外部知识，然后将其和内部知识相融合，并进行再创新，以此推动企业的绿色创新。之后，崔日晓等（2019）以中国 203 家制造企业的数据为例进行了实证分析，并把组织间学习划分成纵向利用式学习和横向探索式学习两个维度，提出绿色吸收能力在横向探索式学习与绿色创新之间可以发挥正向调节作用。吕冲冲等（2022）以国内 251 家制造企业的数据为例进行了实证分析，研究发现，当企业的实际吸收能力愈强时，搜索深度对突破式创新绩效的积极影响愈显著。由此可见，吸收能力在搜索深度和突破式创新绩效之间起到了正向调节作用。以此类推可知，强大的吸收能力有助于制造企业提升自身的服务创新绩效。

综上可知，在制造企业服务化转型的背景下，吸收能力可以在双元组织学习与服务创新绩效之间发挥正向调节作用，即吸收能力既可以在利用式学习与服务创新绩效之间发挥正向调节作用，又可以在探索式学习与服务创新绩效之间发挥正向调节作用。

基于上述推论，本研究做出以下假设：

H6a：吸收能力在利用式学习与服务创新绩效之间具有正向调节作用。

H6b：吸收能力在探索式学习与服务创新绩效之间具有正向调节作用。

5.4 本章小结

本章以双元组织学习（利用式学习和探索式学习）为研究视角，并以组织学习理论作为理论基础，采用文献研究法和理论推导法，通过文献分析和理论推理，提出了制造企业供应链伙伴特性通过双元组织学习（利用式学习和探索式学习）影响服务创新绩效的作用机制。全部研究假设如表 5.1 所示。

表 5.1 研究假设汇总

假设	假设内容
H1a	目标协同性对服务创新绩效有正向影响
H1b	资源互补性对服务创新绩效有正向影响
H1c	文化相容性对服务创新绩效有正向影响
H2a	目标协同性对利用式学习有正向影响
H2b	目标协同性对探索式学习有正向影响
H2c	资源互补性对利用式学习有正向影响
H2d	资源互补性对探索式学习有正向影响
H2e	文化相容性对利用式学习有正向影响
H2f	文化相容性对探索式学习有正向影响
H3a	利用式学习对服务创新绩效有正向影响
H3b	探索式学习对服务创新绩效有正向影响
H4a	利用式学习在目标协同性与服务创新绩效之间具有中介作用
H4b	利用式学习在资源互补性与服务创新绩效之间具有中介作用
H4c	利用式学习在文化相容性与服务创新绩效之间具有中介作用
H4d	探索式学习在目标协同性与服务创新绩效之间具有中介作用
H4e	探索式学习在资源互补性与服务创新绩效之间具有中介作用
H4f	探索式学习在文化相容性与服务创新绩效之间具有中介作用
H5a	关系质量在目标协同性与利用式学习之间具有正向调节作用
H5b	关系质量在资源互补性与利用式学习之间具有正向调节作用
H5c	关系质量在文化相容性与利用式学习之间具有正向调节作用
H5d	关系质量在目标协同性与探索式学习之间具有正向调节作用

续表

假设	假设内容
H5e	关系质量在资源互补性与探索式学习之间具有正向调节作用
H5f	关系质量在文化相容性与探索式学习之间具有正向调节作用
H6a	吸收能力在利用式学习与服务创新绩效之间具有正向调节作用
H6b	吸收能力在探索式学习与服务创新绩效之间具有正向调节作用

从表 5.1 可以看出，本章总共有 25 个细化的研究假设。具体来说，包括以下几类研究假设：供应链伙伴特性的三个维度（目标协同性、资源互补性、文化相容性）对服务创新绩效均具有正向影响作用；供应链伙伴特性的三个维度（目标协同性、资源互补性、文化相容性）对组织学习的两个维度（利用式学习和探索式学习）均具有正向影响作用；组织学习的两个维度（利用式学习和探索式学习）对服务创新绩效均具有正向影响作用；组织学习的两个维度（利用式学习和探索式学习）在供应链伙伴特性的三个维度（目标协同性、资源互补性、文化相容性）与服务创新绩效的关系中发挥了中介作用；关系质量在供应链伙伴特性的三个维度（目标协同性、资源互补性、文化相容性）和组织学习的两个维度（利用式学习和探索式学习）之间的影响关系中发挥了正向调节作用；吸收能力在组织学习的两个维度（利用式学习和探索式学习）和服务创新绩效之间的影响关系中发挥了正向调节作用。本书第六章将详细阐述本章涉及的研究设计方法，以便对本章的研究假设进行实证验证。

6 研究设计与方法

第五章提出了本研究的假设：供应链伙伴特性对服务创新绩效的直接效应假设、组织学习在供应链伙伴特性和服务创新绩效之间的中介效应假设、关系质量在供应链伙伴特性和组织学习之间的调节效应假设、吸收能力在组织学习和服务创新绩效之间的调节效应假设。本章将采用定量研究方法来检验这些假设，采用问卷调查法来收集数据，并对问卷的设计、变量的测量、小样本的测试、大样本的数据收集等环节进行详细说明，以此为后续的数据分析奠定良好的基础。

6.1 实证研究总体思路

本研究实证分析所涉及的五个变量（供应链伙伴特性、组织学习、服务创新绩效、关系质量、吸收能力）均为研究模型的关键性构念，很难从公开的资料渠道获取它们的二手数据。对此，国外学者 Walter 等（2006）、Sarker 等（2009）、Castro 等（2016）均提出，该领域的实证研究一般都需要运用问卷调查法来收集相应的一手研究数据。因此，借鉴国外学者的成熟做法，本研究也采取问卷调查法来收集相关的实证数据。

首先，本研究以国内外权威期刊的研究成果作为理论基础，参考国内外有关文献中已被证实的信效度都较高的量表，以保证问卷的可靠性。其次，由于本研究的研究情境所限，为减少国情背景差异对变量测量结果的影响，本研究尽可能选择已在国内情境研究中使用过的量表。再次，根据制造企业的实地访谈情况，参考企业高管和学术专家的建议，对拟采用的量表进行修订。最后，对问卷进行预调研，进一步完善问卷。本研究在问卷选择、问卷修订、问卷发放、数据采集、数据分析和模型验证等环节中均借鉴了国内外先进且成熟的做法。实证研究的内容具体包含：①因子分析，用于信效度检验；② Cronbach's α 系数分析，也用于信效度检验；③描述性统计分析，用于统计被调查企业的概况；④多元回归分析，用于验证本研究模型中各个变量之间的假设关系；⑤中介作用的稳健性检验，通过 PROCESS 软件实现。下一章将对数据的实证结果进行展示。

6.2　问卷设计

6.2.1　问卷设计原则

在管理学研究中，利用问卷调查法收集一手数据是最为成熟、普及的数据收集方法之一。因为问卷调查法同时具备两大优点：其一，问卷调查法收集到的问卷质量高，由于通常采用匿名填写数据的方式，减少了答题者的顾虑，而且以往使用过的问卷一般都经过了信效度检验，因此该方法容易获取高质量的数据；其二，数据的可操作性强，通过问卷调查法收集到的数据利用数据收集平台的功能可直接转换为 SPSS 等实证软件可读取的格式，方便了数据整理和实证分析（曾经莲，2019）。由此，本研究采用问卷调查法来收集相关实证数据。为保证问卷的可靠性和普适性，本研究参考国内外先进的做法和经验，在问卷设计环节力求合理、科学，为后文的数据运算奠定基础。

合理科学的问卷设计过程是获得高质量数据的先决条件，为真实、客观地测量模型的有关变量，诸多国内外学者如 Churchill（1979）、Dunn 等（1994）、马庆国（2002）等提出了有益的针对性建议，认为量表设计应遵循以下原则：①量表尽可能选取中性态度语气词表达变量的相关信息，避免文字的引导性，选取的量表要经过实际应用，以往的信效度越高越好，且量表的表述要与本研究的内容高度相关；②安排好问项次序，类似主题与相同尺度的题项要尽可能放在一起，题项中不能有相互排斥的选项，以减少答题者的思维跳跃；③题项内容应该清晰明确、简洁明了，要避免出现歧义、语意模糊等情况，尽可能少使用专业性过强的词语；④在卷首处表明本次问卷调查纯属学术研究，对于一些敏感问题采取匿名答题，绝不透露答题者的个人隐私，并做出相应的法律承诺；⑤在正式问卷调查前，先开展小样本预测试，依据预测试的情况，调整和完善问卷中的题项，再开始大规模的正式问卷调查。

6.2.2　问卷设计过程

根据以往的成熟做法，问卷设计步骤一般依次包括以下四个部分（Churchill，1979）。第一，在问卷形成之前，应确定要研究的问题和假设，所以应该全面检索与查阅研究模型有关变量的国内外权威文献，从中重点筛选出影响因子较高的期刊文献，借鉴相关成熟的概念与量表，参考权威的问卷设计构思，对已有量表进行适当调整，使各量表的题项能够准确反映出研究问题。第二，在完成问卷的一稿后，应该积极与自己的导师、研究团队讨论问卷的设计情况，根据研究情境和研究要求对问卷进行完善；同时向至少三位长期从事企业管理研究的专家或教授征求建议，让他们从理论层面对各题项的内容提出具体的修改意见，在此过程中不断调整问卷的内容，以形成问卷的二稿。第三，实地联系与采访不同行业的多位企业高管，就问卷中的具体问项与他们展开深入探讨，从企业答题者的角度，征求来自企业界的建议，以便问卷可以被企业界人士准确理解，保证问卷的易懂性，确保变量测量的内容真实地反映企业开展合作的情况，然后对问卷进一步修改，形成问卷的三稿。第四，完成问卷三稿后，开始预测试，对问卷进行小规模的发放与回收，根据反馈的数据和信效度等实证结果，对问项的表述做逐一调整，修改不合理的问项，进一步完善和纯化预测试的问项，从而形成最终的正式问卷。参考以往先进、成熟的研究设计方法，本次问卷的设计依次包括以下三个环节：

（1）文献回顾与归纳

在问卷设计的过程中，首先要将抽象的构念定义转变成可操作、可测量的具体指标，以便问卷答题者填写。对构念的定义进行操作化转变需要可靠的理论和权威的文献作为理论支撑，但由于笔者自身的能力有限，无法自行开发出高质量的量表，因此，笔者广泛参考国内外已经公开发表的权威文献，从中精选出高信度、高效度、高被引的有关量表及其问项，借鉴先进、合理的问卷设计思路，并注意结合中国制造企业服务化转型的现实背景，以形成本次调查问卷的一稿。具体来说，本研究详细查阅了国内外有关供应链伙伴特性、双元组织学习、服务创新绩效、关系质量以及吸收能力的权威文献，参考已被广泛使用且信效度良好的量表，并对这些量表进行适当调整，使其符合中国制造企业服务化转型的现实背景。

（2）寻求本研究领域的学者、专家以及相关企业高管的建议

与本研究领域的学者、专家、企业高管等进行深入探讨，充分征求他们的意见，以对调查问卷进行完善。以邮件、电话、视频通话、实地访谈等沟通方式，分别向精通中国本土企业管理、制造企业合作创新、供应链企业合作、制造企业服务化转型领域的四位专家教授请教，就调查问卷怎样测量变量之间的关系以及问卷怎样实现简洁性、准确性、全面性、清晰性、合理性等问题征求他们的意见。为了更贴切制造企业供应链服务创新的实际情况，笔者又通过微信视频通话、实地采访、电子问卷、电话等多种方式向分别来自北方联创通信有限公司、比亚迪股份有限公司、厦门金龙客车有限公司、中兴通讯股份有限公司的四位企业高管人员征求意见。这四家先进的中国制造企业实现了良好的服务化转型，而且拥有完整的供应链网络，具有大量可供参考的服务创新经验。他们从实践层面对问卷的问项提出了若干修改意见，涉及问项的表述是否符合企业界的习惯用语、问项的内容是否符合中国制造企业服务化转型的情境、用语是否恰当清楚等。针对以上这些意见，笔者对问卷进行完善，形成了问卷的二稿。

（3）问卷的预测试与纯化，并形成正式问卷

为尽量使问卷中的问项更符合中国本土制造企业服务化转型的实际情况，在大规模正式问卷调查前还需消除问卷中可能存在的问题，并使正式问卷达到可信的信效度水平。本研究在确定正式问卷前，决定对预测试问卷进行小规模的发放与回收。本研究选取了北京、天津、上海、广东、江苏、浙江等制造业发达地区的企业，通过见数问卷平台进行网络调研。调查问卷内容分为两个部分：第一部分为制造企业的基本信息，包括企业的所在地、员工规模、成立年限、企业性质、资产规模等；第二部分为研究模型的各个变量，涵盖供应链伙伴特性、组织学习、服务创新绩效、关系质量以及吸收能力的具体问项。由于

问卷采取网络精准推送的方式，所以不存在无法回收或收到空白卷的情况，一共发放问卷80份，实际收回80份问卷。在收回的80份问卷中，见数平台自动拒绝无效问卷6份，笔者手动拒绝无效问卷3份。因此，实际收回有效问卷共计71份，问卷的有效回收率为88.75%。有效样本涵盖了不同行业、不同地域的制造企业及其服务创新的情况，具有代表性和典型性。根据回收的小样本数据，通过数据清理、初步的信效度检验，调整不合理的问项，对问卷做最后的完善和纯化，才形成正式问卷，以便本研究开展大规模调研。

6.2.3 问卷防偏措施

目前，对于学术研究的问卷调查，一般采用李克特七点量表对模型中的变量进行测量，从"1"到"7"依次表示"非常不同意""比较不同意""有点不同意""不能确定""有点同意""比较同意""非常同意"，同意程度依次递增。调查时，需要问卷答题者根据自身所处的制造企业的实际情况做出主观性判断。本研究每份问卷的全部问项均由同一人作答，并给出主观性评分，很难保证评分完全客观化。因此，问卷收集的评分数据可能会出现偏差。曾经莲（2019）认为，问卷产生偏差的原因主要有以下四点：第一，出于隐私等原因，被试不愿意作答问卷；第二，被试虽能读懂问项，但不了解问项所涉及的相关信息；第三，被试无法准确回忆起问项所需的相关信息；第四，被试无法完全理解问项的含义。鉴于此，为了尽可能减少答题者的作答偏差，本研究将采取下列预防措施。

第一，为了保证答题者对供应链的上下游伙伴、制造企业间的组织学习情况、制造企业的服务化转型以及供应链的服务创新情况有比较清楚的了解，避免答题者虽能读懂问项，但不了解问项所涉及信息的情况发生，本研究要求答题者需为制造企业的中高层管理人员，并且已经在该企业工作至少三年。因此，具体而言，本研究的答题者应为制造企业的部门经理、财务总监、销售总监、技术部门的总负责人、副总经理、总经理以及董事长等。本研究鼓励答题者在作答问卷时，如遇到不明白的地方，可以积极向企业内的其他知情人士求助。

第二。为了避免答题者主观上无法回忆起问项所涉及的相关重要信息，调查问卷在卷首处清楚地标明了仅调研答题者所在制造企业近两年的服务创新情况，以此来最大限度地减少因答题者遗忘信息而产生的答题偏差。

第三，为了避免可能侵犯答题者的隐私等导致答题者不愿意作答问卷，本研究的调查问卷在卷首处明确标明所有收集的问卷数据只会用于学术研究，绝不会用于任何商业用途，将对答题者所填的信息进行严格保密，绝不对外公开，并且承诺答题者所填的信息只用于小样本测试和大样本统计分析，绝不做个案的案例分析。

第四，为了避免答题者不能完全理解问项的含义，本研究的调查问卷在设计之初就充分征求了学者、专家以及企业高管的建议，在严格遵照科学的设计步骤与充分听取学界和业界的意见基础上，不断完善问项的表述，尽自身最大的努力降低文字表述的模糊性，并在问卷的显著位置标明本研究团队的联系方式，以便答题者可以在遇到问题时及时与研究团队取得联系，进而最大限度地消除因理解歧义而产生的偏差。另外，在发放问卷时，研究团队再三强调，问卷是匿名填写的，不存在泄露信息的风险，问项也不存在所谓的标准化答案，答题者按照自身的实际情况作答即可。

6.3　研究变量度量

本研究已经对各个主要变量的概念进行了界定，但检验各个变量之间的关系还要进行更为精确的变量测量，才能为后续的实证分析奠定坚实的基础。因此，如何准确测量变量、如何提高测量方式的有效程度成为检验假设关系的关键，本研究将为模型的各个主要变量选择恰当的操作性测量问项。模型中共有5个需要被测量的变量，可以分成自变量、中介变量、因变量和调节变量等四大类，具体而言，包括供应链伙伴特性、组织学习、服务创新绩效、关系质量以及吸收能力等5个变量。在大规模发放正式问卷前，根据中国制造企业供应链服务化转型、服务创新的实际情况，本研究广泛参考国内外权威文献中的成熟量表，结合学者、专家、企业高管的建议以及预调研的数据，对问卷中的一些问项加以修改和适当完善，以保证问卷的有效性。除了控制变量以外，所有其他变量均采用李克特七点量表进行主观打分。下面将详细说明研究模型中的各个主要变量的测量方式。

6.3.1 自变量：供应链伙伴特性

本研究的自变量为供应链伙伴特性，基于其概念的界定，本研究认为供应链伙伴特性可以通过三个维度来衡量：一是互补的资源禀赋；二是相容的企业文化；三是一致或兼容的发展目标。因此，本研究将制造企业的供应链伙伴特性具体划分为资源互补性、文化相容性、目标协同性三个维度。

具体而言，本研究划分的三个维度是：①资源互补性是指合作双方的资源组合能实现优化配置，任何一方所贡献的资源对另一方都会产生边际收益递增效应，双方所贡献的资源对彼此需要并且有价值的程度，双方资源组合能形成优势互补和协同增值的效应程度，并且预期的组合价值要比两者独立存在的价值总和高；②文化相容性是指在供应链中合作双方对彼此的价值观、理念、文化和行为处事方式等方面相互适应、认同、理解、包容的程度，还包括能够及时避免双方发生矛盾的程度；③目标协同性是指双方各自目标互促互利的程度、双方就合作目标达成共识的程度以及各自目标与合作目标一致或兼容的程度，目标协同并不意味着双方目标完全相同，而是意味着双方目标尽管不同但却能相互推动和支持，或者双方对合作要达到的预期目标至少存在交集点或兼容之处，企业之间的目标协同能让企业在供应链合作中建立起一个共同的发展目标，将合作双方推向一个共同的发展方向。所以在供应链中，制造企业的资源互补性、文化相容性和目标协同性是供应链伙伴特性的核心，三者互为补充、相辅相成，反映出各类型企业与供应链核心制造企业之间的关系兼容性与互补性的不同构面，并且从不同的构面对供应链伙伴特性这一整体构念做出相应的贡献。

在国外学术界，学者对供应链伙伴特性的维度划分开展了众多研究，其中具有代表性的观点有：Brouthers 等（1995）提出了 4C 原则的概念，即核心企业选择供应链合作企业的 4C 原则是目标兼容、合作文化、风险相当和能力互补，体现了核心企业对合作伙伴的选择标准和合作关系特点；Mccutcheon 和 Stuart（2000）认为，核心企业在挑选合作伙伴共同组成供应链的时候，必须全面考量其所具有的供应链伙伴特性，也就是对企业文化的相似性、经营目标的一致性、企业规模和权力的对称性等三个方面做出全面的考量；Sarkar

等（2001）提出，供应链伙伴特性包括企业间文化的相容性、企业间运营的兼容性和企业间资源的互补性等三个方面；Chae 等（2005）发现，供应链伙伴特性包含相互依存、互相信赖、信息分享以及长期导向四个方面；Liu 和 Ran（2020）提出，供应链伙伴特性是核心企业选择合作企业的一个重要参考指标，包含企业过去的合作情况、企业的文化、合作的意向以及发展战略匹配度等等。

在国内学术界，学者对供应链伙伴特性的维度划分也开展了许多研究，其中具有代表性的观点有：叶飞和徐学军（2009）认为，供应链伙伴特性可以被划分成企业文化特点的相似性、供应链企业资源的互补性、企业运营上的协同性与经营目标的一致性四个维度；赵岑和姜彦福（2010）指出，企业间的供应链伙伴特性包括企业间资源的互补程度、联盟之前的关系强度、企业文化的协同程度；陈伟和张旭梅（2013）提出，供应链伙伴特性可以分为三个维度，分别是企业间资源依赖程度、文化相容程度和企业之间的知识距离；郭焱等（2014）提出，供应链伙伴特性是指在供应链联盟中，对企业之间的资源匹配性、目标相容性以及能力匹配性三个方面进行综合性评估；薛萌等（2018）认为，供应链伙伴特性指企业之间的合作关系特点，体现了企业战略合作伙伴的选择标准，可以分为目标一致性、资源互补性和文化相容性三个方面；薛萌（2020）提出，供应链伙伴特性应该分为资源互补性、文化相容性、目标协同性三个维度，且每个维度均可通过三个问项（共九个问项）进行测量。

通过总结以上国内外学者关于供应链伙伴特性维度划分的文献成果，结合中国制造企业供应链服务创新的实际情况，笔者认为：首先，关于资源互补性，薛萌（2020）提出资源互补性是指供应链上的核心企业与其他企业在知识、技术、信息、资源、能力等方面上的互补程度，因此，本研究参考 Sarkar 等（2001）、叶飞等（2009）、徐二明和徐凯（2012）、薛萌等（2018）、薛萌（2020）以及其他国内外权威文献对资源互补性的测量方法，并结合本研究的研究情境，设计出三个问项来对资源互补性进行测量；其次，关于文化相容性，薛萌（2020）认为应从企业之间的行为方式和价值观出发来对文化相容性进行测量，因此，本研究参考 Mccutcheon 和 Stuart（2000）、陈伟和张旭梅（2013）、孙贺强（2014）、薛萌等（2018）、马文聪等（2018）、薛萌（2020）以及其他国内外权威文献对文化相容性的测量方法，并结合本研究的研究情境，设计出三个问项来对文化相容性进行测量；最后，关于目标协同性，徐梦丹（2018）提出可以从"双方目标是否相互支持""双方目标是否会冲突""双方目标是否能够同时实现"等方面来衡量目标协同性的好坏，薛萌（2020）认为企业之间的目标兼容性及其强弱程度能够用来描述目标协同性的好坏，因此，本研究参考 Brouthers 等（1995）、叶飞和徐学军（2009）、薛萌等（2018）、徐梦丹（2018）、薛萌（2020）以及其他国内外权威文献对目标协同性的测量方法，并结合本研究的研究情境，设计出三个问项来对目标协同性进行测量。

基于以上观点，本研究对现有供应链伙伴特性的三个维度的测量量表进行了完善，并以此作为初始的测量量表。具体如表 6.1 所示。

表 6.1　供应链伙伴特性的测量量表

变量维度	序号	问项	测度依据
资源互补性	RE1	我们和供应链伙伴分享了大家都需要的资源。	Sarkar 等（2001）；徐二明等（2012）；薛萌等（2018）；薛萌（2020）
	RE2	我们和供应链伙伴可以借助双方的资源达到互补的状态。	
	RE3	我们和供应链伙伴在合作过程中可以各取所需。	
文化相容性	CU1	我们的企业文化与企业价值观和供应链伙伴类似。	Mccutcheon 等（2000）；陈伟等（2013）；孙贺强（2014）；马文聪等（2018）；薛萌（2020）
	CU2	我们能够接受供应链伙伴的商业模式和经营理念。	
	CU3	在合作参与的项目中，我们与供应链伙伴的高管拥有相容的工作思路、经营理念和处理方法。	
目标协同性	TA1	关于合作目标，我们和供应链伙伴取得了一致意见，并且对此有明确的规定。	Brouthers 等（1995）；叶飞等（2009）；薛萌等（2018）；徐梦丹（2018）；薛萌（2020）
	TA2	我们和供应链伙伴中的任何一方完成了目标后，都将有助于对方完成自己的目标。	
	TA3	我们和供应链伙伴对双方的目标是互相支持的。	

6.3.2　中介变量：组织学习

本研究的中介变量为组织学习，结合制造企业供应链服务化转型以及服务创新的研究情境，本研究将组织学习定义为：为了维持供应链企业的竞争优势，企业从个体、团体、组织等不同层次汲取现有经验和吸收外部新知识，并将其转化和运用到企业内部，从而不断地创造新服务和新技术，进而持续改变组织的思维模式和组织的行为方式。本研究参考 March（1991）提出的维度划分结构，把组织学习划分为两个维度：利用式学习和探索式学习。具体而言，利用式学习是指企业将已经积累的技术与知识在企业内或企业间进行共享，把现有知识和技术的价值最大化，从而推动企业绩效渐进式增长，实现企业的服务创新目标；探索式学习是指为了适应服务与制造融合的新形势，企业积极开展多层次的企业内和企业间科研活动，以探索新知识、学习新技能、创造新的服务模式，从而推动服务创新绩效实现突破式增长。

基于实际情况，本研究将制造企业供应链服务创新过程中的组织学习划分成利用式学习与探索式学习，对于这种两维度的组织学习，国内外专家、学者已经开展了众多研究。

国外具有代表性的观点有：March（1991）提出双元组织学习包括探索式学习（Exploration）和利用式学习（Exploitation）。探索式学习的主要特征是承担风险、积极尝试、发现与创新，重点解决新问题、进行前瞻性研究和开发新技术，强调组织搜寻新知识和新技术或者强调为了避免路径依赖，组织将会开发出与企业原有技术基础截然不同的技术路径，从而保证企业的长期竞争优势；而利用式学习的主要特征是选择、重新定义、实施、执行、生产等，重点在于解决原先确定的问题，强调使用和开发组织已经拥有的知识和技术、执行产品开发计划以及为已有技术搜寻新的应用领域或市场，以保证企业的短期效益。March（1991）还提出在组织发展和演化的过程中，如何在资源有限的条件下寻求探索式学习和利用式学习之间的平衡，是组织可持续发展的关键。Atuahene-Gima 和 Murray（2007）在研究中运用了十个问项来测量利用式学习与探索式学习。其中，利用式学习用了五个问项，分别是"我们的目标是寻找信息，以改进解决项目中问题的常见方法和想法""我们的目标是寻找能够很好地实施以确保生产力的想法和信息，而不是那些可能导致市场和项目实施失败的想法""我们寻找常见的、公认的解决产品开发问题的方法和解决方案""我们使用信息获取方法（例如，对当前客户和竞争对手进行调查）来帮助了解和更新公司当前的项目和市场经验""我们强调使用与现有项目经验相关的知识"；探索式学习用了五个问项，分别是"在信息搜索中，我们专注于获取涉及实验和高市场风险的项目策略知识""我们倾向于收集尚未识别的关于战略市场需求的信息，以确保在项目中对其进行试验""我们的目标是获取知识，开发一个项目，将自己带入新的学习领域，如新市场和技术领域""我们收集了超出当前市场和技术经验的新颖信息和想法""我们的目标是收集迫使我们在产品开发项目中学习新知识的新信息"。

国内具有代表性的观点有：陆杉和李丹（2017）建立了组织学习、关系资本与供应链绩效之间关系的定量分析模型，并将组织学习分为利用式学习和探索式学习两类，然后分别使用四个问项（共八个问项）测量了利用式学习与探索式学习。高洋等（2017）将双元组织学习分为利用式学习与探索式学习两大类，然后参考 Atuahene-Gima 和 Murray（2007）等人的做法，分别使用三个问项（共六个问项）来测量利用式学习和探索式学习；其中，利用式学习可通过"为改进产品发展战略和市场发展策略而寻找顾客和竞争对手的资料""注重应用以前的经验和积累新的知识""为解决当前的产品问题和市场问题而持续寻找有用的信息"三个问项来进行具体测量，探索式学习可通过"为了开发新的项目而持续寻找潜在的市场需求信息""为了进入新的领域而寻找产品信息和市场信息""持续寻找可以化解高风险的产品信息和市场信息"三个问项来进行具体测量。李梓涵昕等（2018）建立了高管结构性社会资本通过组织学习影响新产品开发绩效的概念模型；其中，组织学习被划分成两个维度：利用式学习和探索式学习。徐国军等（2018）对联结强度和知识转移效果之间的影响关系进行了探讨，并将组织学习分为利用式学习和探索式学习两类；其中，利用式学习用了四个问项进行测量，探索式学习用了四个问项进行测量。杨水利等（2019）以组织学习为中介变量，探讨了产学研合作耦合关系影响科技成果转化绩效的路径，其中，组织学习包括利用式学习和探索式学习两个维度；然后杨水利等（2019）参考 Atuahene-Gima 和 Murray（2007）等人的做法，分别使用四个问项（共八个问项）来测量利用式学习和探索式学习，问项均采用李克特七点量表进行打分。曹勇等（2019）将双元组织学习划分成利用式学习和探索式学习，然后分别使用三个问项（共六个问项）测量了两种学习；其中，利用式学习可通过"我们重点投资、开发成熟的技术以提高创新的效率""我们把重点放在改进已有的知识和技术上，以提升创新的效率""我们能够及时更新与成熟产品有关的已有知识"来进行测量，探索式学习可通过"我们常会从其他行业的产品开发流程中吸取有益的经验""在不熟悉的领域，我们侧重于学习和开发创新技能""我们通常会从外界获得一些关于创新活动的管理、组织技能"来进行测量，以上测量均采用李克特七点量表进行打分。马丽（2020）将组织学习分为利用式学习和探索式学习两个维度，并分别用三个问项（共六个问项）测量利用式学习和探索式学习。李梅和陈鹿（2021）与March（1991）的观点基本一致，将组织学习看作是一个获取、消化和应用外部新知识的过程，认为组织学习包含探索式学习与利用式学习两种类型；其中，探索式学习侧重于获得外部的新知识，而利用式学习侧重于吸取和创新企业现有的知识。吴小龙等（2022）从人与 AI 协同互补的组织学习场景出发，提出了不确定场景探索式学习和确定场景利用式学习两种新的组织学习方式，前者的学习机制是认知突破机制，后者的学习机制是经验扩展机制。可以看到，吴小龙等（2022）的研究也受到了 March（1991）的启发，并继承了March（1991）关于组织学习两分法的观点。

综合以上国内外学者关于利用式学习和探索式学习的维度测量内容，本研究将主要参考 March（1991）、Atuahene-Gima 和 Murray（2007）、陆杉和李丹（2017）、高洋等（2017）、曹勇等（2019）、马丽（2020）等学者的文献成果，结合实际情境和特点进行适当完善。然后，本研究分别采用三个问项对利用式学习和探索式学习进行测量，每个问项均用李克特七点量表进行打分。由此，本研究提出共含六个问项的组织学习初始量表，具体如表 6.2所示。

表 6.2 组织学习的测量量表

变量维度	序号	问项	测度依据
利用式学习	E1	我们可以利用供应链伙伴的知识来升级自身已有的服务和技术。	March（1991）；Atuahene-Gima 和 Murray（2007）；陆杉等（2017）；曹勇等（2019）；马丽（2020）
	E2	我们可以利用供应链伙伴的知识来提升自身已有资源（知识资源、信息资源等）的利用率。	
	E3	我们可以利用供应链伙伴的知识来改善自身已有服务和产品的功效。	
探索式学习	D1	我们可以从供应链伙伴那里获取全新的知识、服务开发技术以及产品开发技术。	March（1991）；Atuahene-Gima 和 Murray（2007）；陆杉等（2017）；曹勇等（2019）；马丽（2020）
	D2	我们可以通过供应链伙伴来开拓全新的商业领域，包括服务业务领域、产品业务领域等。	
	D3	我们和供应链伙伴合作开展与自身传统业务领域完全不同的服务研发和技术研发。	

6.3.3 调节变量：关系质量与吸收能力

（1）调节变量：关系质量

对于企业之间关系质量的研究起初多集中在企业战略、运营和市场营销等领域，例如 Song 等（2012）把关系质量看作是企业之间一种长期的、积极的商业关系，其中包含合作与冲突的解决。后来对关系质量的研究逐渐延伸至供应链领域，并运用到供应链管理中，由此扩大了关系质量的研究范围，进而引起了对供应链关系质量的研究探索。本研究讨论供应链的关系质量，在借鉴徐可等（2015）、姜贺（2019）的相关研究基础上，再基于供应链企业之间的关系、关系互动的过程、发生的行为等视角来对供应链关系质量进行定义，也即供应链关系质量包含了节点企业在互动过程中所形成的企业文化、共同价值观等认知层面上的感受评价，并将关系质量定义为：供应链企业之间由于持续进行关系专用性投资、共享学习和交易博弈而逐渐形成了长期、稳定的合作关系，关系质量则是对供应链中各个企业之间建立的互动关系的全面评价。

　　国内外学者就如何测量企业之间的关系质量进行了大量有益研究，其中具有代表性的观点有：Sarmento 等（2015）通过研究发现，企业之间（B2B）公平的贸易环境能够激发社交行为，从而有助于建立企业间的纽带和承诺，并最终提高企业之间的关系质量；其中，Sarmento 等（2015）把关系质量划分成信任、承诺、满意三个维度，并使用八个具体问项去测量关系质量。龙勇和游博（2016）通过调研汽车制造业、装备制造业、电子元件制造业等多个行业的企业中高层管理人员后发现，联盟伙伴知识保护会负向影响联盟双方之间的关系质量，但联盟双方之间的关系质量可以促进知识的转移；其中，联盟双方的关系质量用"我们与联盟伙伴之间的沟通是顺畅的""我们与联盟伙伴之间保持高度的互信""我们与联盟伙伴在员工层面保持了良好的非正式关系""我们与联盟伙伴之间缔结了密切的社会关系"四个问项进行具体测量，并用李克特七点量表进行打分。庞博（2019）通过调研高端装备制造业、新型材料制造业等多个行业的企业员工，收集了大量问卷数据，然后通过实证分析发现，联盟伙伴之间的关系质量可以明显地增强结构洞对创新绩效的积极作用，说明关系质量具有正向调节二者之间关系的积极作用；其中，关于关系质量的测度，庞博（2019）借鉴 Sarmento 等（2015）与龙勇和游博（2016）设计的关系质量量表，并进行适度完善后，选用四个问项来具体测量关系质量，分别是"我们很满意与联盟伙伴的合作创新成效""我们会尽力维持与联盟伙伴的合作关系""我们与联盟伙伴之间的相互信任水平较高""我们与联盟伙伴的有效沟通可以促进各方的合作顺利开展"。

　　根据以上国内外权威研究对于关系质量的测量，结合中国本土制造企业供应链服务创新的特殊情境，本研究参考 Sarmento 等（2015）、徐可等（2015）、龙勇和游博（2016）、庞博（2019）、姜贺（2019）等学者的文献成果，并对其进行适度修改和完善，最后采用四个问项来具体测量供应链制造企业之间的关系质量，由此形成了关系质量的初始测量量表，具体如表 6.3 所示。

表 6.3　关系质量的测量量表

变量维度	序号	问项	测度依据
关系质量	RQ1	我们和现有的供应链伙伴有较高的相互信任水平。	Sarmento 等（2015）；徐可 等（2015）；龙勇 等（2016）；庞博（2019）；姜贺（2019）
	RQ2	我们将竭尽全力和现有的供应链伙伴保持良好的合作关系。	
	RQ3	我们可以和现有的供应链伙伴进行有效的沟通，使双方的合作顺利地开展。	
	RQ4	我们非常满意和现有供应链伙伴在合作创新方面所取得的成效。	

（2）调节变量：吸收能力

中外学术界对吸收能力的定义，主要分为两个阶段：第一个阶段以 Cohen 和 Levinthal（1990）等人为代表，认为吸收能力是指企业能够识别和运用外部知识而不进行再创新的能力；第二个阶段以 Zahra 和 George（2002）与陈劲和吴波（2011）为代表，对吸收能力的内涵进行了拓展，指出吸收能力不仅是识别和运用外部知识的能力，还是结合内外部知识进行再创新的能力。本研究采用吸收能力第二个阶段的定义，将其界定为：供应链企业通过与合作伙伴的共享、学习，对外部知识进行搜索、获取、消化、运用、整合和评价，并与其内部知识相结合，从而实现企业创新目标并获取服务化转型的能力。

国内外学者就如何测量企业的吸收能力进行了大量研究，其中具有代表性的观点有：Roberts（2015）从 178 家高科技公司处收集数据并证明了数据整合和连通性能够共同影响吸收能力；其中，关于吸收能力，Roberts（2015）用了八个问项对其进行测量，分别是"我们可以从企业的内外部辨识并获得各类不同的知识""我们拥有一套可靠高效的程序，可以识别、评估和导入新信息及新知识""我们拥有一套高效的程序，足以对所获得的信息和知识进行充分分析""我们拥有一套高效的程序，足以充分吸收新信息和新知识""我们能够将已有的知识和新得到的知识进行有效的融合""我们可以将现有知识和信息有效地转化为新知识""我们能够有效地开发和运用内外部的知识和信息，从而实现知识和信息的实际应用""我们可以有效地将知识运用到新产品和服务中"。马蓝和安立仁

（2016）以组织学习理论为基础，从西安市的高新技术企业中收集问卷数据，通过实证分析后发现，合作经验能够正向影响吸收能力与网络权力；其中，关于吸收能力的测量，马蓝和安立仁（2016）采用"我们可以迅速消化新知识的应用""我们能迅速地吸收和运用新的知识""我们懂得新知识的应用""我们紧跟市场上新产品的变动"四个问项进行具体测量，问卷通过实证验证后，结果表明其具有良好的信度。薛佳奇和张竹（2021）从华北、珠三角地区的制造企业中收集问卷数据，并进行了实证研究，结果表明制造企业的吸收能力能够减轻结构资本对渠道关系绩效的负面影响；其中，薛佳奇和张竹（2021）采用"我们能够适应变化与采纳新想法""我们能够吸收新的知识并让它们为企业所用""我们能够发掘新的宝贵知识""我们能够发现并采纳有价值的创意"四个问项去测量吸收能力。叶传盛和陈传明（2022）利用江苏的高新企业数据进行实证研究后发现，以企业为主导的产学研协同可以正向影响企业的创新绩效，知识吸收能力则在二者之间发挥中介作用；其中，叶传盛和陈传明（2022）使用六个问项来测量知识吸收能力，分别是"能够将新技术与创意结合起来""能够发现储备知识的线索""有能力把技术与新产品联系起来""能够将技术与客户服务相结合""有能力融合知识和新用途""能够分析市场对技术的要求"。

综合上述国内外学者对于吸收能力的测量方法，本研究结合中国制造企业供应链服务创新的独特情境，参考 Roberts（2015）、马蓝和安立仁（2016）、薛佳奇和张竹（2021）等学者的研究成果，然后采用四个问项去测量制造企业的吸收能力。由此，本研究提出了共含四个问项的吸收能力初始量表，具体如表 6.4 所示。

表 6.4 吸收能力的测量量表

变量维度	序号	问项	测度依据
吸收能力	AC1	我们能够适应变化与采纳新想法。	Roberts（2015）；马蓝等（2016）；薛佳奇等（2021）
	AC2	我们能够吸收新的知识并让它们为企业所用。	
	AC3	我们能够发掘新的宝贵知识。	
	AC4	我们能够发现并采纳有价值的创意。	

6.3.4　因变量：服务创新绩效

本研究的因变量为服务创新绩效。制造企业在进行服务创新时，需要同时面对产品和服务两种业务，所以制造企业的服务创新既能推动产品销售量和销售额的增长，又能促进服务业务类型的增加。因而对于服务创新绩效，除了现有研究中已经提到的企业投资回报率和市场占有率等财务指标外，本研究还重点关注新服务观念的形成及新服务数量的增加。本研究提及的服务创新绩效是指制造企业通过提供新的服务理念、新的服务及产品供给流程所获得的服务绩效，其中财务指标主要包括投资回报率和市场占有率等，非财务指标则包括新服务观念的形成以及对新服务或产品的满意程度等。针对服务创新的特征，本研究从制造企业创新管理的角度出发，借鉴 Cooper 和 Kleinschmidt（1987）、Storey 和 Kelly（2001）、简兆权等（2014）、蒋楠等（2016）以及王绒（2018）等人的相关研究，同时结合制造业服务化转型的背景，以及绩效和创新绩效的已有界定，认为服务创新绩效是对制造企业服务创新活动效率与效果的评价，相应地对服务创新绩效进行了界定：制造企业通过重组资源、创造资源来不断开发新的服务、产品种类及服务手段，并持续改进现有的服务、产品以满足企业自身、雇员、客户、社会等利益相关方的需要，从而保持企业的竞争优势和竞争能力，并在此基础上创造的新价值和取得的绩效结果。

关于单一维度的制造企业服务创新绩效及其量表，专家、学者做了大量有益的研究，其中具有代表性的观点有：蒋楠等（2016）参考 Cooper 和 Kleinschmidt（2007）等人的研究，设计出四个问项来测量制造企业的服务创新绩效。徐建中和付静雯（2018）从供应商协同的视角出发，研究了客户导向、知识共创对制造企业服务创新绩效的正向作用，并结合中国国情、中国制造业的实际特征，参考蒋楠等（2016）的文献，设计出四个问项来测量制造企业的服务创新绩效，分别是"企业通过服务获得的收入不断增长""企业设计的服务达到了客户预期目标""企业设计的服务对行业有很大影响""企业设计的服务符合企业预期成本"。王绒（2018）考虑到中国本土制造企业服务创新的实际情况，从企业内部过程视角和结果绩效视角出发，结合客户绩效、外部市场的情况，设计出六个问项来测量制造企业的服务创新绩效。熊正德等（2020）认为，生产型制造向服务型制造转型升级已成为必然趋势，同时分析了网络位置、吸收能力与制造企业服务创新绩效的关系；之后，熊正德等（2020）参考 Hsueh 等（2010）、简兆权等（2014）开发和设计的服务创新绩效量表，首先对英文量表进行翻译和回译，并根据具体的研究情境做出适当调整，最后设计出共含六个问项的制造企业服务创新绩效量表。赵晓煜等（2020）提出并验证了组织柔性、动态服务创新能力如何提升制造企业的服务创新绩效，参考 Eggert 等（2018）的研究，设计出共含四个问项的制造企业服务创新绩效量表，具体包括"与同行业主要竞争对手相比，本企业在服务创新方面表现得更好""通过服务创新，本企业为客户提供了更多价值""通过服务创新，本企业客户的满意度明显提高""通过服务创新，本企业的市场竞争力显著提升"。王鹏程等（2021）从成本控制、服务收入、客户目标、行业影响四个方面入手，并参考 Cooper 和 Kleinschmidt（2007）等人的量表，设计出共含四个问项的制造企业服务创新绩效量表，具体包括"企业设计的服务符合预期成本""企业服务收入所占比例不断增长""企业提供的新服务及其质量达到了客户的预期目标""企业设计的服务对行业有很大影响"。

总结归纳以往学者设计的制造企业服务创新绩效量表及其问项，我们可以发现，以往的量表主要从财务指标和非财务指标两个方面来对制造企业的服务创新绩效进行测量。参考上述研究成果，考虑到制造企业供应链服务化转型以及服务创新的现实情况，本研究重点参考 Storey 和 Kelly（2001）、Cooper 和 Kleinschmidt（2007）、Hsueh 等（2010）、徐建中和付静雯（2018）、王绒（2018）、熊正德等（2020）、赵晓煜等（2020）、王鹏程等（2021）的研究成果，并对其进行适当修改，然后采用六个问项来测量制造企业的服务创新绩效，由此也形成了服务创新绩效的初始量表，具体如表 6.5 所示。

表 6.5　服务创新绩效的测量量表

变量维度	序号	问项	测度依据
服务创新绩效	SIP1	服务创新可以推动新服务理念的产生。	Storey 等（2001）；Cooper 等（2007）；Hsueh 等（2010）；徐建中等（2018）；王绒（2018）；熊正德等（2020）；赵晓煜等（2020）
	SIP2	服务创新可以带来更多的新服务或者新产品。	
	SIP3	服务创新使我们现有的服务流程得到了优化。	
	SIP4	服务创新可以增加我们的投资回报率。	
	SIP5	服务创新可以提高我们的市场份额。	
	SIP6	服务创新使顾客对我们的服务或者产品更加满意。	

6.3.5　控制变量

参阅以往的文献发现，已有研究大多认为影响制造企业服务创新绩效的因素众多，为消除其他因素对研究变量的影响，使自变量、中介变量、调节变量、因变量之间的实证分析结果更加可信，本研究在做研究设计时，需要考虑其他可能影响前述实证分析结果的第三方变量，也就是控制变量。本研究主要探讨制造企业供应链伙伴特性、双元组织学习、制造企业的服务创新绩效、关系质量、吸收能力等五个主要变量之间的因果关系，为了控制其他无关因素对这五个研究变量及其之间关系的影响，参考以往的文献研究及其做法，再结合制造企业供应链服务化转型及服务创新的实际情况，本研究选取企业年龄、企业规模和企业性质等三个因素作为控制变量。

（1）企业年龄

企业成立的年限越长，发展经验就越丰富，资源配置效率、声誉水平、人员管理水平一般也会越高，创新资源存量、获取创新资源的渠道和能力、供应链合作伙伴的数量、供应链合作的经验、服务化转型的经验通常也会越多。以上这些都是企业长期经营积累的结果，由此可见，成立年限越久的企业越有能力提高自身的创新产出。另外，已有研究表明，当分析企业的创新绩效时，需要对企业的年龄进行必要的控制（Cohen & Levinthal，1990）。因此，本研究把供应链企业的年龄作为控制变量，并通过调查问卷中"本制造企业的成立年限"

这个问项来测量制造企业的年龄。

（2）企业规模

企业自身规模与企业构建的供应链规模、构建供应链联盟的倾向密切相关（Hagedoorn & Schakenraad，1994）。企业的规模越大，企业之间的合作次数就越多（Gulati & Gargiulo，1999），且其拥有的供应链伙伴数量一般也越多，就越能发挥出规模效应，从而更好地一起开展服务创新活动，以取得良好的服务创新结果。企业规模一般还和企业自身资源的丰裕程度呈正相关，因为企业的规模越大，企业经营所需的资源数量和资源种类就越多，这对于企业的创新活动、创新产出来说，都是有利因素。因此，大型企业由于拥有雄厚的资金、种类繁多的资源以及众多联盟伙伴而具有较强的创新能力、研发能力和服务能力。由此可见，企业规模对企业的服务创新活动、服务创新成效都具有一定的影响。因此，本研究把供应链企业的规模作为控制变量，并通过调查问卷中"本制造企业的员工规模"这个问项来测量制造企业的规模（Pertusa-Ortega，Molina-Azorín & Claver-Cortés，2010；赵立龙，2012）。

（3）企业性质

企业性质也就是所谓的企业所有制形式，不同所有制形式可能会产生不同的企业合作模式和创新选择（王绒，2018）。所有制形式也和企业的绩效密切相关，不同的所有制形式可能会产生不同的企业竞争战略和战略目标（杨伟明，2018）。基于中国本土情境，本研究将制造企业的性质划分为六大类。其中，国有控股和集体控股的制造企业基于国家扶持、政策倾斜等原因，一般具有良好的信誉和较为雄厚的企业资本，因而拥有较多的供应链伙伴和产品销售渠道；私营和外资企业由于具有灵活的用人机制、企业体制，因而可以对市场变化做出较为及时和迅速的反应，其组织学习的形式也更为多样化；股份制企业和股份合作制企业出于企业股权设置等原因，可以有效分散服务创新的风险和成本。由此可见，企业性质对供应链伙伴数量、组织学习形式和服务创新等都具有一定的影响。因此，本研究把供应链企业的性质作为控制变量，并通过调查问卷中"本制造企业的企业性质"这个问项来测量制造企业的性质。

6.4 问卷的预调研

本研究主要研究变量的测量问项均参考权威的成熟量表，并向专家、学者、企业高管征求了修改意见，由此，问卷中的测量问项兼顾了理论文献基础和现实情境基础。但是，由于具体的问卷答题者会因自己所处的独特环境、不同的时间等而对问项产生不同的理解，造成问卷中仍有可能存在某些不成熟的问项。因此，即便预设问卷已参考了权威量表和专业建议，还是有必要对初始问卷进行小规模的预测试，以尽早完善初始问卷中的不足之处。本研究首先通过见数平台对珠三角、长三角等制造业发达地区的供应链企业的服务创新情况进行小规模预调研，根据问卷结果开展对应的问卷完善工作，从而保证问卷具备较高的信效度；然后，再进行大规模的正式调研，并进行验证性因子分析。

6.4.1 预调研分析方法

通过在前期参考大量权威的文献、专家学者的意见、企业高管的建议，本研究形成了研究变量的初始问卷，然后，在进行正式调研前，力求通过预调研进一步完善问卷，以提升量表的信效度。

信度（Reliability）主要是用来反映问卷测量结果的稳定性、一致性以及可靠性。常用来表示信度高低的指标是 Cronbach's α 系数，该系数的大小在 0 至 1 之间，数值越高，表示信度越好，量表的内部一致性越好。一般而言，系数小于 0.35 时表示信度较低，系数在 0.35 至 0.7 之间时表示信度适中，系数大于 0.7 时表示信度可以被接受。本次调查问卷中的量表均取自成熟量表，但按照吴明隆（2010）的意见，即使是取自已被广泛证明、使用的成熟量表，仍然需要重新检验量表的可信度，所以，我们通过预调研来具体实施并完成这一建议。本研究的五个主要研究变量均采用李克特七点量表进行测量，因此，可以使用 SPSS 统计软件来进行信度检验。

效度（Validity）用来衡量被测量对象能被准确测量的程度。常用的效度主要包含内容效度（Content validity）和构念效度（Construct validity）两种。关于内容效度，通常采用定性的方法来判断问项内容能在多大程度上真实反映出被测量的变量。由于量表的问项均取自已被证明并广泛使用的成熟量表，同时结合专家、企业高管的修改意见进行修正，因此，量表具备较高的内容效度。关于构念效度，通常采用探索性因子分析法（EFA）来检验，并按照表 6.6 中所示的三个步骤来对预调研中所收集的样本数据进行检验。

表 6.6　预调研样本数据的探索性因子分析步骤

步骤序号	检验内容	判断标准
1	KMO 样本充分性测度	KMO 值大于 0.9：非常适合 KMO 值在 0.8 至 0.9 之间：很适合 KMO 值在 0.7 至 0.8 之间：一般适合 KMO 值在 0.6 至 0.7 之间：勉强适合 KMO 值小于 0.6：不适合
2	主成分分析法提取因子	特征根大于 1 因子载荷系数均超过 0.5（最好均超过 0.7） 累积解释方差的比例大于 50%
3	信度分析	题项 – 总体相关系数均超过 0.35（最好均超过 0.5） 各变量的 Cronbach's α 系数均超过 0.7

6.4.2　预调研数据收集

本研究主要选取北京市、天津市、上海市、广东省、江苏省、浙江省等制造业发达地区的制造企业及其供应链联盟与笔者的家乡江西省的制造企业及其供应链联盟作为调研对象，对其进行小规模的预调研。由于新冠疫情持续至本研究结束，研究团队不方便进行本市以外的实地调研，因此，在收集问卷数据时，本研究主要采用见数数据平台和微信等线上方式推送调查问卷。问卷数据来源的渠道主要有三种：第一，借助笔者母校 MBA 学院的学生库资源，对其中担任制造企业高管的同学进行线上访谈、调研，并让他们在线上填写问卷；第二，利用导师学术课题组成员的资源，联系课题组成员熟悉的制造企业高管、课题组成员的亲朋好友（需担任制造企业中层及以上管理层职务）等，对他们进行结构化和半结构化访谈，在深度访谈后，再让他们填写问卷；第三，运用自身资源，例如，已经担任制造企业高管的同学或开厂创业的同学，亲戚、朋友中担任制造企业高管或开厂创业的人员，对他们进行访谈，并让其填写问卷。

预调研涉及的具体制造企业有北方联创通信有限公司、泰豪科技股份有限公司、比亚迪股份有限公司、厦门金龙联合汽车工业有限公司、江西博能上饶客车有限公司、江铃汽车集团有限公司、中兴通讯股份有限公司、南昌步锦实业有限公司等。笔者对北方联创通信有限公司、比亚迪股份有限公司、厦门金龙联合汽车工业有限公司、中兴通讯股份有限公司的企业高管进行了深度访谈。此次预调研通过见数数据平台共发放调查问卷80份，由于网络问卷中的问项可以全部设置成必答题，所以回收问卷中不存在缺失问项的情况。在回收到的80份问卷中，见数平台自动拒绝无效问卷6份，笔者手动拒绝无效问卷3份。因此，实际回收到的有效问卷共计71份，问卷有效回收率为88.75%。

在预调研中，对问卷数据进行探索性因子分析时，一般还需满足以下要求的其中之一：第一，样本数量应为研究模型中变量数量的5至10倍（吴明隆，2010），本研究中共有5个变量，因此，至少应收集25份问卷，至多50份问卷；第二，样本数量应为单个变量问项数量的5至10倍（马丽，2020），本研究变量中至少含有4个问项，至多含有9个问项，因此，至少应收集45份问卷，至多90份问卷；第三，样本数量应大于预调研的问项总数，本次预调研包括7个基本信息问项和29个变量问项，因此，样本数量应大于36份。综上，本次预调研有效问卷的数量符合探索性因子分析的基本要求。

6.4.3 预调研样本数据分析

（1）自变量：供应链伙伴特性

在分析效度时，根据表6.6中所示的效度分析方法和步骤，应注意满足以下几点要求：第一，一旦某个问项在所有公因子上的载荷系数都大于0.5，就表明存在交叉载荷的情况，那么就应该剔除此问项；第二，一旦某个问项在所有公因子上的载荷系数都小于0.5，就表明问项的意义不明，那么就应该剔除此问项；第三，问项在对应公因子上载荷系数大于0.5（载荷系数最好大于0.7），但在其他公因子上的载荷系数都小于0.5，该问项就可以被保留。据此，本研究首先对供应链伙伴特性的量表效度进行分析。经过KMO检验后得知，供应链伙伴特性量表的KMO值为0.896，符合探索性因子分析的统计学要求。同时，经过Bartlett球体检验后得知，Bartlett统计值的显著性小于0.05。因此，样本数据适合进行探索性因子分析。其次，关于供应链伙伴特性的三个维度（资源互补性、文化相容性、目标协同性），本研究收集了 71 份有效样本，并用其对应的 9 个问项进行探索性因子分析，按照表 6.6 中特征根大于 1 的标准，在 71 份预调研样本数据中，一共提取了 3 个因子，且因子载荷系数均大于 0.7，3 个因子的累积解释方差为 75.129%，大于累积解释方差 50% 的临界值要求。综上，预调研样本数据的探索性因子分析结果符合研究的预设，具体分析结果如表 6.7 所示。

表 6.7　供应链伙伴特性的探索性因子分析结果（$N=71$）

变量名称	问项序号	描述性统计分析		因子载荷系数		
		均值	标准差	资源互补性	文化相容性	目标协同性
资源互补性	RE1	5.915	0.874	0.786	0.042	0.367
	RE2	4.056	0.924	0.763	0.272	0.139
	RE3	4.915	1.024	0.817	0.023	0.397
文化相容性	CU1	5.465	1.093	0.172	0.755	0.026
	CU2	4.901	1.101	−0.199	0.781	0.205
	CU3	5.577	1.009	0.341	0.717	0.027
目标协同性	TA1	4.085	1.271	0.376	0.104	0.788
	TA2	4.915	0.906	0.275	0.421	0.823
	TA3	4.155	0.904	0.027	0.138	0.903

　　完成供应链伙伴特性量表的探索性因子分析后，开始针对供应链伙伴特性量表进行信度检验，具体而言，本研究将结合 CITC 系数（题项 - 总体相关系数）和 Cronbach's α 系数对该变量量表的三个维度分量表进行信度分析，以检验其可靠性。具体的判断标准是：CITC 系数至少大于 0.35，最好大于 0.5；Cronbach's α 系数大于 0.7。经过实证分析，供应链伙伴特性量表的信度检验结果（见表 6.8）表明，9 个问项的 CITC 系数都大于 0.5，说明 CITC 系数的情况良好；三个维度分量表的标准化 Cronbach's α 系数都大于 0.7，说明 Cronbach's α 系数的情况良好。具体来说，资源互补性分量表的标准化 Cronbach's α 系数是 0.816，删除问项后的 Cronbach's α 系数最大为 0.766，小

于 0.816；文化相容性分量表的标准化 Cronbach's α 系数是 0.884，删除问项后的 Cronbach's α 系数最大为 0.853，小于 0.884；目标协同性分量表的标准化 Cronbach's α 系数是 0.806，删除问项后的 Cronbach's α 系数最大为 0.778，小于 0.806。由此可见，供应链伙伴特性三个维度的分量表的对应问项之间具有良好的内部一致性。所有的 9 个问项的信度指标均情况良好，且符合标准，因此，9 个问项被全部保留。综上，变量供应链伙伴特性的量表具有良好的效度和信度，可以用于大规模的正式调研。

表 6.8   供应链伙伴特性三个维度的信度检验（N=71）

变量名称	问项序号	题项－总体相关系数	删除该问项后的 Cronbach's α 系数	Cronbach's α 系数
资源互补性	RE1	0.732	0.749	0.816
	RE2	0.661	0.736	
	RE3	0.729	0.766	
文化相容性	CU1	0.766	0.788	0.884
	CU2	0.727	0.768	
	CU3	0.733	0.853	
目标协同性	TA1	0.765	0.726	0.806
	TA2	0.763	0.778	
	TA3	0.717	0.769	

（2）中介变量：组织学习

首先，本研究对组织学习的量表效度进行分析。经过 KMO 检验后得知，组织学习量表的 KMO 值为 0.848，符合探索性因子分析的统计学要求。同时，经过 Bartlett 球体检验后得知，Bartlett 统计值的显著性小于 0.05。因此，样本数据适合进行探索性因子分析。其次，关于组织学习的两个维度（利用式学习和探索式学习），本研究收集了 71 份有效样本，并用其对应的 6 个问项进行探索性因子分析，按照表 6.6 中特征根大于 1 的标准，在 71 份预调研样本数据中，一共提取了 2 个因子，且因子载荷系数均大于 0.7，2 个因子的累积解释方差为 78.779%，大于累积解释方差 50% 的临界值要求。综上，预调研样本数据的探索性因子分析结果符合研究的预设，具体分析结果如表 6.9 所示。

表 6.9　组织学习的探索性因子分析结果（*N*=71）

变量名称	问项序号	描述性统计分析		因子载荷系数	
		均值	标准差	利用式学习	探索式学习
利用式学习	E1	4.930	0.916	0.723	0.242
	E2	4.915	0.937	0.762	0.197
	E3	4.887	0.919	0.809	0.147
探索式学习	D1	5.338	1.013	0.354	0.745
	D2	5.380	1.074	0.210	0.804
	D3	4.859	1.067	0.287	0.863

　　完成组织学习量表的探索性因子分析后，开始针对组织学习量表进行信度检验，具体而言，本研究将结合 CITC 系数和 Cronbach's α 系数对该变量量表的两个维度分量表进行信度分析，以检验其可靠性。具体的判断标准是：CITC 系数至少大于 0.35，最好大于 0.5；Cronbach's α 系数大于 0.7。经过实证分析，组织学习量表的信度检验结果（见表 6.10）表明，6 个问项的 CITC 系数都大于 0.5，说明 CITC 系数的情况良好；两个维度分量表的标准化 Cronbach's α 系数都大于 0.7，说明 Cronbach's α 系数的情况良好。具体来说，利用式学习分量表的标准化 Cronbach's α 系数是 0.881，删除问项后的 Cronbach's α 系数最大为 0.856，小于 0.881；探索式学习分量表的标准化 Cronbach's α 系数是 0.845，删除问项后的 Cronbach's α 系数最大为 0.818，小于 0.845。由此可见，组织学习两个维度分量表的对应问项之间具有良好的内部一致性。所有的 6 个问项的信度指标均情况良好，且符合标准，因此，6 个问项被全部保留。综上，变量组织学习的量表具有良好的效度和信度，可以用于大规模的正式调研。

表 6.10　组织学习两个维度的信度检验（*N*=71）

变量名称	问项序号	题项－总体相关系数	删除该问项后的 Cronbach's α 系数	Cronbach's α 系数
利用式学习	E1	0.727	0.775	0.881
	E2	0.671	0.856	
	E3	0.789	0.791	

续表

变量名称	问项序号	题项－总体相关系数	删除该问项后的Cronbach's α 系数	Cronbach's α 系数
探索式学习	D1	0.675	0.719	0.845
	D2	0.735	0.818	
	D3	0.756	0.749	

（3）调节变量：关系质量和吸收能力

首先，本研究对关系质量的量表效度进行分析。经过 KMO 检验后得知，关系质量量表的 KMO 值为 0.891，符合探索性因子分析的统计学要求。同时，经过 Bartlett 球体检验后得知，Bartlett 统计值的显著性小于 0.05。因此，样本数据适合进行探索性因子分析。其次，关于关系质量的维度划分情况，本研究收集了 71 份有效样本，并用其对应的 4 个问项进行探索性因子分析，按照表 6.6 中特征根大于 1 的标准，在 71 份预调研样本数据中，一共提取了 1 个因子，且因子载荷系数均大于 0.7，1 个因子的累积解释方差为 76.798%，大于累积解释方差 50% 的临界值要求。综上，预调研样本数据的探索性因子分析结果符合研究的预设，具体分析结果如表 6.11 所示。

表 6.11　关系质量的探索性因子分析结果（N=71）

变量名称	问项序号	描述性统计分析		因子载荷系数
		均值	标准差	
关系质量	RQ1	4.915	0.937	0.739
	RQ2	5.071	0.851	0.757
	RQ3	5.183	1.003	0.794
	RQ4	4.831	0.945	0.843

完成关系质量量表的探索性因子分析后，开始针对关系质量量表进行信度检验，具体而言，本研究将结合 CITC 系数和 Cronbach's α 系数对该变量量表进行信度分析，以检验其可靠性。具体的判断标准是：CITC 系数至少大于 0.35，最好大于 0.5；Cronbach's α 系数大于 0.7。经过实证分析，关系质量量表的信度检验结果（见表 6.12）表明，4 个问项的 CITC 系数都大于 0.5，说明 CITC 系数的情况良好；变量量表的标准化 Cronbach's α 系数大于 0.7，说明

Cronbach's α 系数的情况良好。具体来说，关系质量量表的标准化 Cronbach's α 系数是 0.820，删除问项后的 Cronbach's α 系数最大为 0.803，小于 0.820。由此可见，关系质量量表的对应问项之间具有良好的内部一致性。所有的 4 个问项的信度指标均情况良好，且符合标准，因此，4 个问项被全部保留。综上，变量关系质量的量表具有良好的效度和信度，可以用于大规模的正式调研。

表 6.12　关系质量的信度检验（N=71）

变量名称	问项序号	题项 – 总体相关系数	删除该问项后的 Cronbach's α 系数	Cronbach's α 系数
关系质量	RQ1	0.752	0.803	0.820
	RQ2	0.737	0.766	
	RQ3	0.709	0.745	
	RQ4	0.669	0.767	

接下来，本研究再对吸收能力的量表效度进行分析。首先，经过 KMO 检验后得知，吸收能力量表的 KMO 值为 0.821，符合探索性因子分析的统计学要求。同时，经过 Bartlett 球体检验后得知，Bartlett 统计值的显著性小于 0.05。因此，样本数据适合进行探索性因子分析。其次，关于吸收能力的维度划分情况，本研究收集了 71 份有效样本，并用其对应的 4 个问项进行探索性因子分析，按照表 6.6 中特征根大于 1 的标准，在 71 份预调研样本数据中，一共提取了 1 个因子，且因子载荷系数均大于 0.7，1 个因子的累积解释方差为 70.981%，大于累积解释方差 50% 的临界值要求。综上，预调研样本数据的探索性因子分析结果符合研究的预设，具体分析结果如表 6.13 所示。

表 6.13　吸收能力的探索性因子分析结果（N=71）

变量名称	问项序号	描述性统计分析		因子载荷系数
		均值	标准差	
吸收能力	AC1	5.056	0.909	0.744
	AC2	5.268	0.996	0.766
	AC3	4.986	1.084	0.755
	AC4	5.183	1.062	0.783

完成吸收能力量表的探索性因子分析后，开始针对吸收能力量表进行信度检验，具体而言，本研究将结合 CITC 系数和 Cronbach's α 系数对该变量量表进行信度分析，以检验其可靠性。具体的判断标准是：CITC 系数至少大于0.35，最好大于 0.5；Cronbach's α 系数大于 0.7。经过实证分析，吸收能力量表的信度检验结果（见表 6.14）表明，4 个问项的 CITC 系数都大于 0.5，说明CITC 系数的情况良好；变量量表的标准化 Cronbach's α 系数大于 0.7，说明Cronbach's α 系数的情况良好。具体来说，吸收能力量表的标准化 Cronbach'sα 系数是 0.877，删除问项后的 Cronbach's α 系数最大为 0.843，小于 0.877。由此可见，吸收能力量表的对应问项之间具有良好的内部一致性。所有的 4 个问项的信度指标均情况良好，且符合标准，因此，4 个问项被全部保留。综上，变量吸收能力的量表具有良好的效度和信度，可以用于大规模的正式调研。

表 6.14　吸收能力的信度检验（*N*=71）

变量名称	问项序号	题项－总体相关系数	删除该问项后的Cronbach's α 系数	Cronbach's α 系数
吸收能力	AC1	0.692	0.789	0.877
	AC2	0.708	0.843	
	AC3	0.704	0.748	
	AC4	0.739	0.757	

（4）因变量：服务创新绩效

首先，本研究对服务创新绩效的量表效度进行分析。经过 KMO 检验后得知，服务创新绩效量表的 KMO 值为 0.852，符合探索性因子分析的统计学要求。同时，经过 Bartlett 球体检验后得知，Bartlett 统计值的显著性小于 0.05。因此，样本数据适合进行探索性因子分析。其次，关于服务创新绩效的维度划分情况，本研究收集了 71 份有效样本，并用其对应的 6 个问项进行探索性因子分析，按照表 6.6 中特征根大于 1 的标准，在 71 份预调研样本数据中，一共提取了 1 个因子，且因子载荷系数均大于 0.7，1 个因子的累积解释方差为79.636%，大于累积解释方差 50% 的临界值要求。综上，预调研样本数据的探索性因子分析结果符合研究的预设，具体分析结果如表 6.15 所示。

表 6.15　服务创新绩效的探索性因子分析结果（N=71）

变量名称	问项序号	描述性统计分析		因子载荷系数
		均值	标准差	
服务创新绩效	SIP1	4.986	0.986	0.797
	SIP2	4.972	1.074	0.759
	SIP3	5.099	1.059	0.720
	SIP4	4.873	0.993	0.761
	SIP5	4.761	0.933	0.851
	SIP6	5.282	1.041	0.736

　　完成服务创新绩效量表的探索性因子分析后，开始针对服务创新绩效量表进行信度检验，具体而言，本研究将结合 CITC 系数和 Cronbach's α 系数对该变量量表进行信度分析，以检验其可靠性。具体的判断标准是：CITC 系数至少大于 0.35，最好大于 0.5；Cronbach's α 系数大于 0.7。经过实证分析，服务创新绩效量表的信度检验结果（见表 6.16）表明，6 个问项的 CITC 系数都大于 0.5，说明 CITC 系数的情况良好；变量量表的标准化 Cronbach's α 系数大于 0.7，说明 Cronbach's α 系数的情况良好。具体来说，服务创新绩效量表的标准化 Cronbach's α 系数是 0.816，删除问项后的 Cronbach's α 系数最大为 0.787，小于 0.816。由此可见，服务创新绩效量表的对应问项之间具有良好的内部一致性。所有的 6 个问项的信度指标均情况良好，且符合标准，因此，6 个问项被全部保留。综上，变量服务创新绩效的量表具有良好的效度和信度，可以用于大规模的正式调研。

表 6.16　服务创新绩效的信度检验（N=71）

变量名称	问项序号	题项 - 总体相关系数	删除该问项后的 Cronbach's α 系数	Cronbach's α 系数
服务创新绩效	SIP1	0.717	0.787	0.816
	SIP2	0.757	0.775	
	SIP3	0.828	0.721	
	SIP4	0.656	0.737	
	SIP5	0.641	0.768	
	SIP6	0.741	0.752	

6.4.4 问卷定稿

综上，为了检验本研究模型中 5 个主要变量的量表及其信效度，本研究首先进行了预调研工作，对各个量表进行了探索性因子分析和信度检验，完善和纯化了各个主要变量量表。基于 71 份预调研的样本数据，实证分析结果表明，供应链伙伴特性、组织学习、关系质量、吸收能力以及服务创新绩效等变量的量表及其信效度均达到了实证检验的标准，满足开展正式调研的要求。根据此结果，本研究可以形成用于正式调研的最终问卷。

6.5　样本数据收集与样本描述

6.5.1　样本选择与数据收集

本研究的研究重点是探讨制造企业供应链的服务创新情况，样本企业应为供应链制造企业，应具备服务化转型以及服务创新的经验。针对此研究问题，需要使用科学的抽样方法来获取供应链制造企业样本，以确保样本企业的特点与研究问题相匹配，这样才能保证企业样本具有代表性、研究结果具备可靠性。具体而言，为了得到可信的企业数据，本研究将严格控制样本企业的类型和问卷答题者的工作层次。在样本企业的选取方面，应满足以下三点要求。第一，该制造企业必须成立三年及以上时间，需要具备服务化转型经验和服务开发经验，并且至少构建过一条完整的供应链，正在或者曾经参与过供应链服务创新活动。第二，该供应链制造企业样本应分布在不同的行业领域，因为我国制造企业的服务化转型活动和服务创新活动发生在各个不同的制造业领域，每个制造业领域内都有许多制造企业正在以客户为导向进行着服务化转型活动和服务创新活动。因此，选取的供应链制造企业样本涵盖的行业越多，研究结果才越具有普适性和稳定性，才会有价值。具体而言，本次调研的制造企业样本分布在以下行业：食品制造业、纺织业、皮革木材加工业、石油煤炭等化石燃料加工业、交通运输设备制造业、金属制品业、电子通信设备制造业、计算机及其他电子设备制造业、电气机械及器材制造业、医药制造业等。第三，由于本研究主要研究的是制造企业服务化转型和服务创新等企业战略层面的问题，因此，问卷的答题者应为制造企业的中高管理层，例如企业的部门经理、财务总监、销售总监、技术部门的总负责人、副总经理、总经理、总裁助理以及董事长等。这些人员需要在被调研的企业内工作超过三年，并且需要熟悉制造企业的总体情况、服务化转型的方向、服务创新的具体情况、制造企业在整体供应链中所处的位置、制造企业的供应链伙伴数量及其大致情况，尤其是要熟悉本企业在供应链中的合作创新情况以及服务创新情况。

利用预调研收集的 71 份有效样本数据，本研究检验了量表的效度和信度，结果表明，经过完善和纯化后的量表具备良好的信效度，可以用于大规模的问卷调研。由于大规模的问卷调研需要耗费大量的时间、人力、物力，而且新冠疫情持续至本研究结束，这些因素都增加了数据调研工作的难度。因此，在收集企业样本数据时，本研究认为可适当利用关系资源来降低数据调研工作的难度（Roy，Walters & Luk，2001）。基于这个观点，本研究利用个人的关系资源和关系渠道来收集小部分数据，并通过见数数据平台和微信等线上方式推送调查问卷。本研究主要选取北京市、天津市、上海市、广东省、江苏省、浙江省等制造业发达地区的制造企业及其供应链联盟与笔者的家乡江西省的制造企业及其供应链联盟作为调研对象。为确保样本企业的代表性和调查问卷的回收率，本研究通过以下四种渠道来收集问卷数据。

（1）运用笔者导师及其课题组成员的人脉关系

由笔者导师及其课题组成员把线上问卷主动推送给熟悉的制造企业高管，并让该高管邀请其所认识的其他制造企业高管也参与到问卷调研工作中，以滚雪球的方式大量收集问卷。利用这种问卷发放方式，一共发放问卷 95 份，后期回收到有效问卷共计 82 份。

（2）利用笔者母校 MBA 校友资源库的资源

笔者的母校是中国南方著名的财经类院校，常年稳居中国财经类院校前十名，其 MBA 学院拥有丰富的校友资源，许多往届校友已在各大知名制造企业担任高级管理职务，而且这些校友就业的制造企业大都分布在中国南方沿海地区（上海市、江苏省、浙江省、广东省等）。这些地区不仅制造业发达，而且制造业的服务化转型、融合发展服务业与制造业的创新意识也走在全国前列。

本次问卷发放通过学校渠道进行，共发放问卷 100 份，后期回收到有效问卷共计 84 份。

（3）运用笔者个人的人脉资源

笔者通过微信、QQ 等线上交流工具将调查问卷主动推送给已经担任制造企业高管职务或开厂创业的同学、朋友、同事和亲戚，同时向他们交代填写问卷的注意事项，并请求他们把问卷转发给自己熟悉的相关人士填写。笔者通过这种推广方式，一共发放问卷 72 份，后期回收到有效问卷共计 65 份。

（4）通过专业的数据收集平台

见数数据平台属于一款智能数据调研平台，拥有 300 多万个在线被试，可以为各类本科院校、企事业单位提供大规模调研的专业服务解决方案。在该平台上，用户可以对特定企业样本进行精准问卷推送，其数据质量已经达到了国内外顶尖期刊的要求，用户论文已被 *Psychological Science*（《心理学》）、《管理世界》等一流期刊收录。笔者通过该平台的 VIP 专属人工客服推送、智能推送等服务方式，一共推送问卷 120 份，后期回收到有效问卷共计 108 份。

综上，本次数据调研工作前后历时共计 3 个月（2022 年 9 月至 2022 年 11 月），通过以上四种渠道，利用见数数据平台、微信、QQ 等网络推送方式，总共发放问卷 387 份，其中有效问卷共计 339 份（问卷详情如表 6.17 所示），调查问卷的有效回收率为 87.6%。

6.5.2　样本特征

本研究对样本企业的员工规模、成立年限、性质、所属细分领域、服务创新的研发投入占当年销售额的比例、资产规模等指标进行描述性统计分析，以此了解样本企业的概况。

表 6.17 样本企业的描述性统计

企业特征	类别	频数 / 家	频率 /%
员工规模	1—100 人	26	7.7
	101—500 人	82	24.2
	501—1000 人	97	28.6
	1001—2000 人	44	13.0
	2000 人以上	90	26.5
成立年限	3—6 年	10	2.9
	7—10 年	66	19.5
	11—20 年	173	51.0
	21—30 年	62	18.3
	30 年以上	28	8.3
性质	国有及国有控股企业	60	17.7
	集体及集体控股企业	7	2.1
	私营及其控股企业	182	53.7
	外资及港澳台投资企业	35	10.3
	股份制企业	36	10.6
	股份合作式企业	6	1.8
	其他性质企业	13	3.8
所属细分领域	食品制造业	55	16.2
	石油、煤炭及燃料加工业	20	5.9
	交通运输设备制造业	26	7.7
	电子通信设备制造业	24	7.1
	计算机及其他电子设备制造业	55	16.2
	电气机械及器材制造业	80	23.6
	其他制造业	79	23.3
服务创新的研发投入占当年销售额的比例	1% 以下	2	0.5
	1%—3%	49	14.5
	3%—5%	109	32.2
	5%—8%	135	39.8
	8% 以上	44	13.0

续表

企业特征	类别	频数 / 家	频率 /%
资产规模	300 万元以内	9	2.7
	300 万—500 万元	16	4.7
	501 万—1000 万元	46	13.6
	1001 万—3000 万元	75	22.1
	3000 万元以上	193	56.9

从样本企业的员工规模来看：拥有 1—100 个员工的制造企业有 26 家，占比 7.7%；拥有 101—500 个员工的制造企业有 82 家，占比 24.2%；拥有 501—1000 个员工的制造企业有 97 家，占比 28.6%；拥有 1001—2000 个员工的制造企业有 44 家，占比 13.0%；拥有大于 2000 个员工的制造企业有 90 家，占比 26.5%。可见其中大中型企业的数量居多，原因在于：第一，制造企业本身就需要较多的员工，例如台湾代工巨头富士康集团常年需要大量技术工人；第二，有能力进行服务化转型、服务创新以及构建供应链的制造企业本身就实力雄厚，通常规模也较大。

从样本企业的成立年限来看：成立 3—6 年的制造企业有 10 家，占比 2.9%；成立 7—10 年的制造企业有 66 家，占比 19.5%；成立 11—20 年的制造企业有 173 家，占比 51.0%；成立 21—30 年的制造企业有 62 家，占比 18.3%；成立 30 年以上的制造企业有 28 家，占比 8.3%。可见其中成立时间在 11 年至 20 年的企业居多，超过样本企业数量的一半，原因在于：第一，有能力进行服务创新、服务化转型、构建供应链的制造企业本身就具备一定的实力，成立年限一般不会太短；第二，我国从 1978 年改革开放至今，不过 40 余年，如果从 1992 年邓小平南方谈话算起，仅过去 30 余年，因此，我国现有的积极进行服务创新的制造企业的成立时间一般不会太长。

从样本企业的性质来看：国有及国有控股的制造企业有 60 家，占比 17.7%；集体及集体控股的制造企业有 7 家，占比 2.1%；私营及其控股的制造企业有 182 家，占比 53.7%；外资及港澳台投资的制造企业有 35 家，占比 10.3%；股份制制造企业有 36 家，占比 10.6%；股份合作式制造企业有 6 家，占比 1.8%；其他性质的制造企业有 13 家，占比 3.8%。可见其中私营及其控股的制造企业占比超过一半，原因在于：第一，我国的私营企业由于体制灵活，能准确地把握市场的变化，因此抓住了制造企业转型升级的机会；第二，由于我国改革开放的成功，私营企业的数量已经大大超过了国有和外资企业的数量。

从样本企业的所属细分领域来看：食品制造企业有 55 家，占比 16.2%；石油、煤炭及燃料加工制造企业有 20 家，占比 5.9%；交通运输设备制造领域的制造企业有 26 家，占比 7.7%；电子通信设备制造领域的制造企业有 24 家，占比 7.1%；计算机及其他电子设备制造领域的制造企业有 55 家，占比 16.2%；电气机械及器材制造领域的制造企业有 80 家，占比 23.6%；其他领域的制造企业有 79 家，占比 23.3%。可见样本广泛分布在各个制造业领域，说明此次供应链制造企业样本的取样具有代表性，制造企业的服务化转型以及服务创新发生在每个制造业的细分领域中。

从样本企业的服务创新的研发投入占当年销售额的比例来看：比例在 1% 以下的制造企业有 2 家，占比 0.5%；比例在 1%—3% 之间的制造企业有 49 家，占比 14.5%；比例在 3%—5% 之间的制造企业有 109 家，占比 32.2%；比例在 5%—8% 之间的制造企业有 135 家，占比 39.8%；比例在 8% 以上的制造企业有 44 家，占比 13.0%。可见绝大多数制造企业愿意为服务创新投入资金，该资金一般占当年销售额的 3%—8%，所占比例合理，既能促进企业的创新发展，又不会过多地占用其他方面的资金。

从样本企业的资产规模来看：资产规模在 300 万元以内的制造企业有 9 家，占比 2.7%；资产规模在 300 万—500 万元之间的制造企业有 16 家，占比 4.7%；资产规模在 501 万—1000 万元之间的制造企业有 46 家，占比 13.6%；资产规模在 1001 万—3000 万元之间的制造企业有 75 家，占比 22.1%；资产规模在 3000 万元以上的制造企业有 193 家，占比 56.9%。可见大多数供应链制造企业的资产规模在 1000 万元以上，说明企业具备一定的资金实力，能够有效地进行服务创新。其原因在于：能够组建供应链并同时进行服务化转型的制造企业本身就具备比较雄厚的资金实力。

综上，样本企业的描述性统计分析结果表明，选取的样本企业具备一定的代表性，其数据符合本研究的要求。

6.6 分析方法

本研究选择合适的实证研究方法来检验第五章所提出的研究假设，包括供应链伙伴特性对服务创新绩效的直接效应假设、双元组织学习的中介效应假设以及关系质量和吸收能力的调节效应假设。考虑到供应链伙伴特性与服务创新绩效之间的实证研究包含利用式学习和探索式学习的多元中介效应，变量之间的因果关系比较复杂，虽然传统的多元回归分析方法仍然是可行的，但是不少学者认为其不能有效地挖掘变量之间的作用路径和影响机制。基于此，本研究在运用多元回归分析方法检验研究模型的中介效应时，同时使用 SPSS 软件中的 PROCESS 插件对双元组织学习的中介效应进行稳健性检验。对于关系质量和吸收能力的调节效应，本研究仍然采用多元回归分析方法对其进行验证。以下是本研究采用的几种数据分析方法。

（1）描述性统计分析

描述性统计分析主要对样本企业数据的整体情况进行分析，由企业的原始数据所反映出的基本特征来描述企业的大致情况，这些基本特征包括原始数据的频数和频率、方差、标准差、平均值等。在此，本研究主要对企业的员工规模、成立年限、性质、所属细分领域、服务创新的研发投入占当年销售额的比例、资产规模等指标进行描述性统计分析。

（2）信度与效度检验

对问卷数据进行信效度分析是实证研究的必备步骤，本研究对正式调研的问卷数据进行信效度分析的方法和步骤与预调研阶段是一致的。信度是指问卷数据的可靠性，信度高的量表不会出现过多的随机波动。具体而言，当使用同一量表对同一对象进行反复测量时，获得的测量结果一致程度越高，则代表信度越高。鉴于本次研究使用的是李克特七点量表，因此，可以用 Cronbach's α 系数对量表的信度进行分析。一般而言，信度可以分为内部一致性信度、重测信度和复本信度，本研究依据以往的做法，使用 Cronbach's α 系数对内部一致性信度进行测量。效度是指量表能够正确地反映出被测量对象的程度，测量结果与被测量对象的相符程度越高，效度就越好。效度一般分为内容效度和构念效度。本研究参考已经被广泛使用并被验证的成熟量表，结合学者、专家、企业高管的意见进行进一步的修改，因此本研究的量表具备较高的内容效度；针对构念效度，本研究使用探索性因子分析来检验。

（3）相关分析

相关分析用来分析两个或多个相关变量之间的相关程度。变量之间存在相关关系是线性回归的先决条件，也就是说，变量之间需要先进行相关分析，证明存在相关性后，再进行线性回归分析。本研究使用 Pearson 相关分析法对供应链伙伴特性、组织学习、服务创新绩效、关系质量和吸收能力之间的相关性进行分析，一是考察变量之间的多重共线性问题，二是在确认变量之间不存在多重共线性后，开始进行多元回归分析。

（4）多元回归分析

本研究使用多元回归分析方法来检验组织学习的中介作用，同时使用SPSS 软件中的 PROCESS 插件来检验中介作用的稳健性。在检验调节作用时，需要引入多个交互项，因此，运用多元回归分析方法来检验关系质量的调节作用和吸收能力的调节作用是较为合适的。

（5）结构方程模型

结构方程模型（SEM）是多变量的路径分析方法，也是一种融合变量测量和变量分析的实证研究方法，适合用于大样本检验，样本数量越多，检验结果就越稳定。由于研究模型中的供应链伙伴特性、组织学习、服务创新绩效及其相关测量呈现出主观性，因此，使用结构方程模型进行实证分析是合适的。使用结构方程模型进行实证分析一般包括四个步骤：建立模型、使用样本数据对模型进行拟合、对拟合情况进行评价、修正原有的模型。表 6.18 列出了用于评价拟合情况的各种指标（吴明隆，2010），与此同时，本研究还参考侯杰泰等（2004）的研究，不仅选取增值适配度指数和绝对适配度指数作为评价指标，还选取 χ^2/df、RMSEA、GFI、TLI、CFI 等作为评价指标。

表 6.18　适配度评价指标及其标准

统计量检验	适配的标准或临界值
绝对适配度指数	
χ^2值	显著性概率值 $p > 0.05$（未达显著水平）
GFI 值	>0.9
AGFI 值	>0.9
RMR 值	< 0.05
RMSEA 值	< 0.05（适配良好），< 0.08（适配合理）
增值适配度指数	
NFI 值	>0.9
RFI 值	>0.9
IFI 值	>0.9
TLI 值（NNFI 值）	>0.9
CFI 值	>0.9

6.7　本章小结

本书第五章提出了供应链伙伴特性对服务创新绩效的直接效应、组织学习的中介效应、关系质量的调节效应以及吸收能力的调节效应，为使用实证分析方法对这些效应进行检验，本章对问卷设计、变量的度量、问卷的预调研等环节进行了详细说明，以此为第七章的假设模型检验奠定基础。

7 实证分析与结果讨论

本书第五章提出了概念模型的研究假设，第六章提出了问卷设计的总体原则、样本企业数据的来源、制造企业样本数据的初步分析方法等。本章将在第五章和第六章的基础上对正式调研中的制造企业样本数据进行实证分析，分别检验各个变量量表的信效度、供应链伙伴特性对服务创新绩效的直接效应、双元组织学习的中介效应以及关系质量和吸收能力的调节效应，进而得出本研究的总体研究结论，然后再对概念模型中各个变量之间的各种关系进行详细讨论。

7.1 变量的信度和效度检验

7.1.1 同源偏差检验

本次正式调研采用李克特七点量表对问项进行打分，在一份调查问卷中，五个变量的测量量表均由同一人填写。由于同一答题者填写了所有问项，这就可能会产生自相关性问题，也即可能存在同源偏差问题。因此，本研究需要采取适当的措施来减少该问题对研究结论产生的负面影响。为降低同源偏差，国内外学术界通常采用程序控制与统计控制两种方法：对于程序控制，在答题者填写问卷的过程中，本研究采取匿名填写、打乱问项顺序等方式来对同源偏差进行控制，具体措施详见本研究的"6.2.3 问卷防偏措施"；对于统计控制，在答题者填写完问卷后，本研究采用 Harman 单因素检验法对问卷的所有问项进行探索性因子分析，考察分析结果中的无旋转主成分因子分析结果。在无旋转主成分因子分析中，如果特征根最大的因子能够解释的变异量占比小于40%，则可认为企业样本数据不存在显著的同源偏差。

本研究在正式调研阶段一共收集了 339 份有效问卷，对这些问卷数据进行探索性因子分析，结果显示，在无旋转主成分因子分析结果中，特征根最大的因子能够解释的变异量占 12.605%，小于 40%。因此，基本上可以认为本研究不存在同源偏差问题。在预调研中，本研究已经对预调研数据进行了信效度分析，结果均符合研究的要求。为确保在正式调研中问卷数据同样具备可靠的信效度，本章将采用验证性因子分析方法对样本数据进行进一步的检验。

7.1.2 供应链伙伴特性

本章以 339 份有效的制造企业样本数据为研究对象，对其进行实证分析。首先，本研究对供应链伙伴特性的三个维度（资源互补性、文化相容性、目标协同性）开展信度分析。然后，本研究将其检验结果列于表 7.1 中。具体而言，本研究将结合 CITC 系数和 Cronbach's α 系数对该变量量表的三个维度分量表进行信度分析，以检验其可靠性。具体的判断标准是：CITC 系数至少大于 0.35，最好大于 0.5；Cronbach's α 系数大于 0.7。经过实证分析，供应链伙伴特性量表的信度检验结果表明，9 个问项的 CITC 系数都大于 0.5，说明 CITC 系数的情况良好；三个维度分量表的标准化 Cronbach's α 系数都大于 0.7，说明 Cronbach's α 系数的情况良好。具体来说，资源互补性分量表的标准化 Cronbach's α 系数是 0.774，大于 0.7，删除问项后的 Cronbach's α 系数最大为 0.768，小于 0.774，CITC 系数的最小值为 0.613，大于 0.5；文化相容性分量表的标准化 Cronbach's α 系数是 0.794，大于 0.7，删除问项后的 Cronbach's α 系数最大为 0.751，小于 0.794，CITC 系数的最小值为 0.661，大于 0.5；目标协同性分量表的标准化 Cronbach's α 系数是 0.861，大于 0.7，删除问项后的 Cronbach's α 系数最大为 0.842，小于 0.861，CITC 系数的最小值为 0.703，大于 0.5。由此可见，供应链伙伴特性三个维度的分量表的对应问项之间具有良好的内部一致性。

表 7.1 供应链伙伴特性三个维度的信度检验（N=339）

变量名称	问项序号	题项 – 总体相关系数	删除该问项后的 Cronbach's α 系数	Cronbach's α 系数
资源互补性	RE1	0.706	0.768	0.774
	RE2	0.613	0.606	
	RE3	0.663	0.713	
文化相容性	CU1	0.669	0.732	0.794
	CU2	0.675	0.713	
	CU3	0.661	0.751	
目标协同性	TA1	0.775	0.842	0.861
	TA2	0.766	0.774	
	TA3	0.703	0.761	

信度检验结束后，本研究对供应链伙伴特性的三个维度（资源互补性、文化相容性、目标协同性）开展验证性因子分析，具体结果见图 7.1 和表 7.2。

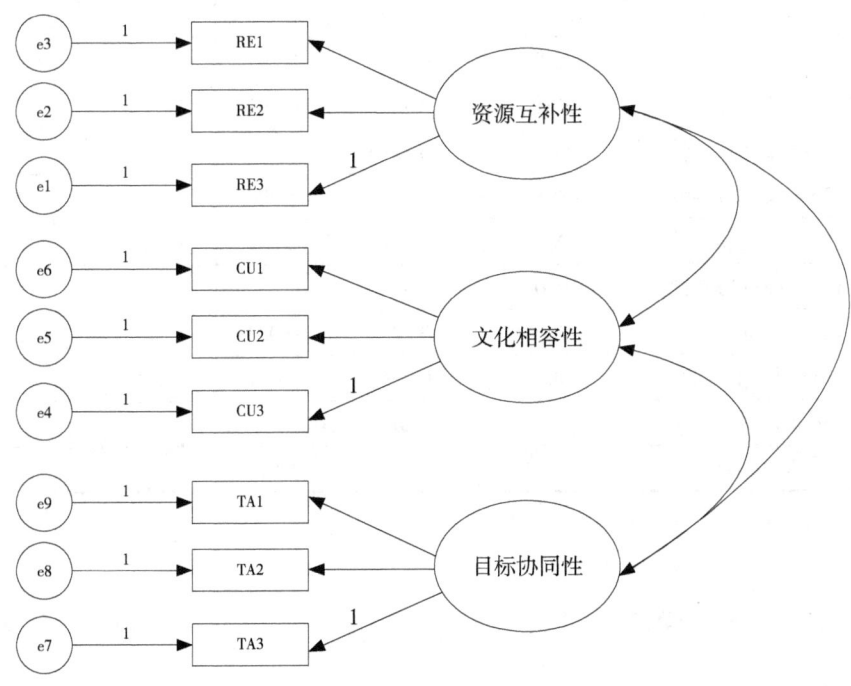

图 7.1 供应链伙伴特性的测量模型

表 7.2 所示的模型测量结果显示：第一，χ^2 的值是 64.348，自由度 df 的值是 24，χ^2/df 的值是 2.681，低于 3，表明模型适配度的情况良好，符合本研究的研究要求；第二，GFI、CFI、TLI 三个指标的值分别是 0.920、0.934 和 0.902，均在 0.9 以上；第三，RMSEA 的值是 0.077，低于 0.08，这也表明供应链伙伴特性的适配度已达标，符合本研究的研究要求；第四，各条路径的系数均在 $p<0.001$ 的水平上显著。

基于以上各项指标的总体情况，本研究得出以下结论：所示的因子结构通过了验证性因子分析的验证，结果表明，测量模型的拟合效果良好。这说明在正式调研期间所收集的 339 份有效问卷数据中，关于资源互补性、文化相容性、目标协同性的量表具备良好的效度。

表 7.2 供应链伙伴特性测量模型的拟合结果（$N=339$）

路径	未标准化系数	标准化系数	S.E.	C.R.	p
RE3 ←—资源互补性	1.000	0.707			
RE2 ←—资源互补性	1.088	0.826	0.093	14.868	***
RE1 ←—资源互补性	0.961	0.880	0.091	15.756	***
CU3 ←—文化相容性	1.000	0.828			
CU2 ←—文化相容性	0.858	0.792	0.090	13.964	***
CU1 ←—文化相容性	1.089	0.871	0.092	15.675	***
TA3 ←—目标协同性	1.000	0.978			
TA2 ←—目标协同性	0.820	0.721	0.083	13.170	***
TA1 ←—目标协同性	0.903	0.866	0.081	15.814	***
χ^2=64.348	GFI=0.920　　CFI=0.934				
χ^2/df=2.681	TLI=0.902　　RMSEA=0.077				

注：*** 表示 $p<0.001$。

7.1.3 组织学习

本章以 339 份有效的制造企业样本数据为研究对象，对其进行实证分析。首先，本研究对组织学习的两个维度（利用式学习和探索式学习）开展信度分

析。然后，本研究将其检验结果列于表 7.3 中。具体而言，本研究结合 CITC
系数和 Cronbach's α 系数对该变量量表的两个维度分量表进行信度分析，以
检验其可靠性。具体的判断标准是：CITC 系数至少大于 0.35，最好大于 0.5；
Cronbach's α 系数大于 0.7。经过实证分析，组织学习量表的信度检验结果表
明，6 个问项的 CITC 系数都大于 0.5，说明 CITC 系数的情况良好；两个维度
分量表的标准化 Cronbach's α 系数都大于 0.7，说明 Cronbach's α 系数的情况
良好。具体来说，探索式学习分量表的标准化 Cronbach's α 系数是 0.804，大
于 0.7，删除问项后的 Cronbach's α 系数最大为 0.738，小于 0.804，CITC 系数
的最小值为 0.663，大于 0.5；利用式学习分量表的标准化 Cronbach's α 系数
是 0.909，大于 0.7，删除问项后的 Cronbach's α 系数最大为 0.850，小于 0.909，
CITC 系数的最小值为 0.745，大于 0.5。由此可见，组织学习两个维度的分量
表的对应问项之间具有良好的内部一致性。

表 7.3　组织学习两个维度的信度检验（N=339）

变量名称	问项序号	题项 - 总体相关系数	删除该问项后的 Cronbach's α 系数	Cronbach's α 系数
探索式学习	D1	0.663	0.719	0.804
	D2	0.684	0.716	
	D3	0.702	0.738	
利用式学习	E1	0.745	0.770	0.909
	E2	0.754	0.799	
	E3	0.758	0.850	

　　信度检验结束后，本研究对组织学习的两个维度（利用式学习和探索式学
习）开展验证性因子分析，具体结果见图 7.2 和表 7.4。

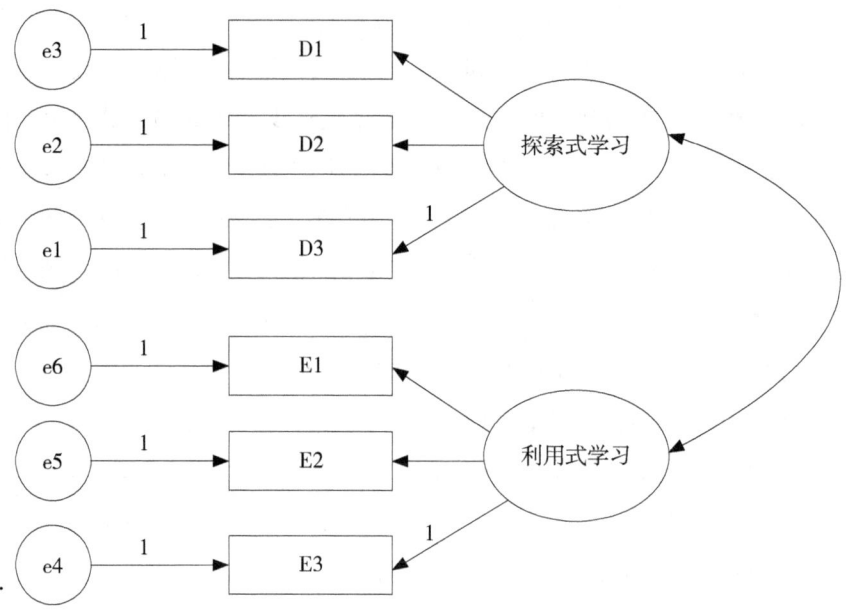

图 7.2　组织学习的测量模型

表 7.4 所示的模型测量结果显示：第一，χ^2 的值是 9.446，自由度 df 的值是 8，χ^2/df 的值是 1.181，低于 3，表明模型适配度的情况良好，符合本研究的研究要求；第二，GFI、CFI、TLI 三个指标的值分别是 0.991、0.996 和 0.993，均在 0.9 以上；第三，RMSEA 的值是 0.023，低于 0.05，这也表明组织学习的适配度良好，符合本研究的研究要求；第四，各条路径的系数均在 $p<0.001$ 的水平上显著。

基于以上各项指标的总体情况，本研究得出以下结论：所示的因子结构通过了验证性因子分析的验证，结果表明，测量模型的拟合效果良好。这说明在正式调研期间所收集的 339 份有效问卷数据中，关于利用式学习、探索式学习的量表具备良好的效度。

表 7.4　组织学习测量模型的拟合结果（N=339）

路径	未标准化系数	标准化系数	S.E.	C.R.	p
D3 ← 探索式学习	1.000	0.900			

续表

路径	未标准化系数	标准化系数	S.E.	C.R.	p
D2←探索式学习	0.991	0.836	0.085	16.147	***
D1←探索式学习	0.882	0.763	0.104	16.443	***
E3←利用式学习	1.000	0.837			
E2←利用式学习	0.919	0.767	0.117	12.155	***
E1←利用式学习	1.032	0.862	0.103	14.208	***
χ^2=9.446	GFI=0.991　　CFI=0.996				
χ^2/df=1.181	TLI=0.993　　RMSEA=0.023				

7.1.4 关系质量

本章以 339 份有效的制造企业样本数据为研究对象，对其进行实证分析。首先，本研究对关系质量开展信度分析。然后，本研究将其检验结果列于表 7.5 中。具体而言，本研究结合 CITC 系数和 Cronbach's α 系数对该变量量表进行信度分析，以检验其可靠性。具体的判断标准是：CITC 系数至少大于 0.35，最好大于 0.5；Cronbach's α 系数大于 0.7。经过实证分析，关系质量量表的信度检验结果表明，4 个问项的 CITC 系数都大于 0.5，说明 CITC 系数的情况良好；关系质量量表的标准化 Cronbach's α 系数大于 0.7，说明 Cronbach's α 系数的情况良好。具体来说，关系质量量表的标准化 Cronbach's α 系数是 0.864，大于 0.7，删除问项后的 Cronbach's α 系数最大为 0.854，小于 0.864，CITC 系数的最小值为 0.720，大于 0.5。由此可见，关系质量量表的对应问项之间具有良好的内部一致性。

表 7.5　关系质量的信度检验（N=339）

变量名称	问项序号	题项－总体相关系数	删除该问项后的 Cronbach's α 系数	Cronbach's α 系数
关系质量	RQ1	0.724	0.854	0.864
	RQ2	0.784	0.793	
	RQ3	0.720	0.727	
	RQ4	0.770	0.800	

信度检验结束后，本研究对关系质量开展验证性因子分析，具体结果见图7.3 和表7.6。

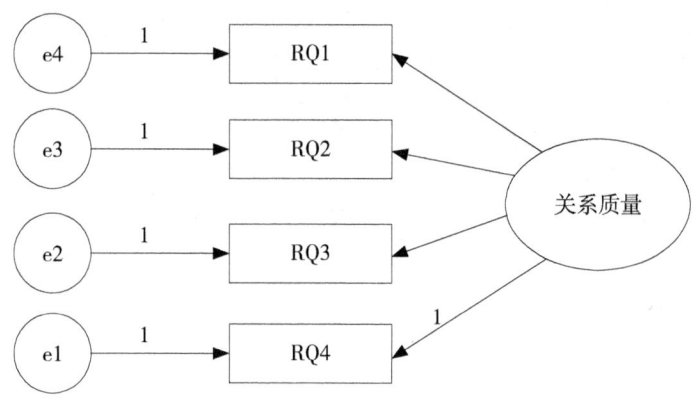

图7.3 关系质量的测量模型

表7.6 所示的模型测量结果显示：第一，x^2 的值是5.478，自由度 df 的值是 2，x^2/df 的值是2.739，低于3，表明模型适配度的情况良好，符合本研究的研究要求；第二，GFI、CFI、TLI 三个指标的值分别是 0.985、0.909 和 0.927，均在 0.9 以上；第三，RMSEA 的值是 0.072，低于 0.08，这也表明关系质量的适配度已达标，符合本研究的研究要求；第四，各条路径的系数均在 $p<0.001$ 的水平上显著。

基于以上各项指标的总体情况，本研究得出以下结论：所示的因子结构通过了验证性因子分析的验证，结果表明，测量模型的拟合效果良好。这说明在正式调研期间所收集的 339 份有效问卷数据中，关于关系质量的量表具备良好的效度。

表7.6 关系质量测量模型的拟合结果（N=339）

路径	未标准化系数	标准化系数	S.E.	C.R.	p
RQ4 ←关系质量	1.000	0.961			
RQ3 ←关系质量	0.891	0.884	0.095	11.212	***
RQ2 ←关系质量	0.981	0.803	0.109	13.190	***

续表

路径	未标准化系数	标准化系数	S.E.	C.R.	p
RQ1←关系质量	0.880	0.755	0.104	13.337	***
χ^2=5.478	GFI=0.985　　CFI=0.909				
χ^2/df=2.739	TLI=0.927　　RMSEA=0.072				

7.1.5　吸收能力

本章以 339 份有效的制造企业样本数据为研究对象，对其进行实证分析。首先，本研究对吸收能力开展信度分析。然后，本研究将其检验结果列于表 7.7 中。具体而言，本研究结合 CITC 系数和 Cronbach's α 系数对该变量量表进行信度分析，以检验其可靠性。具体的判断标准是：CITC 系数至少大于 0.35，最好大于 0.5；Cronbach's α 系数大于 0.7。经过实证分析，吸收能力量表的信度检验结果表明，4 个问项的 CITC 系数都大于 0.5，说明 CITC 系数的情况良好；吸收能力量表的标准化 Cronbach's α 系数大于 0.7，说明 Cronbach's α 系数的情况良好。具体来说，吸收能力量表的标准化 Cronbach's α 系数是 0.930，大于 0.7，删除问项后的 Cronbach's α 系数最大为 0.910，小于 0.930，CITC 系数的最小值为 0.807，大于 0.5。由此可见，吸收能力量表的对应问项之间具有良好的内部一致性。

表 7.7　吸收能力的信度检验（N=339）

变量名称	问项序号	题项－总体相关系数	删除该问项后的 Cronbach's α 系数	Cronbach's α 系数
吸收能力	AC1	0.829	0.850	0.930
	AC2	0.830	0.817	
	AC3	0.807	0.865	
	AC4	0.882	0.910	

信度检验结束后，本研究对吸收能力开展验证性因子分析，具体结果见图 7.4 和表 7.8。

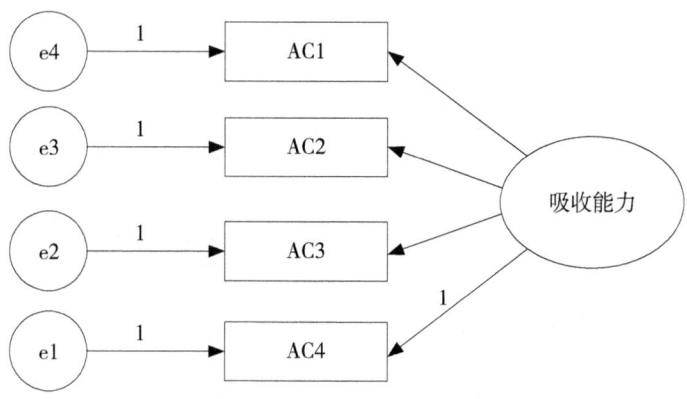

图 7.4　吸收能力的测量模型

表 7.8 所示的模型测量结果显示：第一，χ^2 的值是 5.168，自由度 df 的值是 2，χ^2/df 的值是 2.584，低于 3，表明模型适配度的情况良好，符合本研究的研究要求；第二，GFI、CFI、TLI 三个指标的值分别是 0.987、0.955 和 0.964，均在 0.9 以上；第三，RMSEA 的值是 0.063，低于 0.08，这也表明吸收能力的适配度已达标，符合本研究的研究要求；第四，各条路径的系数均在 $p<0.001$ 的水平上显著。

基于以上各项指标的总体情况，本研究得出以下结论：所示的因子结构通过了验证性因子分析的验证，结果表明，测量模型的拟合效果良好。这说明在正式调研期间所收集的 339 份有效问卷数据中，关于吸收能力的量表具备良好的效度。

表 7.8　吸收能力测量模型的拟合结果（N=339）

路径	未标准化系数	标准化系数	S.E.	C.R.	p
AC4 ←吸收能力	1.000	0.882			
AC3 ←吸收能力	0.914	0.893	0.099	12.018	***
AC2 ←吸收能力	0.956	0.804	0.105	10.284	***
AC1 ←吸收能力	0.952	0.811	0.109	12.395	***
χ^2=5.168	GFI=0.987　　CFI=0.955				
χ^2/df=2.584	TLI=0.964　　RMSEA=0.063				

7.1.6 服务创新绩效

本章以 339 份有效的制造企业样本数据为研究对象，对其进行实证分析。首先，本研究对服务创新绩效开展信度分析。然后，本研究将其检验结果列于表 7.9 中。具体而言，本研究结合 CITC 系数和 Cronbach's α 系数对该变量量表进行信度分析，以检验其可靠性。具体的判断标准是：CITC 系数至少大于 0.35，最好大于 0.5；Cronbach's α 系数大于 0.7。经过实证分析，服务创新绩效量表的信度检验结果表明，6 个问项的 CITC 系数都大于 0.5，说明 CITC 系数的情况良好；服务创新绩效量表的标准化 Cronbach's α 系数大于 0.7，说明 Cronbach's α 系数的情况良好。具体来说，服务创新绩效量表的标准化 Cronbach's α 系数是 0.922，大于 0.7，删除问项后的 Cronbach's α 系数最大为 0.880，小于 0.922，CITC 系数的最小值为 0.707，大于 0.5。由此可见，服务创新绩效量表的对应问项之间具有良好的内部一致性。

表 7.9 服务创新绩效的信度检验（N=339）

变量名称	问项序号	题项 – 总体相关系数	删除该问项后的 Cronbach's α 系数	Cronbach's α 系数
服务创新绩效	SIP1	0.755	0.880	0.922
	SIP2	0.749	0.842	
	SIP3	0.805	0.800	
	SIP4	0.707	0.760	
	SIP5	0.870	0.875	
	SIP6	0.745	0.819	

信度检验结束后，本研究对服务创新绩效开展验证性因子分析，具体结果见图 7.5 和表 7.10。

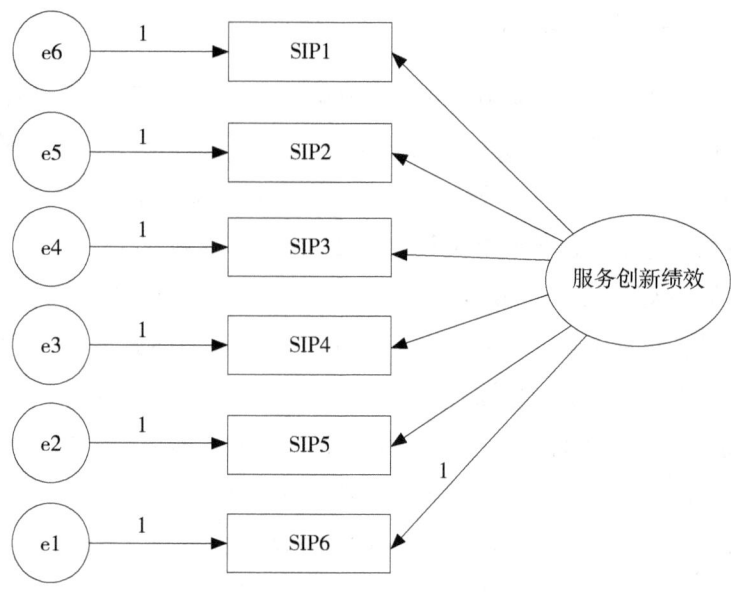

图 7.5　服务创新绩效的测量模型

　　表 7.10 所示的模型测量结果显示：第一，χ^2 的值是 21.138，自由度 df 的值是 9，χ^2/df 的值是 2.349，低于 3，表明模型适配度的情况良好，符合本研究的研究要求；第二，GFI、CFI、TLI 三个指标的值分别是 0.951、0.904 和 0.973，均在 0.9 以上；第三，RMSEA 的值是 0.028，低于 0.05，这也表明服务创新绩效的适配度良好，符合本研究的研究要求；第四，各条路径的系数均在 $p<0.001$ 的水平上显著。

　　基于以上各项指标的总体情况，本研究得出以下结论：所示的因子结构通过了验证性因子分析的验证，结果表明，测量模型的拟合效果良好。这说明在正式调研期间所收集的 339 份有效问卷数据中，关于服务创新绩效的量表具备良好的效度。

表 7.10　服务创新绩效测量模型的拟合结果（N=339）

路径	未标准化系数	标准化系数	S.E.	C.R.	p
SIP6 ←服务创新绩效	1.000	0.928			

续表

路径	未标准化系数	标准化系数	S.E.	C.R.	p
SIP5 ←—服务创新绩效	0.822	0.807	0.087	14.011	***
SIP4 ←—服务创新绩效	0.888	0.810	0.097	13.971	***
SIP3 ←—服务创新绩效	0.913	0.808	0.094	13.690	***
SIP2 ←—服务创新绩效	0.915	0.804	0.096	14.106	***
SIP1 ←—服务创新绩效	0.923	0.808	0.098	13.691	***
χ^2=21.138	GFI=0.951　　CFI=0.904				
χ^2/df=2.349	TLI=0.973　　RMSEA=0.028				

7.2　变量的描述性统计分析以及相关分析

在进行多元线性回归分析之前，需要先对变量之间的关系进行相关分析，只有当变量之间存在相关性时，进行回归分析才有意义。因此，本研究对供应链伙伴特性的三个维度（资源互补性、文化相容性、目标协同性）、双元组织学习的两个维度（利用式学习和探索式学习）、服务创新绩效、关系质量和吸收能力进行相关分析，为下一步的多元线性回归分析奠定基础。表 7.11 展示了供应链伙伴特性、双元组织学习、服务创新绩效、关系质量和吸收能力之间的相关系数、均值和标准差。通过阅读表中数据，可以发现，除了企业年龄、企业规模、企业性质等控制变量外，其他变量之间的相关系数均在 $p<0.001$ 的水平上显著。基于此，本研究认为，供应链伙伴特性的三个维度（资源互补性、文化相容性、目标协同性）、双元组织学习的两个维度（利用式学习和探索式学习）、服务创新绩效、关系质量、吸收能力之间具备一定的相关性，能够满足多元线性回归分析的前提条件，因此，本研究可以进行多元线性回归分析。本章还将检验利用式学习在供应链伙伴特性和服务创新绩效之间的中介效应、探索式学习在供应链伙伴特性和服务创新绩效之间的中介效应、关系质量在供应链伙伴特性和利用式学习之间的调节效应、关系质量在供应链伙伴特性和探索式学习之间的调节效应、吸收能力在利用式学习和服务创新绩效之间的调节效应、吸收能力在探索式学习和服务创新绩效之间的调节效应。

表 7.11　本研究主要变量的相关系数矩阵、均值以及标准差（*N*=339）

变量	1	2	3	4	5	6	7	8	9	10	11
1.企业年龄	1										
2.企业规模	0.307**	1									
3.企业性质	−0.130**	−0.151	1								
4.资源互补性	0.150**	0.183**	−0.126	1							
5.文化相容性	0.183**	0.126*	−0.153	0.534**	1						
6.目标协同性	0.106*	0.028	−0.037	0.503**	0.695**	1					
7.利用式学习	0.114**	0.293**	−0.146	0.622**	0.591**	0.664**	1				
8.探索式学习	0.122**	0.184**	−0.095	0.775**	0.698**	0.713*	0.617**	1			
9.服务创新绩效	0.158*	0.195**	−0.123*	0.663**	0.553**	0.645**	0.771**	0.695**	1		
10.关系质量	0.172*	0.113*	−0.085	0.573**	0.628**	0.564**	0.529**	0.619**	0.649**	1	
11.吸收能力	0.151**	0.149**	0.117	0.604**	0.658**	0.637**	0.622**	0.637**	0.647**	0.642**	1
均值	3.094	3.265	2.994	6.078	5.875	6.115	6.011	5.307	6.106	6.059	6.125
标准差	0.905	1.294	1.192	1.032	1.021	1.001	1.034	1.086	1.179	1.037	1.051

注：*** 表示 $p<0.001$，** 表示 $p<0.01$，* 表示 $p<0.05$，+ 表示 $p<0.1$ 双尾检验。

7.3　供应链伙伴特性对服务创新绩效的直接作用分析

本研究通过运用 SPSS 软件中的分层回归功能来分析供应链伙伴特性影响服务创新绩效的机制。首先，以本研究正式调研中收集的 339 份问卷数据为基础，检测供应链伙伴特性的三个维度与服务创新绩效的方差膨胀因子（*VIF*），以确保所有变量和维度的方差膨胀因子（*VIF*）均小于 10，从而排除多重共线性问题。通过 SPSS 软件计算后得知，模型 1 至模型 5 所有变量和维度的方差膨胀因子（*VIF*）均在 1 至 2 之间，说明收集的问卷数据不存在多重共线性问题。其次，模型 1 至模型 5 都开展了 DW 检验，DW 的值均在 2 左右，说明不存在自相关问题。最后，本研究正式调研中收集的 339 份问卷数据都是横截面数据，不存在序列相关问题，因此，可以排除数据中存在序列相关问题的可能性。

该小节的主要目的是通过实证方法来分析供应链伙伴特性影响服务创新绩效的机制。其步骤分别是：第一，利用多元回归分析法先检验 3 个控制变量（企业年龄、企业规模、企业性质）对服务创新绩效的影响，实证分析结果见表 7.12 中的模型 1；第二，将资源互补性维度加入模型 1 中，利用多元回归分析法检验 3 个控制变量（企业年龄、企业规模、企业性质）和资源互补性维度对服务创新绩效的影响，实证分析结果见表 7.12 中的模型 2；第三，将文化相容性维度加入模型 1 中，利用多元回归分析法检验 3 个控制变量（企业年龄、企业规模、企业性质）和文化相容性维度对服务创新绩效的影响，实证分析结果见表 7.12 中的模型 3；第四，将目标协同性维度加入模型 1 中，利用多元回归分析法检验 3 个控制变量（企业年龄、企业规模、企业性质）和目标协同性维度对服务创新绩效的影响，实证分析结果见表 7.12 中的模型 4；第五，将资源互补性维度、文化相容性维度、目标协同性维度同时加入模型 1 中，利用多元回归分析法检验 3 个控制变量（企业年龄、企业规模、企业性质）、资源互补性维度、文化相容性维度和目标协同性维度对服务创新绩效的影响，实证分析结果见表 7.12 中的模型 5。在模型 1 至模型 5 中，各个变量和维度的方差膨胀因子（*VIF*）均在 1 至 2 之间。因此，本研究认为，各个模型中均不存在多重共线性问题。表 7.12 中的实证分析结果显示，供应链伙伴特性可以正向影响服务创新绩效。

关于控制变量企业年龄、企业规模和企业性质对服务创新绩效的影响，详见模型 1：由实证结果可知，企业规模（$\beta=0.104$）会正向影响服务创新绩效，并在 $p<0.001$ 的水平上显著；企业年龄（$\beta=-0.073$，$p<0.05$）和企业性质（$\beta=-0.056$，$p<0.01$）会负向影响服务创新绩效，但是负向作用很小，且显著性都不如企业规模高。企业规模、企业年龄、企业性质三者合计起来能够解释服务创新绩效 7.3% 的变异，且模型 1 的 F 值是 1.777。由此可见，企业的规模越大，其组建的供应链规模就越大，拥有的合作伙伴、服务创新资源就越多，进而可

以获得更高的服务创新绩效。

关于供应链伙伴特性对服务创新绩效的影响，详见模型2至模型5。

由模型2可知，在模型1的基础上加入资源互补性维度后，发现资源互补性对服务创新绩效的正向影响显著（$\beta=0.385$，$p<0.001$）。相较于模型1，模型2的 R^2 增加了17.4%，说明加入资源互补性维度后，模型能够解释更多的关于服务创新绩效的变异。模型2的 R^2 为0.247，F 值为27.432，说明模型2一共能解释24.7%的服务创新绩效变异。因此，由上述结论可知，制造企业的资源互补性越强，服务创新绩效的水平就越高，也就是说，假设 H1b 成立。

由模型3可知，在模型1的基础上加入文化相容性维度后，发现文化相容性对服务创新绩效的正向影响显著（$\beta=0.403$，$p<0.001$）。相较于模型1，模型3的 R^2 增加了26.3%，说明加入文化相容性维度后，模型能够解释更多的关于服务创新绩效的变异。模型3的 R^2 为0.336，F 值为42.327，说明模型3一共能解释33.6%的服务创新绩效变异。因此，由上述结论可知，制造企业的文化相容性越强，服务创新绩效的水平就越高，也就是说，假设 H1c 成立。

由模型4可知，在模型1的基础上加入目标协同性维度后，发现目标协同性对服务创新绩效的正向影响显著（$\beta=0.438$，$p<0.001$）。相较于模型1，模型4的 R^2 增加了20.7%，说明加入目标协同性维度后，模型能够解释更多的关于服务创新绩效的变异。模型4的 R^2 为0.280，F 值为32.539，说明模型4一共能解释28.0%的服务创新绩效变异。因此，由上述结论可知，制造企业的目标协同性越强，服务创新绩效的水平就越高，也就是说，假设 H1a 成立。

由模型5可知，在模型1的基础上同时加入资源互补性维度、文化相容性维度、目标协同性维度后，发现资源互补性对服务创新绩效的正向影响显著（$\beta=0.147$，$p<0.01$）、文化相容性对服务创新绩效的正向影响显著（$\beta=0.300$，$p<0.001$）、目标协同性对服务创新绩效的正向影响显著（$\beta=0.242$，$p<0.001$）。相较于模型1，模型5的 R^2 增加了37.7%，说明加入资源互补性维度、文化相容性维度、目标协同性维度后，模型能够解释更多的关于服务创新绩效的变异，也即资源互补性维度、文化相容性维度、目标协同性维度加起来（供应链伙伴特性）一共能解释37.7%的服务创新绩效变异。模型5的 R^2 为0.450，F 值为45.324，说明模型5一共能解释45.0%的服务创新绩效变异。因此，由

上述结论可知，制造企业的目标协同性越强、资源互补性越强、文化相容性越强，服务创新绩效的水平就越高，也就是说，该结论进一步证明了假设 H1a、假设 H1b、假设 H1c 是成立的。

表 7.12 供应链伙伴特性影响服务创新绩效的回归分析结果（ *N*=339 ）

变量	模型 1	模型 2	模型 3	模型 4	模型 5
（常量）	6.205^{***}	3.875^{***}	3.785^{***}	3.581^{***}	2.065^{***}
	（ 53.224 ）	（ 13.597 ）	（ 16.303 ）	（ 12.504 ）	（ 6.950 ）
企业年龄	-0.073^{*}	-0.046^{+}	-0.035	-0.100^{***}	-0.049^{*}
	（ -2.486 ）	（ -1.719 ）	（ -1.392 ）	（ -3.859 ）	（ -2.106 ）
企业规模	0.104^{***}	0.055^{**}	0.057^{**}	0.095^{***}	0.055^{**}
	（ 4.408 ）	（ 2.915 ）	（ 3.246 ）	（ 5.235 ）	（ 3.298 ）
企业性质	-0.056^{**}	-0.049^{*}	-0.042^{*}	-0.050^{**}	-0.040^{*}
	（ -2.653 ）	（ -2.573 ）	（ -2.356 ）	（ -2.689 ）	（ -2.434 ）
资源互补性		0.385^{***}			0.147^{**}
		（ 8.797 ）			（ 3.256 ）
文化相容性			0.403^{***}		0.300^{***}
			（ 11.517 ）		（ 8.738 ）
目标协同性				0.438^{***}	0.242^{***}
				（ 9.815 ）	（ 5.170 ）
R^2	0.073	0.247	0.336	0.280	0.450
ΔR^2		0.174	0.263	0.207	0.377
F	1.777^{***}	27.432^{***}	42.327^{***}	32.539^{***}	45.324^{***}

注：1.*** 表示 $p<0.001$，** 表示 $p<0.01$，* 表示 $p<0.05$，+ 表示 $p<0.1$ 双尾检验；2. 括号中数值为 t 值；3. 表中回归系数均为非标准化回归系数。

7.4 组织学习的中介作用分析

本小节主要讨论组织学习（利用式学习和探索式学习）在供应链伙伴特性和服务创新绩效之间的中介效应。本研究参考温忠麟等（2005）、温忠麟和叶宝娟（2014）的研究观点[①]，并认为，当自变量 *X* 会对因变量 *Y* 产生影响时，

---

① 在温忠麟等（2005）、温忠麟和叶宝娟（2014）的研究中关于中介效应的观点内容在本研究 5.2.5 中已述。

其作用机制如果是自变量 X 先影响变量 M，变量 M 再影响因变量 Y，那么，此时把变量 M 称为中介变量，把自变量 X 通过中介变量 M 对因变量 Y 产生的间接影响称为中介效应。X（自变量）通过影响 M（中介变量）进而影响 Y（因变量）的关系路径如图 7.6 所示：

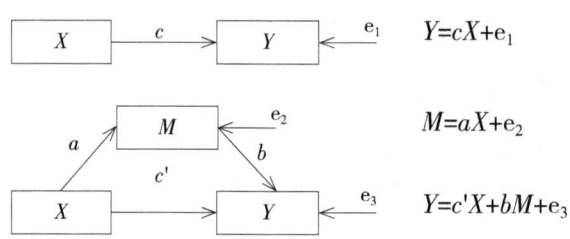

图 7.6　中介效应示意图

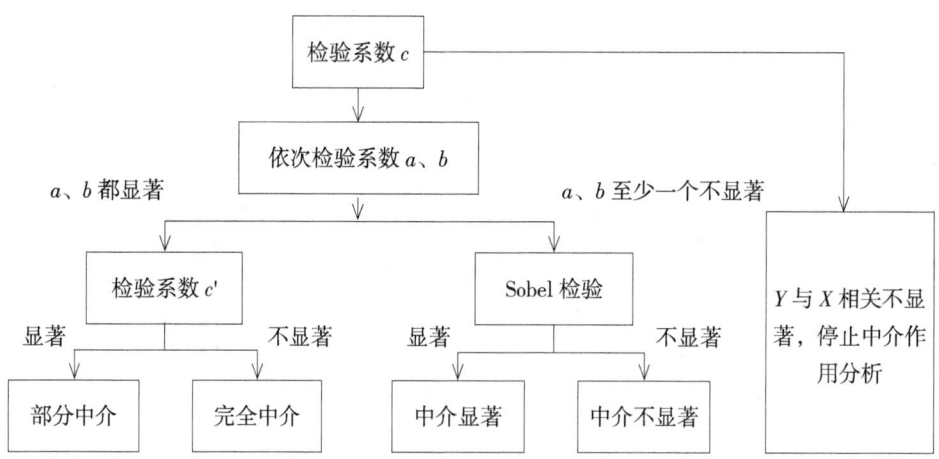

图 7.7　中介作用的检验程序

本研究参考国外学者 Baron 和 Kenny（1986）和国内学者温忠麟等（2004）提出的中介效应检验步骤，来检验组织学习在供应链伙伴特性和服务创新绩效之间的中介效应，具体检验步骤如图 7.7 所示。第一步，检验自变量供应链伙伴特性对因变量服务创新绩效的回归系数是否显著，也就是检验回归系数 c 是否显著，如果回归系数 c 显著，则进行下一步检验，如果回归系数 c 不显著，则停止检验；第二步，检验自变量供应链伙伴特性对中介变量组织学习的回归系数以及中介变量组织学习对因变量服务创新绩效的回归系数是否显著，也就是分别检验回归系数 a 和 b 是否显著，如果回归系数 a 和 b 都显著，则组织学习一定会发挥中介作用（部分中介作用或者完全中介作用），并转到步骤三，如果回归系数 a 和 b 至少有一个不显著，则进行 Sobel 检验，并转到步骤四；第三步，把自变量供应链伙伴特性、中介变量组织学习、因变量服务创新绩效放在一起进行线性回归，检验自变量供应链伙伴特性对因变量服务创新绩效的回归系数是否显著，也就是检验回归系数 c' 是否显著，如果回归系数 c' 显著，那么表明中介变量组织学习发挥了部分中介作用，如果回归系数 c' 不显著，那么表明中介变量组织学习发挥了完全中介作用；第四步，进行 Sobel 检验，如果检验结果显著，那么说明中介变量组织学习的中介作用显著，如果检验结果不显著，那么说明中介变量组织学习的中介作用不显著。

本研究主要运用 SPSS 软件中的分层回归功能来检验组织学习（利用式学习和探索式学习）在供应链伙伴特性和服务创新绩效之间的中介作用。在本研究的概念模型中，组织学习一共有两个维度，分别是利用式学习和探索式学习，因此，本研究需要进行多重中介效应检验。在检验中介效应时，本研究不仅参考了国外学者 Baron 和 Kenny（1986）和国内学者温忠麟等（2004）提出的中介效应检验步骤，而且还参考了刘新梅等（2013）与杨林和俞安平（2016）提出的中介效应检验步骤。然后，基于以上国内外学者的做法，本研究建立了以下四个方程来检验组织学习在供应链伙伴特性和服务创新绩效之间的中介作用。四个方程如下所示：

$$SIP_{it} = \alpha_1 + \beta_1 SCPC_{it} + \varepsilon_1 \tag{7.1}$$

$$OL_{it} = \alpha_2 + \beta_2 SCPC_{it} + \varepsilon_2 \tag{7.2}$$

$$SIP_{it} = \alpha_3 + \beta_3 SCPC_{it} + \varepsilon_3 \tag{7.3}$$

$$SIP_{it} = \alpha_4 + \beta_4 SCPC_{it} + \beta_5 OL_{it} + \varepsilon_4 \tag{7.4}$$

在以上四个方程中，α 代表常数项，β 代表矩阵回归系数，SIP 代表服务创新绩效，$SCPC$ 代表供应链伙伴特性，OL 表示组织学习。在上一小节中，本研究已经检验了供应链伙伴特性对服务创新绩效的直接作用，因此，本小节在上一小节相关检验的基础上，进一步检验组织学习（利用式学习和探索式学习）的中介作用，以证实组织学习（利用式学习和探索式学习）可以在供应链伙伴特性和服务创新绩效之间发挥中介作用。

另外，参考图 7.7 所示的中介效应检验步骤，如果在后续检验中，本研究需要进行 Sobel 检验，则采用以下公式：

$$（7.5）$$

$$Z = \frac{\hat{a}\hat{b}}{\sqrt{\hat{a}^2 s_b^2 + \hat{b}^2 s_a^2}}$$

在式（7.5）中，s_a 和 s_b 分别表示 $\hat{a}$ 和 $\hat{b}$ 的对应标准误。如果 Z 的绝对值大于 1.96，则表明 Sobel 检验结果是显著的、中介效应也是显著的，而且中介效应至少在 $p<0.05$ 的水平上显著；反之，则表明中介效应不显著。

最后，本研究参考 MacKinnon 等（2004）的文献成果，运用 Preacher 和 Hayes（2008）所开发的 PROCESS 插件，并利用 SPSS 软件中的 Bootstrap 统计方法来检验组织学习（利用式学习和探索式学习）在供应链伙伴特性与服务创新绩效之间中介效应的稳健性。Bootstrap 统计方法是一种重要的非参数估计法，拥有许多优点：第一，该方法允许重复抽样；第二，该方法对数据的总体分布情况没有要求，即不要求数据是正态分布的。当运用 Bootstrap 统计方法检验中介效应时，如果置信区间不包括 0，那么就可以认为中介效应显著，反之，则认为中介效应不显著。

7.4.1 供应链伙伴特性与组织学习

在本章的 7.3 节中，本研究通过实证方法已经证实了供应链伙伴特性（资源互补性、文化相容性、目标协同性）会对服务创新绩效产生显著的正向影响。按照图 7.7 所示的中介作用检验步骤，在证明回归系数 c 显著后，还要接着证明回归系数 a 和 b 是否显著。因此，在本小节中，本研究将检验供应链伙伴特性（资源互补性、文化相容性、目标协同性）对组织学习（利用式学习和探索式学习）的影响。

首先，本研究以正式调研中收集的 339 份问卷数据为基础，来检验供应链伙伴特性的三个维度与利用式学习的方差膨胀因子（VIF），以确保所有变量和维度的方差膨胀因子（VIF）均小于 10，从而排除多重共线性问题。通过 SPSS 软件计算后得知，在表 7.13 中，模型 6 至模型 10 的全部变量和维度的方差膨胀因子（*VIF*）均在 1 至 2 之间，说明收集的问卷数据不存在多重共线性问题。其次，全部模型都开展了 DW 检验，DW 的值均在 2 左右，说明数据不存在自相关问题。最后，收集的 339 份问卷数据都是横截面数据，不存在序列相关问题，因此，可以排除数据中存在序列相关问题的可能性。

本小节的主要目的是通过实证方法来分析供应链伙伴特性影响利用式学习的机制。其步骤为：第一，利用多元回归分析法先检验 3 个控制变量（企业年龄、企业规模、企业性质）对利用式学习的影响，实证分析结果见表 7.13 中的模型 6；第二，将资源互补性维度加入模型 6 中，利用多元回归分析法检验 3 个控制变量（企业年龄、企业规模、企业性质）和资源互补性维度对利用式学习的影响，实证分析结果见表 7.13 中的模型 7；第三，将文化相容性维度加入模型 6 中，利用多元回归分析法检验 3 个控制变量（企业年龄、企业规模、企业性质）和文化相容性维度对利用式学习的影响，实证分析结果见表 7.13 中的模型 8；第四，将目标协同性维度加入模型 6 中，利用多元回归分析法检验 3 个控制变量（企业年龄、企业规模、企业性质）和目标协同性维度对利用式学习的影响，实证分析结果见表 7.13 中的模型 9；第五，将资源互补性维度、文化相容性维度、目标协同性维度同时加入模型 6 中，利用多元回归分析法检验 3 个控制变量（企业年龄、企业规模、企业性质）、资源互补性维度、文化相容性维度和目标协同性维度对利用式学习的影响，实证分析结果见表 7.13 中的模型 10。在模型 6 至模型 10 中，各个变量和维度的方差膨胀因子（*VIF*）均在 1 至 2 之间，因此，本研究认为，各个模型中均不存在多重共线性问题。表 7.13 中的实证分析结果显示，供应链伙伴特性可以正向影响利用式学习。

关于控制变量企业年龄、企业规模和企业性质对利用式学习的影响，详见模型 6：由实证结果可知，企业规模（$\beta=0.158$）会正向影响利用式学习，并在 $p<0.001$ 的水平上显著；企业年龄（$\beta=-0.061$）和企业性质（$\beta=-0.034$）会负向影响利用式学习，但是负向作用不显著。企业规模、企业年龄、企业性质三者合计起来能够解释利用式学习 6.7% 的变异，且模型的 F 值是 1.928。由此可见，企业的规模越大，其组建的供应链规模就越大，拥有的合作伙伴、服务创新资源就越多，进而可以更好地进行利用式学习。

关于供应链伙伴特性对利用式学习的影响，详见模型 7 至模型 10。

由模型 7 可知，在模型 6 的基础上加入资源互补性维度后，发现资源互补性对利用式学习的正向影响显著（β=0.447，p<0.001）。相较于模型 6，模型 7 的 R^2 增加了 16.3%，说明加入资源互补性维度后，模型能够解释更多的关于利用式学习的变异。模型 7 的 R^2 为 0.230，F 值为 24.977，说明模型 7 一共能解释 23.0% 的利用式学习变异。因此，由上述结论可知，制造企业的资源互补性越强，利用式学习的水平就越高，也就是说，假设 H2c 成立。

由模型 8 可知，在模型 6 的基础上加入文化相容性维度后，发现文化相容性对利用式学习的正向影响显著（β=0.360，p<0.001）。相较于模型 6，模型 8 的 R^2 增加了 14.9%，说明加入文化相容性维度后，模型能够解释更多的关于利用式学习的变异。模型 8 的 R^2 为 0.216，F 值为 23.015，说明模型 8 一共能解释 21.6% 的利用式学习变异。因此，由上述结论可知，制造企业的文化相容性越强，利用式学习的水平就越高，也就是说，假设 H2e 成立。

由模型 9 可知，在模型 6 的基础上加入目标协同性维度后，发现目标协同性对利用式学习的正向影响显著（β=0.472，p<0.001）。相较于模型 6，模型 9 的 R^2 增加了 16.7%，说明加入目标协同性维度后，模型能够解释更多的关于利用式学习的变异。模型 9 的 R^2 为 0.234，F 值为 25.518，说明模型 9 一共能解释 23.4% 的利用式学习变异。因此，由上述结论可知，制造企业的目标协同性越强，利用式学习的水平就越高，也就是说，假设 H2a 成立。

由模型 10 可知，在模型 6 的基础上同时加入资源互补性维度、文化相容性维度、目标协同性维度后，发现资源互补性对利用式学习的正向影响显著（β=0.227，p<0.01）、文化相容性对利用式学习的正向影响显著（β=0.230，p<0.001）、目标协同性对利用式学习的正向影响显著（β=0.259，p<0.001）。相较于模型 6，模型 10 的 R^2 增加了 24.9%，说明加入资源互补性维度、文化相容性维度、目标协同性维度后，模型能够解释更多的关于利用式学习的变异，也即资源互补性维度、文化相容性维度、目标协同性维度加起来（供应链伙伴特性）一共能解释 24.9% 的利用式学习变异。模型 10 的 R^2 为 0.316，F 值为 25.606，说明模型 10 一共能解释 31.6% 的利用式学习变异。因此，由上述结论可知，制造企业的目标协同性越强、资源互补性越强、文化相容性越强，

利用式学习的水平就越高，也就是说，该结论进一步证明了假设 H2a、假设 H2c、假设 H2e 是成立的。

表 7.13 供应链伙伴特性影响利用式学习的回归分析结果（N=339）

变量	模型 6	模型 7	模型 8	模型 9	模型 10
（常量）	5.786*** (37.919)	3.081*** (8.063)	3.625*** (10.835)	2.954*** (7.540)	1.477** (3.361)
企业年龄	−0.061 (−1.601)	−0.030 (−0.839)	−0.027 (−0.761)	−0.091* (−2.560)	−0.040 (−1.154)
企业规模	0.158*** (5.913)	0.118*** (4.642)	0.129*** (5.083)	0.163*** (6.600)	0.121*** (4.963)
企业性质	−0.034 (−1.241)	−0.026 (−1.026)	−0.022 (−0.851)	−0.028 (−1.095)	−0.019 (−0.778)
资源互补性		0.447*** (7.618)			0.227** (3.403)
文化相容性			0.360*** (7.137)		0.230*** (4.533)
目标协同性				0.472*** (7.745)	0.259*** (3.750)
R^2	0.067	0.230	0.216	0.234	0.316
ΔR^2		0.163	0.149	0.167	0.249
F	1.928***	24.977***	23.015***	25.518***	25.606***

注：1.*** 表示 $p<0.001$，** 表示 $p<0.01$，* 表示 $p<0.05$，+ 表示 $p<0.1$ 双尾检验；2. 括号中数值为 t 值；3. 表中回归系数均为非标准化回归系数。

检验完供应链伙伴特性对利用式学习的影响，下面检验供应链伙伴特性对探索式学习的影响。首先，本研究以正式调研中收集的 339 份问卷数据为基础，来检验供应链伙伴特性的三个维度与探索式学习的方差膨胀因子（VIF），以确保所有变量和维度的方差膨胀因子（VIF）均小于 10，从而排除多重共线性问题。通过 SPSS 软件计算后得知，在表 7.14 中，模型 11 至模型 15 的全部变量和维度的方差膨胀因子（VIF）均在 1 至 2 之间，说明收集的问卷数据不存在多重共线性问题。其次，全部模型都开展了 DW 检验，DW 的值均在 2 左右，说明数据不存在自相关问题。最后，收集的 339 份问卷数据都是横截面数据，不存在序列相关问题，因此，可以排除数据中存在序列相关问题的可能性。

本小节的主要目的是通过实证方法来分析供应链伙伴特性影响探索式学习的机制。其步骤为：第一，利用多元回归分析法先检验 3 个控制变量（企业年龄、企业规模、企业性质）对探索式学习的影响，实证分析结果见表 7.14 中的模型 11；第二，将资源互补性维度加入模型 11 中，利用多元回归分析法检验 3 个控制变量（企业年龄、企业规模、企业性质）和资源互补性维度对探索式学习的影响，实证分析结果见表 7.14 中的模型 12；第三，将文化相容性维度加入模型 11 中，利用多元回归分析法检验 3 个控制变量（企业年龄、企业规模、企业性质）和文化相容性维度对探索式学习的影响，实证分析结果见表 7.14 中的模型 13；第四，将目标协同性维度加入模型 11 中，利用多元回归分析法检验 3 个控制变量（企业年龄、企业规模、企业性质）和目标协同性维度对探索式学习的影响，实证分析结果见表 7.14 中的模型 14；第五，将资源互补性维度、文化相容性维度、目标协同性维度同时加入模型 11 中，利用多元回归分析法检验 3 个控制变量（企业年龄、企业规模、企业性质）、资源互补性维度、文化相容性维度和目标协同性维度对探索式学习的影响，实证分析结果见表 7.14 中的模型 15。在模型 11 至模型 15 中，各个变量和维度的方差膨胀因子（VIF）均在 1 至 2 之间，因此，本研究认为，各个模型中均不存在多重共线性问题。表 7.14 中的实证分析结果显示，供应链伙伴特性可以正向影响探索式学习。

关于控制变量企业年龄、企业规模和企业性质对探索式学习的影响，详见模型 11：由实证结果可知，企业规模（$\beta=0.192$）会正向影响探索式学习，并在 $p<0.001$ 的水平上显著；企业年龄（$\beta=-0.121$，$p<0.001$）和企业性质（$\beta=-0.094$，$p<0.05$）会负向影响探索式学习。企业规模、企业年龄、企业性质三者合计起来能够解释探索式学习 5.2% 的变异，且模型的 F 值是 2.978。由此可见，企业的规模越大，其组建的供应链规模就越大，拥有的合作伙伴、服务创新资源就越多，进而可以更好地进行探索式学习。

关于供应链伙伴特性对探索式学习的影响，详见模型 12 至模型 15。

由模型 12 可知，在模型 11 的基础上加入资源互补性维度后，发现资源互补性对探索式学习的正向影响显著（$\beta=0.224$，$p<0.001$）。相较于模型 11，模型 12 的 R^2 增加了 14.4%，说明加入资源互补性维度后，模型能够解释更多的

关于探索式学习的变异。模型 12 的 R^2 为 0.196，F 值为 18.863，说明模型 12 一共能解释 19.6% 的探索式学习变异。因此，由上述结论可知，制造企业的资源互补性越强，探索式学习的水平就越高，也就是说，假设 H2d 成立。

由模型 13 可知，在模型 11 的基础上加入文化相容性维度后，发现文化相容性对探索式学习的正向影响显著（$\beta=0.566$，$p<0.001$）。相较于模型 11，模型 13 的 R^2 增加了 15.2%，说明加入文化相容性维度后，模型能够解释更多的关于探索式学习的变异。模型 13 的 R^2 为 0.204，F 值为 21.425，说明模型 13 一共能解释 20.4% 的探索式学习变异。因此，由上述结论可知，制造企业的文化相容性越强，探索式学习的水平就越高，也就是说，假设 H2f 成立。

由模型 14 可知，在模型 11 的基础上加入目标协同性维度后，发现目标协同性对探索式学习的正向影响显著（$\beta=0.257$，$p<0.001$）。相较于模型 11，模型 14 的 R^2 增加了 14.7%，说明加入目标协同性维度后，模型能够解释更多的关于探索式学习的变异。模型 14 的 R^2 为 0.199，F 值为 19.158，说明模型 14 一共能解释 19.9% 的探索式学习变异。因此，由上述结论可知，制造企业的目标协同性越强，探索式学习的水平就越高，也就是说，假设 H2b 成立。

由模型 15 可知，在模型 11 的基础上同时加入资源互补性维度、文化相容性维度、目标协同性维度后，发现资源互补性对探索式学习的正向影响显著（$\beta=0.217$，$p<0.001$）、文化相容性对探索式学习的正向影响显著（$\beta=0.557$，$p<0.001$）、目标协同性对探索式学习的正向影响显著（$\beta=0.252$，$p<0.001$）。相较于模型 11，模型 15 的 R^2 增加了 25.3%，说明加入资源互补性维度、文化相容性维度、目标协同性维度后，模型能够解释更多的关于探索式学习的变异，也即资源互补性维度、文化相容性维度、目标协同性维度加起来（供应链伙伴特性）一共能解释 25.3% 的探索式学习变异。模型 15 的 R^2 为 0.305，F 值为 24.242，说明模型 15 一共能解释 30.5% 的探索式学习变异。因此，由上述结论可知，制造企业的目标协同性越强、资源互补性越强、文化相容性越强，探索式学习的水平就越高，也就是说，该结论进一步证明了假设 H2b、假设 H2d、假设 H2f 是成立的。

表 7.14　供应链伙伴特性影响探索式学习的回归分析结果（ N =339）

变量	模型 11	模型 12	模型 13	模型 14	模型 15
（常量）	5.645*** (23.628)	4.289*** (6.668)	2.252*** (4.301)	4.107*** (6.222)	2.091** (2.841)
企业年龄	−0.121*** (−3.684)	−0.105** (−3.420)	−0.168** (−2.974)	−0.237*** (−3.960)	−0.173** (−2.980)
企业规模	0.192*** (4.576)	0.172*** (4.021)	0.146*** (3.668)	0.195*** (4.671)	0.148*** (3.619)
企业性质	−0.094* (−2.170)	−0.090* (−2.087)	−0.075+ (−1.844)	−0.091* (−2.105)	−0.075+ (−1.836)
资源互补性		0.224*** (2.269)			0.217*** (3.150)
文化相容性			0.566*** (7.161)		0.557*** (6.540)
目标协同性				0.257*** (2.496)	0.252*** (4.453)
R^2	0.052	0.196	0.204	0.199	0.305
ΔR^2		0.144	0.152	0.147	0.253
F	2.978***	18.863***	21.425***	19.158***	24.242***

注：1.*** 表示 $p<0.001$ ，** 表示 $p<0.01$ ，* 表示 $p<0.05$ ，+ 表示 $p<0.1$ 双尾检验；2. 括号中数值为 t 值；3. 表中回归系数均为非标准化回归系数。

7.4.2　组织学习与服务创新绩效

在 7.4.1 节中，本研究已经检验了供应链伙伴特性（资源互补性、文化相容性、目标协同性）影响组织学习（利用式学习和探索式学习）的机制。在本节中，本研究将参考国外学者 Baron 和 Kenny（1986）和国内学者温忠麟等（2004）提出的中介效应检验步骤，并参考刘新梅等（2013）与杨林和俞安平（2016）提出的中介效应检验步骤，以此为基础来检验组织学习（利用式学习和探索式学习）影响服务创新绩效的机制。

首先，本研究以正式调研中收集的 339 份问卷数据为基础，来检验组织学习的两个维度与服务创新绩效的方差膨胀因子（ VIF ），以确保所有变量和维度的方差膨胀因子（ VIF ）均小于 10，从而排除多重共线性问题。通过 SPSS 软件计算后得知，在表 7.15 中，模型 16 至模型 18 的全部变量和维度的方差膨胀因子（*VIF*）均在 1 至 2 之间，说明收集的问卷数据不存在多重共线性问题。其次，全部模型都开展了 DW 检验，DW 的值均在 2 左右，说明数据不存在自相关问题。最后，收集的 339 份问卷数据都是横截面数据，不存在序列相关问题，因此，可以排除数据中存在序列相关问题的可能性。

本小节的主要目的是通过实证方法来分析组织学习影响服务创新绩效的机制。其步骤分别是：第一，利用多元回归分析法先检验 3 个控制变量（企业年龄、企业规模、企业性质）对服务创新绩效的影响，实证分析结果见表 7.15 中的模型 1（在表 7.12 中，也进行了模型 1 分析）；第二，将利用式学习维度加入模型 1 中，利用多元回归分析法检验 3 个控制变量（企业年龄、企业规模、企业性质）和利用式学习维度对服务创新绩效的影响，实证分析结果见表 7.15 中的模型 16；第三，将探索式学习维度加入模型 1 中，利用多元回归分析法检验 3 个控制变量（企业年龄、企业规模、企业性质）和探索式学习维度对服务创新绩效的影响，实证分析结果见表 7.15 中的模型 17；第四，将利用式学习维度、探索式学习维度同时加入模型 1 中，利用多元回归分析法检验 3 个控制变量（企业年龄、企业规模、企业性质）、利用式学习维度和探索式学习维度对服务创新绩效的影响，实证分析结果见表 7.15 中的模型 18。在模型 16 至模型 18 中，各个变量和维度的方差膨胀因子（*VIF*）均在 1 至 2 之间，因此，本研究认为，各个模型中均不存在多重共线性问题。表 7.15 中的实证分析结果显示，组织学习可以正向影响服务创新绩效。

关于控制变量企业年龄、企业规模和企业性质对服务创新绩效的影响，详见模型 1：由实证结果可知，企业规模（$\beta=0.104$）会正向影响服务创新绩效，并在 $p<0.001$ 的水平上显著；企业年龄（$\beta=-0.073$，$p<0.05$）和企业性质（$\beta=-0.056$，$p<0.01$）会负向影响服务创新绩效，但是负向作用很小，且显著性都不如企业规模高。企业规模、企业年龄、企业性质三者合计起来能够解释服务创新绩效 7.3% 的变异，且模型的 *F* 值是 1.777。由此可见，企业的规模越大，其组建的供应链规模就越大，拥有的合作伙伴、服务创新资源就越多，进而可以获得更高的服务创新绩效。

关于组织学习对服务创新绩效的影响，详见模型 16 至模型 18。

由模型 16 可知，在模型 1 的基础上加入利用式学习维度后，发现利用式学习对服务创新绩效的正向影响显著（β=0.413，p<0.001）。相较于模型 1，模型 16 的 R^2 增加了 27.1%，说明加入利用式学习维度后，模型能够解释更多的关于服务创新绩效的变异。模型 16 的 R^2 为 0.344，F 值为 43.812，说明模型 16 一共能解释 34.4% 的服务创新绩效变异。因此，由上述结论可知，制造企业的利用式学习水平越高，所取得的服务创新绩效就越多，也就是说，假设 H3a 成立。

由模型 17 可知，在模型 1 的基础上加入探索式学习维度后，发现探索式学习对服务创新绩效的正向影响显著（β=0.316，p<0.001）。相较于模型 1，模型 17 的 R^2 增加了 25.3%，说明加入探索式学习维度后，模型能够解释更多的关于服务创新绩效的变异。模型 17 的 R^2 为 0.326，F 值为 42.005，说明模型 17 一共能解释 32.6% 的服务创新绩效变异。因此，由上述结论可知，制造企业的探索式学习水平越高，所取得的服务创新绩效就越多，也就是说，假设 H3b 成立。

由模型 18 可知，在模型 1 的基础上同时加入利用式学习维度、探索式学习维度后，发现利用式学习对服务创新绩效的正向影响显著（β=0.401，p<0.001）、探索式学习对服务创新绩效的正向影响显著（β=0.312，p<0.001）。相较于模型 1，模型 18 的 R^2 增加了 29.1%，说明加入利用式学习维度、探索式学习维度后，模型能够解释更多的关于服务创新绩效的变异，也即利用式学习维度、探索式学习维度加起来（组织学习）一共能解释 29.1% 的服务创新绩效变异。模型 18 的 R^2 为 0.364，F 值为 45.167，说明模型 18 一共能解释 36.4% 的服务创新绩效变异。因此，由上述结论可知，制造企业的利用式学习水平越高、探索式学习水平越高，所取得的服务创新绩效就越多，也就是说，该结论进一步证明了假设 H3a、假设 H3b 是成立的。

表 7.15 组织学习影响服务创新绩效的回归分析结果（N=339）

变量	模型 1	模型 16	模型 17	模型 18
（常量）	6.205*** （53.224）	3.814*** （16.882）	5.547*** （29.962）	3.767*** （16.201）

续表

变量	模型 1	模型 16	模型 17	模型 18
企业年龄	-0.073^{*} （-2.486）	-0.047^{+} （-1.916）	-0.047 （-1.619）	-0.044^{+} （-1.732）
企业规模	0.104^{***} （4.408）	0.025^{*} （1.367）	0.068^{**} （3.307）	0.023^{**} （1.242）
企业性质	-0.056^{**} （-2.653）	-0.042^{*} （-2.347）	-0.045^{*} （-2.180）	-0.040^{*} （-2.250）
利用式学习		0.413^{***} （11.753）		0.401^{***} （10.577）
探索式学习			0.316^{***} （6.492）	0.312^{***} （6.154）
R^2	0.073	0.344	0.326	0.364
ΔR^2		0.271	0.253	0.291
F	1.777^{***}	43.812^{***}	42.005^{***}	45.167^{***}

注：1.*** 表示 $p<0.001$，** 表示 $p<0.01$，* 表示 $p<0.05$，+ 表示 $p<0.1$ 双尾检验；2. 括号中数值为 t 值；3. 表中回归系数均为非标准化回归系数。

7.4.3 组织学习的中介作用

首先，在本章的 7.4.1 节中，本研究已经证实了供应链伙伴特性（资源互补性、文化相容性、目标协同性）会对组织学习（利用式学习和探索式学习）产生显著的正向影响。其次，在本章的 7.4.2 节中，本研究已经证实了组织学习（利用式学习和探索式学习）会对服务创新绩效产生显著的正向影响。因此，本研究已经证明了回归系数 a 和 b 是显著的。基于此，本研究将检验回归系数 c' 是否显著，如果回归系数 c' 显著，那么表明中介变量组织学习发挥了部分中介作用，如果回归系数 c' 不显著，那么表明中介变量组织学习发挥了完全中介作用。

基于以上实证研究基础，本节将主要讨论供应链伙伴特性（资源互补性、文化相容性、目标协同性）、组织学习（利用式学习和探索式学习）对服务创新绩效的影响，即在控制中介变量组织学习的两个维度（利用式学习和探索式学习）后，观察自变量供应链伙伴特性（资源互补性、文化相容性、目标协同性）对因变量服务创新绩效的影响。参考国外学者 Baron 和 Kenny（1986）和国内学者温忠麟等（2004）提出的中介效应检验步骤，如果控制中介变量组织学习的两个维度（利用式学习和探索式学习）后，供应链伙伴特性影响服务创新绩效的回归系数仍然显著，但回归系数的绝对值有所减小，则认为组织学习（利用式学习和探索式学习）在供应链伙伴特性（资源互补性、文化相容性、目标协同性）和服务创新绩效之间发挥了部分中介作用；如果控制中介变量组织学习的两个维度（利用式学习和探索式学习）后，供应链伙伴特性影响服务创新绩效的回归系数不再显著，则认为组织学习（利用式学习和探索式学习）在供应链伙伴特性（资源互补性、文化相容性、目标协同性）和服务创新绩效之间发挥了完全中介作用。

首先，本研究以正式调研中收集的 339 份问卷数据为基础，以此来检验供应链伙伴特性的三个维度、组织学习的两个维度与服务创新绩效的方差膨胀因子（VIF），以确保所有变量和维度的方差膨胀因子（VIF）均小于 10，从而排除多重共线性问题。通过 SPSS 软件计算后得知，在表 7.16 中，模型 19 至模型 21 的全部变量和维度的方差膨胀因子（VIF）均在 1 至 2 之间，说明收集的问卷数据不存在多重共线性问题。其次，全部模型都开展了 DW 检验，DW 的值均在 2 左右，说明数据不存在自相关问题。最后，收集的 339 份问卷数据都是横截面数据，不存在序列相关问题，因此，可以排除数据中存在序列相关问题的可能性。

由模型 19 可知，在模型 5 的基础上加入利用式学习维度后，发现利用式学习对服务创新绩效的正向影响显著（β=0.243，$p<0.001$）。资源互补性对服务创新绩效的正向影响减弱，非标准化回归系数从 0.147 减小至 0.094，但该影响作用仍然具备显著性（$p<0.05$）。文化相容性对服务创新绩效的正向影响减弱，非标准化回归系数从 0.300 减小至 0.247，但该影响作用仍然具备显著性（$p<0.001$）。目标协同性对服务创新绩效的正向影响减弱，非标准化回归系数从 0.242 减小至 0.011，且该影响作用不再具备统计学意义上的显著性（$p>0.1$）。相较于模型 5，模型 19 的 R^2 提高了 6.6%（$p<0.001$），且该提高具备统计学意义上的显著性。参考 Baron 和 Kenny（1986）、温忠麟等（2004）、刘新梅等（2013）、杨林和俞安平（2016）等人文献中关于中介效应的研究成果，

本研究认为，利用式学习在资源互补性和服务创新绩效之间发挥了部分中介作用，利用式学习在文化相容性和服务创新绩效之间发挥了部分中介作用，利用式学习在目标协同性和服务创新绩效之间发挥了完全中介作用。

由模型 20 可知，在模型 5 的基础上加入探索式学习维度后，发现探索式学习对服务创新绩效的正向影响显著（β=0.221，$p<0.001$）。资源互补性对服务创新绩效的正向影响减弱，非标准化回归系数从 0.147 减小至 0.145，但该影响作用仍然具备显著性（$p<0.01$）。文化相容性对服务创新绩效的正向影响减弱，非标准化回归系数从 0.300 减小至 0.288，但该影响作用仍然具备显著性（$p<0.001$）。目标协同性对服务创新绩效的正向影响减弱，非标准化回归系数从 0.242 减小至 0.021，且该影响作用不再具备统计学意义上的显著性（$p>0.1$）。相较于模型 5，模型 20 的 R^2 提高了 5.2%（$p<0.001$），且该提高具备统计学意义上的显著性。参考 Baron 和 Kenny（1986）、温忠麟等（2004）、刘新梅等（2013）、杨林和俞安平（2016）等人文献中关于中介效应的研究成果，本研究认为，探索式学习在资源互补性和服务创新绩效之间发挥了部分中介作用，探索式学习在文化相容性和服务创新绩效之间发挥了部分中介作用，探索式学习在目标协同性和服务创新绩效之间发挥了完全中介作用。

上述实证研究已经分析了利用式学习在供应链伙伴特性和服务创新绩效之间的中介作用、探索式学习在供应链伙伴特性和服务创新绩效之间的中介作用。为进一步检验组织学习在供应链伙伴特性和服务创新绩效之间的中介作用，本研究将利用式学习和探索式学习一同纳入模型 5 中。由模型 21 可知，在模型 5 的基础上加入利用式学习维度和探索式学习维度后，发现利用式学习对服务创新绩效的正向影响显著（β=0.233，$p<0.001$）、探索式学习对服务创新绩效的正向影响显著（β=0.220，$p<0.001$）。资源互补性对服务创新绩效的正向影响减弱，非标准化回归系数从 0.147 减小至 0.091，但该影响作用仍然具备显著性（$p<0.05$）。文化相容性对服务创新绩效的正向影响减弱，非标准化回归系数从 0.300 减小至 0.256，但该影响作用仍然具备显著性（$p<0.001$）。目标协同性对服务创新绩效的正向影响减弱，非标准化回归系数从 0.242 减小至 0.018，且该影响作用不再具备统计学意义上的显著性（$p>0.1$）。相较于模型 5，模型 21 的 R^2 提高了 16.7%（$p<0.001$），且该提高具备统计学意义上的

显著性。参考 Baron 和 Kenny（1986）、温忠麟等（2004）、刘新梅等（2013）、杨林和俞安平（2016）等人文献中关于中介效应的研究成果，本研究认为，利用式学习和探索式学习在资源互补性和服务创新绩效之间发挥了部分中介作用，利用式学习和探索式学习在文化相容性和服务创新绩效之间发挥了部分中介作用，利用式学习和探索式学习在目标协同性和服务创新绩效之间发挥了完全中介作用。

综合分析模型 19、模型 20 和模型 21，本研究认为，组织学习（利用式学习、探索式学习）能够在供应链伙伴特性（资源互补性、文化相容性、目标协同性）和服务创新绩效之间发挥显著的中介作用。其中，利用式学习在资源互补性和服务创新绩效之间发挥了部分中介作用，即假设 H4b 成立；探索式学习在资源互补性和服务创新绩效之间发挥了部分中介作用，即假设 H4e 成立；利用式学习在文化相容性和服务创新绩效之间发挥了部分中介作用，即假设 H4c 成立；探索式学习在文化相容性和服务创新绩效之间发挥了部分中介作用，即假设 H4f 成立；利用式学习在目标协同性和服务创新绩效之间发挥了完全中介作用，即假设 H4a 成立；探索式学习在目标协同性和服务创新绩效之间发挥了完全中介作用，即假设 H4d 成立。综上，假设 H4a、假设 H4b、假设 H4c、假设 H4d、假设 H4e、假设 H4f 全部成立。

表 7.16　组织学习中介作用的回归分析结果（N=339）

变量	模型 5	模型 19	模型 20	模型 21
（常量）	2.065***	1.721***	2.020***	1.749***
	（6.950）	（6.058）	（6.717）	（6.124）
企业年龄	−0.049*	−0.040+	−0.046+	−0.043+
	（−2.106）	（−1.813）	（−1.922）	（−1.936）
企业规模	0.055**	0.026**	0.051**	0.028+
	（3.298）	（1.629）	（3.045）	（1.732）
企业性质	−0.040*	−0.036*	−0.038*	−0.037*
	（−2.434）	（−2.301）	（−2.324）	（−2.379）
资源互补性	0.147**	0.094*	0.145**	0.091*
	（3.256）	（2.178）	（3.224）	（2.112）
文化相容性	0.300***	0.247***	0.288***	0.256***
	（8.738）	（7.407）	（7.896）	（7.379）

续表

变量	模型 5	模型 19	模型 20	模型 21
目标协同性	0.242*** (5.170)	0.011 (1.040)	0.021 (1.144)	0.018 (1.063)
利用式学习		0.243*** (6.680)		0.233*** (6.668)
探索式学习			0.221*** (5.969)	0.220*** (5.957)
R^2	0.450	0.516	0.502	0.617
ΔR^2		0.066***	0.052***	0.167***
F	45.324***	50.327***	48.976***	54.139***

注：1.*** 表示 $p<0.001$，** 表示 $p<0.01$，* 表示 $p<0.05$，+ 表示 $p<0.1$ 双尾检验；2. 括号中数值为 t 值；3. 表中回归系数均为非标准化回归系数。

最后，本研究参考 MacKinnon 等（2004）的文献成果，运用 Preacher 和 Hayes（2008）所开发的 PROCESS 插件，并利用 SPSS 软件中的 Bootstrap 统计方法来检验组织学习（利用式学习和探索式学习）在供应链伙伴特性与服务创新绩效之间的中介效应的稳健性。

本研究在正式调研阶段一共收集到 339 份有效的问卷数据，利用 SPSS 软件中的 PROCESS 插件，对样本数据进行 5000 次重复抽样，以检验组织学习（利用式学习和探索式学习）在供应链伙伴特性（资源互补性、文化相容性、目标协同性）和服务创新绩效之间的中介作用。在 95% 的置信区间下，如果组织学习（利用式学习和探索式学习）的中介作用置信区间不包括 0，那么说明组织学习（利用式学习和探索式学习）发挥了显著的中介作用；如果组织学习（利用式学习和探索式学习）的中介作用置信区间包括 0，那么说明组织学习（利用式学习和探索式学习）的中介作用不显著。Bootstrap 中介作用检验结果如表 7.17 所示。

表 7.17　Bootstrap 中介作用检验（N=339）

	服务创新绩效		
	Effect	SE（Boot）	95%CI
资源互补性 （利用式学习）	0.274	0.044	［0.108，0.243］
文化相容性 （利用式学习）	0.226	0.038	［0.078，0.186］
目标协同性 （利用式学习）	0.364	0.039	［0.110，0.224］
资源互补性 （探索式学习）	0.347	0.042	［0.103，0.271］
文化相容性 （探索式学习）	0.327	0.037	［0.106，0.162］
目标协同性 （探索式学习）	0.227	0.035	［0.101，0.159］

关于利用式学习的中介作用，由表 7.17 可知：首先，在资源互补性和服务创新绩效之间，利用式学习的中介作用置信区间为［0.108，0.243］，不包含 0，因此，利用式学习在资源互补性和服务创新绩效之间发挥了显著的中介作用。这进一步证明假设 H4b 是成立的。其次，在文化相容性和服务创新绩效之间，利用式学习的中介作用置信区间为［0.078，0.186］，不包含 0，因此，利用式学习在文化相容性和服务创新绩效之间发挥了显著的中介作用。这进一步证明假设 H4c 是成立的。最后，在目标协同性和服务创新绩效之间，利用式学习的中介作用置信区间为［0.110，0.224］，不包含 0，因此，利用式学习在目标协同性和服务创新绩效之间发挥了显著的中介作用。这进一步证明假设 H4a 是成立的。

关于探索式学习的中介作用，由表 7.17 可知：首先，在资源互补性和服务创新绩效之间，探索式学习的中介作用置信区间为［0.103，0.271］，不包含 0，因此，探索式学习在资源互补性和服务创新绩效之间发挥了显著的中介作用。这进一步证明假设 H4e 是成立的。其次，在文化相容性和服务创新绩效之间，探索式学习的中介作用置信区间为［0.106，0.162］，不包含 0，因此，探索式学习在文化相容性和服务创新绩效之间发挥了显著的中介作用。这进一步证明假设 H4f 是成立的。最后，在目标协同性和服务创新绩效之间，探索式学习的中介作用置信区间为 [0.101，0.159]，不包含 0，因此，探索式学习在目标协同性和服务创新绩效之间发挥了显著的中介作用。这进一步证明假设 H4d 是成立的。

7.5 关系质量和吸收能力的调节作用分析

当自变量 X 和因变量 Y 存在影响关系时，且自变量 X 和因变量 Y 之间的影响关系还受到变量 W 的影响时，变量 W 就被称为自变量 X 和因变量 Y 之间的调节变量。调节变量 W 既可以调节自变量 X 和因变量 Y 之间关系的方向，也可以调节自变量 X 和因变量 Y 之间关系的强度（方杰、温忠麟、欧阳劲樱等，2022）。调节变量 W 发挥调节效应的示意图如图 7.8 所示。

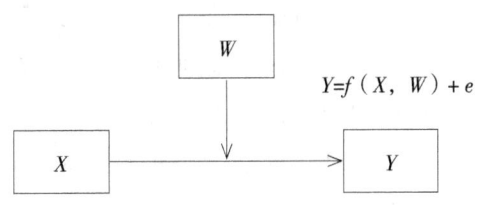

图 7.8 调节效应示意图

在图 7.8 中，自变量 X、因变量 Y、调节变量 W 之间存在如下关系：

$$Y = \beta_0 + \beta_1 X + \beta_2 W + \beta_3 XW + e \tag{7.6}$$

在式（7.6）中，如果回归系数 β_1 和 β_2 不为 0，且回归系数 β_3 显著，那么代表调节变量 W 可以发挥显著的调节作用。调节作用的效应量通常用 R^2 的变化来表示，即 $\Delta R^2 = R_1^2 - R_0^2$。一般而言，$\Delta R^2$ 显著不等于 0，且 ΔR^2 大于 0.02，才能说明调节作用是显著的（方杰、温忠麟、欧阳劲樱等，2022）。

本研究通过分层回归法分析关系质量和吸收能力的调节作用，将依次观察回归模型中交互项的非标准化回归系数的显著性、ΔR^2 的显著性。如果交互项的非标准化回归系数显著、ΔR^2 显著，且 ΔR^2 大于 0.02，那么说明调节变量发挥的调节效应显著；反之，则说明调节效应不显著。另外，如果交互项的非标准化回归系数为正数，那么说明调节变量发挥了正向调节作用；如果交互项的非标准化回归系数为负数，那么说明调节变量发挥了负向调节作用。具体而言，本章以第五章提出的研究假设为基础，运用分层回归法来检验关系质量在供应链伙伴特性（资源互补性、文化相容性、目标协同性）和组织学习（利用式学习和探索式学习）之间的调节作用，然后再运用分层回归法来检验吸收能力在组织学习（利用式学习和探索式学习）和服务创新绩效之间的调节作用。

首先，本研究以正式调研中收集的 339 份问卷数据为基础，来检验供应链伙伴特性的三个维度、组织学习的两个维度、关系质量、吸收能力与服务创新绩效的方差膨胀因子（VIF），以确保所有变量和维度的方差膨胀因子（VIF）均小于 10，从而排除多重共线性问题。通过 SPSS 软件计算后得知，在表 7.18、表 7.19、表 7.20 中，模型 22 至模型 32 的全部变量和维度的方差膨胀因子（VIF）均在 1 至 2 之间，说明收集的问卷数据不存在多重共线性问题。其次，全部模型都开展了 DW 检验，DW 的值均在 2 左右，说明数据不存在自相关问题。最后，收集的 339 份问卷数据都是横截面数据，不存在序列相关问题，因此，可以排除数据中存在序列相关问题的可能性。

本小节的主要目的是通过分层回归法来分析关系质量在供应链伙伴特性与利用式学习之间的调节作用。其分析步骤为：第一，将资源互补性维度、文化相容性维度、目标协同性维度、关系质量进行中心化处理，然后，利用多元回归分析法先检验 3 个控制变量（企业年龄、企业规模、企业性质）、中心化后的供应链伙伴特性的三个维度、中心化后的关系质量对利用式学习的影响，实证分析结果见表 7.18 中的模型 22；第二，用中心化后的资源互补性维度乘以中心化后的关系质量，得到一个交互项，将该交互项纳入模型 22 中，可得到模型 23，模型 23 检验 3 个控制变量（企业年龄、企业规模、企业性质）、中心化后的供应链伙伴特性的三个维度、中心化后的关系质量以及交互项对利用式学习的影响，实证分析结果见表 7.18 中的模型 23；第三，用中心化后的文化相容性维度乘以中心化后的关系质量，得到一个交互项，将该交互项纳入模型 22 中，可得到模型 24，模型 24 检验 3 个控制变量（企业年龄、企业规模、企业性质）、中心化后的供应链伙伴特性的三个维度、中心化后的关系质量以及交互项对利用式学习的影响，实证分析结果见表 7.18 中的模型 24；第四，用中心化后的目标协同性维度乘以中心化后的关系质量，得到一个交互项，将该交互项纳入模型22中，可得到模型25，模型25检验3个控制变量（企业年龄、企业规模、企业性质）、中心化后的供应链伙伴特性的三个维度、中心化后的关系质量以及交互项对利用式学习的影响，实证分析结果见表7.18中的模型25。

由模型22可知：第一，在控制变量中，企业规模（$\beta=0.111$，$p<0.001$）能显著地正向影响利用式学习，企业年龄（$\beta=-0.016$，$p>0.1$）和企业性质（$\beta=-0.008$，$p>0.1$）会负向影响利用式学习，但两者的负向影响很小且不显著；第二，关于中心化处理后的供应链伙伴特性，资源互补性（$\beta=0.136$，$p<0.01$）、文化相容性（$\beta=0.164$，$p<0.01$）、目标协同性（$\beta=0.126$，$p<0.01$）均能显著地正向影响利用式学习；第三，关于中心化处理后的关系质量（$\beta=0.395$，$p<0.001$），其可以显著地正向影响利用式学习；第四，模型的 F 值为28.289，R^2 为0.374。

由模型23可知：第一，在控制变量中，企业规模（$\beta=0.110$，$p<0.001$）能显著地正向影响利用式学习，企业年龄（$\beta=-0.020$，$p>0.1$）和企业性质（$\beta=-0.008$，$p>0.1$）会负向影响利用式学习，但两者的负向影响很小且不显著；第二，关于中心化处理后的供应链伙伴特性，资源互补性（$\beta=0.098$，$p<0.05$）、文化相容性（$\beta=0.165$，$p<0.01$）、目标协同性（$\beta=0.112$，$p<0.01$）均能显著地正向影响利用式学习；第三，关于中心化处理后的关系质量（$\beta=0.378$，$p<0.01$），其可以显著地正向影响利用式学习；第四，模型23的交互项系数（$\beta=0.116$，$p<0.01$）具备统计学意义上的显著性，且为正数；第五，模型23的 F 值为31.955，R^2 为0.397，相较于模型22的 R^2，模型23的 R^2 增加了0.023，因此，ΔR^2 大于0.02，且 ΔR^2（$p<0.01$）具备统计学意义上的显著性。综合上述五点可知，关系质量在资源互补性和利用式学习之间发挥了显著的正向调节作用，即证明假设 H5b 是成立的。

由模型24可知：第一，在控制变量中，企业规模（$\beta=0.111$，$p<0.001$）能显著地正向影响利用式学习，企业年龄（$\beta=-0.017$，$p>0.1$）和企业性质（$\beta=-0.007$，$p>0.1$）会负向影响利用式学习，但两者的负向影响很小且不显著；第二，关于中心化处理后的供应链伙伴特性，资源互补性（$\beta=0.106$，$p<0.01$）、文化相容性（$\beta=0.167$，$p<0.01$）、目标协同性（$\beta=0.116$，$p<0.01$）

均能显著地正向影响利用式学习；第三，关于中心化处理后的关系质量（β=0.395，$p<0.001$），其可以显著地正向影响利用式学习；第四，模型 24 的交互项系数（β=0.117，$p<0.01$）具备统计学意义上的显著性，且为正数；第五，模型 24 的 F 值为 32.678，R^2 为 0.398，相较于模型 22 的 R^2，模型 24 的 R^2 增加了 0.024，因此，ΔR^2 大于 0.02，且 ΔR^2（$p<0.01$）具备统计学意义上的显著性。综合上述五点可知，关系质量在文化相容性和利用式学习之间发挥了显著的正向调节作用，即证明假设 H5c 是成立的。

由模型 25 可知：第一，在控制变量中，企业规模（β=0.111，$p<0.001$）能显著地正向影响利用式学习，企业年龄（β=−0.013，$p>0.1$）和企业性质（β=−0.008，$p>0.1$）会负向影响利用式学习，但两者的负向影响很小且不显著；第二，关于中心化处理后的供应链伙伴特性，资源互补性（β=0.107，$p<0.01$）、文化相容性（β=0.159，$p<0.01$）、目标协同性（β=0.127，$p<0.01$）均能显著地正向影响利用式学习；第三，关于中心化处理后的关系质量（β=0.416，$p<0.001$），其可以显著地正向影响利用式学习；第四，模型 25 的交互项系数（β=0.127，$p<0.01$）具备统计学意义上的显著性，且为正数；第五，模型 25 的 F 值为 35.138，R^2 为 0.397，相较于模型 22 的 R^2，模型 25 的 R^2 增加了 0.023，因此，ΔR^2 大于 0.02，且 ΔR^2（$p<0.01$）具备统计学意义上的显著性。综合上述五点可知，关系质量在目标协同性和利用式学习之间发挥了显著的正向调节作用，即证明假设 H5a 是成立的。

表 7.18 关系质量在供应链伙伴特性与利用式学习之间调节作用的回归分析结果（N=339）

变量	模型 22	模型 23	模型 24	模型 25
（常量）	5.724***	5.713***	5.624***	5.693***
	（44.432）	（43.893）	（44.091）	（43.755）
企业年龄	−0.016	−0.020	−0.017	−0.013
	（−0.488）	（−0.606）	（−0.489）	（−0.384）
企业规模	0.111***	0.110***	0.111***	0.111***
	（4.719）	（4.712）	（4.690）	（4.741）
企业性质	−0.008	−0.008	−0.007	−0.008
	（−0.354）	（−0.330）	（−0.313）	（−0.363）

续表

变量	模型 22	模型 23	模型 24	模型 25
资源互补性	0.136** (2.568)	0.098* (1.852)	0.106** (1.565)	0.107** (1.675)
文化相容性	0.164** (3.274)	0.165** (3.295)	0.167** (3.444)	0.159** (3.172)
目标协同性	0.126** (2.482)	0.112** (2.017)	0.116** (2.409)	0.127** (2.743)
关系质量	0.395*** (5.537)	0.378** (5.215)	0.395*** (5.511)	0.416*** (5.736)
资源互补性 × 关系质量		0.116** (2.177)		
文化相容性 × 关系质量			0.117**. (2.268)	
目标协同性 × 关系质量				0.127** (2.517)
R^2	0.374	0.397	0.398	0.397
ΔR^2		0.023**	0.024**	0.023**
F	28.289***	31.955***	32.678***	35.138***

注：1.*** 表示 $p<0.001$，** 表示 $p<0.01$，* 表示 $p<0.05$，+ 表示 $p<0.1$ 双尾检验；2. 括号中数值为 t 值；3. 表中回归系数均为非标准化回归系数。

在检验完关系质量对供应链伙伴特性与利用式学习的调节作用后，本研究开始检验关系质量对供应链伙伴特性与探索式学习的调节作用。

本小节的主要目的是通过分层回归法来分析关系质量在供应链伙伴特性与探索式学习之间的调节作用。其分析步骤为：第一，将资源互补性维度、文化相容性维度、目标协同性维度、关系质量进行中心化处理，然后，利用多元回归分析法先检验 3 个控制变量（企业年龄、企业规模、企业性质）、中心化后的供应链伙伴特性的三个维度、中心化后的关系质量对探索式学习的影响，实证分析结果见表 7.19 中的模型 26；第二，用中心化后的资源互补性维度乘以中心化后的关系质量，得到一个交互项，将该交互项纳入模型 26 中，可得到模型 27，模型 27 检验 3 个控制变量（企业年龄、企业规模、企业性质）、中心化后的供应链伙伴特性的三个维度、中心化后的关系质量以及交互项对探索式学习的影响，实证分析结果见表 7.19 中的模型 27；第三，用中心化后的文化相容性维度乘以中心化后的关系质量，得到一个交互项，将该交互项纳入模型 26 中，可得到模型 28，模型 28 检验 3 个控制变量（企业年龄、企业规模、企业性质）、中心化后的供应链伙伴特性的三个维度、中心化后的关系质量以及交互项对探索式学习的影响，实证分析结果见表 7.19 中的模型 28；第四，用中心化后的目标协同性维度乘以中心化后的关系质量，得到一个交互项，将该交互项纳入模型 26 中，可得到模型 29，模型 29 检验 3 个控制变量（企业年龄、企业规模、企业性质）、中心化后的供应链伙伴特性的三个维度、中心化后的关系质量以及交互项对探索式学习的影响，实证分析结果见表 7.19 中的模型 29。

由模型 26 可知：第一，在控制变量中，企业规模（$\beta=0.147$，$p<0.001$）能显著地正向影响探索式学习，企业年龄（$\beta=-0.169$，$p<0.01$）和企业性质（$\beta=-0.073$，$p<0.1$）会显著地负向影响探索式学习，但两者的显著性都不如企业规模高；第二，关于中心化处理后的供应链伙伴特性，资源互补性（$\beta=0.137$，$p<0.01$）、文化相容性（$\beta=0.546$，$p<0.001$）、目标协同性（$\beta=0.127$，$p<0.01$）均能显著地正向影响探索式学习；第三，关于中心化处理后的关系质量（$\beta=0.165$，$p<0.01$），其可以显著地正向影响探索式学习；第四，模型的 F 值为 22.219，R^2 为 0.285。

由模型 27 可知：第一，在控制变量中，企业规模（$\beta=0.146$，$p<0.001$）能显著地正向影响探索式学习，企业年龄（$\beta=-0.172$，$p<0.01$）和企业性质（$\beta=-0.073$，$p<0.1$）会显著地负向影响探索式学习，但两者的显著性都不如企业规模高；第二，关于中心化处理后的供应链伙伴特性，资源互补性（$\beta=0.141$，$p<0.01$）、文化相容性（$\beta=0.547$，$p<0.001$）、目标协同性（$\beta=0.125$，$p<0.01$）均能显著地正向影响探索式学习；第三，关于中心化处理后的关系质量（$\beta=0.155$，$p<0.01$），其可以显著地正向影响探索式学习；第四，模型 27 的交互项系数（$\beta=0.165$，$p<0.01$）具备统计学意义上的显著性，且为正数；第五，模型 27 的 F 值为 25.686，R^2 为 0.316，相较于模型 26 的 R^2，模型 27 的 R^2 增加了 0.031，因此，ΔR^2 大于 0.02，且 ΔR^2（$p<0.01$）具备统计学意义上的显著性。综合上述五点可知，关系质量在资源互补性和探索式学习之间发

挥了显著的正向调节作用，即证明假设 H5e 是成立的。

由模型 28 可知：第一，在控制变量中，企业规模（$\beta=0.150$，$p<0.001$）能显著地正向影响探索式学习，企业年龄（$\beta=-0.171$，$p<0.01$）和企业性质（$\beta=-0.073$，$p<0.1$）会显著地负向影响探索式学习，但两者的显著性都不如企业规模高；第二，关于中心化处理后的供应链伙伴特性，资源互补性（$\beta=0.138$，$p<0.01$）、文化相容性（$\beta=0.527$，$p<0.001$）、目标协同性（$\beta=0.131$，$p<0.01$）均能显著地正向影响探索式学习；第三，关于中心化处理后的关系质量（$\beta=0.157$，$p<0.01$），其可以显著地正向影响探索式学习；第四，模型 28 的交互项系数（$\beta=0.004$，$p>0.1$）不具备统计学意义上的显著性；第五，模型 28 的 F 值为 22.747，R^2 为 0.287，相较于模型 26 的 R^2，模型 28 的 R^2 增加了 0.002，因此，ΔR^2 小于 0.02，ΔR^2（$p>0.1$）也不具备统计学意义上的显著性。综合上述五点可知，关系质量在文化相容性和探索式学习之间不发挥调节作用，即证明假设 H5f 是不成立的。

由模型 29 可知：第一，在控制变量中，企业规模（$\beta=0.147$，$p<0.001$）能显著地正向影响探索式学习，企业年龄（$\beta=-0.168$，$p<0.01$）和企业性质（$\beta=-0.073$，$p<0.1$）会显著地负向影响探索式学习，但两者的显著性都不如企业规模高；第二，关于中心化处理后的供应链伙伴特性，资源互补性（$\beta=0.136$，$p<0.01$）、文化相容性（$\beta=0.544$，$p<0.001$）、目标协同性（$\beta=0.136$，$p<0.01$）均能显著地正向影响探索式学习；第三，关于中心化处理后的关系质量（$\beta=0.173$，$p<0.01$），其可以显著地正向影响探索式学习；第四，模型 29 的交互项系数（$\beta=0.149$，$p<0.01$）具备统计学意义上的显著性，且为正数；第五，模型 29 的 F 值为 26.677，R^2 为 0.306，相较于模型 26 的 R^2，模型 29 的 R^2 增加了 0.021，因此，ΔR^2 大于 0.02，且 ΔR^2（$p<0.01$）具备统计学意义上的显著性。综合上述五点可知，关系质量在目标协同性和探索式学习之间发挥了显著的正向调节作用，即证明假设 H5d 是成立的。

表7.19 关系质量在供应链伙伴特性与探索式学习之间调节作用的回归分析结果（N=339）

变量	模型26	模型27	模型28	模型29
（常量）	5.570***	5.588***	5.580***	5.558***
	（24.699）	（24.310）	（24.684）	（24.320）
企业年龄	−0.169**	−0.172**	−0.171**	−0.168**
	（−2.887）	（−2.910）	（−2.918）	（−2.853）
企业规模	0.147***	0.146***	0.150***	0.147***
	（3.562）	（3.554）	（3.616）	（3.560）
企业性质	−0.073+	−0.073+	−0.073+	−0.073+
	（−1.785）	（−1.774）	（−1.782）	（−1.785）
资源互补性	0.137**	0.141**	0.138**	0.136**
	（1.309）	（1.346）	（1.317）	（1.308）
文化相容性	0.546***	0.547***	0.527***	0.544***
	（6.221）	（6.219）	（5.781）	（6.177）
目标协同性	0.127**	0.125**	0.131**	0.136**
	（1.219）	（1.196）	（1.248）	（1.277）
关系质量	0.165**	0.155**	0.157**	0.173**
	（1.617）	（1.429）	（1.456）	（1.571）
资源互补性 × 关系质量		0.165**		
		（1.413）		
文化相容性 × 关系质量			0.004	
			（0.046）	
目标协同性 × 关系质量				0.149**
				（1.336）
R^2	0.285	0.316	0.287	0.306
ΔR^2		0.031**	0.002	0.021**
F	22.219***	25.686***	22.747***	26.677***

注：1.*** 表示 $p<0.001$，** 表示 $p<0.01$，* 表示 $p<0.05$，+ 表示 $p<0.1$ 双尾检验；2.括号中数值为 t 值；3.表中回归系数均为非标准化回归系数。

在检验完关系质量对供应链伙伴特性与组织学习（利用式学习和探索式学习）的调节作用后，本研究开始检验吸收能力对组织学习（利用式学习和探索式学习）与服务创新绩效的调节作用。

本小节的主要目的是通过分层回归法来分析吸收能力在组织学习（利用式学习和探索式学习）与服务创新绩效之间的调节作用。其分析步骤为：第一，将利用式学习维度、探索式学习维度、吸收能力进行中心化处理，然后，利用多元回归分析法先检验 3 个控制变量（企业年龄、企业规模、企业性质）、中心化后的组织学习的两个维度、中心化后的吸收能力对服务创新绩效的影响，实证分析结果见表 7.20 中的模型 30；第二，用中心化后的利用式学习维度乘以中心化后的吸收能力，得到一个交互项，将该交互项纳入模型 30 中，可得到模型 31，模型 31 检验 3 个控制变量（企业年龄、企业规模、企业性质）、中心化后的组织学习的两个维度、中心化后的吸收能力以及交互项对服务创新绩效的影响，实证分析结果见表 7.20 中的模型 31；第三，用中心化后的探索式学习维度乘以中心化后的吸收能力，得到一个交互项，将该交互项纳入模型 30 中，可得到模型 32，模型 32 检验 3 个控制变量（企业年龄、企业规模、企业性质）、中心化后的组织学习的两个维度、中心化后的吸收能力以及交互项对服务创新绩效的影响，实证分析结果见表 7.20 中的模型 32。

由模型 30 可知：第一，在控制变量中，企业规模（$\beta=0.116$，$p<0.001$）能显著地正向影响服务创新绩效，企业年龄（$\beta=-0.068$，$p<0.01$）和企业性质（$\beta=-0.044$，$p<0.01$）会显著地负向影响服务创新绩效，但两者的显著性都不如企业规模高；第二，关于中心化处理后的组织学习，利用式学习（$\beta=0.340$，$p<0.001$）、探索式学习（$\beta=0.129$，$p<0.001$）均能显著地正向影响服务创新绩效；第三，关于中心化处理后的吸收能力（$\beta=0.312$，$p<0.001$），其可以显著地正向影响服务创新绩效；第四，模型的 F 值为 48.082，R^2 为 0.465。

由模型 31 可知：第一，在控制变量中，企业规模（$\beta=0.115$，$p<0.001$）能显著地正向影响服务创新绩效，企业年龄（$\beta=-0.065$，$p<0.01$）和企业性质（$\beta=-0.039$，$p<0.05$）会显著地负向影响服务创新绩效，但两者的显著性都不如企业规模高；第二，关于中心化处理后的组织学习，利用式学习（$\beta=0.343$，$p<0.001$）、探索式学习（$\beta=0.136$，$p<0.001$）均能显著地正向影响服务创新绩效；第三，关于中心化处理后的吸收能力（$\beta=0.297$，$p<0.001$），其可以显著地正向影响服务创新绩效；第四，模型 31 的交互项系数（$\beta=0.130$，$p<0.01$）具备统计学意义上的显著性，且为正数；第五，模型 31 的 F 值为 52.593，R^2 为 0.494，相较于模型 30 的 R^2，模型 31 的 R^2 增加了 0.029，因此，ΔR^2 大于 0.02，且 ΔR^2（$p<0.01$）具备统计学意义上的显著性。综合上述五点可知，吸收能力在利用式学习和服务创新绩效之间发挥了显著的正向调节作用，即证明

假设 H6a 是成立的。

由模型 32 可知：第一，在控制变量中，企业规模（β=0.117，p<0.001）能显著地正向影响服务创新绩效，企业年龄（β= -0.062，p<0.01）和企业性质（β= -0.045，p<0.01）会显著地负向影响服务创新绩效，但两者的显著性都不如企业规模高；第二，关于中心化处理后的组织学习，利用式学习（β=0.343，p<0.001）、探索式学习（β=0.145，p<0.001）均能显著地正向影响服务创新绩效；第三，关于中心化处理后的吸收能力（β=0.292，p<0.001），其可以显著地正向影响服务创新绩效；第四，模型 32 的交互项系数（β=0.182，p<0.01）具备统计学意义上的显著性，且为正数；第五，模型 32 的 F 值为 55.261，R^2 为 0.502，相较于模型 30 的 R^2，模型 32 的 R^2 增加了 0.037，因此，ΔR^2 大于 0.02，且 ΔR^2（p<0.01）具备统计学意义上的显著性。综合上述五点可知，吸收能力在探索式学习和服务创新绩效之间发挥了显著的正向调节作用，即证明假设 H6b 是成立的。

表 7.20 吸收能力在组织学习与服务创新绩效之间调节作用的回归分析结果（N=339）

变量	模型 30	模型 31	模型 32
（常量）	6.395*** （70.508）	6.386*** （70.829）	6.378*** （70.389）
企业年龄	-0.068** （-2.949）	-0.065** （-2.865）	-0.062** （-2.674）
企业规模	0.116*** （1.955）	0.115*** （1.922）	0.117*** （1.993）
企业性质	-0.044** （-2.693）	-0.039* （-2.398）	-0.045** （-2.746）
利用式学习	0.340*** （9.687）	0.343*** （9.830）	0.343*** （9.811）
探索式学习	0.129*** （3.333）	0.136*** （3.644）	0.145*** （3.952）
吸收能力	0.312*** （8.606）	0.297*** （8.136）	0.292*** （7.806）
利用式学习 × 吸收能力		0.130** （2.374）	
探索式学习 × 吸收能力			0.182** （2.995）

续表

变量	模型 30	模型 31	模型 32
R^2	0.465	0.494	0.502
ΔR^2		0.029**	0.037**
F	48.082***	52.593***	55.261***

注：1.*** 表示 $p<0.001$，** 表示 $p<0.01$，* 表示 $p<0.05$，+ 表示 $p<0.1$ 双尾检验；2.括号中数值为 t 值；3.表中回归系数均为非标准化回归系数。

7.6　结果与讨论

7.6.1　实证研究结果汇总

本书第五章提出了供应链伙伴特性影响服务创新绩效的机制及其研究假设，本章在第五章相关研究假设的基础上，利用结构方程模型检验了供应链伙伴特性、组织学习、关系质量、吸收能力和服务创新绩效的信效度，并利用分层回归法检验了供应链伙伴特性对服务创新绩效的直接效应、组织学习的中介效应、关系质量和吸收能力的调节效应。所有的实证验证结果列于表 7.21 中。

表 7.21　供应链伙伴特性对服务创新绩效影响机制的假设验证结果汇总

假设	假设内容	验证结果
H1a	目标协同性对服务创新绩效有正向影响	通过
H1b	资源互补性对服务创新绩效有正向影响	通过
H1c	文化相容性对服务创新绩效有正向影响	通过
H2a	目标协同性对利用式学习有正向影响	通过
H2b	目标协同性对探索式学习有正向影响	通过
H2c	资源互补性对利用式学习有正向影响	通过
H2d	资源互补性对探索式学习有正向影响	通过
H2e	文化相容性对利用式学习有正向影响	通过
H2f	文化相容性对探索式学习有正向影响	通过

续表

假设	假设内容	验证结果
H3a	利用式学习对服务创新绩效有正向影响	通过
H3b	探索式学习对服务创新绩效有正向影响	通过
H4a	利用式学习在目标协同性与服务创新绩效之间具有中介作用	通过
H4b	利用式学习在资源互补性与服务创新绩效之间具有中介作用	通过
H4c	利用式学习在文化相容性与服务创新绩效之间具有中介作用	通过
H4d	探索式学习在目标协同性与服务创新绩效之间具有中介作用	通过
H4e	探索式学习在资源互补性与服务创新绩效之间具有中介作用	通过
H4f	探索式学习在文化相容性与服务创新绩效之间具有中介作用	通过
H5a	关系质量在目标协同性与利用式学习之间具有正向调节作用	通过
H5b	关系质量在资源互补性与利用式学习之间具有正向调节作用	通过
H5c	关系质量在文化相容性与利用式学习之间具有正向调节作用	通过
H5d	关系质量在目标协同性与探索式学习之间具有正向调节作用	通过
H5e	关系质量在资源互补性与探索式学习之间具有正向调节作用	通过
H5f	关系质量在文化相容性与探索式学习之间具有正向调节作用	没有通过
H6a	吸收能力在利用式学习与服务创新绩效之间具有正向调节作用	通过
H6b	吸收能力在探索式学习与服务创新绩效之间具有正向调节作用	通过

7.6.2 供应链伙伴特性与服务创新绩效关系的讨论

供应链伙伴特性可以正向影响制造企业的服务创新绩效。本研究的研究结论与 Cadden 等（2013）、Thakur 和 Hale（2013）、Semrau 和 Hopp（2016）、Jiang 和 Jiang（2019）、Oh 和 Yoo（2022）的研究成果相似，这些文献成果都认为，资源互补性、文化相容性、目标协同性可以正向影响制造企业的服务创新绩效。根据以上文献研究成果，供应链联盟内的制造企业之间之所以积极培育企业间的资源互补性、文化相容性和目标协同性，就是为了让任何一方所贡献的资源对另一方都能产生边际收益递增效应；让双方资源组合能形成优势互补和协同增值效应；让合作双方适应、认同、理解、包容彼此的价值观、理念、文化和行为处事方式等；让企业在供应链合作中建立起一个共同的发展目标，将合作双方推向一个共同的发展方向。因此，培育好企业之间的资源互补性、文化相容性和目标协同性就能提升制造企业的服务创新绩效。具体可以从以下几个方面进行详细解释。

第一，资源互补性可以正向影响制造企业的服务创新绩效，这点得到了实证研究的支持。从表 7.12 的模型 2 中可以得知，资源互补性对服务创新绩效的非标准化回归系数是 0.385（$p<0.001$），表明资源互补性可以显著地正向影响服务创新绩效。资源互补性是指在供应链中合作双方所拥有的特殊资源之间的互补匹配程度，特殊资源可以是信息、知识、技术，也可以是物质、能力、信誉等，在资源、技术、知识、信息等方面，双方能够形成互补，并基于此进行资源共享。制造企业自身的资源要与合作伙伴的异质性资源形成互补、匹配，才能对供应链中的人力资源、信息资源、技术资源、知识资源和资金资源进行合理的分配，才能使双方的绩效水平都得到提高。制造企业间的互补性资源相结合可以产生新的资源，比如新的知识、新的技术等，然后通过企业之间的合作来实现规模经济，从而提升合作绩效。所以，制造企业可以运用供应链联盟的合作形式，扩大自身的规模经济、分摊自身的风险与费用，还可以通过供应链合作伙伴获取丰富的互补性资源，从而加快制造企业服务创新的速度，改善制造企业协同服务的质量，最终提高制造企业的服务创新绩效。

进一步地，本研究通过实证分析证明了组织学习（利用式学习和探索式学习）是资源互补性提高服务创新绩效的中介路径。

关于利用式学习的中介作用。从表 7.13 的模型 7 中可以得知，资源互补性对利用式学习的非标准化回归系数是 0.447（$p<0.001$），表明资源互补性可以显著地正向影响利用式学习。由于供应链企业之间存在着许多互补性资源，因此，制造企业与供应链合作伙伴都愿意在一起进行"干中学"，而"干中学"则进一步加快了双方资源互换的进程。交换和接受对方的资源仅仅是组织学习的开始，接下来要做的就是将对方的互补性资源整合起来并加以内化。在内化了对方的资源之后，最后一步就是要将这些互补性资源应用起来，从而实现组织学习的价值。由于从供应链合作伙伴处获得的资源和知识通常具有供应链合作伙伴自身的特征烙印，因此，根据外部环境稍加改进的组织学习总体上呈现出利用式学习的特征，即呈现出在组织边界内对现存知识和技术做进一步深度开发和利用的特征，这表示资源互补性可以促进制造企业的利用式学习。另

外，从表 7.15 的模型 16 中可以得知，利用式学习对服务创新绩效的非标准化回归系数是 0.413（$p<0.001$），表明利用式学习可以显著地正向影响服务创新绩效。从表 7.16 的模型 5 和模型 19 中可以得知，加入利用式学习维度后，资源互补性对服务创新绩效的正向影响减弱，非标准化回归系数从 0.147 减小至 0.094，但该影响作用仍然具备显著性（$p<0.05$）。因此，利用式学习在资源互补性和服务创新绩效之间具备部分中介作用。

关于探索式学习的中介作用。从表 7.14 的模型 12 中可以得知，资源互补性对探索式学习的非标准化回归系数是 0.224（$p<0.001$），表明资源互补性可以显著地正向影响探索式学习。拥有互补性资源意味着企业在资源竞争中具有多样性且不重叠的资源竞争优势：首先，通过整合不同的互补性资源，可以使各种资源在供应链中形成更为强大的资源组合，这为实现不可复制的资源协同效应开启了一扇大门；其次，通过整合供应链现有的互补性资源，将会创造丰富的学习机会和学习活动，从而可以增强现有核心产品的性能，进而推动新产品的研发（Jiang & Jiang，2019）。在运用供应链合作伙伴的互补性资源时，既要关注互补性资源具有合作伙伴身上的某些固有特征烙印，又要根据外部环境和自身创新需求对互补性资源进行改造和创新，从而形成具有自身特色的新知识。根据组织学习理论，只有这样才算真正地完成了第二阶段的组织学习，也就是吸收并内化对方的资源。这种内化资源的方式所产生的创造性成果只有运用到实践中，才会产生创新价值，才能发展出新的组织惯例，才能顺利实现探索式学习的目标。因此，前述研究表明，资源互补性可以促进制造企业的探索式学习。另外，从表 7.15 的模型 17 中可以得知，探索式学习对服务创新绩效的非标准化回归系数是 0.316（$p<0.001$），表明探索式学习可以显著地正向影响服务创新绩效。从表 7.16 的模型 5 和模型 20 中可以得知，加入探索式学习维度后，资源互补性对服务创新绩效的正向影响减弱，非标准化回归系数从 0.147 减小至 0.145，但该影响作用仍然具备显著性（$p<0.01$）。因此，探索式学习在资源互补性和服务创新绩效之间具备部分中介作用。

第二，文化相容性可以正向影响制造企业的服务创新绩效，这点得到了实证研究的支持。从表 7.12 的模型 3 中可以得知，文化相容性对服务创新绩效的非标准化回归系数是 0.403（$p<0.001$），表明文化相容性可以显著地正向影

响服务创新绩效。当企业间文化具有很强的兼容性时，整个供应链的经营目标将演变为各供应链制造企业之间的子目标，进而将各家供应链企业的个体行为延伸为供应链的整体行为，在此背景下，企业间的利益将会相互关联，从而形成一个整体的供应链合作网络。兼容的企业文化有助于打破联盟关系中的隔阂，增强联盟内各个节点企业的归属感和认同感，从而推动供应链联盟内企业间的合作，进而使联盟内的企业更好地完善现有服务并开发出新的服务。因此，兼容的文化不仅可以降低服务创新成本、缩短服务创新周期，而且可以让制造企业在最短的时间内获取创新的利润。由此可见，制造企业之间的文化兼容性能够促进信息的分享、协调制造企业之间的关系、引导制造企业进行服务创新、增强制造企业对供应链联盟文化的认同，从而达到降低服务创新所带来的市场风险、增加新服务产品的销量、提升服务创新绩效的目的。

进一步地，本研究通过实证分析证明了组织学习（利用式学习和探索式学习）是文化相容性提高服务创新绩效的中介路径。

关于利用式学习的中介作用。从表 7.13 的模型 8 中可以得知，文化相容性对利用式学习的非标准化回归系数是 0.360（$p<0.001$），表明文化相容性可以显著地正向影响利用式学习。根据组织学习理论可知，文化相容性可以加快制造企业间的知识流动，使得企业间愿意通过知识共享来提高现有知识的价值，进而再提高企业的利用式学习水平。制造企业间的文化相容性还能够促进已有知识的交换，从而提高基于现有知识的利用式学习水平，进而开发出现有知识的新价值，并最终提高整个供应链的服务创新水平。此外，具有类似文化背景的集群企业，对集群文化的认同程度较高，可以加快集群内企业之间的沟通与信息传递，有利于开展以集群已有知识为基础的利用式学习。另外，从表 7.15 的模型 16 中可以得知，利用式学习对服务创新绩效的非标准化回归系数是 0.413（$p<0.001$），表明利用式学习可以显著地正向影响服务创新绩效。从表 7.16 的模型 5 和模型 19 中可以得知，加入利用式学习维度后，文化相容性对服务创新绩效的正向影响减弱，非标准化回归系数从 0.300 减小至 0.247，但该影响作用仍然具备显著性（$p<0.001$）。因此，利用式学习在文化相容性和服务创新绩效之间具备部分中介作用。

关于探索式学习的中介作用。从表 7.14 的模型 13 中可以得知，文化相容性对探索式学习的非标准化回归系数是 0.566（$p<0.001$），表明文化相容性可以显著地正向影响探索式学习。从组织间学习的角度来看，共同的文化氛围为集群学习和供应链集体学习创造了一个良好的平台，有助于供应链企业间进行沟通与学习，从而可以增进经验、分享信息；共同的文化氛围还有助于改善集群制造企业或供应链制造企业中各部门间的关系，从而突破部门间原有的认知障碍、加强协作意识，让供应链企业更好地运用与其自身创新发展有关的非正式制度信息（陈怀超、侯佳雯、艾迪欧，2020），进而推动以新信息、新知识创造为基础的探索式学习。文化相容性还可以推动供应链中的实体创造出具有价值的新知识，并保持各方的知识创新不脱离自身的认知、制度、价值观念和文化体系。领导者再依据战略规划、员工认同等，对彼此的新知识进行测试和筛选，这样能促使企业接受和创造新知识，从而推动制造企业的探索式学习。此外，对集群文化的认同程度高，还会促使集群企业接受更多的创新理念，不断地调整自己的创新思维与行为，从而推进基于新知识和创新观念的探索式学习。另外，从表 7.15 的模型 17 中可以得知，探索式学习对服务创新绩效的非标准化回归系数是 0.316（$p<0.001$），表明探索式学习可以显著地正向影响服务创新绩效。从表 7.16 的模型 5 和模型 20 中可以得知，加入探索式学习维度后，文化相容性对服务创新绩效的正向影响减弱，非标准化回归系数从 0.300 减小至 0.288，但该影响作用仍然具备显著性（$p<0.001$）。因此，探索式学习在文化相容性和服务创新绩效之间具备部分中介作用。

第三，目标协同性可以正向影响制造企业的服务创新绩效，这点得到了实证研究的支持。从表 7.12 的模型 4 中可以得知，目标协同性对服务创新绩效的非标准化回归系数是 0.438（$p<0.001$），表明目标协同性可以显著地正向影响服务创新绩效。不同主体之间的目标协同有助于不同主体参与到制造企业的服务创新中，通过这种方式，不仅可以帮助制造企业在服务创新资源、知识、能力等方面弥补自身的不足，而且可以扩大制造企业捕获外部服务资源、知识和信息的通道，有利于分摊服务创新的成本及风险。制造企业与客户之间的目标协同，使得客户获得了服务产品体验者和服务创新设计者的双重身份，并且愿意主动地参与到制造企业的服务创新之中，还能够将自身的实际需求及时地反馈给企业，同时还能够提前把潜在需求告知企业，从而让制造企业能够更好

地了解客户的未来需求。通过这种方式，制造企业所推出的新服务产品既能回应客户的要求、满足客户的实际需求，又能激发客户的新服务需求，从而形成一个良性循环。良性的服务循环将会吸引更多高价值的客户，而高价值客户又能带来更多客户群体，从而取得事半功倍的效果（Witell，Gebauer & Jaakkola，et al.，2017）。因此，目标协同性能够提高制造企业的服务创新绩效。

进一步地，本研究通过实证分析证明了组织学习（利用式学习和探索式学习）是目标协同性提高服务创新绩效的中介路径。

关于利用式学习的中介作用。从表 7.13 的模型 9 中可以得知，目标协同性对利用式学习的非标准化回归系数是 0.472（$p<0.001$），表明目标协同性可以显著地正向影响利用式学习。根据组织学习理论，具有目标协同性的供应链制造企业愿意通过多边协作的方式来分享自己的现有知识，以实现供应链中不同知识的融合，这样的良性互动能使整个供应链中的知识储备持续增长，进而促进制造企业之间的利用式学习。具备目标协同性的各供应链企业还乐于整合与利用已有的组织知识和技术，以达到优化现有知识的目的，这有利于企业增强识别、转化和应用现有知识的能力（Tho & Duc，2021），也就是说，目标协同性可以提高制造企业的利用式学习水平。另外，从表 7.15 的模型 16 中可以得知，利用式学习对服务创新绩效的非标准化回归系数是 0.413（$p<0.001$），表明利用式学习可以显著地正向影响服务创新绩效。从表 7.16 的模型 5 和模型 19 中可以得知，加入利用式学习维度后，目标协同性对服务创新绩效的正向影响减弱，非标准化回归系数从 0.242 减小至 0.011，减弱后，该正向影响作用不再具备统计学意义上的显著性（$p>0.1$）。因此，利用式学习在目标协同性和服务创新绩效之间具备完全中介作用。

关于探索式学习的中介作用。从表 7.14 的模型 14 中可以得知，目标协同性对探索式学习的非标准化回归系数是 0.257（$p<0.001$），表明目标协同性可以显著地正向影响探索式学习。制造企业之间的目标协同程度越高，单个制造企业从其他制造企业获取新信息与新知识的概率就越大，这意味着获取新知识的通道来源就越多，因此越有利于单个制造企业开展探索式学习。根据组织学习理论可知，供应链中的目标协同性越好，各个制造企业就越乐意共同开展学习研究活动，就越能推动多边合作中的组织间学习进程。组织间学习的过程

也是新旧知识持续互动的过程，在这个过程中，新的知识会随之涌现，为整个制造企业供应链注入新鲜"血液"，从而使得供应链知识体系的规模不断扩大，供应链内也因此形成一个新知识的生产工厂与创新基地。而探索式学习则注重企业在多样性和规划性中的实验与尝试，以超越现有认知范畴的方式来获得未曾触及的新知识，这意味着企业为了获取从未涉及的新知识而完全脱离现有的认知范围。由此可见，目标协同性有利于推动制造企业的探索式学习。另外，从表7.15的模型17中可以得知，探索式学习对服务创新绩效的非标准化回归系数是0.316（$p<0.001$），表明探索式学习可以显著地正向影响服务创新绩效。从表7.16的模型5和模型20中可以得知，加入探索式学习维度后，目标协同性对服务创新绩效的正向影响减弱，非标准化回归系数从0.242减小至0.021，减弱后，该正向影响作用不再具备统计学意义上的显著性（$p>0.1$）。因此，探索式学习在目标协同性和服务创新绩效之间具备完全中介作用。

7.6.3　组织学习与服务创新绩效关系的讨论

组织学习可以正向影响制造企业的服务创新绩效，这个研究结论与Tsou和Cheng（2018）、Pollok等（2019）、Farzaneh等（2020）、Bomm等（2022）的研究成果相似，这些研究成果认为：组织学习可以帮助组织创造新知识，还可以帮助组织适应不断变化的环境；组织学习能够通过动态能力提高企业层面的创新绩效；组织学习可以提高企业与个人的创新水平和创新能力。Chang等（2011）、Li和Huang（2013）、Lee等（2018）、Tian等（2020）均认为，利用式学习、探索式学习可以正向影响制造企业的服务创新绩效。根据以上文献研究成果，供应链联盟内的制造企业之所以同时进行利用式学习和探索式学习，是因为这两种学习策略是相互补充的关系，利用式学习可以为企业的学习活动提供现金流，而探索式学习则为企业的长期发展提供相应的能力。因此，同时进行这两种学习（双元组织学习），就能保证企业短期和长期的成功。也就是说，企业通过利用式学习实现短期增长，再通过探索式学习实现长期生存。综上说明，利用式学习和探索式学习能提升制造企业的服务创新绩效，具体可以从以下几个方面进行详细解释。

第一，利用式学习可以正向影响制造企业的服务创新绩效，这点得到了实证研究的支持。从表 7.15 的模型 16 中可以得知，利用式学习对服务创新绩效的非标准化回归系数是 0.413（$p<0.001$），表明利用式学习可以显著地正向影响服务创新绩效。与探索式学习相比，利用式学习则更为注重内部控制、效率和提高可靠性（Chen，Li & Liu，2015），利用式学习将重点放在开发企业范围内的能力、确保高效运营以及重组企业资源等方面，进而有助于企业创造价值（Zacher，Robinson & Rosing，2016）。从组织学习理论的角度来看，利用式学习能改善企业的现有能力，使企业在短期内创造出具有较强竞争力的产品。从利用式学习影响制造企业服务创新绩效的视角来看，前人的研究发现，企业采用利用式学习可以使自身的内部资源与外部环境相融合、相匹配，从而推动企业创新绩效的持续稳定增长（Cohen & Caner，2016）；IT 能力通过利用性学习可以正向影响企业的创新绩效（Chuks，2022）。因此，利用式学习有助于企业运用现有知识以及实现外部环境和内部资源的匹配，其能持续稳定地提高制造企业的服务创新绩效。

第二，探索式学习可以正向影响制造企业的服务创新绩效，这点得到了实证研究的支持。从表 7.15 的模型 17 中可以得知，探索式学习对服务创新绩效的非标准化回归系数是 0.316（$p<0.001$），表明探索式学习可以显著地正向影响服务创新绩效。探索式学习是一种完全不同于以往的学习方式，其沿着完全不同的轨迹来开展学习，以帮助组织获取新的资源和新的信息，从而更好地把握发展机遇（Liu，Gan & Luo，et al.，2020）。从组织学习理论的角度来看，探索式学习是建立在市场和技术信息基础上的，旨在获得全新的知识、流程和技能，使企业能够长期适应变化的环境，从而获得长期竞争优势。从探索式学习影响制造企业服务创新绩效的视角来看，以往的研究发现，探索式学习对于企业获取创新资源、开展创新活动十分有利，它能提升企业的创新绩效（DeCaro，DeCaro & Rittle-Johnson，2015）；企业 IT 能力通过探索性学习能够积极影响企业的创新绩效（Chuks，2022）。因此，探索式学习有利于制造企业获取创新资源和开展创新活动，能有效提高制造企业的服务创新绩效。

7.6.4　关系质量与吸收能力的调节作用讨论

（1）对已经证实的关系质量与吸收能力的调节作用进行讨论

关于关系质量在供应链伙伴特性与组织学习之间的调节作用，本研究从理论分析的角度出发，发现：企业在长期的合作过程中，首先，在处理企业间的文化冲突时，具有较高关系质量的企业具备显著的优势，其不仅可以快速解决出现的各种冲突与问题，而且可以加强企业之间的紧密协作，为企业的长期发展创造有利的条件，从而增强文化相容性对组织学习的积极作用；其次，企业之间的关系质量越好，获取关键性和互补性资源的可能性就越大，从而增强资源互补性对组织学习的积极作用；再次，企业之间维持良好的关系质量，有助于激发企业长期合作的愿望，并能进一步提高彼此合作的满意度，还能确保合作目标的实现，从而增强目标协同性对组织学习的积极作用；最后，双方良好的关系质量使企业之间的关系更加持久，减少了交易成本，有利于充分交换企业间的信息与资源（孙莹、车响午，2021）。因此，良好的关系质量能够增强供应链伙伴特性对组织学习的积极影响。

关于关系质量在供应链伙伴特性与利用式学习之间的调节作用，本研究从理论分析的角度出发，发现：在合作创新的过程中，企业与合作伙伴之间通过反复接触，可以形成一定的关系质量，从而根据合作经验与关系质量形成对相互之间合作状况的全面评估，这种双边关系质量将始终伴随着企业获取并整合合作伙伴的知识，能够极大地减少合作中的机会主义风险与协调成本（成泷、蔡俊亚、杨毅等，2020）。利用式学习注重内部成本控制、效率和可靠性的提高（Chen，Li & Liu，2015），其将重点放在开发企业内部潜能、确保企业的高效运作以及企业资源重组等方面（Zacher，Robinson & Rosing，2016），强调运用现有知识来增加企业的短期收益，从而获取大量的现金流，以此来支撑企业的短期经营。由此可见，良好的关系质量能够增强供应链伙伴特性对利用式学习的积极影响。原因在于，关系质量能够降低获取知识的成本、加快知识的应用速度，从而降低利用式学习的风险和成本，进而增加企业短期的现金流量。因此，良好的关系质量能够增强供应链伙伴特性对利用式学习的积极影响。

关于关系质量在供应链伙伴特性与利用式学习之间的调节作用，本研究从实证分析的角度出发，发现：第一，关系质量在资源互补性和利用式学习之间发挥了显著的正向调节作用，即假设 H5b 是成立的。其原因在于：在表 7.18 中，模型 23 的交互项系数（$\beta=0.116$，$p<0.01$）具备统计学意义上的显著性，且为正数；模型 23 的 R^2 为 0.397，相较于模型 22 的 R^2，模型 23 的 R^2 增加了 0.023，因此，ΔR^2 大于 0.02，且 ΔR^2（$p<0.01$）具备统计学意义上的显著性。第二，关系质量在文化相容性和利用式学习之间发挥了显著的正向调节作用，即假设 H5c 是成立的。其原因在于：在表 7.18 中，模型 24 的交互项系数（$\beta=0.117$，$p<0.01$）具备统计学意义上的显著性，且为正数；模型 24 的 R^2 为 0.398，相较于模型 22 的 R^2，模型 24 的 R^2 增加了 0.024，因此，ΔR^2 大于 0.02，且 ΔR^2（$p<0.01$）具备统计学意义上的显著性。第三，关系质量在目标协同性和利用式学习之间发挥了显著的正向调节作用，即假设 H5a 是成立的。其原因在于：在表 7.18 中，模型 25 的交互项系数（$\beta=0.127$，$p<0.01$）具备统计学意义上的显著性，且为正数；模型 25 的 R^2 为 0.397，相较于模型 22 的 R^2，模型 25 的 R^2 增加了 0.023，因此，ΔR^2 大于 0.02，且 ΔR^2（$p<0.01$）具备统计学意义上的显著性。

关于关系质量在供应链伙伴特性与探索式学习之间的调节作用，本研究从理论分析的角度出发，发现：良好的关系质量能为企业与伙伴之间建立起密切的信任关系创造有利条件，这一关系有助于形成交叉性理解（Meissner，Burton & Galvin, et al., 2021），从而帮助企业清楚地了解自己和合伙人的知识库中已经存在的和缺乏的知识，这样极大地加快了知识的更新速度和知识的重组效率。良好的企业间关系质量有利于企业之间的交流互动，进而为企业提供创造知识的机会。良好的关系质量也体现了双方都认可合作创新的方案以及都看好未来的共同利益，这将会促使更多的知识进行转移。探索式学习是一种完全不同于以往的学习方式，其沿着完全不同的轨迹来开展学习，以帮助组织获取新的资源和新的信息（Liu, Gan & Luo, et al., 2020）。探索式学习旨在创造新的需要，侧重于维护企业的长期利益。由此可见，良好的关系质量能够增强供应链伙伴特性对探索式学习的积极影响。其原因在于，良好的企业间关系质量能够加快知识的转移速度和知识的更新速度，这样才能获取创造知识的机会，并激发企业探索新知识和发现新知识的动力。

关于关系质量在供应链伙伴特性与探索式学习之间的调节作用，本研究从实证分析的角度出发，发现：第一，关系质量在资源互补性和探索式学习之间发挥了显著的正向调节作用，即假设 H5e 是成立的。其原因在于：在表 7.19 中，模型 27 的交互项系数（β=0.165，p<0.01）具备统计学意义上的显著性，且为正数；模型 27 的 R^2 为 0.316，相较于模型 26 的 R^2，模型 27 的 R^2 增加了 0.031，因此，ΔR^2 大于 0.02，且 ΔR^2（p<0.01）具备统计学意义上的显著性。第二，关系质量在目标协同性和探索式学习之间发挥了显著的正向调节作用，即假设 H5d 是成立的。其原因在于：在表 7.19 中，模型 29 的交互项系数（β=0.149，p<0.01）具备统计学意义上的显著性，且为正数；模型 29 的 R^2 为 0.306，相较于模型 26 的 R^2，模型 29 的 R^2 增加了 0.021，因此，ΔR^2 大于 0.02，且 ΔR^2（p<0.01）具备统计学意义上的显著性。

关于吸收能力在利用式学习与服务创新绩效之间的调节作用，本研究从理论分析的角度出发，发现：第一，在管理学研究中，知识吸收能力是指获取、消化、转移、应用新知识以满足创新需求的能力（张爽、陈晨，2022）。知识的转移与应用给企业带来了获取与吸收知识的机会，企业由此获得了创新能力，有利于企业开展利用式学习（秦鹏飞、申光龙、胡望斌等，2019）。第二，具有较强的实际吸收能力，可以保证企业能够按照程序来长期地、有计划地、持续地使用知识（吕冲冲、林冬冬、欧建猛，2022），从而有利于企业开展以应用知识为导向的利用式学习。第三，具备实际吸收能力能够确保企业经过内部流程和惯例就能达到运用知识的目的，吸收能力的大小对企业内、外部知识的整合以及知识的运用效果都会产生一定的影响（吕冲冲、林冬冬、欧建猛，2022），进而影响以利用知识、应用知识为导向的利用式学习。因此，吸收能力可以在利用式学习与服务创新绩效之间发挥正向调节作用。

关于吸收能力在利用式学习与服务创新绩效之间的调节作用，本研究从实证分析的角度出发，发现：吸收能力在利用式学习和服务创新绩效之间发挥了显著的正向调节作用，即假设 H6a 是成立的。其原因在于：在表 7.20 中，模型 31 的交互项系数（β=0.130，p<0.01）具备统计学意义上的显著性，且为正数；模型 31 的 R^2 为 0.494，相较于模型 30 的 R^2，模型 31 的 R^2 增加了 0.029，因此，ΔR^2 大于 0.02，且 ΔR^2（p<0.01）具备统计学意义上的显著性。

关于吸收能力在探索式学习与服务创新绩效之间的调节作用，本研究从理论分析的角度出发，发现：第一，企业的实际吸收能力越强，就越容易发现和构建内部知识与外部知识之间的关系，进而能充分利用新旧知识之间的协同效应来获得新想法和新创意，以促进企业的探索式学习。第二，企业的实际吸收能力越强，就越能促使外部知识与已有知识进行结合，有利于在创新过程中不断发掘、创造新的知识，进而推动企业的探索式学习。第三，实际吸收能力越好，越有利于企业在现实问题中凝练新知识，进而深化在该领域的知识技术储备（吕冲冲、林冬冬、欧建猛，2022），这有利于推动以发现新知识为核心的探索式学习。因此，吸收能力可以在探索式学习与服务创新绩效之间发挥正向调节作用。

关于吸收能力在探索式学习与服务创新绩效之间的调节作用，本研究从实证分析的角度出发，发现：吸收能力在探索式学习和服务创新绩效之间发挥了显著的正向调节作用，即假设 H6b 是成立的。其原因在于：在表 7.20 中，模型 32 的交互项系数（$\beta=0.182$，$p<0.01$）具备统计学意义上的显著性，且为正数；模型 32 的 R^2 为 0.502，相较于模型 30 的 R^2，模型 32 的 R^2 增加了 0.037，因此，ΔR^2 大于 0.02，且 ΔR^2（$p<0.01$）具备统计学意义上的显著性。

（2）对未被证实的关系质量的调节作用进行讨论

关于关系质量在文化相容性与探索式学习之间的调节作用未被证实，本研究从理论分析的角度出发，发现其可能的原因在于：制造企业之间的关系质量并不能对文化相容性和探索式学习之间的关系产生大的积极影响，文化相容性对探索式学习的影响是直接的，不容易受到制造企业之间关系质量的影响。换而言之，在供应链联盟中，制造企业对未知领域进行探索时，只要双方的企业文化是相容的，企业就应该专注于探索式学习，并不需要过多考虑双方的关系质量。当制造企业之间进行利用式学习时，由于利用式学习只是对现有知识和技术进行运用与升级，而现有知识和技术就直接存在于现有的各家供应链企业中，如果各家供应链企业之间的关系质量良好，那么企业之间就可以直接交换这些现存的知识与技术以进行升级，从而提高利用式学习的水平。因此，良好的关系质量能够加快利用现有知识和技术的速度，并提升利用式学习的水平。其原因在于，双方良好的关系质量有利于双方现有知识和技术的交换、学习与相互借鉴。但是，当制造企业进行探索式学习时，由于许多知识、技术和领域都是未知的，这些知识和技术并不直接存在于现有的各家供应链企业中，当前各家供应链企业之间的关系质量再好，也无法直接交换这些未知的知识和技术。如果各家供应链企业想要提高探索式学习的水平，那么这些企业还是需要一起进行新知识和新技术的开发活动。因此，双方良好的关系质量并不能直接促进探索式学习的提升，并对其产生很大的积极作用。当双方进行未知技术、领域的开发时，更需要营造一个融洽的企业文化氛围来促进共同探索，这样才更有利于制造企业进行探索式学习。

关于关系质量在文化相容性与探索式学习之间的调节作用未被证实，本研究从实证分析的角度出发，发现：关系质量在文化相容性和探索式学习之间不发挥调节作用，即假设 H5f 是不成立的。其原因在于：在表 7.19 中，模型 28 的交互项系数（β=0.004，$p>0.1$）不具备统计学意义上的显著性；模型 28 的 R^2 为 0.287，相较于模型 26 的 R^2，模型 28 的 R^2 增加了 0.002，因此，ΔR^2 小于 0.02，ΔR^2（$p>0.1$）也不具备统计学意义上的显著性。

7.7　本章小结

本章主要通过实证方法对本研究提出的研究假设进行了验证。第一，本章先对供应链伙伴特性、组织学习、关系质量、吸收能力、服务创新绩效 5 个变量进行了信度检验和效度检验，结果显示，这 5 个变量均具有良好的信效度；第二，本章通过多元回归分析法检验了供应链伙伴特性对服务创新绩效的直接效应、组织学习在供应链伙伴特性和服务创新绩效之间的中介效应、关系质量在供应链伙伴特性和组织学习之间的调节效应、吸收能力在组织学习和服务创新绩效之间的调节效应；第三，基于以上两个步骤的实证分析结果，本章对本研究提出的每一个研究假设进行了逐个讨论与分析。

8 研究结论与展望

通过前面七章的深入探讨，本研究系统地阐释了供应链伙伴特性提升服务创新绩效的机理。首先，本研究运用探索性案例研究方法对供应链伙伴特性、组织学习、服务创新绩效、关系质量和吸收能力之间的相互关系进行了初探，提出了五者之间相互关系的初始命题；其次，基于已有的理论文献，本研究提出了供应链伙伴特性对服务创新绩效的研究假设并构建了对应的研究模型；最后，本研究通过问卷调查法收集了相关研究数据，对研究命题提出的假设和模型进行了规范的实证检验。本章将梳理和总结本研究前面七章的内容，明确本研究的主要研究结论、理论贡献和实践启示，并在此基础上，提出本研究的局限性和不足之处，为将来的进一步研究提供有益的方向。

8.1 主要研究结论

本研究以制造企业服务化转型问题作为切入点，围绕"制造企业供应链伙伴特性如何提升服务创新绩效"这一核心问题，构建了"供应链伙伴特性—组织学习—服务创新绩效"这样的逻辑分析思路，以组织学习理论作为研究的理论基础，对供应链伙伴特性如何提升服务创新绩效做出了更加深入的理论解释。本研究将供应链伙伴特性、组织学习、服务创新绩效、关系质量和吸收能力纳入统一的研究模型，构建了供应链伙伴特性对服务创新绩效的直接效应模型、组织学习的中介效应模型、关系质量和吸收能力的调节效应模型，并运用实证分析方法和案例研究方法对这些模型进行了验证，最终得出以下主要结论。

（1）制造企业供应链伙伴特性可以提升服务创新绩效

供应链伙伴特性是指嵌入供应链上各类型企业与核心制造企业之间的一种匹配度属性，其为供应链中的核心制造企业选择各类型合作伙伴提供了参考标准。本研究借鉴薛萌等（2018）和薛萌（2020）关于供应链伙伴特性的研究，将供应链伙伴特性划分成资源互补性、文化相容性和目标协同性三个维度。本研究通过问卷调查法收集到 339 份有效的问卷数据，经过实证分析，得出供应链伙伴特性的三个维度都有助于提升制造企业服务创新绩效的结论。具体而言，第一，资源互补性属于企业操作层面的供应链伙伴特性。资源互补性是指在供应链中，当若干制造企业拥有不同的但是能相互增强的资源时，通过联盟（指供应链联盟）能够将其整合，从而创造出在联盟存在之前，任何一家供应链企业都不曾拥有的价值的特性。任何企业单靠自给自足的方式来获得全部所需资源是非常困难的，只有通过与其他合作企业交换和共享关键资源，形成资源互补，才能提升企业的创新绩效。企业在开展合作时，自身的资源要与合作伙伴的异质性资源形成互补、匹配，才能对供应链中的信息资源、技术资源、知识资源和资金资源进行合理的分配，才能使双方的绩效水平都得到提高，从而有利于服务创新绩效的提高。第二，文化相容性也属于企业操作层面的供应链伙伴特性。文化相容性是指在供应链中，核心制造企业与合作伙伴在理念、态度、行为、价值观等方面彼此认同、相互包容和适应的程度。合作双方的企业文化兼容程度高，意味着企业的员工在价值观、管理风格、经营宗旨和目标等方面存在相似之处，就能更好地促进企业间的协同创新，进而对服务创新绩效产生积极作用。第三，目标协同性属于企业战略层面的供应链伙伴特性。目标协同性是指供应链合作企业之间具有相互兼容或者一致的发展目标，合作双方可以在战略目标和竞争目标方面共存而不产生矛盾。以目标协同为基础的多个主体联合服务创新突破了制造企业传统的封闭创新模式，使得客户、供应商等积极参与到制造企业的服务创新之中，不仅可以帮助制造企业在服务创新资源、知识、能力等方面弥补自身的不足，而且可以扩大制造企业捕获外部服务资源、知识和信息的渠道，有利于分摊服务创新的成本及风险，对提升服务创新绩效有积极作用。

（2）组织学习在供应链伙伴特性和服务创新绩效之间会发挥显著的中介效应

本研究将组织学习划分成两个维度：利用式学习和探索式学习。利用式学习是指将已有的技术和知识应用于企业内部或企业间，使其发挥最大的价值；探索式学习是指为适应新形势下的服务业和制造业融合，制造企业主动开展多个层面的企业内外部科研活动，以探索新知识、学习新技能、创造新服务模式。在供应链中，制造企业既要实现服务创新，又要兼顾传统的技术创新，因而必然要获取大量的知识和资源，这必然会牵涉到知识和资源如何转化成绩效的问题，也就意味着，企业之间将会产生组织学习。因此，在供应链中，基于资源与知识转化而产生的组织学习将会在制造企业供应链伙伴特性和服务创新绩效之间发挥重要的中介作用。本研究通过问卷调查法收集到 339 份有效的问卷数据，经过实证分析后发现，供应链伙伴特性提升服务创新绩效的路径是多元的，基于利用式学习和探索式学习的路径均得到了证实，利用式学习和探索式学习在供应链伙伴特性和服务创新绩效之间都发挥了显著的中介作用。具体来说，利用式学习和探索式学习在资源互补性和服务创新绩效之间发挥了部分中介作用，利用式学习和探索式学习在文化相容性和服务创新绩效之间发挥了部分中介作用，利用式学习和探索式学习在目标协同性和服务创新绩效之间发挥了完全中介作用。

（3）关系质量在供应链伙伴特性和组织学习之间的作用机制中发挥了重要的调节作用

关系质量对保持客户忠诚和巩固双方关系至关重要，有助于双方建立持久的关系，良好的关系质量能够促进合作企业之间的知识转移。因此，当关系质量良好时，资源互补性、文化相容性、目标协同性的积极作用将得到加强，供应链伙伴特性对组织学习的积极影响也将会增强。由此，本研究引入关系质量，考察其在供应链伙伴特性与组织学习之间的调节效应。通过对 339 份有效样本数据进行实证分析，本研究发现，关系质量在资源互补性与利用式学习、资源互补性与探索式学习、文化相容性与利用式学习、目标协同性与利用式学习、目标协同性与探索式学习之间发挥了显著的正向调节作用。

（4）吸收能力在组织学习和服务创新绩效之间的作用机制中发挥了重要的调节作用

强大的吸收能力可以帮助制造企业高效地获取、消化、转化信息与知识，并将这些信息、知识资源应用到企业的服务化转型中，而企业之间的组织学习则主要是通过知识转移和信息传递来实现。因此，企业的吸收能力不仅可以通过获取和转化知识资源来推动组织学习，还可以在组织学习和服务创新绩效之间起到正向调节作用。由此，本研究引入吸收能力，考察其在组织学习与服务创新绩效之间的调节效应。通过对 339 份有效样本数据进行实证分析，本研究发现，吸收能力在利用式学习与服务创新绩效、探索式学习与服务创新绩效之间发挥了显著的正向调节作用。

8.2 理论贡献与实践启示

8.2.1 理论贡献

本研究以组织学习理论为基础，系统地分析了供应链伙伴特性对服务创新绩效的影响机制，本研究的理论贡献有以下几个方面。

（1）以制造企业服务化转型和服务创新为背景，探索了供应链伙伴特性的不同细分维度与服务创新绩效之间的具体影响关系

本研究对供应链伙伴特性做了进一步的深化研究，扩展了服务创新绩效的前因研究，为以后的相关研究提供了良好的参考。第一，有关制造企业服务创新绩效的前因研究，学者、专家们一直没有形成统一的意见。在现有研究中，通常将客户导向（徐建中、付静雯，2018）、服务化战略（王绒，2018）、外部组织整合（曾经莲，2019）等作为制造企业服务创新绩效的前因变量，忽视了制造企业的联盟组合可能会对制造企业服务创新绩效产生影响。本研究参考薛萌（2020）的文献，经过研究后发现，供应链伙伴特性是制造企业服务创新绩效的重要前因变量，这一研究成果丰富了制造企业服务创新绩效的前因研究。第二，本研究将供应链伙伴特性的研究领域从创新绩效（陈伟、张旭梅，2011）延伸至服务创新绩效，并把制造企业服务化转型对象的研究范围从单个

制造企业扩展至整个制造企业供应链，从而丰富了供应链伙伴特性的研究对象和制造企业服务化转型的研究对象。第三，本研究将供应链伙伴特性细分成三个维度，更加细致地研究了供应链伙伴特性对制造企业服务创新绩效的影响，明确了供应链伙伴特性的不同维度对制造企业服务创新绩效的不同影响及其作用大小。

（2）深化了供应链伙伴特性对制造企业服务创新绩效的中介作用机制研究，对服务化转型背景下的制造企业服务创新研究做了补充和拓展

服务创新是制造企业服务化转型研究领域中的热点内容，但具体到制造企业如何利用供应链伙伴特性提升服务创新绩效以及其中的具体路径机制是怎样的，现有的研究并没有给出明确的答案，学术界对此也没有达成统一的意见。现有的关于供应链伙伴特性的中介机制研究主要从关系资本（薛萌，2020）、信息共享（周荣辅、苏文月，2012）、知识交易（陈伟、张旭梅，2011）等中介效应角度来分析供应链伙伴特性对绩效产生的影响，缺乏一种更为合理的理论视角来揭示制造企业如何进行资源转化以提高服务创新绩效，使得现有文献研究不能很好地解释供应链伙伴特性通过何种路径对服务创新绩效产生影响。

本研究基于组织学习理论，明确提出了供应链伙伴特性提升服务创新绩效的中介作用机制，即以供应链伙伴特性为自变量、以组织学习为中介变量（分别以利用式学习和探索式学习作为中介变量）、以服务创新绩效为因变量的制造企业服务创新绩效提升路径。本研究利用探索性案例研究方法、实证分析方法证明了供应链伙伴特性是制造企业及其供应链服务创新成功的关键，但同时制造企业还要积极地进行组织学习，有效转化供应链内的资源、知识，以提升服务创新绩效。通过以上研究，本研究揭示了供应链伙伴特性提升服务创新绩效的中介作用机制，弥补了现有研究中的不足，为制造企业服务创新绩效提升研究提供了一个全新的研究视角。

（3）探索了关系质量、吸收能力对供应链伙伴特性作用机制的调节效应，从权变视角扩展了制造企业供应链服务化转型背景下的服务创新研究

通过梳理和总结已有文献成果，本研究发现，目前的文献研究大多是论证供应链伙伴特性与绩效之间简单的二元关系，并得出二者之间简单的正向影响关系等结论。然而从权变视角来描述两者之间动态性关系的文献研究却很少，

仅有的相关研究也主要是从网络能力（薛萌，2020）、政府支持（王萧萧、蒋兴华、朱桂龙等，2018）的权变视角出发来进行有关探讨，这并不能很好地解决供应链内制造企业在实施服务创新时所面临的中国本土化情境问题。因此，本研究从权变视角出发，引入具有中国情境特色的调节变量——关系质量，再把吸收能力这个调节变量也引入制造企业供应链服务化转型以及服务创新的研究中，深入研究关系质量、吸收能力对"供应链伙伴特性—组织学习—服务创新绩效"这一作用机制的调节作用，从而进一步补充关于制造企业服务创新的情境化研究。本研究为关系质量和吸收能力提供了新的应用情境，探究了制造企业在服务创新活动中，由于不同的关系质量和吸收能力而产生不同的服务创新绩效的现象，进一步完善了供应链伙伴特性对服务创新绩效的作用机制及其边界条件，丰富了供应链伙伴特性的作用情境及其情境化研究，拓宽了对于关系质量和吸收能力的研究视角以及研究范围。

8.2.2 实践启示

随着我国先进制造业与现代服务业的不断融合，服务业产值占 GDP 的比重不断攀升，制造企业的服务化转型升级正在变得越来越重要。在创新驱动制造业转型发展的新常态下，制造企业不仅要进行服务创新，还要兼顾以往的技术创新和产品创新，因此，仅仅依靠自身的力量去寻求发展和创新往往是很难成功的。为了实现服务化转型升级以及服务创新的目标，许多制造企业开始组建供应链联盟，以扩大自身的竞争优势。当众多制造企业积极地组建供应链联盟时，不少制造企业却忽略了供应链联盟的管理问题，由此可能导致联盟难以发挥组合效应和规模效应。供应链伙伴之间可能会因为双方的资源匹配性不足、企业文化相容性较差、企业文化差异过大、双方的目标一致性不高等导致联盟效率低下。虽然不断增加的供应链伙伴数量为制造企业提供了信息、知识、资源等方面的优势，但是同样也增加了管理供应链联盟的困难。实际上，组建好、管理好一个供应链联盟能直接影响制造企业服务化转型升级结果的好坏以及服务创新结果的好坏，如何管理好供应链联盟就是当前制造企业面临的一个重大挑战。因此，本研究对于制造企业的服务化转型以及服务创新均具有重要的实践启示价值。

（1）制造企业必须提升自身和供应链合作伙伴的供应链伙伴特性

本研究通过探索性案例研究和实证研究发现，制造企业作为供应链联盟内服务创新的主体，不应被动地对外界的服务化转型趋势、动态的供应链合作关系进行适应，而应主动地构建供应链联盟并提升联盟内的供应链伙伴特性，通过积极地设计、组建供应链联盟，提高合作伙伴的供应链伙伴特性，以达到加强盟友之间的合作、提升双方契合度的目标，进而提高制造企业的服务创新绩效。因此，制造企业不仅要重视供应链合作伙伴的数量及其带来的各种资源，还要重视针对供应链合作伙伴的管理工作。第一，制造企业在筛选合作伙伴时，应明确自身所需的紧缺型资源，注意打破地域限制，有针对性地去寻找拥有互补性资源的组织，充分考虑合作伙伴所拥有资源的相关性，尽最大努力实现精准合作，以实现双方的互补匹配和资源共享。类似的管理实践包括举办企业间的信息资源分享会、创建企业间的技术和资源交易共享平台等。第二，供应链合作伙伴之间的文化相容性在提高制造企业服务创新绩效的过程中发挥了"催化剂"的作用。在供应链联盟内打造相容的文化，可以塑造并传递相同的价值观，有利于减少企业间的文化差异，激发供应链联盟的群体创新行为，进而推动制造企业自身的服务创新。制造企业应积极寻求与文化相容的企业进行合作，主动地了解市场现状，保持对整体行业环境的敏感性。类似的管理实践包括举办企业部门间的经验分享会、文化交流论坛，创办企业文化传播中心等。第三，当上下游企业不仅不会与本制造企业产生利益冲突，而且还可以与本制造企业共同开拓市场时，它们之间的目标一致性就会变强，这不仅能降低合作伙伴之间的交易成本、提高供应链的运行效率，还能更好地推进制造企业供应链的服务化转型和服务创新。因此，提升制造企业高效组建供应链的能力是非常重要的，这使得制造企业可以筛选出优质的合作伙伴，还能使每个合作伙伴占据供应链的不同位置，从而发挥出不同的作用。这样，企业之间既能相互促进，又不会产生利益冲突，从而积极地推动制造企业的服务创新。类似的管理实践包括开发伙伴筛选机制，选取功能不重叠又相互补充的伙伴进行合作；打造共同持股计划，共同持有供应链联盟的"股权"；提升动态处理能力，适时将合作伙伴进行不同角色的定位；等等。

（2）重视双元组织学习行为在供应链联盟管理中的重要性，积极提升供应链制造企业之间的利用式学习和探索式学习水平

本研究通过探索性案例研究和实证分析后发现，当制造企业与供应链合作伙伴在供应链中进行匹配与合作时，双方主要通过相互之间的利用式学习和探索式学习来提升制造企业的服务创新绩效，相较于现有的文献研究，本研究提出了一条提升服务创新绩效的新路径。这个结论强调了在制造企业通过供应链伙伴特性提升服务创新绩效的过程中，双元组织学习有着重要的实践价值。制造企业通过利用式学习和探索式学习所获得的知识具有不同的属性：通过利用式学习所获得的知识可以帮助制造企业深入地应用现有技术，调整和优化以往的知识与经验，降低企业的成本，提升企业现有的竞争优势，使得企业能向市场推出高水平的服务和产品，巩固现有的产品市场和服务项目市场，从而使得制造企业能够获得大量的财务回报；通过探索式学习所获得的知识可以帮助制造企业创造大量的新产品和新服务项目，有助于制造企业在原有的知识和经验基础上识别出创新的机会并对服务和产品进行快速更新，以实现制造企业的可持续发展，但探索式学习无法使企业立马获得大量的财务回报。为了确保制造企业的生存，供应链联盟内应该营造良好的利用式学习氛围，打造相互借鉴学习的企业交流平台，鼓励制造企业开展利用式学习。为了提高制造企业未来的发展潜力，提升自主创新的成功率，供应链联盟内还应鼓励制造企业同时开展探索式学习，并建立健全各种配套机制，例如建立供应链联盟专属的产品研发中心、服务化转型研究院、服务创新和产品创新孵化中心等。在供应链联盟层面，制造企业要重视双元组织学习，将其重要性上升到企业战略层面的高度：第一，建立相应的物质支持中心，以配备足够的软硬件设施；第二，营造联盟内的学习气氛，从企业文化、人文气息等角度入手，培养组织学习的氛围；第三，完善企业的组织学习机制，使得企业间的组织学习制度化、常态化；第四，安排专人、成立专属机构来负责组织学习的相关事务，推动和发展供应链内的组织学习活动。

（3）构建良好的企业间关系质量并提升制造企业的吸收能力

本研究通过探索性案例研究、理论分析和实证检验后发现，关系质量作为具备中国特色的构念，在中国"差序氛围"的人际关系环境中，对促进组织学

习具有重大实践意义。如果双方的关系质量较好，那么双方在资源、文化、目标等方面更容易达成一致，并能更好地进行组织学习。从实践角度出发，在制造企业之间提升关系质量时，应做到以下几点：第一，营造友好互助的气氛，积极培育制造企业之间的情感认同、理性互信和共同愿景等；第二，可以通过长期、频繁的交易让供应链双方建立起良好的关系，完善双方的关系契约机制，搭建起各种沟通交流平台，例如通过定期召开工作会议等方式来增进彼此之间的了解；第三，构建高品质的关系，需要制造企业与供应链合作伙伴注重自身的信誉建设，严格遵守合同中的条款，关注双方的长期发展目标，重视关系合作中的互惠原则；第四，通过构建良好的关系可以减少交易成本并降低市场监控成本，良好的关系质量还可以最大限度地消除市场波动带来的负面影响，使企业能够快速适应市场变化；第五，建立关系质量的反馈机制，定期评估双方的关系质量，按照每周或每月一次的频率上报可能影响双方关系质量的事件，如事件确定为影响双方关系质量的事故，则需采取纠正措施，以解决其中的问题；第六，全面、细致地了解双方关系质量的性质与结构，为"供应链伙伴特性—组织学习—服务创新绩效"路径中的知识吸收、知识传递、知识更新和知识创新保驾护航，充分发挥关系质量在制造企业服务创新中的推动作用。

本研究通过探索性案例研究、理论分析和实证检验后发现，良好的吸收能力可以加强组织学习对服务创新绩效的积极作用，如果制造企业拥有良好的吸收能力，那么组织学习对资源和信息的转化效率就会提高，从而提升制造企业的服务创新绩效。从实践的角度出发，为了使制造企业具备良好的吸收能力，本研究认为制造企业应做到以下几点：第一，针对供应链上吸收能力较弱的制造企业，制造企业本身及其供应链伙伴应加大对其的研发投入，充实其知识储备，为提高吸收能力奠定基础，再强化其对知识和资源的利用能力，提高其具备的吸收能力；第二，加强与其他科研机构、高等院校的合作，重视对知识和人才的管理与利用，借鉴其他优秀组织的成功经验，提高企业内部对新知识的筛选、消化能力；第三，制造企业及其供应链伙伴应加强对供应链联盟的人力资源投资，重点培养企业员工的知识吸收能力，评估员工的知识吸收效果，积极开展研讨会、培训讲座、头脑风暴主题会等，以形成良好的集体创新制度环境，定期开展技能考核，建立完善的吸收能力培养与考核机制，为提高制造企业的吸收能力提供人才保障和制度保障；第四，除了培养供应链联盟内部的人才外，还应积极地从外部引进高层次人才，充实本企业的人才库，为供应链联盟积累人力资本，加强吸收能力的培训，建立健全企业内部的知识流动和人才流动机制，提高员工和企业的吸收能力。

8.3　研究展望

本研究分析并实证检验了供应链伙伴特性、关系质量、组织学习、吸收能力和服务创新绩效之间的影响关系，得出了一些有价值的研究结论。然而，受个人能力、数据可得性等主客观条件的限制，本研究仍然存在一些不足之处，有待后续研究继续完善。在此，本研究为后续研究提供几个值得拓展和深入的方向。

第一，考虑到企业样本的代表性与可得性，本次研究将数据调研工作的地域范围限定在组建制造企业供应链联盟较多、进行制造业服务化转型时间较早的我国中东部地区。我国西部地区的制造企业相对落后，较缺乏服务创新的理念，且企业联盟分布零散，因此，出于时间、成本等因素的考虑，未被选入本次的样本研究。由此可知，本次研究的样本数据具有一定的地域特征，不利于推广得出的研究结论。在后续的研究中，研究者可以把样本企业的地域范围进一步扩大至西部地区，以消除地域因素的影响。另外，本次研究把制造企业所在的领域细分成七个领域，在未来的研究中，可以对制造企业的领域做进一步细分，并运用一、二手数据相结合的方式以及实验研究法等其他研究方法去发现一些企业间更为细致的差异。

第二，探索不同研究视角下的其他中介机制，对中介机制进行更加深入的系统研究，充分挖掘其他可能的中介变量。本研究基于组织学习理论的视角发现了组织学习这个中介变量，那么基于其他理论视角是否可以发现更多的中介变量？以往的研究已经证实了知识共创可以提高制造企业的服务创新绩效（蒋楠、赵嵩正、吴楠，2016）、动态服务创新能力可以提升制造企业的服务创新绩效（赵晓煜、高云飞、孙梦迪，2020）、跨界搜索能够提高制造企业的服务创新绩效（熊正德、魏唯、顾晓青，2020），那么这些中介变量（知识共创、动态服务创新能力、跨界搜索等）是否也能在本研究中发挥出中介作用？在后续研究中，可进一步探索其他中介路径，并基于其他理论视角拓展相关的中介机制研究。

第三，探讨利用式学习和探索式学习之间的交互效应。过分强调利用式学习会造成组织的短视，过分重视探索式学习则会增加企业的成本。Chang 等（2011）、Li 和 Huang（2013）认为，企业同时采用利用式学习和探索式学习是切实可行的，这两种学习策略之间是相互补充的关系，利用式学习可以为企业的学习活动提供现金流，而探索式学习则为企业的长期发展提供相应的能力。也就是说，企业通过利用式学习实现短期增长，通过探索式学习实现长期生存（Lee，Park & Kang，2018）。因此，在双元组织学习中，利用式学习和探索式学习既是两种相互独立的学习，又是两种相辅相成的学习，两者同时存在于组织学习之中。

在探讨双元组织学习的中介效应时，本研究是将两种学习作为相互独立的中介变量来进行探讨，并没有讨论两者之间的相互影响作用。因而，后续研究有必要探讨两者间可能存在的交互作用以及该交互作用对中介机制的影响。

第四，本研究重点关注了供应链伙伴特性与服务创新绩效之间的微观关系，那么，宏观的伙伴管理问题（如伙伴选择问题等）是否也会影响供应链伙伴特性？或者伙伴关系比之于伙伴特性，能否也对服务创新绩效产生影响？在后续研究中，有必要从宏观角度进行更深入的探讨。

参 考 文 献

[1] Adner R.. Ecosystem as structure : An actionable construct for strategy [J] . *Journal of Management*, 2017, 43 (1) : 39–58.

[2] Alegre J., Chiva R.. Assessing the impact of organizational learning capability on product innovation performance : An empirical test [J] . *Technovation*, 2008, 28 (6) : 315–326.

[3] Alerasoul S. A., Afeltra G., Hakala H. , et al.. Organisational learning, learning organisation, and learning orientation : An integrative review and framework [J] . *Human Resource Management Review*, 2021, 10 (6) : 85–100.

[4] Ali M.. Imitation or innovation : To what extent do exploitative learning and exploratory learning foster imitation strategy and innovation strategy for sustained competitive advantage ? [J] . *Technological Forecasting and Social Change*, 2021, 165 : 120527.

[5] Ali S., Peters L., Khan I., et al.. Organizational learning and hotel performance : The role of capabilities' hierarchy [J] . *International Journal of Hospitality Management*, 2020, 85 : 102349.

[6] Andrews R., Hayes L., Kilgore K., et al.. Dynamic structural integration : A metaphor for creating conditions to facilitate teacher–centered organisational learning [J] . *Professional Development in Education*, 2020, 46 (4) : 622–637.

[7] Angeles R., Nath R.. Partner congruence in electronic data interchange (EDI) –enabled relationships [J] . *Journal of Business Logistics*, 2001, 22 (2) :

109–127.

［ 8 ］Antonacopoulou E. P.. The relationship between individual and organizational learning : New evidence from managerial learning practices ［ J ］. *Management Learning*, 2006, 37（4）: 455–473.

［ 9 ］Antunes H., Pinheiro P.. Linking knowledge management, organizational learning and memory ［ J ］. *Journal of Innovation & Knowledge*, 2020, 5（2）: 140–149.

［ 10 ］Aranda C., Arellano J., Davila A.. Organizational learning in target setting ［ J ］. *Academy of Management Journal*, 2017, 60（3）: 1189–1211.

［ 11 ］Argote L.. Organizational learning research : Past, present and future ［ J ］. *Management Learning*, 2011, 42（2）: 439–446.

［ 12 ］Argyris C., Schön D. A.. *Organizational learning : A theory of action perspective* ［ M ］. MA : Addison–Wesley Publishing Company, 1978.

［ 13 ］Atuahene–Gima K., Murray J. Y.. Exploratory and exploitative learning in new product development : A social capital perspective on new technology ventures in China ［ J ］. *Journal of International Marketing*, 2007, 15（2）: 1–29.

［ 14 ］Badawy A. M.. Open innovation : The new imperative for creating and profiting from technology ［ J ］. *Journal of Engineering and Technology Management*, 2004, 21（3）: 241–244.

［ 15 ］Balachandran S., Hernandez E.. Networks and innovation : Accounting for structural and institutional sources of recombination in brokerage triads ［ J ］. *Organization Science*, 2018, 29（1）: 80–99.

［ 16 ］Balle A. R., Oliveira M., Curado C. M. M.. Knowledge sharing and absorptive capacity : Interdependency and complementarity ［ J ］. *Journal of Knowledge Management*, 2020, 24（8）: 1943–1964.

［ 17 ］Baron R. M., Kenny D. A.. The moderator–mediator variable distinction in social psychological research : Conceptual, strategic, and statistical considerations ［ J ］. *Journal of Personality and Social Psychology*, 1986, 51（6）: 1173–1182.

［ 18 ］Begum S., Xia E., Mehmood K., et al.. The impact of CEOs' transformational leadership on sustainable organizational innovation in SMEs : A three-wave mediating role of organizational learning and psychological empowerment [J] . *Sustainability*, 2020, 12 (20): 86-106.

[19] Berends H., Boersma K., Weggeman M.. The structuration of organizational learning [J] . *Human Relations*, 2003, 56 (9): 1035-1056.

[20] Bereskin F., Byun S. K., Officer M. S., et al.. The effect of cultural similarity on mergers and acquisitions : Evidence from corporate social responsibility [J] . *Journal of Financial and Quantitative Analysis*, 2018, 53 (5): 1995-2039.

[21] Bettis-Outland H., Guillory M. D.. Emotional intelligence and organizational learning at trade shows [J] . *Journal of Business & Industrial Marketing*, 2018, 33 (1): 126-133.

[22] Bian W., Shang J., Zhang J.. Two-way information sharing under supply chain competition[J]. *International Journal of Production Economics*, 2016, 178(8): 82-94.

[23] Bingham C. B., Davis J. P.. Learning sequences : Their existence, effect, and evolution [J] . *Academy of Management Journal*, 2012, 55 (3): 611-641.

[24] Bogers M., Chesbrough H., Moedas C.. Open innovation : research, practices, and policies [J] . *California Management Review*, 2018, 60 (2): 5-16.

[25] Bomm E., De Montreuil Carmona L. J., Gomes G.. Unravelling t-KIBS performance : Leadership, organisational culture, and learning as boosters of service innovation [J] . *Knowledge Management Research & Practice*, 2022 : 1-14.

[26] Bonikowski B.. Cross-national interaction and cultural similarity : A relational analysis[J]. *International Journal of Comparative Sociology*, 2010, 51(5): 315-348.

[27] Bontis N., Crossan M. M., Hulland J.. Managing an organizational learning system by aligning stocks and flows[J]. *Journal of Management Studies*, 2002, 39(4): 437-469.

[28] Bouillon M. L., Ferrier G. D., Stuebs M. T., et al..The economic benefit of goal congruence and implications for management control systems [J] . *Journal of*

Accounting and Public Policy, 2006, 25（3）: 265–298.

［29］Brouthers K. D., Brouthers L. E., Wilkinson T. J.. Strategic alliances : Choose your partners［J］. *Long Range Planning*, 1995, 28（3）: 18–25.

［30］Burkley E., Curtis J., Burkley M., et al.. Goal fusion : The integration of goals within the self–concept［J］. *Self and Identity*, 2015, 14（3）: 348–368.

［31］Cabrilo S., Dahms S.. The role of multidimensional intellectual capital and organizational learning practices in innovation performance［J］. *European Management Review*, 2020, 17（4）: 835–855.

［32］Cadden T., Marshall D., Cao G.. Opposites attract : organisational culture and supply chain performance［J］. *Supply Chain Management*, 2013, 18（1）: 86–103.

［33］Cainelli G., DeMarchi V., Grandinetti R.. Does the development of environmental innovation require different resources ? Evidence from Spanish manufacturing firms［J］. *Journal of Cleaner Production*, 2015, 94（1）: 211–220.

［34］Cangelosi V. E., Dill W. R.. Organizational learning : Observations toward a theory［J］. *Administrative Science Quarterly*, 1965, 10（2）: 175–203.

［35］Carmeli A., Gittell J. H.. High–quality relationships, psychological safety, and learning from failures in work organizations［J］. *Journal of Organizational Behavior*, 2009, 30（6）: 709–729.

［36］Cassiman B., Valentini G.. Open innovation : Are inbound and outbound knowledge flows really complementary ? ［J］. *Strategic Management Journal*, 2016, 37（6）: 1034–1046.

［37］Castro–Abancéns I., Galán J. L., Casanueva C.. Management of alliance portfolios and the role of the board of directors［J］. *Journal of Business Economics and Management*, 2016, 17（2）: 215–233.

［38］Cenamor J., Parida V., Oghazi P., et al.. Addressing dual embeddedness : The roles of absorptive capacity and appropriability mechanisms in subsidiary performance［J］. *Industrial Marketing Management*, 2019, 78 : 239–249.

［39］Chae B., Yen H., Sheu C.. Information technology and supply chain collaboration : Moderating effects of existing relationships between partners [J] . *IEEE Transactions on Engineering Management*, 2005, 52 (4) : 440–448.

[40] Chang Y. Y., Hughes M., Hotho S.. Internal and external antecedents of SMEs' innovation ambidexterity outcomes[J]. *Management Decision*, 2011, 49(10): 1658–1676.

[41] Chen F., Meng Q., Li F.. How resource information backgrounds trigger post–merger integration and technology innovation ? A dynamic analysis of resource similarity and complementarity [J] . *Computational and Mathematical Organization Theory*, 2017, 23 (2) : 167–198.

[42] Chen H., Li Y., Liu Y.. Dual capabilities and organizational learning in new product market performance [J] . *Industrial Marketing Management*, 2015, 46 : 204–213.

[43] Chen L., Cao J., Chen H., et al.. Attentive multi–task learning for group itinerary recommendation [J] . *Knowledge and Information Systems*, 2021, 63 (7): 1687–1716.

[44] Cheng C. C. J., Krumwiede D.. What makes a manufacturing firm effective for service innovation ? The role of intangible capital under strategic and environmental conditions [J] . *International Journal of Production Economics*, 2017, 193 (11) : 113–122.

[45] Cheng C. Y., Chen T. L., Chen Y. Y.. An analysis of the structural complexity of supply chain networks [J] . *Applied Mathematical Modelling*, 2014, 38 (9–10) : 2328–2344.

[46] Chesbrough H. W.. *Open services innovation : Rethinking your business to grow and compete in a new era* [M] . San Francisco, CA : Jossey–Bass, 2011.

[47] Chesbrough H., Crowther A. K.. Beyond high tech : Early adopters of open innovation in other industries [J] . *R&D Management*, 2006, 36 (3) : 229–236.

[48] Chesbrough H.. The Future of Open Innovation : The future of open innovation is more extensive, more collaborative, and more engaged with a wider variety of participants [J] . *Research–Technology Management*, 2017, 60 (1) : 35–38.

［49］Choi J., Contractor F. J.. Choosing an appropriate alliance governance mode : The role of institutional, cultural and geographical distance in international research & development（R&D）collaborations［J］. *Journal of International Business Studies*, 2016, 47（2）: 210–232.

［50］Chuks O.. IT capability, organisational learning and innovation performance of firms in Kenya［J］. *Journal of the Knowledge Economy*, 2022 : 1–29.

［51］Churchill Jr. G. A.. A paradigm for developing better measures of marketing constructs［J］. *Journal of Marketing Research*, 1979, 16（1）: 64–73.

［52］Claessens S., Horen N. V.. Foreign banks : Trends and impact［J］. *Journal of Money, Credit and Banking*, 2014, 46（S1）: 295–326.

［53］Cohen S. K., Caner T.. Converting inventions into breakthrough innovations : The role of exploitation and alliance network knowledge heterogeneity［J］. *Journal of Engineering and Technology Management*, 2016, 40（1）: 29–44.

［54］Cohen W. M., Levinthal D. A.. Absorptive capacity : A new perspective on learning and innovation［J］. *Administrative Science Quarterly*, 1990, 35（1）: 128–152.

［55］Cooper R. G., Kleinschmidt E. J.. New products : What separates winners from losers ?［J］. *Journal of Product Innovation Management*, 1987, 4（3）: 169–184.

［56］Cooper R. G., Kleinschmidt E. J.. Winning businesses in product development : The critical success factors［J］. *Research–Technology Management*, 2007, 50（3）: 52–66.

［57］Crossan M.M., Lane H.W., White R.E., et al.. An organizational learning framework : From intuition to institution［J］. *The Academy of Management Review*, 1999, 24（3）: 522–537.

［58］Dalton D. R., Hitt M. A., Certo S. T., et al.. The fundamental agency problem and its mitigation［J］. *Academy of Management Annals*, 2007, 1（1）: 1–64.

［59］DeCaro D. A., DeCaro M. S., Rittle–Johnson B.. Achievement motivation and knowledge development during exploratory learning［J］. *Learning and*

Individual Differences, 2015, 37 : 13–26.

［60］Delgado M., Mills K. G.. The supply chain economy : A new industry categorization for understanding innovation in services ［J］. *Research Policy*, 2020, 49（8）: 104–139.

［61］Den H. P., Van der A. W., De Jong M. W.. Capabilities for managing service innovation : Towards a conceptual framework ［J］. *Journal of Service Management*, 2010, 21（4）: 490–514.

［62］Di Vincenzo F., Hemphälä J., Magnusson M., et al.. Exploring the role of structural holes in learning : An empirical study of Swedish pharmacies ［J］. *Journal of Knowledge Management*, 2012, 16（4）: 576–591.

［63］Ding J., Dong W., Liang L., et al.. Goal congruence analysis in multi-division organizations with shared resources based on data envelopment analysis ［J］. *European Journal of Operational Research*, 2017, 263（3）: 961–973.

［64］Doan N. T., Le T. H., To T. T., et al.. Cultural distance and cross-border bank linkages ［J］. *Economic Systems*, 2021, 45（1）: 100854.

［65］Dodgson M.. Organizational learning : A review of some literatures ［J］. *Organization Studies*, 1993, 14（3）: 375–394.

［66］Dunn S. C., Seaker R. F., Waller M. A.. Latent variables in business logistics research : Scale development and validation ［J］. *Journal of Business Logistics*, 1994, 15（2）: 145–172.

［67］Dyer J. H., Singh H.. The relational view : Cooperative strategy and sources of interorganizational competitive advantage ［J］. *Academy of Management Review*, 1998, 23（4）: 660–679.

［68］Edvardsson B., Tronvoll B.. A new conceptualization of service innovation grounded in S–D logic and service systems ［J］. *International Journal of Quality and Service Sciences*, 2013, 5（1）: 19–31 .

［69］Eggert A., Ulaga W., Frow P., et al.. Conceptualizing and communicating value in business markets : From value in exchange to value in use ［J］. *Industrial Marketing Management*, 2018, 69 : 80–90.

[70] Eiriz V., Gonçalves M., Areias J. S.. Inter-organizational learning within an institutional knowledge network : A case study in the textile and clothing industry [J] . *European Journal of Innovation Management*, 2017, 20 (2) : 230-249.

[71] Eisenhardt K. M., Graebner M. E.. Theory building from cases : Opportunities and challenges [J] . *Academy of Management Journal*, 2007, 50 (1) : 25-32.

[72] Eisenhardt K. M.. Building theories from case study research [J] . *Academy of Management Review*, 1989a, 14 (4) : 532-550.

[73] Eisenhardt K. M.. Making fast strategic decisions in high-velocity environment [J] . *Academy of Management Journal*, 1989b, 32 (3) : 543-576.

[74] Elkjaer B.. Taking stock of "Organizational Learning" : Looking back and moving forward [J] . *Management Learning*, 2022, 53 (3) : 582-604.

[75] Farzaneh M., Ghasemzadeh P., Nazari J. A., et al.. Contributory role of dynamic capabilities in the relationship between organizational learning and innovation performance [J] . *European Journal of Innovation Management*, 2020, 24 (3) : 655-676.

[76] Ferrigno G., Dagnino G. B., Paola N. D.. R&D alliance partner attributes and innovation performance : A fuzzy set qualitative comparative analysis [J] . *Journal of Business & Industrial Marketing*, 2021, 36 (13) : 54-65.

[77] Filippetti A., D'Ippolito B.. Appropriability of design innovation across organisational boundaries : Exploring collaborative relationships between manufacturing firms and designers in Italy[J]. *Industry and Innovation*, 2016, 24(6) : 613-632.

[78] Fiol C. M., Lyles M. A.. Organizational learning [J] . *Academy of Management Review*, 1985, 10 (4) : 803-813.

[79] Frank T., Rothaermel F. T., David L. D.. Exploration and exploitation alliances in biotechnology : A system of new product development [J] . *Strategic Management Journal*, 2004, 25 (3) : 201-221.

[80] Fredrich V., Bouncken R. B., Kraus S.. The race is on : Configurations

of absorptive capacity, interdependence and slack resources for interorganizational learning in coopetition alliances [J] . *Journal of Business Research*, 2019, 101 : 862–868.

[81] Furr N. R., Eisenhardt K. M.. Strategy and uncertainty : Resource-based view, strategy–creation view, and the hybrid between them [J] . *Journal of Management*, 2021, 47 (7) : 1915–1935.

[82] García–Alcaraz J. L., Díaz–Reza J. R., Montalvo F. J. F., et al.. Effects of information sharing, decision synchronization and goal congruence on SC performance [J] . *Computers & Industrial Engineering*, 2021, 162 : 107744.

[83] Galaskiewicz J., Pfeffer J.. Organizations and organization theory [J] . *Social Forces*, 1982, 63 (2) : 614.

[84] Ge J., Li T.. Entrepreneurial resources, complementary assets, and platform sustainability [J] . *Sustainability*, 2019, 11 (16) : 43–59.

[85] Gibson C. B., Birkinshaw J.. The antecedents, consequences, and mediating role of organizational ambidexterity [J] . *Academy of Management Journal*, 2004, 47 (2) : 209–226.

[86] Gilsing V., Nooteboom B.. Density and strength of ties in innovation networks : An analysis of multimedia and biotechnology [J] . *European Management Review*, 2005, 2 (3) : 179–197.

[87] Glaser B., Strauss A., Strutzel E.. The discovery of grounded theory : Strategies for qualitative research [J] . *Nursing Research*, 1968, 17 (4) : 364.

[88] Gomes L. A., Facin A. L., Salerno M. S., et al.. Unpacking the innovation ecosystem construct : Evolution, gaps and trends [J] . *Technological Forecasting and Social Change*, 2018, 136 : 30–48.

[89] Gomes L. A., Facin A. L., Salerno M. S.. Managing uncertainty propagation in innovation ecosystems [J] . *Technological Forecasting and Social Change*, 2021, 171 : 120945.

[90] González–Sánchez R., Settembre–Blundo D., Ferrari A. M., et al.. Main dimensions in the building of the circular supply chain : A literature review [J] .

Sustainability, 2020, 12（6）: 24-59.

［91］Granovetter M. S.. Economic action and social structure : The problem of embeddedness ［J］. *American Journal of Sociology*, 1985, 91（3）: 481-510.

［92］Grant R. M.. Toward a knowledge-based theory of the firm ［J］. *Strategic Management Journal*, 1996, 17（S2）: 109-122.

［93］Gremyr I., Witell L., Löfberg N., et al.. Understanding new service development and service innovation through innovation modes ［J］. *Journal of Business & Industrial Marketing*, 2014, 29（2）: 123-131.

［94］Greve H. R.. Learning theory : The pandemic research challenge ［J］. *Journal of Management Studies*, 2020, 57（8）: 1759-1762.

［95］Gulati R., Gargiulo M.. Where do interorganizational networks come from ? ［J］. *American Journal of Sociology*, 1999, 104（5）: 1439-1493.

［96］Gulati R.. Social structure and alliance formation patterns : A longitudinal analysis ［J］. *Administrative Science Quarterly*, 1995, 40（4）: 619-652.

［97］Guo R., Qiu X., He Y.. Research on agricultural cooperation potential between China and CEE countries based on resource complementarity ［J］. *Mathematics*, 2021, 9（5）: 503.

［98］Gupta A. K., Smith K. G., Shalley C. E.. The interplay between exploration and exploitation ［J］. *The Academy of Management Journal*, 2006, 49（4）: 693-706.

［99］Hagedoorn J., Frankort H.. The gloomy side of embeddedness : The effects of overembeddedness on inter-firm partnership formation ［J］. *Advances in Strategic Management*, 2008, 25 : 126-138.

［100］Hagedoorn J., Lokshin B., Zobel A.. Partner type diversity in alliance portfolios : Multiple dimensions, boundary conditions and firm innovation performance ［J］. *Journal of Management Studies*, 2018, 55（5）: 809-836.

［101］Hagedoorn J., Schakenraad J.. The effect of strategic technology alliances on company performance ［J］. *Strategic Management Journal*, 1994, 15（4）: 291-309.

［102］Hartley J., Rashman L.. Innovation and inter-organizational learning in the context of public service reform ［J］. *International Review of Administrative Sciences*, 2018, 84（2）: 231-248.

［103］Heimeriks K. H., Klijn E., Reuer J. J.. Building capabilities for alliance portfolios ［J］. *Long Range Planning*, 2009, 42（1）: 96-114.

［104］Hoa D., Pawan B., Helen S., et al.. Building organizational resilience, innovation through resource-based management initiatives, organizational learning and environmental dynamism ［J］. *Journal of Business Research*, 2022, 141（11）: 808-821.

［105］Homburg C., Kuehnl C.. Is the more always better？ A comparative study of internal and external integration practices in new product and new service development ［J］. *Journal of Business Research*, 2014, 67（7）: 1360-1367.

［106］Hong J. F. L., Snell R. S., Rowley C.. Asia pacific as a research context for organizational learning: Background and future directions ［J］. *Asia Pacific Business Review*, 2017, 23（4）: 467-474.

［107］Hsu I. C., Sabherwal R.. Relationship between intellectual capital and knowledge management: An empirical investigation ［J］. *Decision Sciences*, 2012, 43（3）: 489-524.

［108］Hsueh J. T., Lin N. P., Li H. C.. The effects of network embeddedness on service innovation performance ［J］. *The Service Industries Journal*, 2010, 30（10）: 1723-1736.

［109］Huber G. P.. Organizational learning: The contributing processes and the literatures ［J］. *Organization Science*, 1991, 2（1）: 88-115.

［110］Hui L. A., Lfa B., Zs C.. Threshold effects of energy consumption, technological innovation, and supply chain management on enterprise performance in China's manufacturing industry – science direct ［J］. *Journal of Environmental Management*, 2021, 16（10）: 300-313.

［111］Izogo E. E.. Structural equation test of relationship quality: Repurchase intention-willingness to recommend framework in retail banking ［J］. *International*

Journal of Emerging Markets, 2016, 11（3）: 374–394.

［112］Jacobides M. G., Cennamo C., Gawer A.. Towards a theory of ecosystems ［J］. Strategic Management Journal, 2018, 39（8）: 2255–2276.

［113］Jian Z., Osman M. A., Li L.. The effects of relational embeddedness on service innovation performance : Network competence as a mediator ［J］. International Journal of Services Operations and Informatics, 2017, 8（3）: 246–262.

［114］Jiang F., Jiang X.. The contingent value of resource complementarity for alliance performance : Evidence from chinese manufacturing firms ［J］. IEEE Transactions on Engineering Management, 2019, 66（3）: 354–367.

［115］Johnsen R. E., Ford D.. Interaction capability development of smaller suppliers in relationships with larger customers ［J］. Industrial Marketing Management, 2006, 35（8）: 1002–1015.

［116］Jordan G., Segelod E.. Software innovativeness : Outcomes on project performance, knowledge enhancement, and external Linkages ［J］. R&D Management, 2006, 36（2）: 127–142.

［117］Kalaitzi D., Matopoulos A., Bourlakis M., et al.. Supply chains under resource pressure : Strategies for improving resource efficiency and competitive advantage ［J］. International Journal of Operations & Production Management, 2019, 39（12）: 1323–1354.

［118］Kale P., Dyer J. H., Singh H.. Alliance capability, stock market response, and long–term alliance success : The role of the alliance function ［J］. Strategic Management Journal, 2002, 23（8）: 747–767.

［119］Kapoor R., Furr N. R.. Complementarities and competition : Unpacking the drivers of entrants' technology choices in the solar photovoltaic industry ［J］. Strategic Management Journal, 2015, 36（3）: 416–436.

［120］Katila R.. New product search over time : Past ideas in their prime ? ［J］. Academy of Management Journal, 2002, 45（S）: 995–1010.

［121］Kaya B., Abubakar A. M., Behravesh E., et al.. Antecedents of innovative performance : Findings from PLS-SEM and fuzzy sets (fsQCA) [J] . *Journal of Business Research*, 2020, 114 : 278-289.

[122] Kazadi K., Lievens A., Mahr D.. Stakeholder co-creation during the innovation process : Identifying capabilities for knowledge creation among multiple stakeholders [J] . *Journal of Business Research*, 2016, 69 (2): 525-540.

[123] Keith J. E., Jackson D. W., Crosby L. A.. Effects of alternative types of influence strategies under different channel dependence structures [J] . *Journal of Marketing*, 1990, 54 (3): 30-41.

[124] Kim E. J., Park S.. Transformational leadership, knowledge sharing, organizational climate and learning : An empirical study [J] . *Leadership & Organization Development Journal*, 2020, 41 (6): 761-775.

[125] Kim E., Park S.. Employees' perceptions of organizational learning : The role of knowledge and trust [J] . *Kybernetes*, 2021, 50 (5): 1521-1538.

[126] Kim M., Chai S.. The impact of supplier innovativeness, information sharing and strategic sourcing on improving supply chain agility : Global supply chain perspective [J] . *International Journal of Production Economics*, 2017, 187 : 42-52.

[127] King D. R., Covin J. G., Hegarty W. H.. Complementary resources and the exploitation of technological innovations [J] . *Journal of Management*, 2003, 29 (4): 589-606.

[128]Koch C.. Innovation networking between stability and political dynamics[J]. *Technovation*, 2004, 24 (9): 729-739.

[129] Kogut B., Zander U.. Knowledge of the firm, combinative capabilities, and the replication of technology [J] . *Organization Science*, 1992, 3 (3): 301-441.

[130] Kogut B., Zander U.. What firms do ? Coordination, identity, and learning [J] . *Organization Science*, 1996, 7 (5): 502-518.

[131] Koohborfardhaghighi S., Lee D. B., Kim J.. How different connectivity patterns of individuals within an organization can speed up organizational learning[J]. *Multimedia Tools and Applications*, 2017, 76 (17): 923-936.

［132］Kowalkowski C., Gebauer H., Oliva R.. Service growth in product firms：Past，present，and future［J］. *Industrial Marketing Management*，2017，60（1）：82–88.

［133］Koza M. P., Lewin A. Y.. The co-evolution of strategic alliances［J］. *Organization Science*，1998，9（3）：255–433.

［134］Lambert D. M., Emmelhainz M. A., Gardner J. T.. Developing and implementing supply chain partnerships［J］. *International Journal of Logistics Management*，1996，7（2）：1–18.

［135］Laursen K., Salter A.. Open for innovation：The role of openness in explaining innovation performance among U. K. manufacturing firms［J］. *Strategic Management Journal*，2006，27（2）：131–150.

［136］Lavie D.. The competitive advantage of interconnected firms：An extension of the resource-based view［J］. *Academy of Management Review*，2006，31（3）：638–658.

［137］Lechner C., Frankenberger K., Floyd S. W.. Task contingencies in the curvilinear relationships between intergroup networks and initiative performance［J］. *The Academy of Management Journal*，2010，53（4）：865–889.

［138］Lee S. U., Park G., Kang J.. The double-edged effects of the corporate venture capital unit's structural autonomy on corporate investors' explorative and exploitative innovation［J］. *Journal of Business Research*，2018，88：141–149.

［139］Levinthal D. A., March J. G.. The myopia of learning［J］. *Strategic Management Journal*，1993，14（S2）：95–112.

［140］Li M., Zhang M., Agyeman F. O., et al.. Research on the influence of industry-university-research cooperation innovation network characteristics on subject innovation performance［J］. *Mathematical Problems in Engineering*，2021：1–13.

［141］Li X., Qiang Q., Huang L., et al.. How knowledge sharing affects business model innovation：An empirical study from the perspective of ambidextrous organizational learning［J］. *Sustainability*，2022，14（10）：6157.

［142］Li Y. H., Huang J. W.. Exploitative and exploratory learning in transactive memory systems and project performance [J] . *Information & Management*, 2013, 50 (6) : 304–313.

[143] Liao S. H., Hu D. C., Ding L. W.. Assessing the influence of supply chain collaboration value innovation, supply chain capability and competitive advantage in Taiwan's networking communication industry [J] . *International Journal of Production Economics*, 2017, 191 : 143–153.

[144] Lin H., Zeng S., Liu H., et al.. Bridging the gaps or fecklessness ？ A moderated mediating examination of intermediaries' effects on corporate innovation[J]. *Technovation*, 2020, 94 –95 : 102018.

[145] Liu C. H., Gan B., Luo B. N., et al.. Clarifying the effect of organization learning on service innovation : The mediating role of intellectual capital [J] . *The International Journal of Human Resource Management*, 2020, 31 (10) : 1207–1234.

[146] Liu L., Ran W.. Research on supply chain partner selection method based on BP neural network [J] . *Neural Computing and Applications*, 2020, 32 (6) : 1543–1553.

[147] Lu W., Guo W.. The effect of task conflict on relationship quality : The mediating role of relational behavior [J] . *Negotiation and Conflict Management Research*, 2019, 12 (4) : 297–321.

[148] Lusch R. F., Nambisan S.. Service innovation : A service–dominant logic perspective [J] . *Management Information Systems Quarterly*, 2015, 39 (1) : 155–175.

[149] Lv B., Qi X.. Research on partner combination selection of the supply chain collaborative product innovation based on product innovative resources [J] . *Computers & Industrial Engineering*, 2019, 128 : 245–253.

[150] Lv Z., Xu T.. Psychological contract breach, high–performance work system and engagement : The mediated effect of person–organization fit [J] . *The International Journal of Human Resource Management*, 2018, 29 (7) : 1257–1284.

[151] Mackinnon D. P., Lockwood C. M., Williams J.. Confidence limits for the

indirect effect：Distribution of the product and resampling methods［J］．*Multivariate Behavioral Research*，2004，39（1）：99–128.

［152］Magnusson P. R.，Wästlund E.，Netz J.. Exploring users' appropriateness as a proxy for experts when screening new product/service ideas［J］．*Journal of Product Innovation Management*，2016，33（1）：4–18.

［153］Malmi T.，Brown D. A.. Management control systems as a package-opportunities，challenges and research directions［J］．*Management Accounting Research*，2008，19（4）：287–300.

［154］Manuj I.，Omar A.，Pohlen T. L.. Inter–organizational learning in supply chains：A focus on logistics service providers and their customers［J］．*Journal of Business Logistics*，2014，35（2）：103–120.

［155］March J. G.. Exploration and exploitation in organizational learning［J］．*Organization Science*，1991，2（1）：71–87.

［156］Mascareño J.，Rietzschel E.，Wisse B.. Envisioning innovation：Does visionary leadership engender team innovative performance through goal alignment？［J］．*Creativity and Innovation Management*，2020，29（1）：33–48.

［157］Mccutcheon D.，Stuart F. I.. Issues in the choice of supplier alliance partners［J］．*Journal of Operations Management*，2000，18（3）：279–301.

［158］McEvily B.，Marcus A.. Embedded ties and the acquisition of competitive capabilities［J］．*Strategic Management Journal*，2005，26（11）：1033–1055.

［159］Meissner D.，Burton N.，Galvin P.，et al.. Understanding cross border innovation activities：The linkages between innovation modes，product architecture and firm boundaries［J］．*Journal of Business Research*，2021，128：762–769.

［160］Mendi P.，Monercolonques R.，Semperemonerris J.. Cooperation for innovation and technology licensing：Empirical evidence from Spain［J］．*Technological Forecasting & Social Change*，2020，154（11）：76–99.

［161］Mennens K.，Van Gils A.，Odekerken–Schröder G.，et al.. Exploring antecedents of service innovation performance in manufacturing SMEs［J］．*International Small Business Journal*，2018，36（5）：500–520.

［162］Meyers P. W.. Non-linear learning in large technological firms : Period four implies chaos［J］. *Research Policy*, 1990, 19（2）: 97–115.

［163］Mirvis, Philip H.. Historical foundations of organization learning［J］. *Journal of Organizational Change Management*, 1996, 9（1）: 13–31.

［164］Mitsuhashi H., Greve H. R.. A matching theory of alliance formation and organizational success : Complementarity and compatibility［J］. *Academy of Management Journal*, 2009, 52（5）, 975–995.

［165］Morris B. G. A., Cadogan J. W.. Partner symmetries, partner conflict and the quality of joint venture marketing strategy : An empirical investigation［J］. *Journal of Marketing Management*, 2001, 17（1–2）: 223–259.

［166］Murovec N., Prodan I.. Absorptive capacity, its determinants, and influence on innovation output : Cross-cultural validation of the structural model［J］. *Technovation*, 2009, 29（12）: 859–872.

［167］Mustak M.. Service innovation in networks : A systematic review and implications for business-to-business service innovation research［J］. *Journal of Business & Industrial Marketing*, 2014, 29（2）: 151–163.

［168］Myhren P., Witell L., Gustafsson A., et al.. Incremental and radical open service innovation［J］. *Journal of Services Marketing*, 2018, 32（2）: 101–112.

［169］Najafi-Tavani S., Najafi-Tavani Z., Naude P., et al.. How collaborative innovation networks affect new product performance : Product innovation capability, process innovation capability, and absorptive capacity［J］. *Industrial Marketing Management*, 2018, 73（8）: 193–205.

［170］Narayanan S., Narasimhan R., Schoenherr T.. Assessing the contingent effects of collaboration on agility performance in buyer-supplier relationships［J］. *Journal of Operations Management*, 2015, 33（1）: 140–154.

［171］Nielsen R. P., Lockwood C.. Varieties of transformational solutions to institutional ethics logic conflicts［J］. *Journal of Business Ethics*, 2018, 149（1）: 45–55.

［172］Nonaka I., Takeuchi H.. The knowledge-creating company : How

Japanese companies create the dynamics of innovation [J]. *Long Range Planning*, 1996, 29（4）: 592.

[173] Nugroho M. A.. The effects of collaborative cultures and knowledge sharing on organizational learning [J]. *Journal of Organizational Change Management*, 2018, 31（5）: 1138-1152.

[174] Oh S. Y., Kim S.. Effects of inter- and intra-organizational learning activities on SME innovation : The moderating role of environmental dynamism [J]. *Journal of Knowledge Management*, 2021, 22（4）: 93-108.

[175] Oh Y., Yoo N.. Effective cooperation modes based on cultural and market similarities in interfirm relationships [J]. *Journal of International Management*, 2022, 28（1）: 100891.

[176] Ostrom A. L., Bitner M. J., Brown S. W., et al.. Moving forward and making a difference : Research priorities for the science of service [J]. *Journal of Service Research*, 2010, 13（1）: 4-36.

[177] Ostrom A. L., Parasuraman A., Bowen D. E., et al.. Service research priorities in a rapidly changing context[J]. *Journal of Service Research*, 2015, 18(2): 127-159.

[178] Parida V., Lahti T., Wincent J.. Exploration and exploitation and firm performance variability : A study of ambidexterity in entrepreneurial firms [J]. *International Entrepreneurship and Management Journal*, 2016, 12（4）: 1147-1164.

[179] Park H. D., Steensma H. K.. The selection and nurturing effects of corporate investors on new venture innovativeness [J]. *Strategic Entrepreneurship Journal*, 2013, 7（4）: 311-330.

[180] Peng G. Z., Beamish P. W.. MNC subsidiary size and expatriate control : Resource-dependence and learning perspectives [J]. *Journal of World Business*, 2014, 49（1）: 51-62.

[181] Pertusa-Ortega E. M., Molina-Azorín J. F., Claver-Cortés E.. Competitive strategy, structure and firm performance : A comparison of the resource-based view

and the contingency approach [J] . *Management Decision*, 2010, 48（8）: 1282-1303.

［182］Pezeshkan A., Fainshmidt S., Nair A., et al.. An empirical assessment of the dynamic capabilities–performance relationship [J] . *Journal of Business Research*, 2016, 69（8）: 2950-2956.

［183］Pollok P., Lüttgens D., Piller F. T.. How firms develop capabilities for crowdsourcing to increase open innovation performance : The interplay between organizational roles and knowledge processes [J] . *Journal of Product Innovation Management*, 2019, 36（4）: 412-441.

［184］Posch A., Garaus C.. Boon or curse ? A contingent view on the relationship between strategic planning and organizational ambidexterity [J] . *Long Range Planning*, 2020, 53（6）: 101878.

［185］Prahalad C. K., Ramaswamy V.. Co–creating unique value with customers [J] . *Strategy & Leadership*, 2004, 32（3）: 4-9.

［186］Prajogo D. I., Oke A.. Human capital, service innovation advantage, and business performance : The moderating roles of dynamic and competitive environments [J] . *International Journal of Operations & Production Management*, 2016, 37（5）: 110-148.

［187］Preacher K. J., Hayes A. F.. Asymptotic and resampling strategies for assessing and comparing indirect effects in multiple mediator models [J] . *Behavior Research Methods*, 2008, 40（3）: 879-891.

［188］Rajala A.. Examining the effects of interorganizational learning on performance : A meta–analysis [J] . *Journal of Business & Industrial Marketing*, 2018, 33（4）: 574-584.

［189］Raymond L., Bergeron F., Croteau A. M., et al.. Information technology-enabled explorative learning and competitive performance in industrial service SMEs : A configurational analysis [J] . *Journal of Knowledge Management*, 2020, 24（7）: 1625-1651.

［190］Reiskin E. D., White A. L., Johnson J. K., et al.. Servicizing the chemical supply chain ［J］. *Journal of Industrial Ecology*, 1999, 3（2–3）: 19–31.

［191］Richter F.–J., Vettel K.. Successful joint ventures in Japan : Transferring knowledge through organizational learning［J］. *Long Range Planning*, 1995, 28（3）: 37–45.

［192］Roberts N.. Absorptive capacity, organizational antecedents, and environmental dynamism ［J］. *Journal of Business Research*, 2015, 68（11）: 2426–2433.

［193］Rothaermel F. T.. Incumbent's advantage through exploiting complementary assets via interfirm cooperation ［J］. *Strategic Management Journal*, 2001, 22（6–7）: 687–699.

［194］Roy A., Walters P. G. P., Luk S. T. K.. Chinese puzzles and paradoxes : Conducting business research in China ［J］. *Journal of Business Research*, 2001, 52（2）: 203–210.

［195］Sandberg S., Sui S., Baum M.. Effects of prior market experiences and firm–specific resources on developed economy SMEs' export exit from emerging markets : Complementary or compensatory ？ ［J］. *Journal of Business Research*, 2019, 98 : 489–502.

［196］Sang B.. Innovation of enterprise technology alliance based on BP neural network ［J］. *Neural Computing and Applications*, 2020, 33（3）: 66–79.

［197］Santa M., Nurcan S.. Learning organization modelling patterns ［J］. *Knowledge Management Research & Practice*, 2016, 14（1）: 106–125.

［198］Santouridis I., Veraki A.. Customer relationship management and customer satisfaction : The mediating role of relationship quality ［J］. *Total Quality Management & Business Excellence*, 2017, 28（9–10）: 1122–1133.

［199］Sarala R. M., Vaara E.. Cultural differences, convergence, and crossvergence as explanations of knowledge transfer in international acquisitions ［J］. *Journal of International Business Studies*, 2010, 41（8）: 1365–1390.

［200］Sarkar M. B., Aulakh P. S., Madhok A.. Process capabilities and value generation in alliance portfolios ［J］. *Organization Science*, 2009, 20（3）: 583–

600.

［201］Sarkar M. B., Echambadi R., Cavusgil S. T., et al.. The influence of complementarity, compatibility, and relationship capital on alliance performance［J］. *Journal of the Academy of Marketing Science*, 2001, 29（4）: 358–373.

［202］Sarmento M., Simões C., Farhangmehr M.. Applying a relationship marketing perspective to B2B trade fairs : The role of socialization episodes［J］. *Industrial Marketing Management*, 2015, 44 : 131–141.

［203］Sattayaraksa T., Boon–itt S.. CEO transformational leadership and the new product development process : The mediating roles of organizational learning and innovation culture［J］. *Leadership & Organization Development Journal*, 2016, 37(6): 730–749.

［204］Schilling J., Kluge A.. Barriers to organizational learning : An integration of theory and research［J］. *International Journal of Management Reviews*, 2009, 11（3）: 337–360.

［205］Schoenherr T., Swink M.. The roles of supply chain intelligence and adaptability in new product launch success［J］. *Decision Sciences*, 2015, 46（5）: 901–936.

［206］Schreuder F., Schalk R., Batistič S.. Goal congruence in teams and performance : The role of（shared）psychological contract fulfilment［J］. *Journal of Management & Organization*, 2019, 29（1）: 1–17.

［207］Semrau T., Hopp C.. Complementary or compensatory ? A contingency perspective on how entrepreneurs' human and social capital interact in shaping start-up progress［J］. *Small Business Economics*, 2016, 46（3）: 407–423.

［208］Senge P. M., Sterman J. D.. Systems thinking and organizational learning : Acting locally and thinking globally in the organization of the future［J］. *European Journal of Operational Research*, 1992, 59（1）: 137–150.

［209］Senge P.. *The fifth discipline : The art and practice of the learning organization*［M］. New York : Doupleday Currence, 1990.

［210］Sengupta A., Ray A. S.. University research and knowledge transfer : A dynamic view of ambidexterity in british universities ［ J ］. *Research Policy*, 2017, 46 （5）: 881-897.

［211］Shen L., Sun C., Ali M.. Role of servitization, digitalization, and innovation performance in manufacturing enterprises ［ J ］. *Sustainability*, 2021, 13 （17）: 78-98.

［212］Shi Q., Wang Q., Guo Z.. Knowledge sharing in the construction supply chain: Collaborative innovation activities and BIM application on innovation performance ［ J ］. *Engineering, Construction and Architectural Management*, 2022, 29（9）: 3439-3459.

［213］Shou Y., Che W., Dai J., et al.. Inter-organizational fit and environmental innovation in supply chains: A configuration approach ［ J ］. *International Journal of Operations & Production Management*, 2018, 38（8）: 1683-1704.

［214］Shuwaikh F., Dubocage E.. Access to the corporate investors' complementary resources: A leverage for innovation in biotech venture capital-backed companies ［ J ］. *Technological Forecasting and Social Change*, 2022, 175: 121374.

［215］Shyh R. F., Wu J. J., Fang S. C.. Generating effective interorganizational change: A relational approach［ J ］. *Industrial Marketing Management*, 2008, 37(8): 977-991.

［216］Smit M. J., Abreu M. A., de Groot H. L. F.. Micro-evidence on the determinants of innovation in the Netherlands: The relative importance of absorptive capacity and agglomeration externalities ［ J ］. *Papers in Regional Science*, 2015, 94 （2）: 249-272.

［217］Snyder H., Witell L., Gustafsson A., et al.. Identifying categories of service innovation: A review and synthesis of the literature ［ J ］. *Journal of Business Research*, 2016, 69（7）: 2401-2408.

［218］Song M., van der Bij H., Weggeman M.. Factors for improving the level of knowledge generation in new product development ［ J ］. *R&D Management*, 2006, 36（2）: 173-187.

［219］Song Y., Qin S., Qiang L., et al.. Impact of business relationship functions on relationship quality and buyer's performance ［J］. *Journal of Business & Industrial Marketing*, 2012, 27（4）: 286-298.

［220］Stanko M. A., Henard D. H.. Toward a better understanding of crowdfunding, openness and the consequences for innovation ［J］. *Research Policy*, 2017, 46（4）: 784-798.

［221］Statsenko L., Zubielqui G.. Customer collaboration, service firms' diversification and innovation performance ［J］. *Industrial Marketing Management*, 2020, 85 : 180-196.

［222］Storey C., Cankurtaran P., Papastathopoulou P., et al.. Success factors for service innovation : A meta-analysis ［J］. *Journal of Product Innovation Management*, 2016, 33（5）: 527-548.

［223］Storey C., Kelly D.. Measuring the performance of new service development activities ［J］. *The Service Industries Journal*, 2001, 21（2）: 71-90.

［224］Story V. M., Raddats C., Burton J., et al.. Capabilities for advanced services : A multi-actor perspective ［J］. *Industrial Marketing Management*, 2017, 60（1）: 54-68.

［225］Swoboda B., Meierer M., Foscht T., et al.. International SME alliances : The impact of alliance building and configurational fit on success ［J］. *Long Range Planning*, 2011, 44（4）: 271-288.

［226］Szász L., Demeter K., Boer H., et al.. Servitization of manufacturing : The effect of economic context ［J］. *Journal of Manufacturing Technology Management*, 2017, 28（8）: 1011-1034.

［227］Tajeddini K., Altinay L., Ratten V.. Service innovativeness and the structuring of organizations : The moderating roles of learning orientation and inter-functional coordination ［J］. *International Journal of Hospitality Management*, 2017, 65 : 100-114.

［228］Thakur R., Hale D.. Service innovation : A comparative study of US and Indian service firms ［J］. *Journal of Business Research*, 2013, 66（8）: 1108-1123.

[229] Tho N. D., Duc L. A.. Team psychological capital and innovation : The mediating of team exploratory and exploitative learning [J] . *Journal of Knowledge Management*, 2021, 25（7）: 1745–1759.

[230] Tian H., Dogbe C. S. K., Pomegbe W. W. K., et al.. Organizational learning ambidexterity and openness, as determinants of SMEs' innovation performance [J] . *European Journal of Innovation Management*, 2020, 24（2）: 414–438.

[231] Tomlinson P. R.. Co-operative ties and innovation : Some new evidence for UK manufacturing [J] . *Research Policy*, 2010, 39（6）: 762–775.

[232] Tong Y., Tang Z., Zhou K., et al.. A service oriented manufacturing grid system with uncertain information [J] . *Kybernetes*, 2014, 43（5）: 764–782.

[233] Tortorella G., Narayanamurthy G., Staines J.. COVID-19 implications on the relationship between organizational learning and performance [J] . *Knowledge Management Research & Practice*, 2021, 19（4）: 551–564.

[234] Trischler J., Pervan S. J., Kelly S. J., et al.. The value of codesign : The effect of customer involvement in service design teams [J] . *Journal of Service Research*, 2018, 21（1）: 75–100.

[235] Tsou H. T., Cheng C. C. J.. How to enhance IT B2B service innovation ? An integrated view of organizational mechanisms [J] . *Journal of Business & Industrial Marketing*, 2018, 33（7）: 984–1000.

[236] Tushman M. L., O'Reilly C. A.. Ambidextrous organizations : Managing evolutionary and revolutionary change [J] . *California Management Review*, 1996, 38（4）: 8–30.

[237] Vaara E., Sarala R., Stahl G. K., et al.. The impact of organizational and national cultural differences on social conflict and knowledge transfer in international acquisitions [J] . *Journal of Management Studies*, 2012, 49（1）: 1–27.

[238] Valaei N., Rezaei S., Ismail W. K. W.. Examining learning strategies, creativity, and innovation at SMEs using fuzzy set qualitative comparative analysis and PLS path modeling [J] . *Journal of Business Research*, 2017, 70 : 224–233.

［239］Vargo S. L., Lusch R. F.. Evolving to a new dominant logic for marketing［J］. *Journal of Marketing*, 2004a, 68（1）: 1–17.

［240］Vargo S. L., Lusch R. F.. Institutions and axioms: An extension and update of service–dominant logic［J］. *Journal of the Academy of Marketing Science*, 2016, 44（1）: 5–23.

［241］Vargo S. L., Lusch R. F.. Service–dominant logic: Continuing the evolution［J］. *Journal of the Academy of Marketing Science*, 2008, 36（1）: 1–10.

［242］Vargo S. L., Lusch R. F.. The four service marketing myths: Remnants of a goods–based, manufacturing model［J］. *Journal of Service Research*, 2004b, 6(4): 324–335.

［243］Vendrell–Herrero F., Gomes E., Bustinza O. F., et al.. Uncovering the role of cross–border strategic alliances and expertise decision centralization in enhancing product–service innovation in MMNEs［J］. *International Business Review*, 2018, 27（4）: 814–825.

［244］Wagner S., Hoisl K., Thoma G.. Overcoming localization of knowledge: The role of professional service firms［J］. *Strategic Management Journal*, 2015, 35（11）: 1671–1688.

［245］Walter A., Auer M., Ritter T.. The impact of network capabilities and entrepreneurial orientation on university spin–off performance［J］. *Journal of Business Venturing*, 2006, 21（4）: 541–567.

［246］Wang P., Vrande V., Jansen J.. Balancing exploration and exploitation in inventions: Quality of inventions and team composition［J］. *Research Policy*, 2017, 46（10）: 1836–1850.

［247］Wang Q., Zhao X., Voss C.. Customer orientation and innovation: A comparative study of manufacturing and service firms［J］. *International Journal of Production Economics*, 2016, 171（2）: 221–230.

［248］Wirsich A., Kock A., Strumann C., et al.. Effects of university–industry collaboration on technological newness of firms［J］. *Journal of Product Innovation Management*, 2016, 33（6）: 708–725.

［249］Wise R., Baumgartner P.. Go downstream : The new profit imperative in manufacturing ［J］. *Harvard Business Review*, 1999, 77（5）: 133–141.

［250］Witell L., Gebauer H., Jaakkola E., et al.. A bricolage perspective on service innovation ［J］. *Journal of Business Research*, 2017, 79 : 290–298.

［251］Wu C., Barnes D.. Formulating partner selection criteria for agile supply chains : A dempster–shafer belief acceptability optimisation approach ［J］. *International Journal of Production Economics*, 2010, 125（2）: 284–293.

［252］Wu C., Lin C., Barnes D., et al.. Partner selection in sustainable supply chains : A fuzzy ensemble learning model ［J］. *Journal of Cleaner Production*, 2020, 27（5）: 123–165.

［253］Xie X., Wang H., García J. S.. How does customer involvement in service innovation motivate service innovation performance ? The roles of relationship learning and knowledge absorptive capacity ［J］. *Journal of Business Research*, 2021, 136 : 630–643.

［254］Xie X., Zou H., Qi G.. Knowledge absorptive capacity and innovation performance in high–tech companies : A multi–mediating analysis ［J］. *Journal of Business Research*, 2018, 88 : 289–297.

［255］Yamanoi J., Sayama H.. Post–merger cultural integration from a social network perspective : A computational modeling approach ［J］. *Computational and Mathematical Organization Theory*, 2013, 19（4）: 516–537.

［256］Yan A., Gray B.. Bargaining power, management control, and performance in United States–China joint venture : A comparative case study ［J］. *The Academy of Management Journal*, 1994, 37（6）: 1478–1517.

［257］Yeniaras V., Benedetto A. D., Kaya I., et al.. Relational governance, organizational unlearning and learning : Implications for performance ［J］. *Journal of Business & Industrial Marketing*, 2021, 36（3）: 469–492.

［258］Yin R. K.. *Case study research : Design and Methods（3rd edition）*［M］. Beverley Hills, CA : Sage Publications, 2003.

［259］Yin R. K.. *Case study research : Design and Methods（4th edition）*［M］.

Thousand oaks : Sage Publications, 2009.

［260］Yin R. K.. *Case study research : Design and Methods（5th edition）*［M］. London and Singapore : Sage Publications, 2014.

［261］Yu Y., Umashankar N., Rao V.. Choosing the right target : Relative preferences for resource similarity and complementarity in acquisition choice［J］. *Strategic Management Journal*, 2016, 37（8）: 1808–1825.

［262］Yuan C.-H., Wu Y. J., Tsai K-m.. Supply chain innovation in scientific research collaboration［J］. *Sustainability*, 2019, 11（3）: 753.

［263］Zacher H., Robinson A. J., Rosing K.. Ambidextrous leadership and employees' self–reported innovative performance : The role of exploration and exploitation behaviors［J］. *The Journal of Creative Behavior*, 2016, 50（1）: 24–46.

［264］Zahra S. A., George G.. Absorptive Capacity : A review, reconceptualization, and extension［J］. *Academy of Management Review*, 2002, 27（2）: 185–203.

［265］Zhang Q., Cao M.. Exploring antecedents of supply chain collaboration : Effects of culture and interorganizational system appropriation［J］. *International Journal of Production Economics*, 2018, 195 : 146–157.

［266］Zhao J., Li Y., Liu Y.. Organizational learning, managerial ties, and radical innovation : Evidence from an emerging economy［J］. *IEEE Transactions on Engineering Management*, 2016, 63（4）: 489–499.

［267］Zhou Z., Duan Y., Qiu J., et al.. The influence of organizational learning on library service innovation［J］. *Library Hi Tech*, 2022.

［268］蔡灵莎.组织学习双元性对对外直接投资绩效影响的实证研究［D］. 沈阳：东北大学，2017.

［269］蔡颖，林筠，王琪，等.科技成果商业规模示范：组织学习与政府政策支持的作用［J］.科技进步与对策，2022，39（1）: 10–18.

［270］曹勇，杜蔓，肖琦，等.企业创新氛围、双元组织学习与创新绩效——环境动态性的调节效应［J］.科技管理研究，2019，39（10）: 17–22.

［271］陈初昇，王玉敏，衣长军.海外华侨华人网络、组织学习与企业对外直接投资逆向技术创新效应［J］.国际贸易问题，2020（4）: 156–174.

［272］陈春花，朱丽，刘超，等．文化协同的三重影响路径探索［J］．管理学报，2020，17（4）：475-486.

［273］陈逢文，付龙望，张露，等．创业者个体学习、组织学习如何交互影响企业创新行为？——基于整合视角的纵向单案例研究［J］．管理世界，2020，36（3）：142-164.

［274］陈国权，刘薇．企业环境对探索式学习、利用式学习及其平衡影响的实证研究［J］．中国软科学，2017（3）：99-109.

［275］陈国权，马萌．组织学习的过程模型研究［J］．管理科学学报，2000，3（3）：15-23.

［276］陈海峰，李杰．组织间关系网络属性对二元式创新的影响——考虑探索式学习的中介作用［J］．技术经济，2018，37（5）：48-54.

［277］陈怀超，侯佳雯，艾迪欧．制度支持对集群企业创新绩效的影响研究——文化相似性的调节作用和技术能力的中介作用［J］．中央财经大学学报，2020（11）：99-110.

［278］陈江，曾楚宏，吴能全．组织学习与学习型组织的比较研究［J］．现代管理科学，2010，3（3）：19-21.

［279］陈劲，吴波．开放式技术创新范式下企业全面创新投入研究［J］．管理工程学报，2011，25（4）：227-234.

［280］陈璟菁．顾客参与影响新服务开发绩效的机制研究：以组织学习为中介变量［D］．南京：南京理工大学，2013.

［281］陈伟，张旭梅．供应链伙伴特性、知识交易与创新绩效关系的实证研究［J］．科研管理，2011，32（11）：7-17.

［282］陈伟，张旭梅．供应链伙伴特性对跨企业知识交易影响路径的实证研究——基于关系质量的中介效应［J］．商业经济与管理，2013（1）：32-42.

［283］陈晓萍，徐淑英，樊景立．组织与管理研究的实证方法（第二版）［M］．北京：北京大学出版社，2012.

［284］陈莹，武志伟．联盟企业间关系公平性对合作绩效的影响——关系承诺的中介作用与目标一致的调节作用［J］．预测，2014，33（6）：15-19.

［285］成泷，蔡俊亚，杨毅，等．依赖性与嵌入性：产学研合作创新持续

性研究［J］．科技进步与对策，2020，37（10）：29-36.

［286］程强，顾新，昌彦汝．基于文化协同的知识链知识协同研究［J］．图书馆，2019（2）：33-38.

［287］崔日晓，王娟茹，张渝．组织间学习与绿色创新：绿色吸收能力的调节作用［J］．技术经济，2019，38（10）：1-9.

［288］戴建平，骆温平．组织间学习与供应链价值创造研究——基于物流企业与供应链上下游客户多边合作视角［J］．技术经济与管理研究，2017（8）：48-52.

［289］邓明荣，蒋兴良．制造外包中供应链关系与信息共享对绩效的影响［J］．兰州学刊，2013，3（7）：210-212.

［290］范朱灵，刘德文．众包背景下顾客参与对技术创新绩效的影响：组织学习的中介机制［J］．商业经济研究，2018（18）：73-76.

［291］方杰，温忠麟，欧阳劲樱，等．国内调节效应的方法学研究［J］．心理科学进展，2022，30（8）：1703-1714.

［292］冯文娜，姜梦娜，孙梦婷．市场响应、资源拼凑与制造企业服务化转型绩效［J］．南开管理评论，2020，23（4）：84-95.

［293］冯文娜，刘如月．互动导向、战略柔性与制造企业服务创新绩效［J］．科研管理，2021，42（3）：80-89.

［294］付静雯．制造企业服务创新的影响及演化机理研究［D］．哈尔滨：哈尔滨工程大学，2019.

［295］傅家骥，程源．面对知识经济的挑战，该抓什么？——再论技术创新［J］．中国软科学，1998（7）：36-39.

［296］高菲，黄祎．供应链网络对公司创业的影响研究——组织学习的中介作用［J］．东北大学学报（社会科学版），2018，20（3）：255-261.

［297］高良谋，马文甲．开放式创新：内涵、框架与中国情境［J］．管理世界，2014（6）：157-169.

［298］高洋，葛宝山，蒋大可．组织学习、惯例更新与竞争优势之间的关系——基于不同环境不确定水平的研究［J］．科学学研究，2017，35（9）：1386-1395.

［299］高振明，庄新田，黄玮强．社会网络视角下的并购企业文化整合研究［J］．管理评论，2016，28（9）：218-227.

［300］郭淳凡，梁肖梅，吴小节，等．资源配置、关系学习与服务创新绩效的关系研究——以在线旅游企业为例［J］．旅游学刊，2021，36（9）：75-87.

［301］郭焱，刘月荣，郭彬．战略联盟中伙伴选择、伙伴关系对联盟绩效的影响［J］．科技进步与对策，2014，31（5）：25-29.

［302］韩晨，张树满，高山行．双元组织学习对制造业企业双维绩效的影响研究［J］．华东经济管理，2022，36（8）：108-117.

［303］韩静，胡汉辉，吴应宇．企业战略并购财务风险管理研究［M］．南京：东南大学出版社，2012.

［304］韩杨，罗瑾琏，钟竞．双元领导对团队创新绩效影响研究——基于惯例视角［J］．管理科学，2016，29（1）：70-85.

［305］侯杰泰，温忠麟，成子娟．结构方程模型及其应用［M］．北京：教育科学出版社，2004.

［306］胡海青，薛萌，张琅．供应链合作关系对中小企业营运资本的影响研究——基于供应链融资的视角［J］．经济管理，2014，36（8）：54-65.

［307］胡鸿韬，边迎迎，郭书源，等．考虑定价和需求关系的供应链网络优化研究［J］．中国管理科学，2020，28（10）：165-171.

［308］胡艳，代晶晶，张安伟．数字经济、空间关联与区域创新产出——兼论区域吸收能力的门槛效应［J］．科技管理研究，2022，42（15）：79-88.

［309］黄继生．网络嵌入与突破性创新绩效关系研究：创新合法性和创新资源获取的影响［D］．杭州：浙江工商大学，2017.

［310］黄嫚丽，蓝海林．基于吸收能力的联盟企业组织学习研究［J］．科技管理研究，2005（10）：93-95+109.

［311］霍宝锋，王倩雯，赵先德．供应链复杂性对组织学习和运营竞争力的影响［J］．系统工程理论与实践，2017，37（3）：631-641.

［312］简兆权，陈键宏，郑雪云．网络能力、关系学习对服务创新绩效的影响研究［J］．管理工程学报，2014，28（3）：91-99.

［313］简兆权，黄如意，王晨．市场导向、组织学习与服务创新绩效关系的实证研究［J］．科技管理研究，2018，38（5）：142-152.

［314］江游．如何提高制造业服务化战略的绩效［D］．武汉：武汉大学，2015.

［315］姜贺．供应链关系质量对新创企业成长绩效的影响机制研究［D］．杭州：浙江大学，2019.

［316］蒋楠，赵嵩正，吴楠．服务型制造企业服务提供、知识共创与服务创新绩效［J］．科研管理，2016，37（6）：57-64.

［317］颉茂华，赵圆圆，刘远洋．网络联结、资源获取与组织学习互动影响战略绩效路径研究——基于长城汽车的纵向案例研究［J］．科研管理，2021，42（5）：57-69.

［318］解学梅，郭海望，王宏伟．多主体参与服务创新如何影响企业服务创新绩效？——一个有调节的中介效应模型［J］．系统工程，2020，38（4）：33-45.

［319］乐云，刘明强，胡毅．组织学习的研究脉络与前沿热点分析［J］．科技管理研究，2018，38（15）：222-228.

［320］李柏洲，尹士，曾经纬，等．基于 SEM 和 B-Z 反应的集成供应链合作创新机制与动态演化研究——集成供应链关系质量视角［J］．中国管理科学，2020，28（2）：166-177.

［321］李丹，杨建君，邓程．关系质量对企业知识创造绩效的作用机理：一个被调节的中介模型［J］．科技进步与对策，2021，38（21）：108-117.

［322］李丹，杨建君，邓程．企业间知识兼容性对企业知识创造绩效的影响：关系质量的调节作用［J］．科技管理研究，2021，41（17）：126-135.

［323］李纲，陈静静，杨雪．网络能力、知识获取与企业服务创新绩效的关系研究——网络规模的调节作用［J］．管理评论，2017，29（2）：59-68+86.

［324］李坚飞，李蓓，孙梦霞．创新驱动下新零售服务供应链质量协同改进的稳态策略［J］．中国管理科学，2021，29（12）：145-156.

［325］李梅，陈鹿．海外研发地理多样化与创新绩效：组织学习视角［J］．科学学研究，2021，39（5）：940-950.

［326］李文达，龙勇．组织学习——动态竞争环境下竞争优势的源泉［J］．科技管理研究，2005，25（11）：236-238+243.

［327］李垣，陈浩然，赵文红．组织间学习、控制方式与自主创新关系研究——基于两种技术差异情景的比较分析［J］．科学学研究，2008，26（1）：199-204.

［328］李梓涵昕，王侃，李昌文．新产品开发视角下高管结构型社会资本对组织学习的影响——基于外部环境不确定性的调节作用研究［J］．科学学与科学技术管理，2018，39（8）：69-81.

［329］梁阜，李树文，孙锐．SOR 视角下组织学习对组织创新绩效的影响［J］．管理科学，2017，30（3）：63-74.

［330］林海芬，陈梦雅，曲廷琛．组织学习视角行业惯例的演化过程案例研究［J］．科研管理，2022，43（2）：137-148.

［331］林舒进，庄贵军，黄缘缘．关系质量、信息分享与企业间合作行为：IT 能力的调节作用［J］．系统工程理论与实践，2018，38（3）：643-654.

［332］蔺雷，吴贵生．服务创新［M］．北京：清华大学出版社，2007.

［333］刘和东，陈文潇．资源互补与行为协同提升合作绩效的黑箱解构——以高新技术企业为对象的实证分析［J］．科学学研究，2020，38（10）：1847-1857.

［334］刘和东，钱丹．产学研合作绩效的提升路径研究——以高新技术企业为对象的实证分析［J］．科学学研究，2016，34（5）：704-712.

［335］刘华明，王勇．供应链伙伴关系对客户整合的影响——基于物流能力视角的实证研究［J］．商业经济与管理，2016，9（9）：14-21+29.

［336］刘建湘．研发开放度与组织学习对企业创新绩效的影响研究［D］．长沙：湖南大学，2016.

［337］刘克寅，汤临佳．基于异质性资源互补匹配的企业合作创新伙伴选择方法［J］．科技管理研究，2016，36（21）：145-150+156.

［338］刘良灿．论企业文化与企业战略的协同管理［J］．贵州财经学院学报，2010，28（5）：58-63.

［339］刘念，简兆权，刘洋．服务供应链整合战略演进与服务创新能力升

级［J］．科学学研究，2020，38（1）：145–157.

［340］刘念，简兆权，王鹏程．大数据分析能力与制造企业服务创新绩效：一个链式中介模型［J］．科技管理研究，2021，41（24）：125–135.

［341］刘如月，杨蕙馨．制造企业的用户整合对服务创新绩效的影响［J］．管理科学，2020，33（2）：33–49.

［342］刘新梅，耿紫珍，朱睿，等．战略导向与组织创造力——三种类型组织学习的中介效应［J］．研究与发展管理，2013，25（4）：104–115.

［343］刘志阳，徐祖辉，何晓斌．中国企业家佛教信仰、组织学习和新创企业绩效［J］．山西财经大学学报，2019，41（6）：98–109.

［344］刘自昂．供应链伙伴特性与协同创新关系研究：关系质量和成本利益分配机制的影响［D］．杭州：浙江工业大学，2019.

［345］龙海军，田丽芳．返乡创业者先前经验、利用式学习与企业创业拼凑——一个被调节的中介效应模型［J］．软科学，2023，37（1）：124–129+134.

［346］龙勇，游博．目标企业学习意图对联盟知识转移的影响机制研究［J］．研究与发展管理，2016，28（2）：82–91.

［347］卢强，杨晓叶．基于"结构—行为—绩效"逻辑的供应链融资效果研究——双元学习的中介作用［J］．研究与发展管理，2020，32（5）：3–15.

［348］陆杉，李丹．组织学习、关系资本与供应链绩效关系研究［J］．中南大学学报（社会科学版），2017，23（6）：77–85.

［349］吕冲冲，林冬冬，欧建猛．外部搜寻策略对突破式创新绩效影响的研究——知识特征和实际吸收能力的调节作用［J］．海南大学学报（人文社会科学版），2023，41（3）：161–172.

［350］吕迪伟，蓝海林，曾萍．基于类型学视角的开放式创新研究进展评析［J］．科学学研究，2017，35（1）：25–33+100.

［351］吕一博，韩少杰，苏敬勤．翻越由技术引进到自主创新的樊篱——基于中车集团大机车的案例研究［J］．中国工业经济，2017（8）：174–192.

［352］马海燕，熊英，钟倩．网络嵌入、服务创新与制造企业转型升级绩效的关系研究［J］．中国地质大学学报（社会科学版），2018，18（1）：117–

127.

［353］马鸿佳，马楠，郭海. 关系质量、关系学习与双元创新［J］. 科学学研究，2017，35（6）：917-930.

［354］马蓝，安立仁. 合作经验、吸收能力、网络权力对企业创新绩效的影响机制——基于组织学习视角［J］. 科技进步与对策，2016，33（1）：81-87.

［355］马丽. 联盟组合网络特征、组织学习与企业创新能力关系研究［D］. 成都：电子科技大学，2020.

［356］马庆国. 管理统计：数据获取、统计原理、SPSS 工具与应用研究［M］. 北京：科学出版社，2002.

［357］马文聪，叶阳平，徐梦丹，等. "两情相悦"还是"门当户对"：产学研合作伙伴匹配性及其对知识共享和合作绩效的影响机制［J］. 南开管理评论，2018，21（6）：95-106.

［358］毛基业，陈诚. 案例研究的理论构建：艾森哈特的新洞见——第十届"中国企业管理案例与质性研究论坛（2016）"会议综述［J］. 管理世界，2017（2）：135-141.

［359］孟炯，张杨，曾波. 基于个性化需求的产品竞争供应链结构选择［J］. 中国管理科学，2019，27（12）：67-76.

［360］庞博，邵云飞，王思梦. 联盟组合管理能力与企业创新绩效：吸收能力的中介效应［J］. 管理工程学报，2019，33（2）：28-35.

［361］庞博. 多维视角下联盟组合管理能力对企业创新绩效的影响研究［D］. 成都：电子科技大学，2019.

［362］彭本红，武柏宇. 制造业企业开放式服务创新生成机理研究——基于探索性案例分析［J］. 研究与发展管理，2016，28（6）：114-125.

［363］齐旭高. 供应链协同产品创新影响因素与运行管理机制研究［D］. 天津：天津大学，2013.

［364］秦鹏飞，申光龙，胡望斌，等. 知识吸收与集成能力双重调节下知识搜索对创新能力的影响效应研究［J］. 管理学报，2019，16（2）：219-228.

［365］曲艺. 高端装备制造业伙伴特性对伙伴关系稳定性影响的研究［D］.

哈尔滨：哈尔滨工业大学，2015.

［366］芮正云，罗瑾琏，甘静娴. 新创企业创新困境突破：外部搜寻双元性及其与企业知识基础的匹配［J］. 南开管理评论，2017，20（5）：155-164.

［367］沈波，卢宜芳，吴甜. 组织学习对知识创新的影响：以组织忘记为中介［J］. 管理评论，2020，32（12）：135-145.

［368］沈颂东，房建奇. 民营企业家社会资本与技术创新绩效的关系研究——基于组织学习的中介作用和环境不确定性的调节作用［J］. 吉林大学社会科学学报，2018，58（2）：60-72.

［369］沈伊默，诸彦含，周婉茹，等. 团队差序氛围如何影响团队成员的工作表现？——一个有调节的中介作用模型的构建与检验［J］. 管理世界，2019，35（12）：104-115+136+215.

［370］盛革. 组织学习的理论视野与逻辑拓展框架［J］. 情报杂志，2009，28（7）：126-131.

［371］施涛，苑双杰，李忆. 组织学习影响顾客满意度——创新的中介与领导风格的调节作用［J］. 软科学，2018，32（10）：75-79.

［372］史建锋，张庆普，郑作龙. 产学研知识创新联盟界面管理研究——以 HRT 产学研知识创新联盟界面管理为例［J］. 中国软科学，2017，10（2）：162-171.

［373］宋娟娟，刘伟，高志军. 网络资源视角下物流服务供应链网络类型测度［J］. 企业经济，2017，36（6）：83-89.

［374］宋喜凤，杜荣，艾时钟. IT 外包中关系质量、知识共享与外包绩效关系研究［J］. 管理评论，2013，25（1）：52-62.

［375］孙贺强. 基于供应链伙伴特性、质量管理实践的探索性学习与挖掘性学习的触发机制——扩展探索性学习和挖掘性学习实现路径的视角［J］. 管理现代化，2014，34（6）：46-48.

［376］孙锐，赵晨. 高新技术企业组织情绪能力、组织学习与创新绩效［J］. 科研管理，2017，38（2）：93-100.

［377］孙莹，车响午. 企业网络权力、关系质量与创新网络治理绩效研究［J］. 广西社会科学，2021（4）：58-63.

［378］田毕飞，祝人杰．组织学习与国际新创企业 GVC 嵌入路径——基于中国芯片行业的跨案例分析［J］．科研管理，2022，43（9）：91-98.

［379］王炳成，郝兴霖，刘露．战略性新兴产业商业模式创新研究——环境不确定性与组织学习匹配视角［J］．软科学，2020，34（10）：50-55.

［380］王欢欢，杜跃平．如何实现组织学习与内部创业平衡——组织注意力视角［J］．科技进步与对策，2021，38（7）：29-37.

［381］王京伦．转型经济下的组织学习与组织绩效关系研究［D］．长春：吉林大学，2016.

［382］王磊，李翠霞，王泽民．合作伙伴特性对乳制品供应链合作关系稳定性的影响——基于质量安全视角的实证研究［J］．农业技术经济，2019（7）：104-114.

［383］王丽佳，黎万红．伙伴协作中学校的组织学习：基于 W 项目的质化研究［J］．教育发展研究，2022，42（2）：63-70.

［384］王丽平，狄凡莉．创新开放度、组织学习、制度环境与新创企业绩效［J］．科研管理，2017，38（7）：91-99.

［385］王琳．KIBS 企业—顾客互动对服务创新绩效的作用机制研究［D］．杭州：浙江大学，2012.

［386］王鹏程，刘善仕，刘念．组织模块化能否提高制造企业服务创新绩效？——基于组织信息处理理论的视角［J］．管理评论，2021，33（11）：157-169.

［387］王绒．制造企业服务化战略、组织植入对服务创新绩效的影响研究［D］．西安：西安理工大学，2018.

［388］王萧萧，蒋兴华，朱桂龙，等．伙伴特性、伙伴关系与协同创新绩效——基于"2011 协同创新中心"的实证研究［J］．中国科技论坛，2018（4）：15-24.

［389］王萧萧．产学研合作知识耦合、信任与组织学习关系研究［D］．广州：华南理工大学，2018.

［390］王欣，徐明．组织吸收能力、服务流程创新与服务创新绩效——顾客导向视角的混合模型分析［J］．科技进步与对策，2017，34（12）：16-21.

［391］王永贵，张玉利，杨永恒，等.对组织学习、核心竞争能力、战略柔性与企业竞争绩效的理论剖析与实证研究——探索中国企业增强动态竞争优势之路［J］.南开管理评论，2003，6（4）：54-60+80.

［392］卫武，赵鹤，肖德云.组织学习与企业预测能力——基于组织注意力视角［J］.科研管理，2019，40（2）：144-153.

［393］温忠麟，侯杰泰，张雷.调节效应与中介效应的比较和应用［J］.心理学报，2005（2）：268-274.

［394］温忠麟，叶宝娟.中介效应分析：方法和模型发展［J］.心理科学进展，2014，22（5）：731-745.

［395］温忠麟，张雷，侯杰泰，等.中介效应检验程序及其应用［J］.心理学报，2004，36（5）：614-620.

［396］毋江波，李常洪.供应链环境下的企业竞争情报增值运作模式研究［J］.情报科学，2019，37（10）：146-157.

［397］吴杰.基于异质性资源互补匹配的流通企业绩效分析［J］.商业经济研究，2022（6）：139-142.

［398］吴明隆.问卷统计分析实务：SPSS 操作与应用［M］.重庆：重庆大学出版社，2010.

［399］吴士健，孙专专，刘新民.知识治理、组织学习影响组织创造力的多重中介效应研究［J］.中国软科学，2017（6）：174-183.

［400］吴小龙，肖静华，吴记.人与 AI 协同的新型组织学习：基于场景视角的多案例研究［J］.中国工业经济，2022（2）：175-192.

［401］向丽，胡珑瑛.研发外包情境下关系质量对企业创新绩效的影响机制研究［J］.科技进步与对策，2020，37（8）：95-104.

［402］项保华，张建东.案例研究方法和战略管理研究［J］.自然辩证法通讯，2005（5）：62-66+111.

［403］肖利平，谢丹阳.国外技术引进与本土创新增长：互补还是替代——基于异质吸收能力的视角［J］.中国工业经济，2016（9）：75-92.

［404］谢洪明，吴隆增，王成，等.组织学习的前因后果：一个新的理论框架［J］.科学学与科学技术管理，2006（8）：161-168.

［405］辛安娜.网络能力、组织学习对旅游企业创新绩效的影响研究［D］.西安：西北大学，2017.

［406］熊正德，魏唯，顾晓青.网络位置、跨界搜索与制造企业服务创新绩效［J］.科学学研究，2020，38（7）：1304-1316.

［407］徐二明，徐凯.资源互补对机会主义和战略联盟绩效的影响研究［J］.管理世界，2012（1）：93-100+102+101+103+187-188.

［408］徐国军，杨建君，孙庆刚.联结强度、组织学习与知识转移效果［J］.科研管理，2018，39（7）：97-105.

［409］徐浩.科技型中小微企业异质知识网络、组织学习与技术能力关系研究［D］.广州：华南理工大学，2014.

［410］徐建中，付静雯.中国制造2025视角：制造企业客户导向对服务创新绩效的影响［J］.中国科技论坛，2018（2）：62-70.

［411］徐洁，隗斌贤，揭筱纹.基于CIS理论框架的科技型企业文化协同研究——以国电南京自动化股份有限公司为例［J］.科学管理研究，2014，32（2）：67-70.

［412］徐可，何桢，王瑞.供应链关系质量与企业创新价值链——知识螺旋和供应链整合的作用［J］.南开管理评论，2015，18（1）：108-117.

［413］徐梦丹.产学研伙伴匹配性、知识共享与合作绩效的关系研究［D］.广州：华南理工大学，2018.

［414］徐艳梅，苗呈浩，王宗水.社会网络视角下的中国企业跨国并购文化整合［J］.经济与管理研究，2016，37（11）：116-124.

［415］薛佳奇，张竹.克服社会资本对营销渠道的消极作用：控制机制和吸收能力的调节作用［J］.管理评论，2021，33（6）：167-180.

［416］薛捷.科技型小微企业的组织学习研究——系统构成及战略导向的前因作用［J］.科研管理，2019，40（5）：222-232.

［417］薛萌，胡海青，张琅，等.网络能力差异视角下供应链伙伴特性对供应链融资的影响——关系资本的中介作用［J］.管理评论，2018，30（6）：238-250.

［418］薛萌.供应链伙伴特性、关系资本对供应链融资绩效的影响研究

［D］.西安：西安理工大学，2020.

　［419］颜爱民，江端预，孙益延，等.基于"千金经营法式"案例的员工－组织目标一致性提升路径与绩效研究［J］.管理学报，2019，16（3）：369-378.

　［420］杨瑾，侯兆麟.逆向研发外包、组织学习与装备制造业突破性技术创新［J］.科学决策，2020（3）：23-41.

　［421］杨林，俞安平.企业家认知对企业战略变革前瞻性的影响：知识创造过程的中介效应［J］.南开管理评论，2016，19（1）：120-133.

　［422］杨升曦，杨佳铭，魏江.企业创新生态系统资源互补不确定性及策略［J］.科学学研究，2022，40（12）：2272-2280.

　［423］杨水利，史童，王春嬉，等.产学研合作耦合关系对科技成果转化绩效的影响研究——组织学习的中介作用［J］.科技管理研究，2019，39（4）：211-217.

　［424］杨伟明.联盟组合管理能力、双元合作与焦点企业绩效关系研究［D］.重庆：重庆大学，2018.

　［425］杨亚平，杨姣.合法性获取、组织学习和中国企业对外直接投资成功率［J］.暨南学报（哲学社会科学版），2020，42（10）：95-109.

　［426］叶传盛，陈传明.产学研协同、知识吸收能力与企业创新绩效［J］.科技管理研究，2022，42（3）：184-194.

　［427］叶传盛，陈传明.组织学习对创业者社会资本与绩效的中介机制：以环境复杂性为调节变量［J］.科技进步与对策，2019，36（17）：11-19.

　［428］叶飞，李怡娜，张红，等.供应链信息共享影响因素、信息共享程度与企业运营绩效关系研究［J］.管理学报，2009，6（6）：743-750.

　［429］叶飞，徐学军.供应链伙伴特性、伙伴关系与信息共享的关系研究［J］.管理科学学报，2009，12（4）：115-128.

　［430］叶康涛.案例研究：从个案分析到理论创建——中国第一届管理案例学术研讨会综述［J］.管理世界，2006（2）：139-143.

　［431］于海波，方俐洛，凌文辁.企业组织的学习结构［J］.心理学报，2006（4）：590-597.

［432］于海波，郑晓明，方俐洛，等.我国企业组织学习的内部机制、类型和特点［J］.科学学与科学技术管理，2007，28（11）：144-152.

［433］袁胜超.数字化驱动了产学研协同创新吗？——兼论知识产权保护与企业吸收能力的调节效应［J］.科学学与科学技术管理，2023，44（4）：60-81.

［434］岳鹄，张宗益，朱怀念.创新主体差异性、双元组织学习与开放式创新绩效［J］.管理学报，2018，15（1）：48-56.

［435］曾经莲.服务型制造企业外部组织整合对服务创新绩效的影响机制研究［D］.广州：华南理工大学，2019.

［436］张峰，刘曦苑，武立东，等.产品创新还是服务转型：经济政策不确定性与制造业创新选择［J］.中国工业经济，2019（7）：101-118.

［437］张红琪，鲁若愚.多主体参与的服务创新影响机制实证研究［J］.科研管理，2014，35（4）：103-110.

［438］张梦晓，高良谋.组织学习与组织创新关系的元分析——维度分化和边界效应［J］.科技进步与对策，2020，37（19）：17-23.

［439］张培，杨迎.服务生态系统视角下多主体参与的服务创新过程［J］.科研管理，2020，41（8）：31-38.

［440］张爽，陈晨.创新氛围对创新绩效的影响——知识吸收能力的中介作用［J］.科研管理，2022，43（6）：113-120.

［441］张紫璇，陈怀超，艾迪欧.文化相似性对集群企业竞争偏执的影响——网络中心性的调节和知识整合能力的中介作用［J］.软科学，2020，34（10）：84-89.

［442］赵岑，姜彦福.中国企业战略联盟伙伴特征匹配标准实证研究［J］.科学学研究，2010，28（4）：558-565.

［443］赵立龙，魏江，郑小勇.制造企业服务创新战略的内涵界定、类型划分与研究框架构建［J］.外国经济与管理，2012，34（9）：59-65.

［444］赵立龙.制造企业服务创新战略对竞争优势的影响机制研究［D］.杭州：浙江大学，2012.

［445］赵琳.异质性资源互补匹配对流通企业合作绩效的影响［J］.商业

经济研究, 2019（24）: 102-105.

［446］赵晓煜, 高云飞, 孙梦迪. 制造企业组织柔性、动态服务创新能力与服务创新绩效［J］. 科技进步与对策, 2020, 37（15）: 62-69.

［447］赵炎, 齐念念, 阎瑞雪, 等. 结构嵌入、吸收能力与企业持续性创新——来自高新技术企业联盟创新网络的证据［J］. 管理工程学报, 2023, 37（4）: 85-98.

［448］郑庆华, 赵嘉辉, 刘琳. 企业社会责任、组织学习与创新行为［J］. 首都经济贸易大学学报, 2019, 21（5）: 103-112.

［449］郑勇华, 孙延明, 尹剑峰. 工业互联网平台数据赋能、吸收能力与制造企业数字化转型［J］. 科技进步与对策, 2023, 40（11）: 19-30.

［450］周宝刚. 双渠道供应链结构设计与选择策略研究［J］. 管理评论, 2019, 31（6）: 247-257.

［451］周晨, 赵秀云, 刘晓红. 供应链关系资源与企业债务融资能力——基于盈余管理视角的经验证据［J］. 统计与决策, 2020, 36（7）: 167-170.

［452］周荣辅, 苏文月. 供应链伙伴特性、信息共享与企业运营绩效的关系研究［J］. 物流技术, 2012, 31（21）: 356-359.

［453］周中胜, 贺超, 韩燕兰. 高管海外经历与企业并购绩效: 基于"海归"高管跨文化整合优势的视角［J］. 会计研究, 2020（8）: 64-76.

［454］邹国庆, 高辉. 转型经济下的组织学习与创新绩效: 制度环境的调节作用［J］. 吉林大学社会科学学报, 2017, 57（1）: 52-63+203-204.

附　录

附录 1 : 访谈提纲

本次研究的访谈以此提纲为指导，积极地引导被访人员进行作答。

1. 请您简要叙述一下本企业的情况。

2. 请您简要叙述一下本企业内部的服务创新情况。取得良好的服务创新绩效是否为本企业战略的一部分？

3. 请您简要叙述一下，近三年来，本企业把新产品、新服务和新技术投入市场中遇到了什么障碍吗？为什么会这样？又该如何解决？

4. 最初是什么导致了本企业在制造企业供应链联盟的基础上取得了服务创新绩效？到目前为止，这些原因有没有发生改变？

5. 从您的观点来看，供应链企业和本企业建立联盟合作关系的理由有哪些？

6. 起初，本企业所在的供应链联盟有什么价值？这个价值会随着时间而改变吗？

7. 起初，本企业是如何选择供应链联盟合作企业的？

8. 本企业如何协调与供应链企业的关系？

9. 本企业与供应链企业的合作通常会维持多久？为什么会这样？

10. 在与这些供应链伙伴企业开展供应链合作的过程中，都存在着怎样的矛盾和冲突？本企业打算如何协调？

11. 本企业所属的供应链联盟中有没有境外的供应链合作企业？与本土供

应链合作企业相比较，两者在供应链合作和组织学习过程中是否存在差异？

12. 在本企业的服务创新过程中，协调与供应链合作伙伴的合作关系是由谁（个人 / 部门）来负责？

13. 本企业应该具备哪些特别的能力才能从供应链合作关系中获益？目前本企业是否有这些能力？

14. 在日常经营中，本企业如何开展企业之间的组织学习活动？您能简要叙述一下供应链合作中的组织学习情况吗？

15. 本企业与供应链合作企业之间的组织学习会不会对服务创新产生影响？

16. 请您简要叙述一下本企业与供应链合作伙伴之间建立的关系质量情况。另外，双方的关系质量能否促进本企业与供应链合作伙伴之间的组织学习？

17. 本企业在合作创新中，一起和供应链企业组织学习了什么知识、技术和能力？

18. 关于服务创新的合作关系是怎样的？该关系的战略目标是什么？本企业是否实现了该目标？是如何实现的？

19. 在关于服务创新的合作过程中，本企业和供应链企业哪一方的学习能力（吸收能力）更好？为什么会这样？

20. 企业的学习能力（吸收能力）影响了双方的合作创新和供应链联盟的服务创新吗？

21. 本企业是如何描述和评价服务创新绩效的？

附录2：供应链伙伴特性对服务创新绩效影响研究的调查问卷

尊敬的女士们／先生们，你们好！

万分感谢你们在百忙之中抽空接受本次调研。本次调研旨在考察供应链伙伴特性与服务创新绩效之间的关系，也即制造企业之间应该如何匹配，并通过组织学习对服务创新绩效产生影响。问项答案没有对错之分，请根据本企业的真实情况作答即可。如果您对某个问项不理解，请及时联系我们，我们会协助您进行作答。如果某个问项的表述未能完全表达您的想法，请选择最接近您看法的答案。与此同时，我们保证会严格保密您所填写的内容，所填写的全部内容只会用于学术研究，绝不做其他用途，如若违反，我们愿承担法律责任。

您就职的企业的所在地：＿＿＿省＿＿＿市

第一部分：您就职企业的基本信息

1. 本制造企业的员工规模：（　　）

A.1—100 人；B.101—500 人；C.501—1000 人；D.1001—2000 人；E.2000 人以上

2. 本制造企业的成立年限：（　　）

A.3—6 年；B.7—10 年；C.11—20 年；D.21—30 年；E.30 年以上

3. 本制造企业的企业性质：（　　）

A. 国有及国有控股企业；B. 集体及集体控股企业；C. 私营及其控股企业；D. 外资及港澳台投资企业；E. 股份制企业；F. 股份合作式企业；G. 其他性质企业

4. 本制造企业的细分领域：（　　）

A. 食品制造业；B. 石油、煤炭及燃料加工业；C. 交通运输设备制造业；D. 电子通信设备制造业；E. 计算机及其他电子设备制造业；F. 电气机械及器材制造业；G. 其他制造业

5. 近三年来本制造企业服务创新的研发投入占当年销售额的比例：（ ）

A.1% 以下；B.1%—3%；C.3%—5%；D.5%—8%；E.8% 以上

6. 本制造企业的资产规模：（ ）

A.300 万元以内；B.300 万—500 万元；C.501 万—1000 万元；D.1001 万—3000 万元；E.3000 万元以上

第二部分：供应链伙伴特性

以下的数字代表您相应的同意程度。"1"代表非常不同意，"2"代表比较不同意，"3"代表有点不同意，"4"代表不能确定，"5"代表有点同意，"6"代表比较同意，"7"代表非常同意。请根据您的真实感受，选择相应的数字。

RE1	我们和供应链伙伴分享了大家都需要的资源	1	2	3	4	5	6	7
RE2	我们和供应链伙伴可以借助双方的资源达到互补的状态	1	2	3	4	5	6	7
RE3	我们和供应链伙伴在合作过程中可以各取所需	1	2	3	4	5	6	7
CU1	我们的企业文化与企业价值观和供应链伙伴类似	1	2	3	4	5	6	7
CU2	我们能够接受供应链伙伴的商业模式和经营理念	1	2	3	4	5	6	7
CU3	在合作参与的项目中，我们与供应链伙伴的高管拥有相容的工作思路、经营理念和处理方法	1	2	3	4	5	6	7
TA1	关于合作目标，我们和供应链伙伴取得了一致意见，并且对此有明确的规定	1	2	3	4	5	6	7
TA2	我们和供应链伙伴中的任何一方完成了目标后，都将有助于对方完成自己的目标	1	2	3	4	5	6	7
TA3	我们和供应链伙伴对双方的目标是互相支持的	1	2	3	4	5	6	7

第三部分：组织学习等变量测量

以下的数字代表您相应的同意程度。"1"代表非常不同意，"2"代表比较不同意，"3"代表有点不同意，"4"代表不能确定，"5"代表有点同意，"6"代表比较同意，"7"代表非常同意。请根据您的真实感受，选择相应的数字。

	利用式学习							
E1	我们可以利用供应链伙伴的知识来升级自身已有的服务和技术	1	2	3	4	5	6	7

续表

E2	我们可以利用供应链伙伴的知识来提升自身已有资源（知识资源、信息资源等）的利用率	1	2	3	4	5	6	7
E3	我们可以利用供应链伙伴的知识来改善自身已有服务和产品的功效	1	2	3	4	5	6	7
探索式学习								
D1	我们可以从供应链伙伴那里获取全新的知识、服务开发技术以及产品开发技术	1	2	3	4	5	6	7
D2	我们可以通过供应链伙伴来开拓全新的商业领域，包括服务业务领域、产品业务领域等	1	2	3	4	5	6	7
D3	我们和供应链伙伴合作开展与自身传统业务领域完全不同的服务研发和技术研发	1	2	3	4	5	6	7
服务创新绩效								
SIP1	服务创新可以推动新服务理念的产生	1	2	3	4	5	6	7
SIP2	服务创新可以带来更多的新服务或者新产品	1	2	3	4	5	6	7
SIP3	服务创新使我们现有的服务流程得到了优化	1	2	3	4	5	6	7
SIP4	服务创新可以增加我们的投资回报率	1	2	3	4	5	6	7
SIP5	服务创新可以提高我们的市场份额	1	2	3	4	5	6	7
SIP6	服务创新使顾客对我们的服务或者产品更加满意	1	2	3	4	5	6	7
关系质量								
RQ1	我们和现有的供应链伙伴有较高的相互信任水平	1	2	3	4	5	6	7
RQ2	我们将竭尽全力和现有的供应链伙伴保持良好的合作关系	1	2	3	4	5	6	7
RQ3	我们可以和现有的供应链伙伴进行有效的沟通，使双方的合作顺利地开展	1	2	3	4	5	6	7
RQ4	我们非常满意和现有供应链伙伴在合作创新方面所取得的成效	1	2	3	4	5	6	7
吸收能力								
AC1	我们能够适应变化与采纳新想法	1	2	3	4	5	6	7
AC2	我们能够吸收新的知识并让它们为企业所用	1	2	3	4	5	6	7
AC3	我们能够发掘新的宝贵知识	1	2	3	4	5	6	7
AC4	我们能够发现并采纳有价值的创意	1	2	3	4	5	6	7